MOBIL & AKTIV ERLEBEN

WOHNMOBIL-REISEFÜHRER

Island

Färöer Inseln

Tipps für Ihre Reise
aus der Praxis, für die Praxis

Johannes Hünerfeld
MOBIL & AKTIV ERLEBEN
WOHNMOBIL-REISEFÜHRER

Eduard-Trabold-Straße 6
79183 Waldkirch-Kollnau

Tel. +49(0)7681 4 92 77 18
Fax +49(0)7681 4 92 77 19
mailto: verlag@mobil-und-aktiv-erleben.de

www.mobil-und-aktiv-erleben.de

DER AUTOR: JOHANNES HÜNERFELD

Der gelernte Bankfachwirt und langjährige, erfolgreiche Autor mehrerer Wohnmobil-Reiseführer wurde am 15.5.1963 in Freiburg im Breisgau geboren. Er wuchs in Kollnau im Elztal auf und lebt heute mit seiner Familie im Schwarzwald.

Seit Anfang der 1990er Jahre sind er und seine Frau passionierte Wohnmobilbesitzer und konnten über lange Zeit umfangreiche Erfahrung auf Reisen sammeln.

Mit Begeisterung und der Erfahrung aus vielen Reisen hat der Autor seit 2002 mehrere Wohnmobil-Reiseführer erstellt. Durch umfassende Recherchen hat er sich ein breites Wissen über die Belange des Wohnmobil-Tourismus, die Wünsche und Bedürfnisse der Leser wie auch der Stellplatzbetreiber angeeignet.

TITELBILD:
Rastplatz bei Stykkishólmur (Snæfellsnes)

DRUCK:
Omniprint GmbH, Gewerbestraße 106, 79194 Gundelfingen

GRAFISCHES KONZEPT:
bente :: werbung + design, Kapellenweg 12, 79100 Freiburg

KARTOGRAFIE:
Landmælingar Íslands (IS) bzw. Färöisches Fremdenverkehrsamt (FO)

FOTOGRAFIE:
Katja und Johannes Hünerfeld. Aufnahmen anderer Fotografen sind im Text erwähnt.

VERTRIEB
GeoCenter, 70565 Stuttgart

HERAUSGEBER, SATZ UND PRODUKTION:
Johannes Hünerfeld
MOBIL & AKTIV ERLEBEN
WOHNMOBIL-REISEFÜHRER
Eduard-Trabold-Straße 6
79183 Waldkirch-Kollnau
Tel. +49(0)7681/4 92 77 18
mailto:verlag@mobil-und-aktiv-erleben.de
Homepage: www.mobil-und-aktiv-erleben.de

2. komplett überarbeitete und erweiterte Auflage 2017

ISBN: 978-3-943759-26-6

BIBLIOGRAFISCHE INFORMATION DER DEUTSCHEN NATIONALBIBLIOTHEK

Die Deutsche Nationalbibliothek verzeichnet diese Publikation in der Deutschen Nationalbibliografie; detaillierte bibliografische Daten sind im Internet über http://dnb.de abrufbar.

Zur Einstimmung

Eine Reise nach Island - nicht nur mit dem Wohnmobil - übt mehr denn je eine große Faszination aus. Die Insel aus Feuer und Eis ist ein Traumreiseziel für all diejenigen, die eine besonders vielseitige Landschaft suchen, die einfach ganz anders ist, als zu Hause.

Was **Island** auszeichnet, sind die Kontraste zwischen schwarzbrauner Lava, dampfenden und zischenden Lavafeldern und weißen Gletscherkappen. Ebenso verbindet man mit Island das Bad im Wasser einer heißen Quelle, am besten mit Aussicht auf einen Gletscher oder auf den tosenden Atlantik.

Aufzuzählen sind auch die heißen Springquellen, dicke Moospolster an plätschernden Bächen und graubraun tosende Glescherflüsse mit gewaltigen Wasserfällen. Das Konzert abertausender Seevögel an den größten Vogelfelsen Europas oder das Blasen der Wale beim Auftauchen aus den Ozeanwellen - all das macht eben diese Faszination aus, die eine steigende Zahl von Touristen in den hohen Norden zieht.

Eine ebenso atemberaubende Landschaft bietet die Inselgruppe der **Färöer Inseln**, die sich mit grandiosen Klippen in etwa auf halbem Weg zwischen Schottland und Island aus dem Nordatlantik erheben.

Sie werden kaum ein kontrastreicheres Ziel in Europa finden, als die Inseln hoch oben im Nordwesten Europas.

Dieses Buch ist eine wertvolle Hilfe mit vielen Tipps aus der Reisepraxis des Autoren. Diese wurde - wie in einem guten Kochrezept - mit wertvollen Hinweisen von Leserseite „abgeschmeckt“. Es wird dafür sorgen, dass Ihre Reiseträume wahr werden.

Selbst wenn Sie all das schon selbst erlebt haben, ist dieses Buch das Richtige für Sie, denn Sie tragen das „Island-Reisevirus“ bereits in sich und werden gerne wieder hinfahren.

Nun lassen Sie sich einladen auf eine eindrucksvolle Reise auf die Insel aus Feuer und Eis und die kleine, übrigens ganz zu Unrecht nur wenig bekannte Inselgruppe der Färöer Inseln.

Ihr

Inhaltsverzeichnis

LIEBE LESERINNEN UND LESER,

Mit diesem Buch aus der Buchreihe „MOBIL & AKTIV ERLEBEN" richten wir uns an all diejenigen, die sich gerne in der Natur aufhalten, sich dort sportlich aktiv betätigen und zugleich die regionale Kultur erleben möchten. Mit unseren Routen- und Ausflugsvorschlägen sowie mit den Stellplatztipps treffen wir sicherlich auch Ihren Geschmack.

Beachten Sie bitte, dass sämtliche Informationen in diesem Buch gewissenhaft und teils mehrfach vom Autoren vor Ort recherchiert worden sind. Doch kann nicht ausgeschlossen werden, dass bei der Recherche oder bei der Umsetzung im Buch etwas übersehen, vergessen oder falsch wiedergegeben wurde. Wir haben keinen Einfluss auf spätere Veränderungen der jeweiligen Gegebenheiten vor Ort, die beispielsweise vom Wetter, veränderter Rechtssituation, Verbotsschildern und anderen Rahmenbedingungen beeinflusst werden.

Verlag und Autor übernehmen keine Verantwortung für die Rechtmäßigkeit, Richtigkeit und Vollständigkeit der Angaben im Buch. Die Haftung ist ausgeschlossen, sofern ein Schaden nicht auf Vorsatz oder grobe Fahrlässigkeit des Verlags bzw. Autoren zurückgeführt werden kann.

Haben Sie doch einmal Anlass zur Kritik, Vorschläge für Ergänzungen oder Korrekturhinweise, teilen Sie es uns bitte mit. Mit Ihren Änderungsvorschlägen sowie Anregungen zu Inhalt und Gestaltung helfen Sie uns, die Wohnmobil-Reiseführer aus der Reihe MOBIL & AKTIV ERLEBEN aktuell zu halten und weiter zu verbessern.

Bitte lassen Sie uns mit konkreter Angabe von Buchtitel, Auflage und Seitenzahl wissen, welche Hinweise und Vorschläge Sie uns geben möchten. Sie erreichen uns auf dem Postweg (Adresse siehe Einleitung). Noch einfacher ist es, wenn Sie uns eine eMail an verlag@mobil-und-aktiv-erleben.de schicken oder das Kontaktformular auf der Website nutzen.

Zum Gebrauch des Buches

Bevor Sie mit der Lektüre meiner Routenvorschläge beginnen, befassen Sie sich bitte mit den folgenden Hinweisen zur Verwendung dieses Buches, die ich vorausschicken möchte. Diese beinhalten grundlegende Informationen zum Verständnis der Stellplatz- und Routentipps dieses Buches.

Freuen Sie sich auf eine eindrucksvolle Reise auf die Inseln im Nordatlantik. Sie werden eine Inselwelt erleben, die ihresgleichen sucht.

Island ist die größte Vulkaninsel der Welt. Dass hier und da ein aktiver Vulkan unter den Füßen brodelt, haben wir fast weltweit im Frühling 2010 beim Ausbruch des Eyjafjallajökull eindrucksvoll erlebt. Der Ausbruch hatte massive Auswirkungen auf den internationalen Flugverkehr und sorgte weltweit für Furore. Seither haben weitere Ausbrüche, beispielsweise 2014 der in der Gletschwerwelt des Vatnajökull gelegene Barðabunga, für Aufregung gesorgt, wenn auch mit geringeren Auswirkungen.

Island ist durchzogen von einem Y-förmigen Spaltensystem der vulkanischen Aktivität, und zwar genau dort, wo die eurasische und die amerikanische Kontinentalplatten auseinander driften. Genau dies macht die Faszination und die Besonderheit der Insel aus Feuer und Eis aus – sicher auch für Sie. Ob es farbenfrohe Bergrücken sind, dampfende und zischende Schlammpötte oder Geysire, vielleicht einfach nur das einsame Bergtal während einer Wanderung – Island wird Sie ebenso beeindrucken, wie die herzliche Gastfreundschaft und Hilfsbereitschaft der Isländer.

Ähnlich schön sind die **Färöer Inseln**, auch wenn dort der aktive Vulkanismus fehlt. Vulkanischen Ursprungs ist auch diese Inselgruppe, wie die markanten Gesteinsschichten allerorten zeigen, die wie in Island durch die Gewalt der Gletscher weiter geformt wurden, durch welche die von Gletscherzungen tief eingeschnittenen Fjorde entstanden sind.

Fasziniert werden auch Sie am Ufer eines engen Fjordes stehen und die steilen, grasbewachsenen Bergrücken bestaunen, über welche hunderte kleiner Wasserläufe zu Tal stürzen. Vor allem die schroffe, oft senkrecht aus dem Atlantik emporragende Westküste der Färöer beeindruckt ganz besonders. Was die Inseln aber auch ausmacht, sind die gemütlichen Dörfer, die sich meist ans Ende einer Meeresbucht schmiegen, aber auch die quirlige, kleine Hauptstadt Tórshavn. Ich bin überzeugt, dass auch Sie sich in den Bann dieser Inselgruppe ziehen lassen, wenn Sie dort ein paar Tage, vielleicht auch länger, aufhalten. Mehr und mehr höre ich jedenfalls von Leserinnen und Lesern, dass sie auch durchaus längere Zeit dort verbringen werden oder auf einen abwechslungsreichen Aufenthalt zurückblicken können.

Island und die Färöer haben durch gesetzliche Regelungen für das Camping und die freie Übernachtung eines gemeinsam: Man darf im Wohnmobil grundsätzlich nur auf ausgewiesenen Campingplätzen nächtigen. Die freie Übernachtung außerhalb derselben ist also vom Grundsatz her verboten, denn das Land ist fast ausschließlich in privater Hand.

Vorausgesetzt, Sie halten sich an die wichtigen Verhaltensregeln, ist es jedoch in beiden Ländern erlaubt bzw. es wird häufig geduldet, dass Sie sich im Wohnmobil auf einem öffentlichen Parkplatz über Nacht aufhalten, zumindest außerhalb der Nationalparks und Naturschutzgebiete.

Der Schlüssel zum Erfolg und wichtigste Voraussetzung dazu: Nutzen Sie niemals freie Stellplätze, ohne zuvor von Anwohnern oder den Landbesitzern das Einverständnis einzuholen. Denn wer

Traumplatz auf den Färöer Inseln: Tjørnuvík (Insel Streymoy) ...

freundlich fragt und sich nicht einfach irgendwo hinstellt, wird in der Regel eine – ebenso freundliche – Einwilligung erhalten. Besonders hilfreich ist diese Regel, wenn Sie sich ein Essen in einem Restaurant gönnen oder gerne von einem Wanderparkplatz in aller Frühe und ohne Anfahrt zu einer Bergtour starten möchten. Ebenso liegt es in der Natur des Reisens mit einem Wohnmobil, dass man gerne auch einmal zum Beispiel einen Fotohalt über Nacht einlegt, um faszinierende Polarlichter, Pflanzen, Tiere oder die eindrucksvolle Landschaft im Wandel des Tageslichts vor die Linse zu bekommen.

Auch auf den Inseln im Nordatlantik hat der Tourismus und damit das Reisen in Wohnmobilen stark zugenommen, auch wenn der Begriff „Massentourismus" - zumindest außerhalb der touristischen Höhepunkte - nach wie vor kaum damit zu vergleichen ist, was wir aus Mitteleuropa kennen. So möchte ich diesem Buch die wichtigsten (eigentlich selbstverständlichen!) Hinweise für das ordnungsgemäße Verhalten auf Wohnmobilreisen vorausschicken. Denn immer wieder erreichen mich Berichte von Leserinnen und Lesern, die einem blankes Entsetzen, ja die Zornesröte ins Gesicht treiben können. Ich weiß zwar aus Nachfragen vor Ort, dass dies nicht die Regel ist. Doch das gewissenlose Verhalten Einzelner wird leider auch im hohen Norden immer häufiger.

... Auf ausdrückliche Nachfrage war ich hier über Nacht willkommen.

Wichtige Verhaltensregeln ...

Ein häufiger Grund, weshalb Stellplätze für Wohnmobile geschlossen oder immer höhere Kosten berechnet werden, ist das Fehlverhalten einiger weniger Nutzer. Wir alle ärgern uns, wenn ein schöner Platz gesperrt wird, weil Anwohner (oder Gegner des Wohnmobil-Tourismus) negative Ereignisse an den Betreiber oder die zuständige Kommune weitergeben, oder wenn, wie jüngst in Island, die freie Übernachtung generell verboten wird.

Das Beispiel Island zeigt es besonders gut: Bis vor kurzem war es völlig problemlos und fast überall geduldet, frei zu übernachten. Doch das Fehlverhalten hat leider stark überhand genommen und damit den Gegnern freier Übernachtungsplätze Wasser auf die Mühlen gegeben.

Dabei wäre es eigentlich ganz einfach, mit ein wenig Fingerspitzengefühl und Respekt für Land und Leute auf Wohnmobil-Stellplätzen, aber auch und ganz besonders auf freien Stellplätzen, folgende Grundsätze zu beherzigen:

KEINE FREIE ÜBERNACHTUNG OHNE EINWILLIGUNG!

Wie schon erwähnt, trat in Island mit Wirkung ab 2016 ein Gesetz in Kraft, welches - wie zuvor schon auf den Färöer Inseln - die freie Übernachtung untersagt. Zulässig ist die Übernachtung deshalb ausschließlich auf ausgewiesenen Campingplätzen.

Allerdings ist es in beiden Ländern ausdrücklich erlaubt, den Besitzer des jeweiligen Landes um sein Einverständnis zu bitten, ausnahmsweise einen dort vorhandenen Parkplatz für eine Nacht nutzen zu dürfen.

Besonders sinnvoll ist es beispielsweise, am besten schon vor der Einkehr im Restaurant oder beim Personal touristischer Einrichtungen um die Einwilligung zu bitten. Sehr hilfreich ist es, wenn man eine Toilette, einen Abwassertank sowie einen Müllbehälter an Bord des Wohnmobils hat - und diese Vorrichtungen auch gewissenhaft nutzt.

MÜLL GEHÖRT IN DIE MÜLLTONNE

Auf guten Wohnmobil-Stellplätzen und Parkplätzen finden sich meist Mülltonnen oder -körbe. Sollten diese schon voll sein, nehmen Sie Ihren Abfall bitte mit und stellen ihn nicht auf den Boden neben der Tonne. Es wäre eine Frage der Zeit, bis Wild- oder Haustiere, von den Lebensmittelrückständen angelockt, die Beutel zerfleddern. Auch der über Nacht unterm Wohnmobil deponierte Müllbeutel könnte so enden, weshalb Müllreste über den Platz verteilt werden.

V/E-Station und wenige Schritte zum Hafen: Campingplatz Vestmanna (FO)

... kurz zusammengefasst

ABWASSERENTSORGUNG (GRAUWASSER)

Viele Ver- und Entsorgungsstationen sind in den Routenbeschreibungen erwähnt. Nicht immer kann der Ablauf des Abwassertanks jedoch exakt über den Gully der Entsorgungsstelle rangiert werden. So sollte ein Schlauch (mindestens 1-2 m) an Bord sein, der an den Abwassertank angeschlossen wird, um das Grauwasser „zielsicher" ablaufen zu lassen. Alternativ tut ein Eimer oder ein Faltkanister gute Dienste. Nehmen Sie Rücksicht auf Ihre Stellplatznachbarn und sorgen Sie dafür, dass Ihr Abwasser nicht über die Parkfläche plätschert.

TOILETTEN/TOILETTENENTSORGUNG

Was in der Toilettenkassette landet, vor allem aber, wie es wieder herauskommt, gehört nicht zu den bevorzugten Urlaubsthemen. Die Toilettenentsorgung ist mit folgenden Grundregeln jedoch kein Problem:

- **Sparsamer Umgang mit der Chemie (oder gar keine Chemie?)** Natürlich wissen wir um deren Vorteile: Gerüche werden unterdrückt, eine gewisse Reinigungs- und Pflegewirkung kommt hinzu.
- **Es geht aber auch ohne Chemie!** Rüsten Sie Ihre Toilette mit einer Absaugeinrichtung aus, welche die Gase aus der Kassette über einen Aktivkohlefilter nach außen saugt.

Warum? Die Chemikalien töten Bakterien, welche die natürliche Zersetzung erledigen. Produkt der kleinen Helfer sind schlecht riechende Gase. Die Chemie erledigt ihren Job aber auch in der Kläranlage, wo die Bakterien eigens gezüchtet werden. Ob und wie viel der Chemikalien Sie verwenden (auch wenn „biologisch abbaubar" drauf steht), müssen Sie entscheiden. Wir appellieren nur an Ihr Umweltgewissen.

So macht man sich das Ganze leichter:

- Toilette nicht erst leeren, wenn die Füllstandsanzeige „rot" zeigt.
- Sollte beim Entsorgen mal etwas „daneben" gehen, hinterlassen Sie den Platz bitte trozdem so sauber, wie Sie ihn antreffen möchten.
- Grauwasser, das kaum problematische Inhaltsstoffe (nur geringe Mengen Spül- und Reinigungsmittel) beinhaltet, eignet sich, um die Toilettenkassette zu spülen.

Vor allem bitte ich Sie **Toiletten zu nutzen**, statt die Notdurft im Freien zu verrichten. „Häufchen" und Toilettenpapier in der Natur waren ein Hauptgrund, weshalb die Bauern - verständlicherweise - sauer reagierten und das Verbot der freien Übernachtung erwirkten. Vermeiden oder entsorgen Sie bitte deshalb solche Hinterlassenschaften gewissenhaft.

Gute V/E-Station in Vopnafjörður

Es ist klar, was gemeint ist, oder?

RUHEZEITEN AUF STELLPLÄTZEN

Sie und Ihre Stellplatznachbarn möchten den Aufenthalt in Ruhe genießen. Wer mag es schon, wenn - besonders nachts - laut gefeiert wird, Musik dröhnt oder bei offenen Fenstern der Lautstärkeregler des Fernsehgerätes hochgedreht wird. Denken Sie nicht nur an die Stellplatznachbarn, sondern auch an Anwohner und nicht zuletzt an die Natur.

RÜCKSICHTNAHME AUF ANDERE BEDEUTET AUCH:

Nicht quer zur vorgesehenen Stellplatzfläche parken: Andere Stellplatzgäste freuen sich, wenn die Stellfläche eingehalten wird und sie hierdurch problemlos einen Platz finden können.

Abstand halten: Dem Nachbarn „nicht auf die Pelle rücken" - jeder ist dankbar für die Wahrung einer angemessenen Privatsphäre.

Kein unnötiges Rangieren oder der Betrieb von Stromaggregaten: Beides stört nicht nur Ihre Stellplatznachbarn, sondern auch Anwohner.

Platz reservieren mit Campingtisch & Co. Oft, besonders auf Wohnmobil-Stellplätzen, ist dies nicht möglich bzw. erwünscht. Beliebt macht man sich in den meisten Fällen ohnehin nicht damit, denn die Inseln im Nordatlantik bieten fast ausnahmslos keine parzellierten Campingplätze, auf denen man „seinen" Platz reservieren könnte.

EINHALTUNG DER STELLPLATZREGELN

Halten Sie sich an die Stellplatzregeln, die meist mit einem Zusatzschild zum Parkplatzzeichen angezeigt werden oder in einem Infokasten ausgehängt werden. Die maximale Verweildauer muss eingehalten werden. Und grundsätzlich sind Park- und Wohnmobil-Stellplätze keine Campingplätze. Vermeiden Sie deshalb Campingverhalten (z. B. Betrieb von Holzkohlegrill, Ausfahren der Markise und Aufstellen von Tisch und Stühlen etc.), wenn es auf freien Plätze nicht ausdrücklich erlaubt ist.

UNTERWEGS MIT DEM WOHNMOBIL

Es ist in Island und auf den Färöer Inseln generell verboten, Kraftfahrzeuge außerhalb der offiziellen Straßen und Wege zu bewegen.

„**No off-road driving!**" ist die Devise, denn die Narben in der überaus empfindlichen Natur sind auf Jahre hin sichtbar. Die Spuren der Fahrzeuge außerhalb der Straßen sind überdies oft die Ursache, dass sich in den Reifenspuren Wasser sammelt, weil der Boden verdichtet wurde. Das hat eine gänzlich andere Vegetation zur Folge.

Üble Schäden in der Natur - Folgen des „Off-Road-Vergnügens"

Schlimmstenfalls bilden sich in den Reifenspuren durch die reichen Niederschläge tiefe Erosionsrinnen, und die ohnehin schon äußerst dünne Humusschicht wird weggespült. Wo das passiert, da wächst auf Jahrzehnte hin schlicht überhaupt nichts mehr. Die Fotos auf der vorigen Seite unten zeigen es überdeutlich, welche Verantwortung bei den Lenkerinnen und Lenkern von Fahrzeugen liegt.

Deshalb werden Zuwiderhandlungen auch äußerst hart bestraft. Schonen Sie also die Natur und nicht zuletzt die Urlaubskasse und unterlassen jegliche Fahrt außerhalb der offiziellen Straßen und Wege!

Übrigens: Es gilt auch schon als „Off-road driving", wenn Sie zum Parken abseits der Straße auf Wiesen- oder Schotterflächen fahren, die eine vermeintlich schöne Aussicht oder eine schöne, ebene Fläche bieten, auf dass die Kaffeetasse oder der Kochtopf schön waagerecht steht. Verboten ist eben verboten - und der Schutz der Natur ist es wert, sich daran zu halten (siehe auch **www.safetravel.is**).

Dies gilt übrigens im Grunde auch beim Wandern, wo nach Möglichkeit bestehende Wanderwege genutzt werden sollten. Nur sind dort die Pfade leider oft sehr schlecht markiert oder kaum zu sehen. Besonders in Naturschutzgebieten, Nationalparks und Naturreservaten gilt es aber besonders, auch darauf zu achten, die empfindliche Vegetation zu schonen.

ZUSAMMENFASSEND:

Egal, ob Sie unterwegs sind, sich auf Campingplätzen oder bei der freien Übernachtung aufhalten: Verhalten Sie sich bitte immer so, als würden Sie sich im eigenen Garten oder vor der Haustür Ihrer besten Freunde aufhalten.

Niemand käme dort auf die Idee, Müll herumliegen zu lassen, die Toilette auf dem Rasen zu entleeren, Grauwasser auf dem Platz abzulassen, wo Kinder spielen oder dem Gastgeber gar an den Obstbaum zu pinkeln...

Anders gesagt: Verhalten Sie sich auf Ihrer Wohnmobilreise, besonders auf Park- und Stellplätzen, immer so, als stünde das Wohnmobil, in dem Sie reisen, vor Ihrer eigenen Haustür oder auf Ihrem Privatgrundstück. Es würde Sie stören? Dann haben Sie etwas falsch gemacht!

Der einfache, aber traumhaft gelegene Campingplatz Garður (Reykjanes/Island)

Auch wenn Sie zur überwältigenden Mehrheit derer gehören, die darauf achten, dass es keine Beanstandungen geben kann, sollten Sie diese Appelle aufmerksam lesen und vor allem beachten. Sie können, ja Sie sollten meine Hinweise auch den schwarzen Schafen „unter die Nase halten", sofern diese sich nicht zu benehmen wissen.

Bitte haben Sie immer die höchst empfindliche Natur im Bewusstsein, die Sie erhalten sollten, wie sie ist – vielleicht auch noch etwas sauberer, als man sie vorgefunden hat.

Für die Entsorgung des Abwassers gibt es ein recht dichtes Netz von Ver- und Entsorgungsstationen, auf das ich ausführlich eingehe. Umso mehr ist es eine unverständliche Gedankenlosigkeit Einzelner, von der mir Leser berichteten. Ein unliebsamer Zeitgenosse hatte seine Camping-Toilette in den Graben eines Parkplatzes in Island entleert – wenige Meter von einer öffentlichen Toilette und auf der anderen Seite von einem Wohnhaus nahe dem Ort Djúpivógur (Ostfjorde) entfernt. An anderer Stelle wurde mir mitgeteilt, ein Wohnmobilist habe seine Toilette nach der Reinigung des Reisemobils auf dem Autowaschplatz einer Tankstelle in Husavík einfach auf den Boden entleert.

Wanderparkplatz am Fláajökull (Südisland)

Wer solches tut, aber auch wer seinen Müll nicht korrekt entsorgt, handelt wider jede Vernunft und zudem gesetzeswidrig. Es ist und bleibt eine Pflicht, Abfälle jeglicher Art ordnungsgemäß zu entsorgen. Wer dies nicht beachtet, leistet einen direkten Beitrag dazu, dass Wohnmobile hier und da nicht mehr willkommen sind.

Ich bitte Sie deshalb zusammenfassend noch einmal dringend: Nehmen Sie Rücksicht auf Mensch und Natur, und zwar in der Weise und in dem Umfang, wie Sie es selbst von Ihren Mitmenschen erwarten.

Aus gutem Grund habe ich auf allen Routen zahlreiche Übernachtungsplätze gesucht und beschrieben – deutlich mehr, als Sie auf Ihrer Reise nutzen können. Damit möchte ich dazu beitragen, Ansammlungen von Wohnmobilen außerhalb der Campingplätze zu vermeiden. Sie werden mit meinen Hinweisen in zumutbarer Entfernung Alternativen finden, wenn ein Parkplatz belegt ist, auch wenn die Kapazität für mehr Fahrzeuge auszureichen scheint. Wohnmobile ziehen nun mal aufgrund Größe und Farbe die Blicke auf sich. Aus diesen Gründen ist es seit 2016 in Island (wie schon auf den Färöer Inseln) **gesetzlich vorgeschrieben**,

Solch schöne Plätze finden Sie zahlreich. Bitte tragen Sie dazu bei, dass es so bleibt!

immer offizielle Campingplätze zu nutzen, wenn diese in angemessener Distanz zu erreichen sind. Was allerdings „angemessen" und im Sinne des Umweltschutzes „sinnvoll" ist, bleibt der praktischen Umsetzung überlassen - und selbstverständlich Ihnen und Ihrem Fingerspitzengefühl. Es liegt an Ihnen selbst, mit **Respekt vor Mensch und Natur** zu reisen und damit eine unbeschwerte Reise zu erleben. Wenn Sie all dies beherzigen, werden Sie mit Ihrem Wohnmobil eine Traumreise erleben und keinen Ärger bekommen.

Ein geländegängiges 4x4-Fahrzeug ist für eine Islandreise längst nicht mehr nötig. Nur, wenn Sie in Island ins Hochland reisen möchten, ist ein robuster Allradwagen zwingend erforderlich. Vor allem in Island werden Sie öfters Schotterstraßen finden, wenngleich die Hauptverkehrsstraßen meistens asphaltiert sind. Lesen Sie deshalb bitte aufmerksam die Infos von A-Z unter der Überschrift „Auto fahren". Passen Sie Ihre Fahrweise stets den Gegebenheiten an. Es ist keine Schande, eine schmale Schotterpiste auszulassen, auch wenn das Ziel noch so schön wäre. Ein Schaden am Wohnmobil wäre schlimmer. Vor allem ist er in den meisten Fällen vermeidbar, wenn man vernünftig und angepasst fährt.

In den Routenbeschreibungen finden Sie Hinweise auf Einschränkungen und Schwierigkeiten für größere Fahrzeuge über 3,5 t oder 7 m Länge in Bezug auf die Straßenverhältnisse.

Piloten von 4x4-Fahrzeugen, die sich zum Fahren abseits der Straße verführt sehen, sei auch an dieser Stelle noch einmal ganz deutlich gesagt: Jede Fahrt abseits offizieller Pisten bedeutet eine jahrelang sichtbare, hässliche Narbe in der Landschaft, wie die Aufnahme (S. 10 unten rechts) deutlich zeigt. Deshalb ist **Offroad Fahren streng verboten**! Es wird übrigens auch ebenso strikt verfolgt und mit empfindlichen Geldstrafen geahndet.

Nutzen Sie ein Navigationssystem, erkundigen Sie sich im Vorfeld beim Hersteller nach den detaillierten Kartendaten für Island. Ich nutzte für meine Recherchen beispielsweise ein Garmin Camper 600, bei dem die Kartendaten vorinstalliert waren. Für die Färöer Inseln werden Sie diesbezüglich kaum Glück haben, auch bei Garmin nicht. Doch insgesamt ist solch ein Gerät stets hilfreich,, ganz besonders, wenn man alleine reist und keine/n hilfreiche/n Beifahrer/in an Bord hat, um die Landkarte zu lesen.

Generell empfehle ich - zusätzlich zum elektronischen Navigationsgerät - die Mitnahme einer guten Straßenkarte, und dies nicht nur, weil ein Navigationssystem mal seinen Geist aufgeben könnte. Eine Karte im Maßstab 1:500.000 reicht in der Regel. Besser sind natürlich Karten 1:200.000). Eine gute Straßenkarte ist für den Überblick und die bessere Orientierung sehr hilfreich. Deshalb verweise ich unter „Literaturempfehlungen" auf gutes Kartenmaterial. Ebenso sei hier noch auf die offline verwendbare Karte verwiesen, die Sie unter „maps.me" finden. Sie werden staunen, wie gut man (auch ohne Navi-System) damit die Inseln „erfahren" kann.

Dieses Buch wurde mit viel Aufwand und nach bestem Wissen auf mehreren Reisen in Island und auf den Färöern recherchiert. Zudem wurden viele Hinweise von Lesern berücksichtigt. Doch veralten natürlich auch diese Informationen und Tourenvorschläge früher oder später, allem voran Preise und Öffnungszeiten, weshalb die Angaben Stand 2016 zu verstehen und unter diesem Vorbehalt **nur als Anhaltspunkt** zu verstehen sind.

Sollten Sie Veränderungen entdecken oder Anregungen und Verbesserungsvorschläge haben, die Ihnen das Buch noch hilfreicher gemacht hätten, dann lassen Sie es mich bitte wissen.

Am besten senden Sie mir eine eMail an verlag@mobil-und-aktiv-erleben.de. So kann ich auch künftig ein informatives Buch für Ihre Reise mit dem Wohnmobil nach Island gestalten. Für Ihre Mühe sage ich schon an dieser Stelle: „**Vielen Dank**!"

Erläuterung zu den Symbolen

P	Parkplatz		Rast- und Picknickplatz
Ü	Übernachtungsplatz	C	Campingplatz
	Ver-/Entsorgungsstation		Wasserversorgung
	Stromanschluss	WC	öffentliche) Toilette
	Wandern, Nordic Walking	i	Hintergrundinformation
	Restaurant		Hofladen/regionale Produkte
4x4	Ausflug für Allradfahrzeuge		Sehenswürdigkeit
	Markanter Gipfel/Aussicht		Vulkanische Sehensw.
	Thermalbad/Hot Pot		Badesee/Schwimmbad
	Vogelbeobachtung		Walbeobachtung

Die Färöer Inseln

Herzlich willkommen auf dem Weg nach Island! Auf welcher Route Sie gefahren sein mögen - unser Treffpunkt ist die A7 bei Hamburg. Auf der Autobahn gelangen auch Sie (hoffentlich) zügig über Flensburg nach Dänemark bis fast an die Nordspitze von Jütland. In Hirtshals nimmt Sie die Norröna mit auf den Weg nach Island. Dazwischen liegt ein Besuch auf den Färöer Inseln, wenn Sie dies gebucht haben. Und das empfehle ich Ihnen!

Die Färöer Inseln sollten Sie nicht links liegen lassen. Um Ihnen den Gedanken an eine Fahrtunterbrechung mit Aufenthalt auf den Färöer Inseln näher zu bringen, habe ich die Überfahrt nach Island auf dem Hin- und Rückweg unterbrochen und möchte Ihnen einen Eindruck von der herrlichen Fjordlandschaft vermitteln, welche mich stark an die Westfjorde in Island erinnert.

Die Insel Mykines - ein Muss für Vogelfreunde

Höhepunkte der Route auf den Färöer Inseln

1 TÓRSHAVN UND DIE INSEL STREYMOY

Die kleinste Hauptstadt Europas besticht durch das Regierungsviertel Tinganes, das bunte Häusermeer und attraktive Sehenswürdigkeiten, wie z. B. das Nordische Haus oder das nahe Kirkubøur (Seite 18).

2 INSEL STREYMOY: VESTMANNA

Der Fischerort bietet neben schönen Wanderrouten vor allem herrliche Bootsausflüge zu den steilen Felsküsten und nach Mykines (Seite 26).

3 INSEL EYSTUROY: ROMANTISCHE DÖRFER GJÓGV UND EIÐUVÍK

Die vielleicht romantischsten Dörfer der Färöer Inseln bietet einen romantischen alten Hafen (Gjógv) und eine ebensolche Bucht (Eiðuvík) (Seite 36).

4 INSEL BORÐOY: KLAKSVÍK

Unübertrefflich ist der Blick vom Hausberg auf die Fjorde. Ebenso eindrucksvoll ist die moderne Kirche (Seite 45).

5 INSEL MYKINES: PARADIES FÜR VOGELFREUNDE

Lassen Sie sich von Papageientauchern und Basstölpelkolonien auf einer kurzen Wanderung vom Dorf aus verzaubern (Seite 59).

Sofern auch auf Ihrer Reise gute Sicht herrscht, erblicken Sie schon während der Fahrt der Norröna entlang der Küste bunte Häuser und Dörfer, die sich wie Farbkleckse an die steilen, grünen Berghänge schmiegen. Färöischen Boden betreten Sie zunächst in der Hauptstadt Tórshavn.

Der erste Blick auf Tórshavn von der Norröna aus

1 Tórshavn und die Insel Streymoy

Nachdem das Wohnmobil in Tórshavn von der Fähre gerollt ist, lassen Sie sich vom bunten Häusermeer der Hauptstadt in ihren Bann ziehen. Hier lebt fast die Hälfte der Bevölkerung des Inselstaates. Die kleine Metropole liegt auf der Hauptinsel **Streymoy**, die sich von Tórshavn aus in nordwestlicher Richtung erstreckt, und bietet Ihnen auch einen stadtnahen Campingplatz.

C WC TÓRSHAVN CAMPING

Stellplatzart: Campingplatz
GPS: N62 01 00.8 W6 45 18.5
Adresse: 100 Tórshavn, Yviri við Strønd
Tel.: (+298) 30 24 25
mailto: torsinfo@torshavn.fo
Homepage: www.visittorshavn.fo
Zufahrtinfo: Am Fährhafen rechts ab auf die 52, ca. 2 km der Küste folgen.
Kurzbeschreibung: Geschotterter Platz zwischen dem Meer und der Durchgangsstraße. Stromanschlussmöglichkeit an allen Stellplätzen (ca. 25 Wohnmobile/Caravans finden Platz). Frischwasser an der linken Seite des neu gebauten Rezeptionsgebäudes mit neuen WC/Du, Küche und Aufenthaltsraum. Eine Entsorgung für Camping-WCs (Kassettenausguss) wurde neben der Einfahrt/Rezeption nachgerüstet, leider jedoch ohne Bodenablauf. **Preis 2016:** DKK 95,-/Erw., DKK 60,-/Kind, Strom DKK 50,-, Waschmaschine/Trockner je DKK 30,-.
Öffnungszeit: Mai bis September.

Ver-/Entsorgung: Bei der Kläranlage/Müllverbrennung außerhalb der Stadt mit Bodenablass. Folgen Sie vom Campingplatz der 52 (Hvitanesvegur) und am Kreisverkehr rechts ab der 50 (Kaldbaksvegur) stadtauswärts. Bald ist die Entsorgungsstation links ab ausgeschildert. Geöffnet allerdings nur von 10-17 Uhr. **GPS** N62 02 47.9 W6 47 13.6.

i DIE TÓRSHAVN WELCOME CARD (STAND 2016)

Die Karte gibt Ihnen freie Zugang zu Museen, ins Aquarium, Schwimmbad sowie Rabatt in Geschäften mit Färöischen Produkten sowie einigen Cafés in Tórshavn. Die Karte gibt es mit Geltungsdauer von 24 Stunden (DKK 60,00), 48 Stunden (95 DKK sowie 72 Std. (110 DKK). Erhältlich ist sie in der Tourist Information sowie auf dem Campingplatz).

i TOURIST INFORMATION TÓRSHAVN

Das Informationsbüro findet sich an neuer Adresse in der Niels Finsens gøta 17, Tel. +298 30 24 25, www.visittorshavn.fo, mailto: torsinfo@torshavn.fo.
Öffnungszeiten/Info: Mai-Aug. Mo-Fr 8^{00}-17^{30} h, Sa 9^{00}-16^{00} h, So im Juli 11^{00}-15^{00} h. Sept.-April Mo-Fr 9^{00}-17^{00} h, Sa 10^{00}-15^{00} h.

Besorgen Sie sich in der Tourist Information oder bereits an Bord der Norröna den kostenlosen Stadtplan sowie die (ebenso kostenlose) Landkarte über die Färöer Inseln. Sie reicht als Straßenkarte vollkommen aus. Sparen Sie sich das Geld, sich im Vorfeld eine teure Straßenkarte über die Inselgruppe zu kaufen. So viele Straßen gibt es gar nicht, und diejenigen, die Sie brauchen, sind auf der oben erwähnten kostenlosen Karte aufgeführt.

Nach Kartendaten fürs Navigationssystem sollten Sie bei Ihrem Händler fragen. Allerdings haben die Hersteller bis dato offensichtlich übersehen, dass die Färöer Inseln auch zu Europa gehören.

Auch Ihnen wird schon von der Fähre aus das einmalig schöne Ensemble des **Stadtviertels Tinganes** aufgefallen sein, das mit falunrot oder schwarz getünchten, grasbewachsenen Holzhäusern fast schon richtig gemütlich erscheint.

Damit Sie sich, je nach der Ankunftszeit (teils in der Nacht oder früh morgens) nicht mit der lästigen Parkplatzsuche aufhalten und für ein paar Stunden Schlaf auch nicht auf dem Campingplatz einbuchen (und bezahlen) müssen, habe ich ein paar Tipps für Sie, wo das Wohnmobil bei Bedarf gut steht, denn der Campingplatz ist dann häufig doch übervoll. Gleichwohl ist Camping ist außerhalb der Campingplätze offiziell verboten. So können Sie etwas ausruhen und sich fürs erste Frühstück versorgen.

Bei den bisherigen Fahrten nach Tórshavn hat es meine Familie und mich immer wieder zunächst rechts ab, am Campingplatz vorbei und weiter zur nächsten Abzweigung gezogen, um den fehlenden Schlaf nachzuholen und anschließend ein Frühstück zu genießen. Dazu fehlen mir aber erst mal die Zutaten. So halte ich mich zur Umfahrung des Straßengewirrs der Innenstadt links, gelange über eine Kuppe hinweg bis zur K. C. Effersøs gøta, biege rechts ab und fahre bis zur Verkehrsinsel weiter. Nun geht es links ab auf den **Parkplatz des SMS Einkaufszentrums (GPS** N62 00 52.9 W6 46 31.6), wo ich für ein paar Stunden die Rollos zuziehe und schlafe, bis die Geschäfte öffnen. **Doch Vorsicht**! Mit größeren Fahrzeugen ist die mit Betonkanten eingefasste Linksabbiegerspur recht eng. Fahren Sie zum nächsten Kreisel in Höhe des Stadions und wenden dort, um zum Einkaufszentrum zurück zu gelangen.

Es ist angenehm, dass ich ausgeruht nur aus der Wohnmobiltür steigen muss, um mich im Einkaufszentrum mit dem Nötigen für ein gutes Frühstück und den Lebensmitteln für die nächsten Tage einzudecken. Im Untergeschoss gibt es einen großen, guten Lebensmittelmarkt und eine Bäckerei.

Übrigens: Auf den Färöer Inseln erhalten Sie gute Backwaren, darunter frische Brötchen, kräftiges, dunkles Brot und hervorragende Konditoreiwaren.

Tinganes - hier werden die politischen Fäden der Färöer gezogen.

St. Olav - Taufstein und Altarbild

Gemütliches Café am Jachthafen

Am Fischerhafen von Tórshavn

Eine gute Alternative ist der **Parkplatz hinter dem Jachthafen** (**GPS** N62 00 31.8 W6 46 33.5). Sie erreichen ihn, wenn Sie von der Fähre links abbiegen, nach dem Hafengelände dem Bogen rechts ab folgen und nach der Engstelle links abbiegen. Sie passieren das **Poul-Nolsö-Denkmal**, umfahren den Felsrücken auf dem Vágsbotnur und können rechts auf dem großen Parkplatz mit Parkscheibe für 8 Stunden stehen, um sich das nötige Nickerchen zu gönnen. **Wichtig:** Die Parkscheibe muss **rechts unten** auf dem Armaturenbrett liegen - Ordnung muss auch auf den Färöern sein!

Von ist es nicht weit zum FK-Einkaufszentrum, wo Sie sich ebenfalls mit dem Nötigen für die Füllung des Kühlschranks und fürs Frühstück eindecken können. Gehen Sie einfach vom Parkplatz links die Straße Bøgøta hinauf, schon laufen Sie mehr oder weniger direkt zum Supermarkt und weiter in die Innenstadt.

Sehenswertes in Tórshavn

Die Geschichte der Hauptstadt der Inselgruppe geht bis in die Wikingerzeit zurück. An Sehenswürdigkeiten sind zunächst vor allem die historischen Gebäude beiderseits des Hafens zu nennen. Tórshavn wurde schon vor über 1000 Jahren von norwegischen Auswanderern besiedelt. Dort, wo heute die falunroten Regierungsgebäude auf den flachen Felsen des Stadtteils Tinganes stehen, befand sich einst die Thingstätte. Hier wurde Recht gesprochen, Gesetze beraten und verkündet und Handel betrieben. Davon leitet sich der Name Tinganes ab. Gönnen Sie sich den gemütlichen Bummel durch die engen, verworrenen Gassen und Winkel zwischen den historischen Holzhäusern, die teils falunrot gestrichen, teils schwarz geteert sind und zumeist Grassodendächer tragen.

Unbedingt anschauen sollten Sie die schöne hölzerne Domkirche aus dem 19. Jahrhundert. Besonders hervorheben möchte ich den Taufstein mit der Silberkanne und dem historischen Untersatz aus Gold (geöffnet Mai-30 Sept. Mo 14^{30}-16^{30} h, Di-Fr bis 18^{00} h. Sa/So 10^{00}-14^{00} h).

Der färöische Erzähler Heinesen wurde im Jahr 1900 in Tinganes geboren und schilderte seine Eindrücke beim Ausblick in die Weite des Meeres und des Himmels - Dinge, die ihn zu fantasievollen Erzählungen inspirierten. Eine Elfengestalt, die seiner Dichtkunst entsprang, ist im Stadtgarten zu sehen.

Dort befindet sich auch das Färöische Kunstmuseum. **Öffnungszeiten/Info:** Mai-Aug. Mo-Fr 11^{00}-17^{00} h, Sa/So 14^{00}-17^{00} h, www.art.fo, Grundadalsvegur 6. Tel. +298 31 35 79, im Winterhalbjahr Di-So 14^{00}-17^{00} h. Führungen gibt es in der Hauptsaison (Juni-Aug. Mi 19^{00}-21^{00} h). Nicht weit vom Stadtpark entfernt, in Fußwegnähe von der Stadtmitte, finden Sie übrigens das SMS Einkaufszentrum.

Informationen zur Geschichte und zur Natur der Färöer erhalten Sie im **Färöischen Museum** mit angeschlossenem **Freilichtmuseum** (400 m südlich davon) . Beides befindet sich im Stadtteil **Hoyvík** im Norden des Stadtgebietes an der Straße 52 (geöffnet Mo-Fr 10^{00}-17^{00} h, Sa/So 14^{00}-17^{00} h).

Rechts der Ausfahrt vom Fährhafen befindet sich die **Festungsanlage Skansin**. Besteigen Sie diese, haben Sie naturgemäß einen guten Überblick über Stadt und Hafen. Schließlich sollten beide von hier aus beobachtet und geschützt werden. Nachdem sie als Militärstützpunkt ausgedient hatte, wurde die kleine Truppe zur Polizeieinheit umgeschult und die Festung damit vorübergehend zur Polizeikaserne. Heute erinnern nur noch die Festungsmauern und ein paar Kanonen an die Vergangenheit.

Jenseits von Tinganes liegt im Angesicht der schmucken, bunten Spitzgiebelhäuser der **Jachthafen** (siehe Parkplatztipp) und das sehenswerte, bronzene **Poul-Nolsö-Denkmal**. Der Seefahrer, Händler und Bauer blickt anscheinend wachsam über das Kommen und Gehen der Fischer- und Ausflugsboote in der Marina. Wenn Sie Glück haben, landet gerade ein Fischerboot an und der Fang wird auf den Verkaufsständen am Fuß der schönen Spitzgiebelhäuser feilgeboten. Dahinter befindet sich übrigens das deutsche Generalkonsulat.

Einen Besuch wert ist das **Haus des Nordens**, das wichtigste Kulturzentrum der Stadt. Es ist wurde von den Staaten Skandinaviens gemeinsam erbaut. Im wechselnden Turnus übernimmt eines der Länder die Führung für die temporären Ausstellungen.

Das Kulturzentrum „Haus des Nordens" mit seiner modernen Architektur

Das Kulturzentrum wird rege von der Bevölkerung genutzt, sei es um die ausgestellten Kunstwerke zu besichtigen, Konzerten zu lauschen, Tanzvorführungen anzuschauen oder zu tanzen. Auch Kindern und Jugendlichen wird Raum gegeben. Das Programm beinhaltet Betätigungen für alle, indem beispielsweise gemeinsame Strickabende veranstaltet werden, um die traditionellen Handarbeiten (vor allem Wollprodukte der Färöer) zu erhalten. Davon können auch Sie profitieren, indem sie schöne Stücke erwerben. Das Museumscafé bietet Kaffee und Kuchen und über Mittag ein Salat- und Lunchbuffet, dem auch Einheimische gerne zusprechen, was ja stets ein gutes Zeichen ist. Jüngstes Kind der Museumswelt von Tórshavn ist das **Meereasaquarium Sjósavn**, das Einblicke in die Unterwasserwelt der Färöer bietet (www.sjosavn.fo). **Öffnungszeiten/Info:** Mitte Juni- Aug. Di-So 14^{00}-17^{00} h.

ROUTE 1

ESSEN IN TÓRSHAVN (UND AUF DEN FÄRÖER INSELN)

Auch kulinarisch sollten Sie auf Erkundung gehen. Empfohlen wurde mir vielfach das **Hotel Hafnir**, das dienstags ein reichhaltiges Fischbuffet anbietet. Dass ich dieser Empfehlung nicht gefolgt bin und stattdessen das Mittagsmenü ausprobiert habe, war eine ausgesprochen gute und übrigens recht preisgünstige Alternative.

Wo immer Sie essen gehen, sollten Sie den Spezialitäten der Inselgruppe zusprechen, dabei aber Vorsicht walten lassen.

Es stehen vielleicht Speisen auf der Menükarte, die uns Mitteleuropäern durchaus nicht nur schwer über die Lippen gehen, sondern ebenso schwer am Gaumen vorbei. Walspeck, gesengter Schafskopf, luftgetrocknetes Schafsfleisch (skerpikjöt) oder Walfleisch sind nunmal nicht jedermanns Sache.

Seeteufel, Lachs, Krustentiere - alles vor den Toren der Stadt gefangen, und nicht zuletzt natürlich das schmackhafte Lammfleisch (Bild: Lammfilet in Gjógv/Gjáargarður) sind dagegen sicher auch für Sie von Interesse. Vielleicht ist es auch einfach nur eine Portion Fish & Chips vom Stand gegenüber der Ausfahrt vom Fährhafen. Denn auch das schmeckt hier richtig gut, übrigens ebenso wie das auf den Färöern, genauer in Klaksvík, gebraute Föroya Bjór, das vom besonders guten Trinkwasser profitiert. Das Bier wiederum haben Sie - inzwischen leider aus Dosen - vielleicht schon auf der Norröna kennengelernt.

Die Vielfalt macht den ausführlichen Besuch in Tórshavn empfehlenswert. Ebenso klar ist, dass ich es nicht bei Tórshavn belassen, sondern noch einiges von den Färöer Inseln kennen lernen möchte, zumindest soweit es mit dem Wohnmobil gut erreichbar ist.

ROUTE 1

Ausflug zum historischen Bischofssitz Kirkjubøur

Fährt man in Tórshavn am Stadion und am Nordic House vorbei, wendet sich die Straße in weitem Bogen nach links. Achten Sie auf die bald folgende Abzweigung auf die 54, die über die Passhöhe am Fuß des 321 m hohen Kirkjubøreyn hinweg Richtung Kirkjubøur führt. Kurz vor dem Ziel weist ein Hinweisschild rechts hinab zum Fährhafen, von dem Sie auch einen Ausflug auf die Inseln Sandoy und Hestur unternehmen könnten. Doch angesichts der begrenzten Aufenthaltsdauer auf den Inseln beschränke ich mich auf den ehemaligen Bischofssitz. Die Zufahrt wird zusehends eng, weist aber genügend Ausweichstellen auf, sodass ich schon bald auf dem Parkplatz von Kirkjubøur den Zündschlüssel ziehen kann.

Es sind nur wenige Schritte zum Museum, zur Kirche und zur Ruine des alten **St. Magnus Doms**, die sich zurzeit unter einem unschönen Schutzdach verbirgt. Dies dient jedoch nur der Sicherung der wertvollen historischen Bausubstanz, die künftig besser geschützt den Witterungseinflüssen trotzen soll.

Kirkjubøur war im Mittelalter kultureller und religiöser Mittelpunkt der Färöer mit Bischofssitz, der mit der Reformation aufgehoben wurde. Vermutlich wurde der hochgotische Dom nie vollendet. Er wurde vielmehr durch ein Lawinenunglück stark beschädigt und zerfiel nach und nach. Die heutige St. Olavs Kirche dürfte älter als der Dom sein, auch wenn ihr Äußeres durch die Sanierung und Umgestaltung auf den ersten Blick einen anderen Eindruck gibt. Das moderne Altarbild, das Gestühl im

P WC KIRKJUBØUR - ROYKSTOVAN

Stellplatzart: .... Parkplatz
GPS: N61 57 07.0 W6 47 40.2
Adresse: .... Kirkjubøur, Gamlivegur
Zufahrtinfo: Auf der 54 von Tórshavn der Ausschilderung folgen.
Kurzbeschreibung: Asphaltierter Parkplatz neben der St. Olavs Kirche. Keine wohnmobilspezifische Ausstattung. Wenn Sie während des Besuchs im Museum bei den Besitzern nachfragen, duldet man gerne die Übernachtung im Wohnmobil.

WC nebenan, Bushaltestelle. Wenige Schritte entfernt sei Gourmets das Restaurant Koks empfohlen, in dem die heimische Küche auf höchstem Niveau präsentiert wird.

Kirchenschiff und die alte Holzdecke geben einen gelungenen Gesamteindruck. Sehenswert ist die Glaskunst des Künstlers Tróndur Patursson am Friedhofstor. Kunstwerke von ihm können Sie auch in der modernen Kirche von Gøta bewundern, auf die ich später zurückkomme. Neben den Kirchenbauten steht die sogenannte **Roykstova (Rauchstube)**, der größte Hof des Ortes im traditionellen Baustil mit Grassodendach. Er war einst Sitz des Bischofs und gilt als eines der ältesten traditionellen Holzhäuser Europas. Heute können Sie es als Museum besichtigen. Sie sehen die große Stube, die zugleich Wohn-, Ess- und Schlafraum war. Das Obergeschoss beherbergt ein Arbeitszimmer und die Bibliothek. **Öffnungszeigen/Info:** Geöffnet von Mai bis August tgl. 10^{00}-17^{30} h, So 14^{00}-17^{30} h, Tel. +298 328 089, www.paturson.com.

Wandertipp: Von Kirkjubøur nach Tórshavn

Oberhalb des Ortes zweigt von der Zufahrt ein Weg ab, der mit Holzpflöcken (rot) bergauf führt. Zwei Mal wird ein Weidezaun überquert, um nach etwa 1 1/4 Std. auf die Passhöhe am Fuß des Kirkjubøreyn zu gelangen. Von dort ist es eine weitere Stunde Fußweg nach Tórshavn. Rückfahrt mit Linienbus oder zu Fuß auf gleicher Strecke. Beeindruckend ist die Aussicht auf den Vagafjørður und die Inseln Koltur, Hestur, Vagar und Sandoy.

Ich fahre zurück in die Hauptstadt und von dort zur Ver-/Entsorgungstation der Entsorgungsbetriebe. Die weitere Route entscheiden Sie am besten je nach Wetter. Mein nächstes Ziel ist in beiden Fällen der Fischerort Vestmanna.

Kurz vor Rückkehr vom Wandern: Kirkjubøur im Abendlicht

ROUTE 1

2 Insel Streymoy: Vestmanna

Lacht die Sonne, sollten Sie von Tórshavn die Straße 50 (Oyggjarvegur) nehmen und von den Rastplätzen auf dem Landrücken den Ausblick auf den **Kaldbaksfjörður** und **Kollafjörður** genießen.

Haben Sie ein kleines, wendiges Wohnmobil, können Sie mir auf einen kurvigen Abstecher auf schmaler Bergstraße zur 749 m hoch gelegenen früheren Radarstation **Sornfelli** (3,5 km) hoch oben über der Fjordwelt folgen. Die Fahrt endet knapp unterhalb der früheren Radarstation auf dem Parkplatz rechts, von wo Sie nach wenigen Schritten mit einem grandiosen Blick Richtung Vestmanna und jenseits des Vestmannasund zur Insel Vágar belohnt werden. Der Blick (unteres Bild) wird vom Bergmassiv des **Skælingur** (767 m) dominiert. Wer sich gerne etwas die Füße vertritt, kann sich die aussichtsreiche Bergstraße auch als Bergwanderung vornehmen, passionierte Mountainbiker auch als Fahrradtour, so Sie den Drahtesel an Bord haben.

Bei schlechtem Wetter nehmen Sie besser die Tunnelroute am Fjordufer entlang Richtung **Kollafjörður**. Hierzu biegt man kurz nach dem Tunnel Richtung **Vestmanna** ab und erreicht die Einmündung der Bergstrecke in Höhe der Tankstelle. Bald heißt es, nicht in den Unterseetunnel Richtung Insel Vágar zu geraten, sondern von Leynar aus die aussichtsreiche Strecke hoch über dem Vestmannasund zu wählen. Bald empfehle ich einen Halt am Picknickplatz oberhalb des Fischerörtchens **Kvivík**, das sich weit unten malerisch zwischen Sund und die Berghänge schmiegt. Im weiten Bogen führt die Straße vom Picknickplatz weiter um den Bergrücken herum nach **Vestmanna**. Der betriebsame Ort erwartet uns mit einem gut ausgestatteten Campingplatz.

Grandioser Blick auf den Skælingur und über den Vestmannasund

Wenn Sie möchten, können Sie auch dem Schild in den Ort folgen und Ihren Wagen bei der Schule (etwas oberhalb des Dorfes) auf den Parkplatz stellen. Sehenswert sind die Kirche und unten an der Küste die ausgegrabenen Reste eines stattlichen Wikingergehöfts mit den Ruinen von Wohnhaus und Stallungen.

VESTMANNA - CAMPINGPLATZ

Stellplatzart: .... Campingplatz
GPS: N62 09 09.7 W7 08 55.2
Adresse: .... FO-350 Vestmanna, Fjardarvegur 1
Tel.: .... +298 21 22 45
mailto: .... vestmanna.camping@gmail.com
Homepage: .... www.facebook.com/VestmannaCamping
Zufahrtinfo: Am Kreisel nach dem ersten Tunnel geradeaus Richtung Vestmanna halten. Der Campingplatz liegt am Ortseingang links ab (bei der Tankstelle).

Blick auf Vestmanna/Hafen

Kurzbeschreibung: Geschotterter Platz, Stromanschluss. Gepflegte Anlage, die noch ausgebaut werden soll. Sauber und gut ausgestatteter Sanitärbereich (WC, Dusche, Waschmaschine/Trockner, Aufenthaltsraum). Ver-/Entsorgung an der Rückseite. **Öffnungszeit:** Mitte Mai -Sept.

Unternehmungen in Vestmanna

Zunächst ein Hinweis: Alles (außer den Wanderungen) ist vom Campingplatz in wenigen Schritten erreicht. Sie brauchen vom Wohnmobil sozusagen nur „über den Hof zu gehen", schon stehen Sie an der Tür des Vestmanna Tourist Centers, das auch das Saga-Museum beherbergt (hinter der Fischereischule).

Vestmanna - im Hintergrund der Sattel, auf den die Wanderung führt

ROUTE 1

DAS SAGA-MUSEUM IM VESTMANNA TOURIST CENTER

Dieses sehenswerte Museum wurde von den Initiatoren des Saga-Museums in Reykjavík gestaltet. In den düsteren Gängen des Rundgangs durch die Sagenwelt der Färöer erwarten Sie lebensecht aussehende Figuren, für welche übrigens die Eigentümerfamilie Modell gestanden ist. Doch sollten Sie nicht zart besaitet sein - die Sagas der nordischen Länder beschreiben nicht eben in zimperlicher Weise die teils harten, teils grausamen Begebenheiten der Zeit seit der Besiedlung. Doch gibt das Museum Ihnen einen Einblick in das Leben vergangener Tage und in die Geschichte der Färöer, die vermutlich durch irische Mönche begann, was in der ersten Station des Museumsrundgangs zu sehen ist. Für diesen erhalten Sie einen MP3-Player, der Ihnen Station für Station die nötigen Hintergrundinformationen liefert. Kalkulieren Sie für den Museumsbesuch etwa eine 3/4 Stunde. **Öffnungszeiten und Info:** Mai-Sept. tgl. 9^{00}-17^{00} h, Juli Sa bis 22^{00} h u. So bis 20^{00} h, Winterhalbjahr und abends Tel. +298 471 500 od. +298 771 500, touristinfo@olivant.fo.

Vogelbeobachtungsfahrt und Steilklippen

Die Buchung für die Motorbootfahrt (das Boot wurde in Island gebaut, wo sich die Eigentümer des Hauses Inspirationen für ihr Museum holten) erfolgt an der Museumskasse. Dort erwartet Sie das **Restaurant Fjörukrógvin** (Tagesgerichte sind angeschrieben). Die Bootsfahrt entlang der Klippen der Westküste von Streymoy findet zur Brutzeit der Seevögel unter intensivem Vogelgeschrei statt. Sie sehen überdies Felsformationen wie einen Elefanten, fahren in vom Meerwasser gefüllte Felsspalten, entdecken Robben, mit Glück auch Wale. Auf den Steilhängen weiden Schafe in atemberaubender Höhe. Das Wollvieh wird im Mai jeden Jahres oben ausgesetzt und kann den Sommer in Freiheit genießen - sofern keines der Tiere abstürzt. Ist der Sommer vorüber, erwartet

Fahrt entlang der spektakulären Klippen der Westküste von Streymoy

die Schafe im Herbst, wenigstens zum Teil, das Metzgermesser. Wo soll ein schmackhafter Braten herkommen, wenn nicht von hier? Wobei - die Färinger schätzen nicht nur Lende und Keule. Hier wird das ganze Tier verwertet, wobei gesengter Schafskopf bei Touristen aus unseren Breiten sicher nicht bei allen auf Gegenliebe stößt, ebenso wie das traditionelle Trockenfleisch. Für klassische Lammgerichte eignet sich nach Meinung vieler Färinger neuseeländisches Fleisch besser.

Ein weiterer Anbieter der Vogelbeobachtungstour betreibt wenige Schritte entfernt ein Café - weniger touristisch „angehaucht", aber auch gut. Die Vogelbeobachtung findet abwechselnd statt, damit nicht mehrere Boote zugleich die Tiere an den Klippen stören (Hauptsaison täglich 9^{40}, 14^{00}, 17^{00} und 20^{00} h, Dauer ca. 2 Std. Info: www.skuvadal.fo, mailto:skuvadal@puffin.fo, Tel. +298 471 500). Ebenso schön ist die morgendliche Tour zur **Vogelinsel Mykines** (Bootsfahrt ca. 40 Min., Dauer insgesamt 6-7 Std.) mit geführter Wanderung zu den Vogelfelsen unter fachkundiger Leitung eines Rangers. Ob und zu welcher Zeit die Tour stattfindet, hängt von der Nachfrage und vom Wetter ab - bitte vorher erkundigen. Wer an den Touren von Sjóferðir teilnimmt, erhält einen ermäßigten Eintrittspreis fürs Saga-Museum.

Nur wenige Schritte entfernt, wo die Fischerboote liegen, bietet Magni Blástein Hochseeangeltouren auf seinem alten, hölzernen Fischerboot an, die unter +298 581 582 oder per eMail vorgebucht werden müssen (mailto:magniblastein@kallnet.fo, www.fishingwithblastein.com).

Wandern in Vestmanna

Ich habe eine Wanderroute ausprobiert, um den Leuten im Boot der Vogelbeobachtungstour aufs Haupt zu schauen. Wandern (oder fahren) Sie zunächst in den Ort und halten sich am Bachlauf entlang auf dem Fußweg bergwärts bis zum Schulzentrum. Dort orientieren Sie sich links, bis die letzten Häuser erreicht sind. Bei der Brücke habe ich den Wagen abgestellt (**GPS** N62 09 18.6 W7 11 05.6) und folge erneut dem markanten Bach auf der Bergwiese in nordwestlicher Richtung empor. Nach gut einer halben Stunde ist ein weiter Sattel erreicht. Jetzt gilt es sich leicht rechts zu orientieren. Statt dem anfangs noch sichtbaren Wanderpfad und vereinzelten Steinmännchen ist nun Orientierungssinn gefragt. Sie erreichen nach weiteren 30 Minuten den deutlich erkennbaren Steilhang, der in ein kleines, einsames Bergtal förmlich

Beim Wandern: Blick vom Aussichtspunkt hinüber auf die Insel Vágar

abbricht (Vorsicht!). Wandern Sie weiter schräg links talwärts, bis zum Aussichtspunkt, von dem Sie die schroffe Felszinne sehen können, die von Seevögeln bevölkert wird. Jenseits des Fjords liegt die Insel Vágar.

Der Rückweg verläuft auf gleicher Strecke. Gehzeit ab Parkplatz am Neubaugebiet ca. 1 3/4 Std., bei Wanderung ab Campingplatz etwa doppelt so lange.

Weitere Wanderungen zu den Stauseen ab Vestmanna beschreibt das Buch Färöer/Edition Elch.

Bevor Sie den Ausflug nach Vestmanna beenden, können Sie einen Blick in die erweiterte Kirche werfen. Wenn Sie die Maut für den **Unterseetunnel** investieren möchten, können Sie gleich auf die Insel **Vágar** wechseln - ein Ausflug, den ich zurückgestellt habe.

Sie gelangen zurück zum **Kollafjörður** und fahren an dessen Nordufer in den gleichnamigen Ort (Richtung Eysturoy/Klaksvík), um die Landspitze zu umfahren. Weiter geht es über **Hósvík** bis **Hvalvík**, dessen Name erahnen lässt, dass hier früher Walfang betrieben wurde.

Nun bietet sich ein Abstecher nach **Saksun** an. Beachten Sie in **Hvalvík** die schwarz geteerte Kirche, die älteste der Inseln. Folgen Sie dem enger werdenden Sträßchen durch das lang gezogene **Saksunardalur**. Saksun bietet eine landschaftlich ausgesprochen reizvolle Lage oberhalb des versandenden Fjords. Sehenswert sind das **Kirchlein** und das **ethnografisches Museum im Hof Dúvugarður**, das einen Einblick ins Leben früherer Tage gewährt. 2016 wurde ein Museumscafé eröff-

Das romantische Saksun

net (geöffnet in der Sommersaison tgl. 14^{00}-17^{00} h). Während Ihres Aufenthaltes können Sie - auf Anfrage - Ihr Wohnmobil nach dem Museumsbesuch auf dem neuen Museumsparkplatz unterhalb des Museums abstellen, selbst wenn Sie über Nacht bleiben möchten (**GPS** N62 14 44.2 W7 10 36.0). Ein weiterer Parkplatz findet sich etwas oberhalb.

Wandern von Saksun aus

Sie können von Saksun aus zum weitgehend versandeten Fjord wandern und dort zu einem schönen Sandstrand. Doch Vorsicht - das ist nur bei Ebbe möglich. Sicher tun Sie das nicht des Badens wegen, sondern eher wegen der schönen Landschaft des von steilen Bergen umfassten Gewässers (siehe Färöer/Edition Elch). Eine etwas anspruchsvolle Route führt ausgehend vom Museum (hier soll der Wanderpfad 2017 neu markiert werden) über die Passhöhe hinüber nach Tjørnuvík - eine lohnende Route, selbst wenn Sie nur zur Passhöhe und wieder retour wandern. Ich habe die Tour von der anderen Seite her gemacht und war von der Aussicht schlicht überwältigt (Beschreibung ab Tjørnuvík).

Von Saksun zurück in **Hvalvík**, folgen Sie mir an der Nordküste der Insel **Streymoy**. Fahren Sie vor der Brücke über den Sund links ab Richtung Haldarsvík/Tjørnuvík. Auf etwa halbem Wege tost der höchste Wasserfall der Färöer (Fossa) 140 m von den Felsen herab. Doch ist es nicht die Fallhöhe der Wasserfälle auf den Färöern, sondern die beeindruckende Zahl von Bächen, die von den Steilhängen plätschern oder rauschen. Das Örtchen **Haldarsvík** hat mit seiner achteckigen Kirche eine Besonderheit zu bieten. Wenn sie geöffnet ist, können Sie das schöne Altarbild des Künstlers Tórbjörn Olsen mit der Abendmahlszene bewundern.

Gleich nach dem Ort besteht die Möglichkeit, auf dem zwar nicht allzu attraktiven, aber doch gut ausgestatteten Campingplatz Halt zu machen. Nun wird die Straße enger und zieht sich über dem Sund stetig bergan, bis es nach der Bergnase kräftig talwärts geht. Das Sträßchen endet im malerisch, aber sehr einsam gelegenen **Tjørnuvík**.

Das Kirchlein in Haldarsvík

ROUTE 1

HALDARSVÍK - CAMPING

Stellplatzart: .... Campingplatz
GPS: N62 16 40.8 W7 05 26.6
Adresse: .... FO-440 Sunda - Haldarsvík
Homepage: .... www.haldarsvik.com
Zufahrtinfo: Vor der Sundbrücke (südlicher Brückenkopf) links Richtung Tjørnuvík halten, durch den Ort fahren, danach auf der linken Seite nicht zu übersehen.
Kurzbeschreibung: Geschotterter Platz neben der wenig befahrenen Straße. Stromsäule vorhanden, jedoch kein Personal. Es wird vom Platzwart kassiert, der zum Platz kommt, wie mir versichert wurde.
Sonstiges: Fußwegnähe zum Ort mit der sehenswerten Kirche.

TJØRNUVÍK - DORFPARKPLATZ

Stellplatzart: .... Parkplatz
GPS: N62 17 20.4 W7 08 47.5
Adresse: .... FO-350 Tjørnuvík
Zufahrtinfo: Vor der Sundbrücke links ab und über Haldarsvík bis zum Ende der Straße in Tjørnuvík fahren (Vorsicht - ab Haldarsvík enge Straße, jedoch mit zahlreichen Ausweichstellen).
Kurzbeschreibung: Parkplatz am Ortseingang oberhalb des herrlichen Sandstrandes mit Blick auf den Riesen und das Trollweib, zwei markante Felszinnen, die der Brandung trotzen. WC nebenan, am Wasserschlauch kann man Wasser bunkern, das nach Aussage der Einheimischen bestes Trinkwasser ist.

DER RIESE UND DAS TROLLWEIB

Die markanten Felszinnen draußen vor der Insel Eysturoy (Bild unten) sind der Sage nach zwei versteinerte isländische Trolle. Wie es dazu kam?

Der Sage nach sollen die zwei Trolle einen Narren an den Färöer Inseln gefressen haben. So haben sie sich entschieden, die Färöer nach Island zu holen.

Eines Nachts legten Sie einen dicken Strick um den Bergrücken Eidiskollur, gerieten aber in Streit, als ihnen das Vorhaben nicht gelungen war und der Strick riss. Über ihrem Gezänk bemerkten sie die aufgehende Sonne nicht. Und - wie sollte es anders sein - flugs waren sie zu Stein erstarrt.

Abendstimmung in Tjønuvík: Am Parkplatz vor dem Wohnmobil

Vor dem Ort befindet sich ein schöner Parkplatz, auf dem man (**nur auf Anfrage bei den Anwohnern**) schon mal eine Nacht verbringen kann. Meiner Familie und mir wurde dies schon vor Jahren freundlichst erlaubt und wir konnten gleich mit den gastfreundlichen Leuten über dies und das sprechen. Auch bei meiner letzten Recherche war es kein Problem. Schön, dass man hier so leicht mit den Leuten in Kontakt kommt. Ob die Luft- und Wassertemperatur zum Baden ausreicht, können nur Sie vor Ort entscheiden. Ob Sie die Dorfkinder als Maß der Dinge diesbezüglich nehmen sollten, ist zu bezweifeln. Jedenfalls sind diese bei meinem letzten Recherchebesuch bereits im Mai bei noch sehr kühlen Temperaturen barfuß im Wasser herumgetollt. Und Jahre zuvor haben wir einige im Juli auch baden gesehen...

Östlich des Dorfes wurden Reste von Gräbern aus der Wikingerzeit gefunden, was belegt, dass die Bucht eine der ersten der Inselgruppe war, die besiedelt wurde. Nutzen Sie die Gelegenheit zum Spaziergang durch die Gassen zwischen den bunten, teils geteerten Häusern. Ein Blick in die Kirche ist nur durch die Fenster oder zu Gottesdienstzeiten möglich. Interessant sehen der Friedhof und die von Steinwällen umgebenen Gemüsegärten neben dem Parkplatz sowie die Parzellen für die Heuernte an den Steilhängen aus.

Auf die Passhöhe und weiter nach Saksun

Wer gerne wandert, kann vom alten Dorfteil aus das Tal aufwärts erkunden. Der Pfad führt weiter bis nach Saksun hinab, wobei ich mich auf die erste Hälfte bis auf die Passhöhe beschränkt habe.

Der Wanderpfad führt am Berghang im Bild links zur Passhöhe.

Die Wanderung in umgekehrter Richtung (also von Saksun nach Tjørnuvík) ist im Buch „Färöer" der Edition Elch beschrieben.

Im Grunde ist es eine der Wanderungen, die recht gut markiert sind - wäre da nicht der etwas schwierige Einstieg. Gehen Sie zunächst ins Dorf und beim schwarz getünchten Café schräg links, wo Sie bergwärts starten (Holzpflöcke mit gelber Spitze) und einen Zaun queren müssen. Später ist der stetig am Berghang entlang ansteigende Weg mit nummerierten Steinmännern gut ersichtlich und führt nach etwa 1 1/2 Std. auf die Passhöhe, deren Aussicht in beide Richtungen mich schlicht überwältigte.

Der Rückweg verläuft auf derselben Route, wofür ich etwas weniger Zeit brauche und den Wandertag im gemütlichen **Café** sitzend bei Kaffee und einer Waffel beschließe (offen Ende Mai-Aug. tgl. 14^{00}-17^{00} h, Tel. +298 584042).

Insel Eysturoy

Mit der Rückfahrt von Tjørnuvík bis zur Brücke über den Sund schließt die Route durch die Insel Streymoy. Nachdem die Brücke hinter mir liegt, halte ich mich links ab und folge der Straße 62 oberhalb der Küste bis **Eiði**. Unterwegs sieht man sehr schön den Wasserfall Fossa jenseits des Sunds.

Im malerisch auf einer Landbrücke zwischen markanten Höhenzügen gelegenen Eiði sollten Sie die schmucke Kirche besichtigen. Zugleich können Sie einen Blick ins Heimatmuseum werfen, das Ihnen in einem alten Gehöft einen schönen Einblick ins Leben früherer Tage bietet. Einen herrlichen Blick über den Ort und den Sund haben Sie von der Ortseinfahrt her, wo ein schöner **Picknickplatz mit WC** eingerichtet ist. Der davor liegende Parkplatz bietet sich für eine längere Rast an. Doch sollte der 2016 auf dem ehemaligen Sportplatz neu angelegte Campingplatz doch bevorzugt werden, zumal er schön liegt.

Riese und Trollweib mit Sonnenuntergangsstimmung

EIÐI - EIÐI CAMPING

Stellplatzart: .... Campingplatz
GPS: N62 18 21.0 W7 05 00.7
Adresse: .... FO-470 Eiði, Eiðisvegur
Tel.: .... +294 517300/717300
mailto: .... martin@frelsunarherurin.fo
Facebook: .... www.facebook.com/eidicamping/

Zufahrtinfo: Nach der Sundbrücke ein Stück bergauf, dann der Ausschilderung bis Eiði folgen. Wo die Straße rechts bergauf führt, links hinab in den Ort. An der Kirche vorbei bis zur T-Kreuzung und dort zunächst rechts in den Korndalsvegur. Der Straße folgen, bis sie am Ende der Meeresbucht rechts abknickt und nach etwa 300 zum Campingplatz führt. Entsorgung für WC-Kassetten/kein Boldenablauf. WiFi im Aufenthaltsraum, Waschm/Trockner je DKK 20,00. Anmeldungszettel am Eingang zum Aufenthaltsraum/Postkasten oder beim Platzwart.

Kurzbeschreibung: Campingfläche auf dem Kunstrasenplatz des früheren Fußballstadions angelegt. Du/WC im ehemaligen Sportheim, im OG auch großzügiger Aufenthaltsraum mit Getränkeautomat/Kochgelegenheit. Stromananschluss gegen Gebühr.

Öffnungszeiten: Ostern bis Mitte Oktober.

Parkplätze in Eiði: An der Abzweigung von der Durchgangsstraße rechts ein Picknickplatz/WC (**GPS** N62 17 54.3 W7 05 03.1, Foto vorige Seite unten) sowie neben der Kirche im Ort (**GPS** N62 17 57.6 W7 05 29.6).

Blick auf Eiði vom Picknickplatz

Auf der Weiterfahrt Richtung Nordosten passiere ich auf einer Anhöhe am Fuß des höchsten Gipfels der Färöer (**Slættaratindur**, 882 m) einen tollen Aussichtspunkt auf die **Felszinnen Riese und Trollweib**, die von Tjørnuvík aus zu sehen waren. Nun zeigen sie sich aus anderem Blickwinkel sehenswert an der Seite der mächtigen Klippe, die sich steil aus dem Meer erhebt. Diesen Anblick vom Parkplatz sollten Sie sich nicht entgehen lassen (**GPS** N62 18 13.7 W7 03 24.2/Bild vorige Seite unten). Bald ist die Passhöhe (**Wanderparkplatz Eiðiskarð** - **GPS** N62 17 08.8 W7 00 23.9) erreicht. Wer gerne wandert und den Gipfel des Slættaratindur erklimmen möchte, sollte die Ostflanke wählen. Allerdings habe ich das nicht ausprobiert, weil ich von der Aussicht auf Riese und Trollweib zu fasziniert war. Abends hielt mich der Sonnenuntergang vom Wandern ab, und beim letzten Recherchebesuch herrschte dichter Nebel. Genug Ausreden? (**Wandertipp**: Wanderung 7 in Färöer/Edition Elch"/ A. Wachter).

3 In die romantischen Dörfer Gjógv und Eiðuvík

Es ist nicht mehr weit zur Abzweigung, von der das Bergsträßchen steil Richtung **Gjógv** hinab führt. Steuern Sie zunächst das **Restaurant Gjáagarður** an (**GPS** N62 19 29.8 W6 57 00.1). Aus der Küche werden hervorragende Gerichte gezaubert. Das Lammfilet, das ich bei der Recherche bestellt hatte, ist ein Gedicht.

An der Rezeption meldet man sich auch für den Campingplatz an, der am Ortsrand in der Nachbarschaft zur Kirche entstanden ist. Sehenswert sind weiterhin der **Naturhafen**, der wie eine Schlucht anmutet, die **Holzkirche** und das benachbarte, bronzende **Denkmal** für die Kinder des Dorfes, die Angehörige bei Unglücken auf See verloren haben - ein Schicksal, das Seeleute im rauen Nordatlantik allzu oft erleiden mussten und müssen.

Zurück an der Passstraße erreiche ich auf eindrucksvoller Strecke mit Blick auf den **Funningsfjørður** den Fischerort **Funningur**. Der malerische Hafenort hat uns wieder eine schöne

C GJÓGV - FLATNAGARÐUR

Stellplatzart: .... Wohnmobil-Stellplatz
GPS: N62 19 24.2 W6 56 30.6
Adresse: .... FO-476 Gjógv, Dalavegur 20
Tel.: .... +298 42 31 71
mailto: .... info@gjaargardur.fo
Homepage: .... www.gjaargardur.fo
Zufahrtinfo: Kurz vor Ortseingang links zum Restaurant (ausgeschildert), um sich für den Camping-/Wohnmobil-Stellplatz anzumelden. Zufahrt zum Stellplatz an gleicher Stelle rechts ab (Schotterweg).
Kurzbeschreibung: Geschotterte, großzügige Stellflächen, Meeresblick. Strom-/Wasser an jedem Stellplatz, Kassettenentleerung im Sanitärgebäude, Du/WC behindertengerecht. WiFi, Waschmaschine/Trockner. An der Rezeption im Gästehaus Gjáardalur tägl. 7³⁰-21⁰⁰ h) erhält man Schlüssel (Pfand DKK 250,00) für die Stellflächen. Preis (2016): DKK 200 p. N, Check-in 15⁰⁰-21⁰⁰ h, Check-out 14⁰⁰ h.
Öffnungszeiten: 1. Mai bis 1. September.

Das Kirchlein von Gjögv vom Stellplatz aus gesehen.

Holzkirche zu bieten. Die schwarz geteerte Fassade, die weißen Fenster und das Türmchen ergeben einen sehenswerten Kontrast zum grünen Grasdach.

P WC Als Parkmöglichkeit habe ich auch hier einen kleinen **Parkplatz mit WC** gefunden. Die Zufahrt allerdings ist für größere Wohnmobile eng (**GPS** N62 17 15.0 W6 57 55.3, bei der Kirche rechts ab als Parkplatz ausgeschildert/Kirkjumørk).

So bin ich abends auf der Straße um den Fjord nach **Elduvík** weiter gefahren. Nach der Abzweigung in den Ort folgt ein schmales, aber schönes Sträßchen, das in die herrlich und einsam gelegene Fischersiedlung führt. Unterhalb des Ortes erwartet mich eine schöne Campingwiese mit Picknickstelle und Stromanschluss, auf dem Gäste mit Wohnmobilen willkommen sind.

ROUTE 1

ELDUVÍK - CAMPINGPLATZ

Stellplatzart: .... Campingplatz
GPS: N62 16 56.2 W6 54 42.0
Adresse: .... Elduvík
Zufahrtinfo: Von Funningur am Fjord entlang, bis an dessen Ende die Stichstraße nach Elduvík abzweigt (enge Straße, kurvig, aber gut befahrbar).

Kurzbeschreibung: Schotterparkplatz zwischen Straße und Meer unterhalb des Kirchleins, malersich gelegen. Stromanschluss, Wasserhahn, keine Ver-/Entsorgung. Ein WC gibt es oberhalb beim kleinen Parkplatz neben der Kirche.

Leider unklar ist zur Zeit meiner Recherche die Zukunft des ehemals beliebten Restaurants im Ort, aber auch des Campingplatzes, der nun (vorläufig) seine Dienste kostenlos anbietet (auch Strom, später TallyCard vorgesehen, sobald ein Betreiber gefunden wird). Keine festen **Öffnungszeiten** - frei zugänglich.

Der Abstecher nach **Oyndarfjørður** hält mit den **Pendelsteinen** ein Naturphänomen parat. Sie sind am Ortseingang rechts unterhalb der Straße ausgeschildert. Der bedingt wohnmobiltaugliche **Parkplatz** (siehe Parkplatztipp) liegt beim Fischerhafen nahe der schmucken Kirche. Bei meinem Besuch habe ich es mir nicht nehmen lassen, längere Zeit meine Lieblingsvögel, die Küstenseeschwalben zu beobachten. Die Pendelsteine zeigen sich dagegen bei „normalem" Wetter und Ebbe weniger fotogen. Dass sie wirklich leicht schaukeln, ist nur bei Flut an der Kette zu sehen, die aufgrund der Pendelbewegung leicht schwingt.

OYNDARFJØRÐUR - HAFEN

Stellplatzart: .... Parkplatz
GPS: N62 16 34.6 W6 51 06.7
Adresse: .... Oyndarfjørður
Zufahrtinfo: Auf dem Oyndarfjarðarvegur in den Ort fahren, an der Gabelung rechts hinab bis zum Hafen (kurz vor der Kirche). Die Brücke zur Kirche ist für max. 3t zugelassen - **keine Weiterfahrt mit Wohnmobil**!
Kurzbeschreibung: Schotterparkplatz neben der Fischfabrik mt Blick zur Kirche, dort ein WC. Keine weitere Ausstattung.

Sonst sehen sie einfach aus, wie Findlinge halt aussehen. Umso mehr fasziniert mich, trotz schwerer Regenwolken (oder gerade deshalb!) der Blick über den Fjord und auf die bunten Häuser.

Nun ist es über **Funningfjørður** und die Passhöhe nicht weit bis **Skalabotnur**. Von dort bietet sich ein Abstecher nach **Skála** und **Selatrað** an. Beide bieten Stellplatzgelegenheiten für Wohnmobile und die Möglichkeit, die Wanderschuhe zu schnüren. Sie können den Pfad zwischen den beiden Dörfern über den Höhenzug erwandern, was allerdings etwas an die Puste geht.

So habe ich es nicht in Angriff genommen und mich entschieden, einen Abstecher im Wagen um die Halbinsel einzulegen. Den in **Skála** ausgeschilderten Campingplatz möchte ich eher als Caravan- und Wohnmobilstellplatz bezeichnen. Landschaftlich ist er nicht allzu schön. Bei meiner Recherche im Juni 2013 und erneut im Jahr 2016 zeigte er sich in einem recht vernachlässigtem Zustand. Der Pachtvertrag für die Gaststätte der Sporteinrichtungen und den Campingplatz war abgelaufen. Doch wurde mir erneut versichert, dass er bestehen bleibt und ein neuer Pächter sich um die Pflege des Platzes kümmern werde. So habe ich mich nach

Das Ortszentrum von Oyndarfjørður vom Parkplatz aus gesehen

Selatrað begeben und war vom dortigen Platz neben dem Hafen angesichts der schönen Lage begeistert.

Wer den Weg hierher auf sich genommen hat, will natürlich nicht untätig bleiben. Der Besitzer des Platzes gibt gerne Auskunft über Wandertouren, unter anderem über den Bergrücken der Halbinsel hinweg nach Skála oder nach Skálabotnur.

Man muss die Strecke um die Halbinsel wieder zurückfahren, um die Reise am **Skálafjørður** fortzusetzen. Lange wird es nicht mehr dauern, bis Sie durch einen Unterseetunnel nach Toftir oder Tórshavn gelangen. 2016 musste ich mich durch die Baustelle schlängeln. Bei der Landspitze wurden Vorbereitungen getroffen, um die Tunnelzufahrt unter dem Fjordufer hindurch zu graben.

SKÁLA - SPORTZENTRUM

Stellplatzart: .... Caravan- und Wohnmobil-Stellplatz
GPS: N62 09 30.3 W6 47 12.9
Adresse: .... Undir Mýruhjalla
Zufahrtinfo: Von der Umgehungsstraße in den Ort fahren, gleich die erste Abzweigung rechts ab und steil bergwärts zum Parkplatz zwischen Sporthalle und Fußballstadion.
Kurzbeschreibung: Der Stellplatz ist asphaltiert, eben und bietet einen guten Überblick über den Ort. Stromanschluss ist möglich (Bereich am Fuß der Halle), WC vorhanden, aber bei Besichtigung ungepflegt. Keine Ver-/Entsorgungsstation mehr vorhanden.

SELATRAÐ - AM HAFEN

Stellplatzart: .... Campingplatz
GPS: N62 09 21.9 W6 52 46.8
Adresse: .... FO-497 Selatrað, Hafen
Tel.: .... +298 232725
mailto: .... seafish@olivant.fo
Homepage .... (noch) nicht vorhanden
Zufahrtinfo: Über Skála an die Landspitze bei Strendur und weiter nach Selatrað fahren. Die Strecke wird nun einspurig mit Ausweichstellen - eng, aber gut befahrbar. In Selatrað ist der Campingplatz kurz vor der gut sichtbaren Kirche links ausgeschildert (neben dem Hafen gelegen).
Kurzbeschreibung: Geschotterter Platz, Stromanschluss (Tally Card). Diesen schaltet der Besitzer bei Bezahlung frei (Stand 2016: DKK 150,00 inkl. 2 Personen). Saubere Sanitäranlagen, dahinter Ausguss für WC-Kassette). Sehr schöne Lage beim Jacht-/Fischerhafen, Blick auf die Holzkirche und hinüber nach Streymoy über den Sund hinweg.

Öffnungszeiten: Mai bis September.

Bis zur Fertigstellung sind es 6 km auf der 10 nach **Skálabotnur.** Dann steht die Entscheidung an, ob Sie die südöstliche Landzunge der Insel Eysturoy mit den wirtschaftlich wichtigen Orten gegenüber von Tórshavn besuchen möchten. Doch kann ich Ihnen diese Entscheidung durch die Beschreibung meiner Erlebnisse etwas leichter machen. Fast sind die Teilorte der Gemeinde **Saltangará** (Skipanes, Søldarfjørður, Lambareiði, Glyvrar, Runavík, Toftir und Nes) wie an einer Perlenschnur aufgereiht zu einer langgezogenen Gemeinde zusammengewachsen. Fast jeder der Orte hat etwas Besonderes zu bieten, bevor ich mich in **Æðuvík** am Ende des Tages auf dem dortigen Campingplatz zur Ruhe lege. Doch der Reihe nach! Sehenswert ist die moderne, markante Fríðrikskirkja in **Toftir**, auf deren Parkplatz Sie während der Besichtigung parken können (**GPS** N62 05 11.3 W6 44 18.4). Oberhalb der Kirche sehen Sie ein anderes Denkmal für die Opfer von Unglücken zu Land oder zur See.

Moderne Kirche und Kunst: In Toftir

FUSSBALLNATION FÄRÖER

Toftir verfügt über das den FIFA-Anforderungen genügende Fußballstadion Svangaskarð mit 5.000 Plätzen, in dem sich die färingischen Fußballer schon mal anschicken, internationalen Gegnern spielerisch ein Bein zu stellen. Das Stadion war entstanden, nachdem diese Übung gegen Österreich so gut gelungen war.

Damit man künftig nicht mehr auf Stadien in anderen Ländern ausweichen müsste, wurde dieses Stadion kurzerhand erbaut, ebenso wie später übrigens das größere in Tórshavn. Hier schickt man sich an, anderen Teams zu zeigen, dass auch Amateure guten Fußball spielen können.

Fahren Sie weiter südwärts, gelangen Sie nach **Nes**, wo Sie auf einem Parkplatz anhalten und die Stellung des britischen Militärs aus dem II. Weltkrieg besichtigen können. Ein altes Geschütz ist als Mahnmal erhalten geblieben. Wenige Meter vor der Parkplatzausfahrt weist das Schild „Runt Agrið" bergwärts. Es führt in den einzigen „Wald" der Färöer Inseln. Mit Wald meine ich allerdings den imposanten Windpark. Schließlich bietet sich der Höhenrücken geradezu an, um Windenergie zu gewinnen.

Eine Stichstraße mit mehreren Picknickplätzen (äußerster **Parkplatz GPS** N62 03 33.9 W6 41 37.4) führt zu den Windrädern. Von dort aus genießen Sie eine schöne Aussicht über den Fjord hinweg zur Hauptstadt Tórshavn. Das Sträßchen bietet sich übrigens auch für eine Radtour an, wenn Sie denn Ihren Drahtesel mit sich führen. Auch eine schöne Wanderung ist auf der Zufahrtstrecke zu empfehlen, bevor Sie der Straße nach **Æðuvík** folgen. Wenn Sie im weiten Bogen durch das Örtchen hindurch fahren, gelangen Sie zum einmalig schön gelegenen Campingplatz an einer malerischen Felsbucht.

ÆÐUVÍK - ÆÐUVÍK CAMPING

Stellplatzart: .... Campingplatz
GPS: N62 04 01.7 W6 41 28.5
Adresse: .... Æðuvík
Tel.: .... +298 221 768
mailto: .... aduvikcamping@gmail.com
Facebook: .... www.facebook.com/groups/507572039272868/?fref=ts
Homepage: .... www.visiteysturoy.fo/
Zufahrtinfo: Von der Landspitze/Windpark kommend Richtung Rituvík/Æðuvík halten, an der Einmündung rechts ab und im weiten Bogen durch den Ort. Am Ende der Straße liegt der sehr schön gelegene Platz.
Kurzbeschreibung: Gut ausgestatteter Platz für etwa 20 Fahrzeuge mit Küche, Waschmaschine/Trockner, Ver-/Entsorgung (Ausguss für Camping-WC bei der Toilette an der Zufahrt), WiFi-Zone.
Preis je Wohnmobil (Stand 2016) pauschal DKK 200,- (Strom inklusive).
Öffnungszeit: April bis September.

Wandertipps auf der Landzunge Eystnes

Sie können von **Nes** nach **Æðuvík** dem markierten Wanderweg folgen und den Windpark mit einbeziehen (auch als Radtour).

Ein weiterer Weg führt von **Rituvík** (wenige Kilometer von Æðuvík entfernt) über den Bergrücken nach Lamba (historischer Wanderpfad mit alten Steinmännchen als Markierung). Eine bequemere Alternative führt in etwa 2 1/2 Std. um den **Toftavatn** herum. Parken können Sie am Kulturzentrum kurz vor **Runavík**.

Nun geht es auf der Straße 10 bis **Skipanes**. Bald zweigt die 70 Richtung Klaksvík rechts ab. Auf dem Weg dorthin liegen noch zwei Zwischenstationen. Die erste davon ist die Sammelgemeinde **Gøta** an der Bucht Gøtuvík, die sich aus den Orten Gøtueiði, Syðrugøta, Gøtugjógv und Norðragøta zusammensetzt.

Zudem ist **Fuglafjørður** auf dem Weg Richtung Nordinseln einen Abstecher wert. Sie können diese Zwischenziele natürlich auch auf dem Rückweg von den Nordinseln ansteuern. Nach der Überquerung der Passhöhe gelangen Sie vorbei an Gøtueiði nach **Syðrugøta**.

Dort können Sie die oberhalb der Umgehungsstraße stehende Kirche kaum übersehen, welche Sie für einen Besuch einplanen sollten (Parkplatz **GPS** N62 11 35.2 W6 44 47.6).

Altarbild und Kanzel der Kirche

Nicht nur die moderne Architektur des 1995 in Anwesenheit von Königin Margarethe eingeweihten Gotteshauses ist eindrucksvoll. Die Glaskunst des Tróndur Peturson, dessen Werke Sie schon in Kirkjubøur kennengelernt hatten, sind alleine schon einen Besuch wert. Anstatt eines Hochaltars erleuchtet ein herrliches Glasfenster mit dem Motiv der Kreuzigung und Wiederauferstehung Christi das Gotteshaus. Das Kirchenschiff wird in Anlehnung an die 12 Apostel von 12 Glasleuchten erhellt. Die Kanzel und der Taufstein sind blauschwarze Kunstwerke aus Glas. Und der Kirchturm zeigt - Sinnbild für den Berg Golgatha - drei Kreuze.

In historischer Hinsicht ist Gøta von großer Bedeutung, war es doch der Wikingerhäuptling Tróndur í Gøtu, der sich gegen die Christianisierung auflehnte, die den Färöern von der norwegischen Krone auferlegt worden war. Der Hof des Tróndur soll in **Norðragøta** gelegen haben. Dort ist das Ensemble aus 6 historischen Holzhäusern nebst der Holzkirche aus dem Jahr 1833 einen Besuch wert (**Parkplatz GPS** N62 11 50.5 W6 44 23.4, Trollaksgøta). Die Besichtigung der Kirche ist mit dem Museumsbesuch möglich.

Alte Kirche - moderne Kirche: Blick von Nordragøta hinüber nach Gøta

In **Gøta**, genauer gesagt an der Zufahrt nach Norðragøta, fällt das 3000 Zuschauer fassende Fußballstadion auf, indem schon manche färingische Meisterschaft gefeiert wurde. Immerhin ging der Gøtu Ítróttarfelag schon im UEFA-Cup auf Punktejagd.

Bevor die 70 durch den Tunnel nach Leirvík führt, steht der Besuch in **Fuglafjørður** an. Das 1.200 Einwohner zählende Dorf (fünftgrößte Gemeinde der Inselgruppe) ist vom Fischfang und damit zusammenhängenden Industriebetrieben geprägt. Unter anderem werden Fischernetze hergestellt. Der Fjord ist seit mehr als 1.000 Jahren besiedelt, denn die Lage ist vor Stürmen und Gezeiten geschützt. Rundum erheben sich den Wind abhaltende Berge, und es gibt einen relativ flachen Talkessel im Bereich des Fjordendes - gute Voraussetzungen, um zur See zu fahren, Fischfang oder auch Landwirtschaft zu betreiben.

C ⚡ 💧 WC

FUGLAFJØRÐUR - HAUS DER KULTUR

Stellplatzart: .... Campingplatz
GPS: N62 14 30.0 W6 48 57.4
Adresse: .... FO-530 Fuglafjørður, Karvatoftir
Tel.: .... +298 238015 oder 238017
mailto: .... infoey-f@post.olivant.fo
Homepage: .... http://old.visitfaroeislands.com/de
Zufahrtinfo: Nach Fuglafjørður fahren, im Ortszentrum liegt rechts der Straße ein altes Schiff auf dem Trockenen. Danach rechts abbiegen, um das auffällige, moderne Haus der Kultur herum, wo sich der Stellplatz direkt neben dem Hafenbecken befindet.
Kurzbeschreibung: Asphaltierter Parkplatz beim Kulturhaus/Hafen, Stromanschlusssäulen. Picknickbank.
Kosten (Stand 2016): DKK 150,00 pauschal, zu zahlen im nahen Tourist Informations Center (offen Mo-Fr 9^{00}-17^{00} h, Sa 9^{00}-12^{00} im Sommer.

Der Blick vom Campingplatz in Fuglafjörður

ROUTE 1

Sehenswertes und Restaurants in Fuglafjørður

In der Nähe des Parkplatzes, den ich als Stellplatz genutzt habe, gibt es mehrere Einkehrmöglichkeiten. Ein Supermarkt liegt schräg gegenüber. Als Speiselokal ist das **Mantra** zu nennen, das sich in einem kaum einladenden Gebäude (Toftagøta 1a, Tel. +298 44 40 81) oberhalb der Hauptstraße befindet. Lassen Sie sich nicht von der Kantinenatmosphäre abhalten - die Qualität der Küche überzeugt, auch wenn die Gaumenfreuden nicht billig sind.

Als Alternative steht auf der Seite des Kulturhauses ein Schnellrestaurant offen (Fish & Chips usw.), eine Bierkneipe (John´s) gibt es obendrein. Langweilig braucht es einem also nicht zu werden.

Architektonisch interessant ist die moderne Kirche oberhalb der Ortsmitte. Wenige Schritte entfernt gibt es einen alten Hof zu bewundern (schwarzes Gebäude mit Grasdach - Info bei der Tourist Information, die für die ganze Insel zuständig ist). Für Schlechtwettertage bietet sich ein Besuch im Hallenbad an.

Sehenswert ist weiterhin das Kunst- und Handarbeitshaus Ribarhús unweit der Tourist Information auf der anderen Straßenseite. 1887 gegründet, befand sich hier zunächst ein Lebensmittelladen. Statt Brot & Co. erhalten Sie heute lokal hergestellte, typische Produkte der Region wie Handarbeiten, Kunstartikel und Ähnliches (offen Mo-Fr 15^{00}-17^{30}, Sa 11^{00}-13^{00} h).

Auch hier im Ort hat man Reste eines alten Wikingerhofes entdeckt, der sich nebst Café schräg oberhalb der Tourist Information befindet. Ich dagegen habe mich angesichts sich zaghaft durchkämpfender Sonnenstrahlen entschieden, die Wanderschuhe zu schnüren.

Wandern von Fuglafjørður aus

Ich steige neben der Tourist Information, vorbei am alten Gehöft und der Schule los und schnaufe dem Bachlauf folgend eine gute Stunde zur Passhöhe. Von dort schweift der Blick auf den Fuglafjørður (Bild). Auf der anderen Seite sieht man den Oyndarfjørður, wohin man die Tour ausdehnen könnte.

Blick auf Fuglafjörður

Ich kehre um und wandere auf (fast) identischem Weg zurück. Schließlich steht mein Wohnmobil in Fuglafjørður und nicht in Hellur, wohin der Wanderweg führt. Markierung übrigens durch Steinmännchen, Gehzeit gut 2 Stunden.

Zurück am „Verkehrsknoten", dem Kreisel an der 70, wo sich die Wege nach Tórshavn (Insel Streymoy) und nach Klaksvík (Insel Borðoy) trennen, sind nun die Nordinseln mein Ziel. Unterwegs empfiehlt sich ein Halt in **Leirvík**. Der Ort ist nicht nur von Bedeutung, weil hier der Unterseetunnel nach Klaksvík abtaucht. Vielmehr wurden hier die Fundamente eines stattlichen Wikingerhofes ausgegraben und teilweise rekonstruiert, was einen guten Einblick in die Größe der damaligen Anwesen gibt.

4 Insel Borðoy mit der Inselhauptstadt Klaksvík

Um hierher zu gelangen, müssen Sie DKK 100,00 (max 6 m. Länge/3,5 t, größere Wagen DKK 300,00/Stand 2016) investieren, um unter dem **Leirvíksfjørður** nach **Klaksvík** zu gelangen, das sich gerne in Konkurrenz zu Tórshavn als die „Alternativhauptstadt" der Färöer betrachtet. Zumindest ist es aber Hauptstadt für die Nordinseln. Und man hat einige wichtige Dinge zu bieten, die Tórshavn nicht hat: Einen Campingplatz auf dem Gelände eines Kindergartens, die schon erwähnte Brauerei und die sehenswerte **Christianskirche** sind wirklich etwas Besonderes. Klaksvík zeichnet sich durch seine schöne Lage inmitten steiler Bergrücken und zweier Buchten aus.
Der Ort schmiegt sich an das Ufer der nördlichen Bucht, an den Hängen ist kaum Platz für Häuser. Der Fischereihafen hat eine stattliche Größe, wird hier doch der Löwenanteil der färöischen Fischerei abgewickelt. Gute Einkaufs- und Einkehrmöglichkeiten sind vorhanden. Und anzuschauen gibt es auch einiges.

Leirvík - Ruinen des Wikingerhofs

KLAKSVÍK - KINDERGARTEN

Stellplatzart: .... Campingplatz
GPS: N62 13 28.8 W6 39 32.4
Adresse: .... FO-700 Klaksvík - Undir Brekaenda 5
Tel.: .... +298 456939
mailto: .... info@klaksvik.fo
Homepage: .... www.klaksvik.fo
Zufahrtinfo: Am Kreisverkehr beim Supermarkt geradeaus bzw. schräg rechts und der Straße am Nordufer der Bucht Bordoyarvík folgen, bis das Campingzeichen links hinauf zum Parkplatz des Kindergartens weist.
Kurzbeschreibung: Parkplatz des Kindergartens für 8 Fahrzeuge, Stromanschluss, Zeltwiese beim Kindergarten; dort Container mit WC/Dusche. Preis 2016: DKK 150,00 pauschal je Wohnmobil bis 2 Personen, weitere Erw. DKK 50,00/Kind DKK 25,00 inkl. Strom. Etwa 1,5 km in die Stadt. Anmeldung im Tourist Informations Center von 9^{00}-17^{00} h oder außerhalb dieser Zeiten telefonisch unter +298 224104.

Sehenswertes in Klaksvík

Tourist Information für die Nordinseln: Norðoya Kunningarstova, Biskupssøðgøta 9, 700 Klaksvík, info@klaksvik.fo, Tel. +298 456939. Zwischen den Buchten führt eine Straße am südwestlichen Ufer und am Fischereihafen entlang. Zunächst entdecke ich einen Parkplatz bei der im Jahr 1963 erbauten **Christianskirche** (offen Mo-Sa 10^{00}-16^{00} h), einen weiteren unterhalb an der Durchgangsstraße. Wenige Meter entfernt dampfen die Schornsteine der Føroya Brauerei, die (auf Anmeldung bei der Tourist Information) besichtigt werden kann. Etwas weiter erwartet das **Nordische Museum** (Norðoya Fornminnasavn, Postsmoga 145) in einem alten Kaufmannshaus (Bj. 1838) die Besucher mit Exponaten und einem sehenswerten Ladenlokal aus Zeiten des dänischen Monopolhandels. Fundstücke aus der Zeit der Wikinger belegen, dass die Gegend schon vor mehr als 1.000 Jahren besiedelt wurde. **Öffnungszeiten/Info:** Mitte Mai-Mitte September täglich 13^{00}-16^{00} h offen - mailto:norforn@kallnet.fo, Tel. +298 456 287.

Das Innere der Christianskirche

Laden im Nordischen Museum

Die 1963 erbaute **Christianskirche** ist dem von 1912-47 regierenden König Christian gewidmet. Äußerlich angelehnt ist sie an die Ruine der alten Kathedrale in Kirkjubøur. Das Innere strahlt durch klare Linien, helle Fenster und Beleuchtung eine moderne Wirkung aus.

Im Bereich der Tourist Information gibt es noch einige ältere Gebäude. Viel mehr historische Bausubstanz gibt es nicht, denn die Stadt existierte noch vor wenigen Jahrzehnten nicht in heutiger Größe. Ansonsten hat Klaksvík nichts Nennenswertes zu bieten - außer der außergewöhnlich schönen Lage zwischen den Fjorden und Meeresbuchten. Genau diese Lage motivierte mich zu einer Wanderung zu einem der vielleicht schönsten Aussichtspunkte der Inselgruppe. Wenn Sie schwimmen möchten, öffnet das Hallenbad mit Sauna Mo-Fr vormittags 6^{45} h-8^{45} h, zusätzlich nachmittags Di/Do/Fr 14^{00}-20^{00} h, Mi 14^{00}-17^{00} h. Sa 9^{00}-17^{00} h (erste Stunde für Pensionäre) sowie So 8^{00}-10^{00} h und 14^{00}-17^{00} h.

Wandern auf den Klakkur

Sie können die Tour bereits am Campingplatz starten und wandern zum Bonus-Markt, wo Sie zunächst ein Stück der Straße bergauf folgen. Bald erreichen Sie ein Schild links ab zum Hubschrauberlandeplatz und zu einem Wanderparkplatz. Es geht zunächst 600 m links hinauf.

Dann weist das Schild zum Wanderparkplatz, dieses Mal nach rechts. Der nun geschotterte Fahrweg führt stetig bergauf. Nach 2 km ist der Wanderparkplatz erreicht. Sie könnten bis hierher also auch mit dem Wohnmobil gelangen (**GPS** N62 13 35.9 W6 36 32.7).

Blick vom Klakkur zurück auf Klaksvík

ROUTE 1

Nun geht es über feuchte Bergwiesen geradeaus auf den Gipfel zu. Denkt man, das Ziel sei erreicht, zeigt sich weiter hinten eine neue Kuppe. Doch steht man ca. 40 Minuten ab dem Parkplatz auf dem Gipfel und wird von der Rundumsicht schlicht überwältigt.

Der Rückweg erfolgt auf gleicher Strecke - Gehzeit ca. 3 Std., wandert man ab dem Wanderparkplatz, sind es ca. 1 1/4 Std.)

Ihren Hunger können Sie gut und preiswert im erwähnten SB-Restaurant stillen. Nebenan erhalten Sie gute Back- und Konditoreiwaren in der Bakarið hjá Jórun. An der Zahl der Menschen, die hier mittags zum Essen anstehen, erkennt man, dass etwas Gutes auf den Teller kommt (Klingrugarður 6, 700 Klaksvík). Frischen Fisch erhält man im Café Friða unweit des Tourist Informations Centers (offen bis 19^{00} h). Das Café Jacqson bei der Kirche öffnet von 9^{00}-20^{00} h, am Wochenende Live-Musik.

Insel Kunoy

Ein Abstecher auf die dünn besiedelte Nachbarinsel Kunoy ist landschaftlich attraktiv. Das Dorf **Koloy** ist sehr schön gelegen. Nahe der 1867 erbauten Holzkirche steht eine Wassermühle, die zum Museum in Klaksvík gehört. In beide Richtungen kann man ein Stück wandern. Aber erschlossene Wanderwege existieren nicht, sodass ich mich zur Rückkehr nach Klaksvík entscheide.

Insel Viðoy (mit Bootsausflug nach Svinoy und Fugloy)

Für den nächsten Tag steht ein Ausflug Richtung **Viðareiði** auf dem Plan. Zuvor sollten Sie sich mit den Abmessungen Ihres Wohnmobils befassen. Auf der Fahrt dorthin sind nämlich zwei dunkle Tunnels zu durchfahren, die auf eine Höhe von 3,10 m/Breite

Das malerisch gelegene Koloy auf der Insel Kunoy

2,80 m beschränkt sind und je 12 Ausweichstellen beinhalten. In Fahrtrichtung Klaksvík hat man die Ausweichstellen zu nutzen. Nach Überquerung des Dammes von Buðoy nach Viðoy lege ich in **Hvannasund** am Hafen einen Halt ein (**GPS** N62 17 51.7 W6 31 15.0). Hier startet das Boot zu den Inseln **Svinoy** und **Fugloy** (Hauptsaison tgl. 8^{45} h, 14^{45} h 18^{30} h, retour beim Personal fragen, wenn Abholung in **Hattarvík** erwünscht ist). Für die Fähre wird der Geldbeutel um DKK 45,00/Erw. erleichtert. Dafür gibt es ein schönes Wandererlebnis und eine herrliche Bootsfahrt durch die Inselwelt. Da ich erst um 14^{45} h gestartet bin, muss ich eine der Inseln (Fugloy) auswählen. Am Vormittag hätte ich beide Inseln erkunden können.

Ich schaue an der Anlegestelle Svinoy erstaunt zu, wie die Fähre mit Motorkraft am Dock gehalten wird, während die Leute mit Hilfe des Personals an Land springen und Güter, Gepäck und leere Mülltonnen mit dem Bordkran entladen werden. Kaum ist alles erledigt, geht es auch schon weiter nach Fugloy. Gut 15 Minuten später ist der Bootsanleger dort erreicht.

Es steht dieselbe Prozedur des Be- und Entladens an. Dieses Mal springe ich aber auch selbst ab, um mir zunächst das malerisch am Berghang gelegene Dorf **Kirkja** anzuschauen.

Staunen Sie nicht allzu sehr über den Fuhrpark, der hier zu sehen ist. Kaum ein Auto der 15 Einwohner (!) trägt ein Nummernschild. Teilweise ist mehr Rost als Lack zu sehen. Hauptsache, der Wagen läuft... Zulassungsvorschriften scheinen eine untergeordnete Rolle zu spielen. Dass Autowracks hier und da einfach in der Landschaft stehen, liegt daran, dass der Abtransport mit der Fähre für die in schwierigen Verhältnissen lebende Bevölkerung einfach zu teuer ist. Deshalb richte ich den Blick viel lieber über das Meer auf die hinter mir liegenden Inseln Viðoy, Svinoy und Borðoy, die sich wunderschön aus dem Seenebel erheben.

Die Kirche von Kirkjá im Wechsel von Sonnenlicht und Seenebel

ROUTE 1

Wanderung von Kirkja nach Hattarvík

Vom Dorf steige ich die Wiesen schräg rechts hinauf, durchwandere die Schafweiden und gelange nach dem Übersteigen eines Weidezauns nach einer knappen halben Stunde auf die Fahrstraße, die aussichtsreich nach **Hattarvík** führt, das ich nach etwa 1,5 Stunden erreiche. Von den aus dem Nebel herausragenden Nachbarinseln bin ich fasziniert. Das Örtchen ist fast verlassen und mutet wie eine menschenleere Westernsiedlung an. Lediglich eine ältere Dame, die ihren schwer kranken Mann pflegt, treffe ich an und wechsle ein paar Worte mit ihr. Da ich mit dem Personal der Fähre vereinbart habe, dass sie mich um ca. 19^{30} h am Hafen abholen, vertreibe ich mir die Wartezeit damit, Vögel zu beobachten, das Fischerdorf anzuschauen und die Ruhe zu genießen.

Auf der Wanderung nach Hattarvik: Die Insel Svinoy ragt aus dem Seenebel

Es liegt eine Stunde Fährzeit vor mir, bis ich - jetzt bei dichtem Nebel - wieder an Land gehen kann und ich mich mit einem heißen Tee im Wohnmobil aufwärme. Vergessen Sie nicht, für die Überfahrt warme Kleidung und eine Mütze mitzunehmen.

Nun steht mir der Sinn nach einem Ausflug nach **Viðareiði**. Nach 10 Minuten ist das malerisch gelegene Dorf erreicht. Die Straße führt links ab und fast geradeaus auf ein blaues Haus zu, das mein Tagesziel beherbergt: Das Restaurant Elisabeth.

(Geführte) Wandermöglichkeiten in Viðareiði

Nutzen Sie die Gelegenheit, sich von Viðareiði aus auf Schusters Rappen zu bewegen. Schließlich befinden Sie sich hier fast am nördlichsten Punkt der Färöer Inseln. Doch sei Ihnen dringend empfohlen, sich bei den Einheimischen gut über den Wegverlauf zu informieren, eine Karte mitzunehmen und am Klippenrand vorsichtig zu sein. Die Steilklippe des **Einniberg** bildet eine 750 m hohe, senkrechte Felswand - für die Seevögel eine prima Startrampe. Für uns ist Vorsicht geboten. Auch das 841 m hohe **Villingadalsfjall** können Sie besteigen - wiederum nach ausführlicher Erkundigung über den Wegverlauf, denn markierte Wanderpfade gibt es nicht. Die Wirtin des Restaurants Hjá Elisabeth kennt sich bestens aus und vermittelt gern ortskundige Bergführer).

VIÐAREIÐI - MATSTOVAN HJÁ ELISABETH

Stellplatzart: Gaststätte
GPS: N62 21 35.5 W6 31 43.4
Adresse: FO-750 Viðareiði, Eggjarvegur 13
Tel.: +298 451 275 oder 451 093
mailto: jeny@olivant.fo
Homepage: noch nicht bekannt
Zufahrtinfo: Nach Ortseinfahrt beschreibt die Straße eine Linkskurve und führt danach geradeaus auf das blau gestrichene Haus zu, das etwas oberhalb der Straße liegt. Parkplatz neben dem Restaurant.
Kurzbeschreibung: Im Restaurant werden typisch färöische Spezialitäten gereicht, darunter getrockneter Fisch, gedörrtes Schaffleisch, manchmal auch Wal, je nach Saison auch Papageientaucher und Trottellumme. Da ich weiß, dass viele von Ihnen angesichts dessen die Augen verdrehen: Sie können auch den „Fish of the Day" auswählen (Bild). Und wer sich einen schönen färingischen Pullover gönnen will - hier ist selbst Gestricktes im Angebot. Nach der Einkehr ist es auf Anfrage möglich, einen Platz für eine Nacht zu finden. Wasser- und Stromversorgung sind auf Anfrage auch gegeben. Geöffnet Mitte Mai bis Ende August.

Parkplatzalternative: Bei der Kirche nebst Gemeindehaus, dort auch ein öffentliches WC (**GPS** N62 21 37.9 W6 32 31.1).

Die herrlich am Meer gelegene Kirche von Viðareiði

Und wenn es Ihnen geht, wie mir (Schönwetterpause mit nebelverhülltem Enniberg und Villingadalfjall), machen Sie wenigstens einen Spaziergang zur nahen Kirche, die von schönen Holzhäusern mit Grasdach umgeben ist.

Insel Kalsoy

Von Viðareiði aus nehme ich denselben Weg und fahre zurück nach Klaksvík. Dort entscheide ich mich zur Erkundung der Nachbarinsel **Kalsoy**. Zunächst muss ich etwas schlucken angesichts des Fährpreises fürs Wohmobil (DKK 370,00 Stand 2016 - Einzelheiten zu erfahren unter www.ssl.fo). Doch kann ich nur sagen - es lohnt sich! Zuständig für Kalsoy (auch für die Reservierung des Campingplatzes) ist die Tourist Information Klaksvík.

Nach der 20 Minuten dauernden Überfahrt, die am Fuß des Klakkur vorbeiführt, legt die Fähre am Hafen **Syðradalur** an. Bevor ich losfahre, sei darauf hingewiesen, dass sich oberhalb des **Fähranlegers** am Ortseingang ein **Parkplatz mit WC** befindet (**GPS** N62 14 45.5 W6 40 05.2). Weil das Dorf sonst nicht viel zu bieten hat, starte ich, um die Insel, die angesichts der Tunnels von den Einheimischen „Blockflöte" genannt wird, zu erkunden. Allesamt sind es einspurige, dunkle Tunnels für Fahrzeuge mit **höchstens 3,20 bis 3,40 m Höhe**. So ist für größere Wohnmobile auch ein „Filterungsprozess" zu beachten. Bald schon lasse ich mich vom Villingadalur-Tunnel verschlucken (1.193 m), welchem der Tunnel Ritudalur folgt (1.683 m). Auch das Örtchen **Húsar** lasse ich links liegen, um mich nach Durchquerung des **Mikladalur**-Tunnels (1.082 m) rechts ab ins gleichnamige Dorf zu begeben, das mich mit seiner schönen Lage und den gemütlichen Gassen begeistert. Kaum bekomme ich den Finger vom Auslöser des

MIKLADALUR - SPORTPLATZ

Stellplatzart: Campingplatz
GPS: N62 20 02.1 W6 46 16.7
Adresse: Mikladalur, Sportplatz
Zufahrtinfo: Von der Verbindungsstraße nach Mikladalur abbiegen (ausgeschildert). Kurz vor dem Dorfeingang zweigt eine kleine Zufahrt links ab zum Sportplatz (nicht ausgeschildert). Das Wohnmobil steht auf dem zugehörigen Parkplatz.
Kurzbeschreibung: Der geschotterte Platz wurde 2014 neu angelegt und bietet ein festes Gebäude, in dem sich Dusche/WC sowie ein Aufenthaltsraum befinden. Die Lage mit Blick über das Dorf und nach Kunoy ist kaum zu übertreffen. Keine feste **Öffnungszeit** bekannt). Preis 2016: DKK 150 inkl. 2 Pers./Tag.

TRØLLANES - DORFPARKPLATZ

Stellplatzart: .... Parkplatz
GPS: N62 21 41.5 W6 47 20.5
Adresse: .... Kalsoy (Trøllanes), Ortseingang
Zufahrtinfo: Die Verbindungsstraße der Insel bis zu deren Ende in Trøllanes durchfahren. Der Parkplatz befindet sich gleich am Ortseingang.
Kurzbeschreibung: Asphaltierter Parkplatz, Picknickbank, WC/ Dusche/Küche/beheizter Aufenthaltsraum - siehe Infokasten unten.

Sie sollten dieses schöne Dorf aufsuchen und zunächst links ab und gleich wieder rechts gehen. Zur Überraschung erwartet Sie am letzten Bauernhof rechts ein Kiosk, in dem Erfrischungen und Getränke angeboten werden. Nutzen Sie dies bitte unbedingt, um sich für die Gastfreundschaft erkenntlich zu zeigen. Dahinter liegt sich ein Vogelfelsen, wo Sie Papageientaucher entdecken.

WIE KOMMT ES AM „ENDE DER WELT" ZU SOLCH EINEM PLATZ?

Als ich auf den Parkplatz eingeparkt und im Ort nachgefragt habe, ob ich eine Nacht stehen bleiben könne, erfuhr ich, dass das Gebäude mit WC neben dem Parkplatz einst die Dorfschule war. Als diese geschlossen wurde, entschied man sich, das alte Gebäude zu renovieren. Was herauskam, ist eine der Öffentlichkeit, zugängliche Einrichtung, die ich dergestalt in solch einem kleinen Dorf noch nie gesehen habe: Gemeinderaum für Feste und als Aufenthaltsraum, Küche mit Kaffeemaschine und Spüle, WC und Dusche. Damit die Gäste nicht frieren müssen, gibt es obendrein eine Fußbodenheizung. Noch Fragen? Ja, hoffentlich schon. Was soll man hier nämlich unternehmen? Die Antwort ist: Eine schöne Wanderung zum Leuchtturm machen.

Fotoapparates. Ich schlendere durchs Dorf, über Brücken und hinab zum kleinen Bootsanleger und kann mich an der Aussicht auf die gegenüber liegende Insel Kunoy kaum satt sehen. Ihnen geht das genauso? Dann bleiben Sie doch gleich hier und stellen sich auf den Campingplatz beim Sportplatz. Ja - einen Sportplatz gibt es wirklich. Hier muss vermutlich alles, was im Dorf schon oder noch schnell rennen kann, in der Fußballmannschaft spielen.

Den Höhepunkt der Insel habe ich mir für den Schluss aufgehoben: Nach dem nächsten Tunnel Trøllanes (2.248 m) führt die Straße in weiten Serpentinen hinab ins idyllisch gelegene **Trøllanes**, das ich mir für eine Übernachtung ausgesucht habe, natürlich nicht ohne im Dorf nach dem Einverständnis gefragt zu haben. Hier beschließe ich den Tag mit einer sehr schönen Wanderung, die mir Einheimische empfohlen haben.

Wanderung zum Leuchtturm Trøllanes

Starten Sie am Parkplatz zurück zur Einmündung, auf der Sie hergekommen waren, und gehen am benachbarten Gehöft vorbei zum rot gestrichenen Tor im Weidezaun.

Nun folgt ein steiler Anstieg entlang des Wassergrabens, bis Sie einen früheren Stall aus Mauern mit Resten des Grasdachs erreichen (ca. 20 Minuten).

War bis hier noch ein Pfad zu erahnen, ist nun Ihr Orientierungssinn gefragt. Halten Sie sich schräg rechts und wandern leicht ansteigend weiter, bis die nächste eingefallene Stallung erreicht ist. Nun geht es im weiten Bogen mäßig ansteigend am Fuß des Felsgipfels um den Bergrücken, bis Sie den Leuchtturm entdecken. Halten Sie auf den kleinen Sattel links davon zu und nehmen die letzten Meter bis zum Leuchtfeuer in Angriff. Gehzeit bis hier eine gute Stunde.

Die Aussicht wage ich nicht in Worte zu fassen, sondern lasse lieber Bilder sprechen und wünsche Ihnen dasselbe Wetterglück.

Das malerische Dorf Mikladalur

Einer der schmalen Tunnels

Grandiose Rundumsicht am Ziel der Wanderung zum Leuchtturm Trøllanes

Wenn Sie die senkrechte Felswand links anschauen, wissen Sie, weshalb ich im Nachhinein froh war, dass ich nicht versucht hatte, diesen Gipfel zu erklimmen. Zwar erschien mir der Anstieg durchaus machbar. Aber die Aussicht von unten auf die Klippe könnte schöner kaum sein. Doch seien Sie vorsichtig - auch hier ist ein angemessener Abstand von der Abbruchkante zur Meerseite hin wichtig. Die Eissturmvögel können einfach besser segeln...

Für den Rückweg benötigen Sie etwa 45 Minuten, sollten aber genügend Zeit zum Genießen der Aussicht mitbringen.

VORSICHT ZUR BRUTZEIT!

Seien Sie zur Brutzeit auf der Hut! Überall könnten am Boden brütende Vögel ihr Gelege platziert haben. Und dieses gedenken sie dann - mit den ihnen zur Verfügung stehenden Mitteln - auch zu verteidigen: Und das sind Attacken aus der Luft. Mir ist ein Paar Raubmöwen (Skúa) bei Ablenkungsangriffen doch ziemlich nah gekommen - so nah, dass das im Sturzflug auf mich zusausende Tier deutlich zu hören war. Weil diese Verteidigungsstrategie der großen Vögel recht erfolgreich war (ich legte lieber einen Zahn zu), tat auf dem Rückweg ein Austernfischer dasselbe. Ob er von der Raubmöwe wohl einen Tipp gekriegt hatte ...? Ich denke zwar nicht, dass die Tiere mich wirklich angegriffen hätten. Aber Respekt einzuflößen, das beherrschen sie wirklich gut.

Achten Sie auch darauf, wo Sie hintreten (mit Blick aufs Schuhe Putzen). Kleine „Tretminen" der Schafe sind nur mit viel Mühe wieder aus dem Profil der Wanderschuhe zu holen...

Inseln Vágar und Mykines

Die Inselwelt macht es nötig, auf demselben Weg zurück auf die Insel Streymoy zu fahren. Ich weiß nicht, wie viel Zeit Sie übrig haben, bevor Sie die Norröna Richtung Island oder Dänemark an Bord nimmt. Ich möchte Ihnen noch einen Besuch auf der Insel **Vágar** mit einem Ausflug der Vogelinsel **Mykines** ans Herz legen. Die **Tourist Information** für die genannten Inseln finden Sie im Check-in-Gebäude des Flughafens: **Vaga Kunningarstova**, Tel. +298 333455, mailto:vagar@vagar.fo, www.visitvagar.fo

So starte ich auf der 70 über Gøta zur 10 und halte mich Richtung Tórshavn. Nachdem die Sundbrücke nach Streymoy überquert ist und auch Kollafjørður hinter mir liegt, biege ich noch einmal ein Stück Richtung Vestmanna ab. Nach dem ersten Tunnel investiere ich die Tunnelmaut von DKK 100,- (Fahrzeuge über 3,5 t DKK 300,-) für den Unterseetunnel zur Insel Vágar. Holen Sie das Tunnelticket am besten an der Tankstelle an der Abzweigung der Bergstrecke 50/Oyggjarvegur. Hat man den Unterseetunnel hinter sich und überquert die Hochfläche am Fuß des Malinstindur (683 m), gelangt man auf der 40 mäßig steil hinab nach **Sandvágur**, wo die markante Holzkirche ins Auge fällt.

Ich biege also links in den Ort und parke mein Wohnmobil auf dem Parkplatz der Kirche, um das sehenswerte Gotteshaus näher anzuschauen (**GPS** N62 03 14.4 W7 09 02.6). Von hier können Sie nicht nur die Kirche besichtigen, sondern einen netten Spaziergang am Ufer des Fjordes entlang unternehmen. Wanderfreunde nehmen eine Tour zu den beeindruckenden Felszinnen **Trøllkonufingur** in Angriff.

Wandern zur Felszinne Trøllkonufingur

Sie gehen ein Stück retour zum Kreisverkehr, um schräg rechts hinauf der Ausschilderung zum Ziel zu folgen. Bald zweigt ein Bergsträßchen rechts ab, dem Sie mäßig ansteigend folgen. Nach 1,6 km ist ein kleiner **Wanderparkplatz** erreicht. Bis hier können kleinere Wohnmobile auch fahren (nach meiner Einschätzung max. 3,5t/6 m Länge - **GPS Parkplatz** N62 02 42.6 W7 07 52.5).

Nun ist es noch ein Spaziergang von wenigen Minuten zum eingezäunten Aussichtspunkt, von dem Sie die markante Felsnadel gut sehen - wenn Ihnen nicht wie mir der Nebel die Sicht versperrt. Doch können auch dann kurze Lichtblicke eine herrliche Aussicht eröffnen. Nebel und Nieseln gehören auf den Färöern einfach dazu. Ich nutze die Situation, um entlang der Felskante etwa eine halbe Stunde weiter bergwärts zu wandern, immer einer Natursteinmauer folgend (Trittsicherheit und Orientierungssinn erforderlich!). Der nächste Zwischengipfel lässt mich dann doch noch einen Blick auf die Felsnadel erhaschen, wenn auch

Blick auf Sandvágur von der Durchgangsstraße aus gesehen

nur für wenige Augenblicke. Der Rückweg erfolgt auf gleicher Strecke. Gehzeit Kirche-Aussichtspunkt und zurück ca. 1,5 Std.

Der **Campingplatz Giljanesi** zwischen Sandvágur und Miðvágur ist der einzige Campingplatz auf Vágar und Mykines, auf dem Sie offiziell im Wohnmobil übernachten dürfen.

MIÐVÁGUR - CAMPING Á GILJANESI

Stellplatzart: .... Campingplatz
GPS: N62 02 49.9 W7 09 48.3
Adresse: .... Sandvágur, á Hyllingartanga 8
Tel.: .... +298 333 465
mailto: .... giljanes@giljanes.fo
Homepage: .... www.giljanes.fo
Zufahrtinfo: Von Sandvágur Richtung Miðvágur fahren (von der Kirche Sandvágur her zur Durchgangsstraße zurück, dann links).
Kurzbeschreibung: Teils Asphalt, teils Rasen, Picknickbänke, Stromanschluss, Entsorgungsmöglichkeit. Frischwasser am besten mit Kanister in der Küche holen. Der Schlauch neben der Entsorgungsstation erschien mir nicht geeignet. Du/WC sowie WiFi und Aufenthaltsraum im Hostel im Preis enthalten. Preis 2016: DKK 100,00 p. P.
Öffnungszeiten: Ganzjährig.

Sehenswertes und Wandern in Miðvágur

Der Ort bietet einen Überseehafen, der mit einem Querriegel gegen die Ozeanwellen abgeschirmt ist. An der Ortsdurchfahrt können Sie auf dem Parkplatz unterhalb oder bei der Kirche parken. Fährt man zum Ortsausgang Richtung Flughafen, kann man die nötigen Einkäufe im Supermarkt erledigen und das direkt benachbarte **Kriegsmuseum** (**Öffnungszeiten/Info:** Mo-Fr 9^{00}-16^{00} h, Mai-Sept. zusätzl. Sa/So 14^{00}-17^{00} h, www.ww2.fo) besichtigen. Es ist interessant, anhand von Aufzeichnungen und Fotografien zu sehen, wie besonders die Fischer von den Wirren des II. Weltkrieges betroffen waren. Die Inselgruppe war während des Krieges von den Briten „friedlich besetzt“. Einen weiteren Lebensmittelladen finden Sie am Ortsausgang Richtung Vatnsøyrar. Sollte Ihr Wagen nach Füllung des Dieselvorrats rufen, sind Sie zudem richtig in Miðvágur (an der Ortsdurchfahrt links). Mein zweites Besuchsziel in Miðvágur ist das **älteste erhaltene Haus der Inselgruppe** aus der Wikingerzeit.

DAS HEIMATMUSEUM KALVALIÐ

Für den Besuch des Wikingerhofes ist eine Voranmeldung bei der Tourist Information nötig. Kaum mag man glauben, dass der Hof mit nur zwei Räumen nebst Stall unter dem Grassodendach noch bis in die 1950er Jahre von einer älteren Dame bewohnt war. Machen Sie sich ein Bild davon, mit welchen Alltagsgegenständen, meist aus Holz, Knochen oder den Häuten von Schafen und Fischen, das Leben bestritten wurde.

Hier lebte übrigens die Pfarrersgattin Bente Christine Broberg, die in Jörgen-Frantz Jacobsens Roman „Barbara" als Hauptfigur literarisch verewigt wurde.

BOOTSAUSFLUG AUF DEM SØRVÁGSVATN

Mit viel Aufwand und Geschick hat Olavur Poulsen aus einem Versorgungsschiff für Lachszuchtstationen sowie Teilen eines Wintergartens sowie eines Wohnwagens ein Ausflugsboot gebaut. Mit diesem Boot fährt er mit bis zu 19 Fahrgästen zu den Klippen Geituskorardrangur (116 m hoch) und zum Bøsdalafossur, der über 30 m ins Meer tost. Im Bereich des Wasserfalls weiß Olavur beim Landspaziergang Interessantes zu berichten, beispielsweise dass die Brandung bei winterlichen Stürmen in mehr als 60 m Höhe immer wieder Felsbrocken heraussprengt und auftürmt, die so einen natürlichen Steinwall bildeten. Olavur weiß zu vielen Steinen eine Geschichte zu erzählen.

Abfahrtszeiten/Info: Bei gutem Wetter im Sommerhalbjahr, werktgl. 10^{00} h, So. 14^{00} h, Reservierung im Voraus obligatorisch unter Tel. +298 333 123, www.lakeside.fo, mailto:lakeside@lakeside.fo. Zudem bieten Olavurs Ehefrau Asta Poulsen und seine Mutter zu Hause in Vatnsøyrar selbst gestrickte Wollwaren zum Verkauf an.

Blick vom Trælanípa Richtung Sandoy (Achtung Absturzgefahr!)

Fährt man auf der 40 weiter (am Kreisverkehr geradeaus), gelangt man am Ende des **Sørvágsvatn** nach **Vatnsøyrar**. Links liegt das ehemalige Militärgelände der britischen Armee. Dort wurden zu Kriegszeiten Wasserflugzeuge instandgesetzt. Mit dem langen See war eine geeignete, vor Kriegsschiffen geschützte Wasserfläche zum Landen gegeben. Über 700 Soldaten waren hier einst stationiert. Die große Betonfläche (**GPS** N62 04 06.7 W7 15 28.9, kurz nach der Brücke links ab) können Sie heute dazu nutzen, während des **Bootsausflugs mit Lakeside** zu parken.

ROUTE 1

Entlang des Leitisvatn zum Bøsdalafossur

Wenn es Ihnen nach einer Wandertour ist, parken sie auf dem **Wanderparkplatz** unterhalb der Straße (**GPS** N62 02 42.8 W7 13 00) und wandern entlang des Ufers des größten Sees Sørvágsvatn (Leitisvatn) der Färöer, in ca. 1 1/4 Std. zum Bøsdalafossur. Unterwegs können Sie die Verkehrsflugzeuge des internationalen **Vágar Airport** bei spektakulären Start- und Landemanövern beobachten. Es ist atemberaubend, den Flugzeugen zuzuschauen! Vom Wasserfall her können Sie die Tour um die Besteigung der 142 m hohen Klippe Trælanípa erweitern. Dort brüten im Frühsommer unzählige Seevögel. Die Wiese werden von Schafen bevölkert. Der Weg von der Klippe führt auf den bekannten Weg am Seeufer zurück.

5 Insel Mykines: Paradies für Vogelfreunde

Auch **Sørvágur**, das Sie auf der Weiterfahrt über die 40 erreichen, sollten Sie nicht auslassen.

Es Ist allerdings nicht der Ort, der einen Besuch erfordert. Ziel ist der Hafen, denn hier startet die Fähre nach **Mykines**. Die Vogelinsel ist ein Muss für Vogelfreunde, weshalb ich nicht lange überlege, bei der Tourist Information in Miðvágur ein Ticket zu bestellen, am Morgen hin und abends zurück zu fahren.

PERSONENFÄHRE ZUR VOGELINSEL MYKINES

Start ab Sørvágur ist Mai-Aug. tgl. 10[20] h, Rückfahrt 17[00] h - wetterbedingte Änderungen vorbehalten! (bei Tourist Information vorbuchen bzw. telefonisch anfragen). Nach der Überfahrt (ca. 45 Min.) legt die Fähre in Mykines an und entlässt die Fahrgäste zur Wanderung zu den Vogelfelsen. Es ist richtig, wie Mykines in den Tourismusprospekten beschrieben wird: Eine einzigartige Landschaft, der Juwel auf der Krone der Färöer.

Es macht nicht viel Sinn, eine Wanderzeit für Ihre Tour zu den Vogelfelsen anzugeben, weil wohl auch Sie längere Zeit damit verbringen werden, Vögel zu beobachten. Bei meinem Besuch Anfang August 2013 waren es außergewöhnlich viele Papageientaucher, welche die Szenerie beherrschten. Noch mehr beeindruckten mich jedoch die Basstölpelkolonien unterhalb des Leuchtturms und auf der Klippenkante auf dem Weg dorthin (Bilder unten).

Reicht es aus, wenn ich Ihnen sage, dass ich für Hin- und Rückweg über 4,5 Stunden gebraucht habe? Die reine Gehzeit wäre mit ca. 1,5 bis 2 Std. anzugeben. Weitere Wandermöglichkeiten erfragen Sie am besten vor Ort im Zuge der Einkehr im Café kurz vor dem 1879 erbauten Kirchlein, das ich allerdings nur verschlossen vorfand.

Blick von der Passhöhe zurück nach Gásadalur

Wenn Sie von Sørvágur der 40 folgen, gelangen Sie ins malerische Dörfchen **Bøur**. Am Ortseingang befindet sich ein geräumiger **Parkplatz mit WC** (**GPS** N62 05 07.2 W7 22 00.3). Hier lohnt es sich auszusteigen und zumindest etwas durch die gemütlichen Gassen zu schlendern. Wer Glück hat, trifft jemanden an, der den Schlüssel zur kleinen Holzkirche organisieren kann. Und wenn Sie gerne wandern, sollten Sie den restlichen Weg nach Gásadalur zu Fuß in Angriff nehmen.

ROUTE 1

P WC Wanderung auf dem Postpfad nach Gásadalur

Gásadalur liegt im Westen der Insel am Fuß der Berge Árnafjall (722 m) und Eysturtindur (715 m). Erst seit wenigen Jahren kann man mit dem Wagen durch einen Tunnel hinüberfahren. Bis dahin war es ein beschwerlicher, steiler Weg zur Fuß, der mit herrlichen Aussichtspunkten verbunden ist (Sørvágsfjørður, Mykines, Tindhólmur, Gáshólmur). Die Dauer der Wanderung (einfacher Weg) beträgt etwa 2 1/2 Std. Etwas Orientierungssinn ist nötig. Parken können sie vor dem Tunnelportal (**GPS** N62 05 58.4 W7 24 10.8). Sollten Sie die Wanderung auslassen und hinüber nach **Gásadalur** fahren, durchqueren Sie den Berg durch den 2006 eröffneten einspurigen Tunnel. Seither ist Gásadalur ans Straßennetz der Färöer angeschlossen. Dort wurde nun ein Dorfparkplatz geschaffen, wo auch ein neues, beheiztes WC-Häuschen zur Verfügung steht - ein übernachtungstauglicher Platz also, wenn Sie bei den Anwohnern nachfragen (**GPS** N62 06 37.8 W7 26 13.3).

Nun steht die Rückreise längs über die Insel und durch den Unterseetunnel nach Streymoy an. Die beschriebenen Inseln bieten Ihnen so viele schöne Ausflugsziele, dass es während des knapp dreitägigen Zwischenaufenthaltes auf den Färöer Inseln nicht langweilig werden dürfte. Sicherlich haben Sie kaum alles bewältigen können, was ich beschrieben habe.

Sollten Sie nun heimwärts oder weiter Richtung Island reisen, wünsche ich **gute Fahrt** und eine gute Überfahrt auf der Norröna. Dazu gleich noch ein Tipp obendrein: Tanken Sie vor Abfahrt noch günstigen färöischem Sprit auf.

Mehr und mehr Leserinnen und Leser berichteten mir, längere Zeit auf den Färöer Inseln verbringen zu wollen, da die Inselwelt für einen Kurzaufenthalt zu umfangreich ist. Das kann ich nur unterstreichen und habe deshalb die Inseln Suðuroy und Sandoy erkundet. Ich kann Ihnen versprechen - es lohnt sich, hierfür etwas Zeit zu investieren.

Ausgelassen habe ich die kleineren Inseln, darunter die der Hauptinsel Streymoy benachbarten Inseln Nólsoy, Hestur und Koltur, sowie die Inseln Skúvoy, Stóra Dímun und Lítla Dímun, zumal es hier jeweils keine Straßen gibt. Sollten Sie die Zeit investieren wollen, nutzen Sie auf einen Tagesausflug die jeweilige Fähre. Vielleicht ist auch den Transfer mittels Hubschrauber von Atlantic Airways ein Thema - auf den Färöer Inseln ein praktikables Verkehrsmittel des öffentlichen Verkehrs.

Südinseln: Suðuroy

In Tórshavn bin ich an Bord des Fährschiffs „Smyril" gerollt und habe die abwechslungsreiche Verbindung zum Fährhafen **Krambatunga** auf Suðuroy nach 2 Stunden bei bestem Wetter hinter mir. Am Fährhafen (**GPS** N61 32 53.9 W6 49 08.1, bedingt übernachtungstauglich) verschaffe ich mir zunächst einen Überblick, was es denn anzusteuern lohnt. Und das ist einiges.

Bevor ich den jenseits des Trongisvágsfjørður gelegenen Hauptort der Insel, **Tvøroyri**, ansteuere, bietet sich ein kurzer Stopp beim markanten Salzsilo an, das mit seiner markanten, fast schwarz gehaltenen Architektur zurzeit zum Kulturzentrum ausgebaut wird.

Das Gebäude war einst ein Salzlager, das ein französisch-färöisches Unternehmen 1938 bauen ließ. Das Salz aus Ibiza diente damals der Konservierung der reichen Fischfänge, die wiederum in alle Welt verschifft wurden.

Blick von der Fähre Smyril auf Tvøroyri

TVØROYRI - ALTES FUSSBALLSTADION

Stellplatzart: .... Campingplatz
GPS: N61 33 5.9 W6 47 28.9
Adresse: .... FO-800 Tvøroyri, Sevmýri
Tel.: .... (TIC) +298 611080
mailto: .... info@tvoroyri.fo
Homepage: .... www.visitsuduroy.fo
Zufahrtinfo: Vom Fährhafen am Salzlager vorbei, weiter ums Fjordende und in den Ort, wo sich die Tourist Information findet. Dort noch etwas weiter, dann schräg links hinauf Richtung Kirche. Geradeaus halten, bis sich rechts unterhalb der Straße der Kunstrasenplatz zeigt.
Kurzbeschreibung: Stellplätze auf dem ehemaligen Kunstrasenplatz, Wasser/WC/Dusche im Vereinsheim. Stromanschluss.
Öffnungszeiten: Ca. Mitte Mai bis Ende August.
Sonstiges: Nähe zum urigen Café Mor Mor (Sommer Mo-Sa 11^{00}-18^{00} h, So 13^{00}-17^{00} h geöffnet - im Angebot sind prima Kuchen, selbst gebackenes Brot und eine schmackhafte Fischsuppe. **GPS** N61 33 09.6 W6 48 04.5.

In Tvøroyri findet sich das Tourist Informations-Center (TIC)-**Suðuroy Kunningarstova**, FO-800 Tvøroyri, Kontaktdaten siehe Stellplatzinfo, offen im Sommer Mo-Fr 9^{00}-12^{00} und 13^{00}-16^{00} h, Sa 10^{00}-12^{00} h, außerhalb der Saison Mo-Fr 10^{00}-12^{00}/14^{00}-16^{00} h. Für meinen Wagen findet sich schnell ein Platz am Tvøravegur, um an der Durchgangsstraße gegenüber der Tourist Information zu parken (**GPS** N61 33 16.2 W6 48 22.9).

Wer einen Platz für eine Nacht sucht, wird weiter oben im Ort, ein Stück nach der sehenswerten Kirche, auf dem Kunstrasenplatz des ehemaligen Fußballstadions fündig (siehe Stellplatzinfo). Von dort kann man gleich zur ersten Wanderung starten.

Blick von der Passhöhe Fjallið zum See Hvannhagi

ROUTE 1

Zur Fjallið Passhöhe und zum See Hvannhagi

Ich beschränke mich auf die Wanderung zur Passhöhe und bringe die ersten 3,5 km noch mit meinem Wagen hinter mich, was ich aber nur Piloten kleiner Wohnmobile empfehle (1 Std. zu Fuß). Etwa 200 m nach einem Weidezaun, den man wieder schließen muss, befindet sich ein kleiner Wanderparkplatz.

Weiter geht es auf einem Bergpfad auf die Passhöhe Fjallið. Zunächst steigt man am Weidezaun beim Parkplatz steil rechts hinauf und erreicht bald einen Bergpfad, der links am Fuß einer Felskante gemächlich aufwärts führt. Nach etwa 15 Minuten hält man sich leicht rechts. Man kann links oben in der Ferne den Pferch auf der Passhöhe ausmachen, der nach 20 Min erreicht ist. Hier ist Orientierungssinn erforderlich. Von der Passhöhe eröffnet sich der Blick auf den See Hvannhagi hinab und weiter auf die Inseln Stóra und Litla Dimun. Wer trittsicher und bei guter Kondition ist, kann in etwa einer Stunde durch den Pferch steil abwärts durch den felsigen Steig zum See klettern (weiter 45 Min.).

Zu empfehlen ist, auf der 34 nordwärts nach Hvalba und weiter nach Sandvík zu fahren. Sie fahren vom Fjordende bei Tvøroyri zunächst bergwärts und durchqueren den 547 m hohen Nakkur in einem Tunnel. Kurz nach der Tunnelausfahrt können Sie an einer kleinen Abzweigung scharf links abbiegen, um das einzige Kohlebergwerk der Färöer Inseln zu besuchen. Weiter geht die Reise ins nahe **Hvalba**, wo Sie einen Campingplatz finden - ein guter Ausgangspunkt für weitere Ausflüge .

STEINKOHLEABBAU IN HVALBA

Oberhalb des Weilers Nes führt ein Schotterweg zum Parkplatz. Seit über 300 Jahren wird hier Steinkohle abgebaut, wenn auch nur noch in geringem Umfang. Abnehmer des sehr reinen und daher hochwertigen Brennstoffs sind nur noch einige wenige Familien aus Hvalba.

Sie können eine Führung ins Kohlebergwerk gleich in Tvøroyri bei der Tourist Information buchen oder versuchen es auf Gut Glück. Sie fahren lediglich 90 m geradeaus in den Berg ein, um dann 16 m nach rechts zu einem Flöz mit hochwertigster Kohle zu gelangen. Der geringe Eintrittspreis (50,00 DKK als Trinkgeld) lohnt sich allemal. Helm, Gummistiefel und Stirnlampe werden gestellt. **GPS**: 61 34 11.3 W6 56 04.0.

HVALBA - DORFPARKPLATZ

Stellplatzart: .... Parkplatz (übernachtungstauglich)
GPS: N61 35 51.9 W6 57 51.1
Adresse: .... FO-Hvalba
Zufahrtinfo: In den Ort fahren, in Höhe der Kirche links in den Bíarvegur, später links ab in den Snæbjarnavegur bis zum Parkplatz
Kurzbeschreibung: Asphaltierter Parkplatz, nebenan Dusche/WC. Zur Recherchezeit keine Kosten. Spielplatz/Picknickbank nebenan.
Sonstiges: Schöner Spaziergang vorbei am nahen See bis hinüber zur steilen Westküste möglich. **Öffnungszeiten:** Ganzjährig zugänglich.

Die Straße 34 führt - durch einen Tunnel unter dem Skálafjall - zum nördlichsten Ort der Südinsel: **Sandvík**. Es lohnt sich, dorthin zu fahren, denn das verträumte Örtchen bietet ein interessantes kleines Gehöft nebst Museum und herrliche Wandermöglichkeiten, auch wenn ich diese wetterbedingt nicht ausprobieren konnte.

Doch hat der Ort keinen wirklichen Stellplatz zu bieten. Dennoch habe ich - auf Nachfrage beim Mesner der kleinen Kirche - einen kleinen Parkplatz oberhalb eines Stalls mit grünen Wänden und rotem Dach empfohlen bekommen (**GPS** N61 35 51.9 W6 57 51.1, in Sandvík links abbiegen, 1 km auf schmaler Asphaltstraße Heiðavegur zum Schotterplatz links). Dort übernachtete ich ruhig und wurde lediglich vom etwas erstaunten Blöken einiger Schafe „gestört", die sich ihrerseits über den Besuch gewundert hatten.

Zur Klippenkante Ásmundarstakkur

Vom Parkplatz wandere ich talaufwärts und vorbei am nahen Gehöft, um auf der alten Fahrstraße nach gut 30 Minuten die Klippenkante zu erreichen. Dort erheben sich herrliche, von Brandungshöhlen durchsetzte und zerklüftete Felswände schroff aus dem Meer. Im Sommer brüten hier unzählige Vögel. Ich folge etwa 30 Min weitgehend weglos der Kliff-

An der Klippe Ásmundarstakkur

kante. Wenn die Talsohle der Sandvíksá erreicht ist, folgen Sie dieser entlang dem Weidezaun rechts wieder abwärts. So gelange ich ans Schild Oyggjarvegrin zurück, wo ich wieder den schon bekannten Fahrweg und auf diesem das Gehöft erreiche, von wo ich nach insgesamt gut 1 1/2 Stunden zurück am Wohnmobil bin.

Da das Wetter eintrübt und es zu nieseln beginnt, bin ich dankbar, die Besitzerin des Gehöfts unterhalb der Kirche anzutreffen, die mir die Tür zum historischen Museum aufschließt. Es wird kein Eintrittspreis erwartet. Doch freut man sich über ein passendes Trinkgeld. Nicht weit entfernt, am Sandstrand der schönen Bucht, steht ein Denkmal, das auf eine Geschichte aus der Färingersaga Bezug nimmt. Wer in Sandvík verweilen möchte, um das Dorf anzuschauen oder den Strand zu genießen, kann - wie immer auf Anfrage im Dorf - auch den Picknickplatz am Dorfeingang nutzen.

DENKMAL FÜR SIGMUNÐUR BRESTISSON

Demnach soll der Wikinger Sigmundur Brestisson, der den christlichen Glauben auf der Inselgruppe einführen wollte, hier erschlagen worden sein. Auf der Flucht vor seinen Widersachern von der Insel Skuvoy soll er mit seinen Begleitern durch einen mutigen Sprung ins Meer zunächst entkommen sein. Doch sein eigentliches Ziel, nämlich die nahe Insel Stóra Dímun zu erreichen, schlug fehl. Seine Begleiter ertranken. Im Glauben, er habe sein Ziel erreicht, ging Sigmunður in Sandvík an Land und wurde von Tórgrímur erschlagen. Das aus Basalt gemeißelte, kreuzförmige Denkmal zeigt den schwimmenden Sigmunður. Es wurde im Jahr 2006 hier aufgestellt.

SANDVÍK - DORFPARKPLATZ

Stellplatzart: .... Parkplatz
GPS: N61 37 44.5 W6 55 53.3
Adresse: .... FO-860 Sandvík, an der 34
Zufahrtinfo: Auf der 34 von Hvalba her kommend durch den Tunnel und dann nach Sandvík fahren. Der Parkplatz befindet sich kurz vor Ortseingang auf der rechten Seite.
Kurzbeschreibung: Parkfläche (unbefestigt) am Ortsrand mit Picknickbank und Sicht sowohl aufs Dorf als auch auf die herrliche Bucht mit dem feinen Sandstrand.
Sonstiges: Übernachtung **keinesfalls** ohne Einwilligung der Einwohner.

Nun heißt es, die Strecke zurück bis zum Ende des Trongisvágsfjørður und vorbei am Fährhafen weiter zu fahren.

Wenn Sie sich etwas mit der Geschichte der Färöer befassen möchten, können Sie einen Abstecher auf einer schönen Passstraße nach **Famjin** auf der rauen Westseite der Insel machen. An der Bucht Øravík zweigt die 32 rechts ab. Folgen Sie dieser, können Sie bald im Dorfzentrum von **Fámjin** beim Jachthafen den Zündschlüssel ziehen und den Wagen parken. Nebenan befindet sich auch hier ein öffentlicher Aufenthaltsraum mit WC und es lohnt nachzufragen, ob eine Übernachtung geduldet wird.

P WC FÁMJIN - HAFEN

Stellplatzart: .... Parkplatz gebührenfrei
GPS: N61 31 32.6 W6 52 52.4
Adresse: .... FO-870 Fámjin, Fámjinsvegur
Zufahrtinfo: Auf der 32 über die Passhöhe fahren und im Ort unterhalb der Kirche geradeaus halten. Nach dem Café fährt man zwischen den Häusern hindurch und erreicht so die Parkfläche zwischen dem Gemeinderaum und dem Hafenbecken.
Kurzbeschreibung: Asphaltierter Parkplatz nahe den Bootsschuppen am Hafenbecken. Auf der anderen Seite liegt das Gemeindehaus mit WC/Aufenthaltsraum.

MERKIÐ - DIE ORIGINAL FÄRÖISCHE NATIONALFLAGGE

Hauptgrund für den Besuch dürfte der Besuch des Kirchleins mit den schönen Holzhäusern ringsum sein, darunter übrigens ein Café, das nach Bedarf öffnet - wobei mein Bedarf wohl nicht genug war. Ich fand es verschlossen vor. Hier hängt das Original der Nationalflagge der Färöer Inseln in einem Glasschrein. Schwieriger kann es werden, das richtige Haus zu finden, in dem Sie den Schlüssel erhalten, um die Kirche zu besichtigen. Fündig werden kann man im blauen Haus oberhalb oder im weißen Haus neben der Kirche mit zwei Doppelfenstern zum Hafen hin. Als ich klopfte und freundlich nachfragte, wurde ich vom netten Sohn des Hauses begleitet und er öffnete mir die Kirchentür.

Die Flagge war entstanden, als zwei Studenten in Kopenhagen, vom Heimweh geplagt, im frühen 20. Jh. einen Entwurf mit dem nordischen Kreuz fertigten, das sie auf ein weißes Leinentuch nähten. Zu Hause fand das Werk wohl den Gefallen der Bevölkerung und flatterte 1919 erstmals am Masten. Während des Krieges dann, unter englischer Besatzung, wurde die neue Flagge zur Kennzeichnung der Schiffe genutzt. Nach dem Krieg wurde sie zur Nationalflagge erklärt, wofür ein Feiertag (25. April) eingeführt wurde.

Wandern auf die Passhöhe

Die Passhöhe könnte auf der alten Straße übrigens ein schönes, aussichtsreiches Wanderziel für sie sein. Mich hat das aber nicht überzeugen können, auch das gute Zureden einiger netter Einwohner von Famjin, doch einen Tag zu bleiben und dann zu wandern. Für die Fahrt benötigte ich nämlich Nebelscheinwerfer. Man sah kaum die ausgestreckte Hand vor den Augen... Der Einstieg in die Wanderroute von Øravík her ist knapp 500 m oberhalb der Jugendherberge, wo der Wanderweg von der Fahrstraße schräg links hinauf führt, an der alten Thingstätte vorbei auf die aussichtsreiche Passhöhe (ca. 5 km einfach).

So fahre ich zurück zur 34. Und siehe da - jenseits des Bergkamms ist wieder fast klare Sicht und kaum noch Regen. Weiter geht es durch den modernen Tunnel und am kleinen Weiler **Porkeri** mit schöner, schwarzer Kirche vorbei auf der 14 nach **Vágur**.

VÁGUR - CAMPING

Stellplatzart: .... Campingplatz
GPS: N61 28 01.7 W6 50 10.9
Adresse: .... FO-900 Vágur, Vágsvegur 30
Tel.: .... TIC +298 293390
mailto: .... info@vagur.fo
Homepage: .... www.vagur.fo
Zufahrtinfo: In den Ort und bei der Abzweigung am Fjordende geradeaus halten. Achtung Bodenwellen/Tempo 30! Vorbei am See, danach links.
Kurzbeschreibung: 12 geschotterte Stellplätze mit Strom- und Wasseranschluss, Du/WC im Gebäude, Aufenthaltsraum. Schöner Blick auf den See. Preis DKK 150,-/N je Wohnmobil inkl. 2 Pers. (Stand 2016).

Sonstiges: Wandern um den See oder westwärts zur nahen Bucht der Westküste mit sehenswerten Klippen und Fischerdenkmal.
Öffnungszeiten: Ca. Mai-Sept.
Ver-und Entsorgungsstation: Der Platz für die Entleerung der WC-Kassette liegt jenseits der Sorthalle am Parkplatz gegenüber der Feuerwehr.

Der Ort hat einen geschützten Fischereihafen, weshalb die Fischverarbeitung ein bedeutendes Standbein der örtlichen Wirtschaft ist. Kleinere Museen und Kunstsammlungen haben eher lokalen Charakter. Ich gewinne deshalb der Westküste etwas ab und mache vom Campingplatz einen ausgedehnten Spaziergang dorthin, genieße die Klippen und den frischen Wind.

Bevor ich abreise, widme ich mich noch dem Ort mit einigen schmucken Speichern, Segelmacherhäusern und Trockenplätzen für Klippfisch, gehe einkaufen und werfe einen Blick auf die Kirche aus den 30er Jahren. Wer eine Einkehrmöglichkeit sucht, ist in der Grillbar Báran (Vágsvegur 109 nahe der Abzweigung zum Campingplatz) gut aufgehoben, was auch der Zuspruch der Einheimischen bestätigt. Da in Vágur ein Olympiateilnehmer beheimatet ist, hat man sich (und ihm) ein Sportbad gegönnt, das nebst 50-Meter-Becken eine Riesenrutsche und Wellnesseinrichtungen bietet. Eine gute Wahl für Schlechtwettertage!

Nun widme ich mich der Weiterfahrt auf der 30 Richtung Südspitze der Insel. Die Strecke führt am Vágsfjörður entlang nach **Lopra**, einer früheren Walfangstation. Heute hofft man, mit Probebohrungen Öl zu finden. Die Straße führt danach geradewegs in einen modernen, zweispurigen Tunnel.

Kaum hat man den Tunnel hinter sich, eröffnet sich der Blick auf **Sumba**, den sagenumwobenen, südlichsten Ort der Färöer Inseln. Die Häuser ziehen sich entlang der Durchgangsstraße und stellenweise den Hang hinauf. Die Bootsschuppen des kleinen Hafens halten sich in respektvoller Distanz zum oft sturmumtosten Meer.

Meine Frage, wo ich für eine Nacht stehen könne, wird von Einheimischen mit dem Verweis auf den Parkplatz nahe dem Hafen beantwortet, wobei oberhalb des Ortes, auf dem alten Sportgelände, eine Campingmöglichkeit geschaffen wurde.

Ich nächtige also im Ort und unterhalte mich nett mit den Einwohnern, die ich um ihr Einverständnis bitte, bei einem Bier. Eine nennenswerte Gastronomie findet sich nicht, wie ich erfahre, dafür aber mit der Südspitze **Akraberg** ein umso attraktiveres Wanderziel mit zur Brutzeit überreichem Vogelleben!

Herrliches, aber windiges Wanderziel: Akraberg - südlichster Punkt der Färöer

ROUTE 1

SUMBA - CAMPING

Stellplatzart: .... Campingplatz
GPS: N61 24 23.2 W6 42 38.9
Adresse: .... FO-970 Sumba, Á Krossinum
Tel.: .... +298 370344
mailto: .... sumba@sumba.fo
Homepage: .... www.sumba.fo
Zufahrtinfo: Südwärts aus dem Ort Richtung alte Bergstraße, dann links ab ausgeschildert, gut zu sehen.

Kurzbeschreibung: Stellmöglichkeit am Sportplatz oberhalb des Ortes in Richtung Akraberg. Toller Blick auf Sumba und hinaus aufs Meer. Kosten DKK 100,-/Nacht inkl. Strom und 2 Pers. (Stand 2016). Stellplätze auf Schotter oder Asphalt. WC Kassettenentleerung.
Öffnungszeiten: Mai-15. Sept.

SUMBA - DORFPARKPLATZ

Stellplatzart: .... Parkplatz
GPS: N61 24 14.1 W6 42. 58.9
Adresse: .... FO970 Sumba, Sjogøta
Zufahrtinfo: Vom Tunnel her in den Ort, auf der Sjogøta rechts der großzügige Parkplatz kurz vor der Kirche.
Kurzbeschreibung: Asphaltierter Parkplatz mit zwei Picknickbänken und Mülltonne, direkt am Meer gelegen. Weiterer Parkplatz mit öffentlichem WC etwa 150 m zuvor.

Zum Leuchtturm Akraberg

Von der Fahrstraße aus zweigt ein Bergsträßchen (mit wendigen Wohnmobilen problemlos befahrbar) Richtung Akraberg ab. Das Sträßchen dient auch als Wanderroute, sowohl vom Ort als auch vom Campingplatz aus. Nach etwa 2 km ist der Leuchtturm erreicht. Wer die tatsächliche Südspitze der Inselgruppe erwandern möchte, muss noch etwa 5 km weiter marschieren, um die Kliffkante Munken zu erreichen.

Für die Fahrt retour zum Fährhafen empfehle ich Ihnen nun, zumindest wenn das Wetter mitspielt, die alte, vor allem aber aussichtsreiche Bergstrecke (Straße Nr. 91) zu nehmen. Ab der Abzweigung nach Akraberg windet sich diese in Serpentinen sich diese auf den Bergrücken mit Rundumsicht.

WICHTIGER HINWEIS ZU IHRER SICHERHEIT

Sie werden sicherlich während der Fahrt hier und da aussteigen, sich die Füße vertreten und die Aussicht genießen. Doch gilt, wie überall entlang der steilen Klippen und besonders, wenn der Boden rutschig ist: **Absturzgefahr!** Nehmen Sie das ernst. Die Vögel und die Landschaft lassen sich auch beobachten und genießen, wenn man nicht an der vordersten Felskante steht!

Die alte Straße führt bei Lopra auf die 30 zurück. Nun geht die Fahrt bis Hov weiter. Bevor der Tunnel Richtung Øravík führt, können Sie noch einen schönen Streckenabschnitt um die Bergnase zwischen Hovsfjørður und Trongisvágsfjørður einschieben, bevor Sie von **Drelnes** mit der Smyril nach Tórshavn zurückkehren.

Auf die Insel Sandoy

Sandoy erreichen Sie von Tórshavn aus, wenn Sie auf der Strecke Richtung Kirkjubøur (Straße 12, später auf die 57) fahren und von dort der gut ausgebauten, in die Felsen gesprengte Stichstraße zum **Fährhafen Gamlarætt** abbiegen (**GPS** 61 57 45.6 W6 49 09.7).

WICHTIGER HINWEIS ZUR FÄHRE:

Da die Fähre Teistin ein kleineres Exemplar ist, muss man generell vorbuchen (Tel. +298 293103), sofern das Fahrzeug Abmessungen >7 m Länge/1,90 m Höhe aufweist. Aufgrund der Höhe dürften die meisten Wohnmobile hierunter fallen. Also nicht vergessen, vorher anzurufen.

Die Überfahrt nach **Sandoy** dauert etwa 30 Minuten. An Bord gibt es - wie überall auf den Fähren der Färöer - kostenloses WiFi. Im Café an Bord erhalten Sie Snacks und Getränke. Und auf dem Sonnendeck genießen Sie die herrliche Aussicht auf die nördlich gelegene Inselwelt. Ankunft ist dann im **Hafen von Skopun** (**GPS** N61 54 08.6 W6 52 39.6), wo Sie den Wagen auf den örtlichen Campingplatz steuern können, sofern Sie hier etwas verweilen möchten. Voraussichtlich 2023 wird die Fähre überflüssig. Dann soll ein Unterseetunnel nach Sandoy führen.

DIE KIRCHE VON SANDUR

Dort lohnt sich ein ausgiebiger Aufenthalt zur Besichtigung der typischen, schwarz geteerten Holzkirche mit Grasdach und weißem Türmchen inmitten des Friedhofs. Das Besondere daran ist, dass man hier Fundamente von fünf früheren Kirchen gefunden hat, die seit über 1.000 Jahren im Lauf der Jahrhunderte hier erbaut wurden.

Das alte Ortszentrum von Skopun auf Sandoy

SKOPUN - CAMPING

Stellplatzart: .... Campingplatz
GPS: N61 54 16.0 W6 53 18.6
Adresse/Auskunft: .... FO-240 Skopun, Tunguvegur 39
Tel.: .... +298 288829 oder 224457
mailto: .... halla59@olivant.fo
Homepage: .... www.sandoyggin.fo
Zufahrtinfo: Von der Fähre kommend rechts in den Ort, um den Hafen herum und immer geradeaus. Rechts oben ein Supermarkt, dort links ab über die Kuppe und dann gleich rechts.
Kurzbeschreibung: Asphaltierte Fläche (früheres Fußballfeld). Wasser neben Aufenthaltsraum/Küche, WC/Du. Preis (2016): DKK 175 je Wohnmobil. Entsorgung (Kassetten) rechts neben dem Sanitärcontainer im Holzverschlag.
Sonstiges: 5-10 Min. Fußweg in den alten Teil des Ortes mit schmucken Holzhäusern. Einkauf im Supermarkt wenige Schritte entfernt.
Öffnungszeiten: Ganzjährig möglich.

Da Skopun ansonsten nicht allzu viel Attraktives hergibt, fahre ich über den Höhenrücken weiter nach **Sandur**, den Hauptort der Insel, einer der ersten Siedlungsplätze der Wikinger auf den Färöern. Auf dem Sandboden gedeihen hier Kartoffeln sehr gut, weshalb diesen im örtlichen Heimatmuseum Aufmerksamkeit gegeben wird. Eine Besonderheit ist jedoch die alte Kirche, die es zu besichtigen lohnt (nach dem Schlüssel im Supermarkt fragen).

Das Kirchlein von Sandur

... und der Campingplatz

Sandur bietet einen Campingplatz. Sehenswert ist überdies der weiße Sandstrand am Fjordende des Sandsvágur. Wenige Meter von der Kirche entfernt finden Sie einen kleinen Supermarkt. So können Sie mir mit frischen Vorräten auf einen Ausflug zur Westküste folgen, zumindest wenn Sie kein „Dickschiff“ fahren.

C WC SANDUR - CAMPINGPLATZ

Stellplatzart: .... Campingplatz
GPS: N61 49 47.2 W6 48 35.5
Adresse: .... FO-210 Sandur, Hafnir
Tel.: .... (TIC) +298 361836 oder 222078
mailto: .... info@visitsandoy.fo
Homepage: .... www.visitsandoy.fo
Zufahrtinfo: In den Ort bis zum Meer fahren, Rechtsbogen bis zum Hafen.
Kurzbeschreibung: Geschotterter Platz (nur für Wohnmobile bis ca. 7 m geeignet, Stromanschluss, WC/Dusche im Holzgebäude. Keine V/E-Möglichkeit. **Preis (2016):** DKK 100/N je Wohnmobil inkl. Strom. Dusche und Waschmaschine je DKK 20,-.
Sonstiges: Der schöne Sandstrand ist etwa 300 m entfernt, ebenso die Dorfmitte.
Öffnungszeiten: ca. Mai bis September und auf Anfrage.

Ausflugstipp: Søltuvík und Gróthúsvatn

Wie erwähnt, kann ich die Fahrt bis Søltuvík nur kleineren Wohnmobilen empfehlen, wenngleich es Ausweichstellen gibt. Aber der Parkplatz ist für größere Fahrzeuge ungeeignet.

Im Ort folge ich dem Schild Richtung **Søltuvík** und halte nach 1 km erstmals an der Parkbucht beim Gróthúsvatn, wo ein kurzer geologischer Lehrpfad startet. Entlang der Klippenkante werden auf einer Infotafel die Gesteinsschichten erklärt, die sich mit eindrucksvollen Farbkontrasten voneinander abheben.

Blick von der Klippenkante auf die Søltuvík-Bucht

Bis hierher ist das Ganze eine kleine Wanderung von Sandvík aus. Da ich einige Menschen auf der anderen Seeseite um einen Findling klettern sehe, mache ich mich auf und gehe selbst dort zu dem Stein, der von einheimischen Frauen mit der Stricknadel bewaffnet in dicke, bunte Wolle gekleidet wurde, auf dass er nicht friere. Eine wirklich originelle Idee und ein echter Blickfang.

Fährt (radelt oder wandert) man nun auf dem Søltuvíkavegur gut 4 km weiter zum Ende der Straße, die zuletzt scharf links abknickt, erreicht man die herrliche Bucht **Søltuvík**. Einheimische bezeichneten sie als einer der schönste Plätze der Inselgruppe (**Parkplatz GPS** N61 50 42.7 W6 53 34.0). Nebenan steht ein Gedenkstein für die Opfer der Schiffshavarie des englischen Frachters SS Principia, der hier mit 29 Mann an Bord 1895 auf Grund lief und sank, wobei die Besatzung bis auf einen Seemann ums Leben kam. Ich nutze die Gelegenheit, schnüre die Wanderstiefel und wandere über die teils feuchten, weglosen Wiesen in einer guten halben Stunde hinauf zur Klippenkante, um die herrliche Aussicht entlang der Westküste zu genießen (hin und zurück ca. 1 Std.). Nun steht noch der Besuch auf der Ostseite der Insel Sandoy auf meinem Programm, wo mich die drei netten kleinen Orte Skalavík, Húsavík und Dalur erwarten. Ich fahre zurück nach Sandur und am Fjordende vorbei auf die Straße 40. Dort halte ich mich an der nächsten Abzweigung nach **Skalavík**, wo mich ein Campingplatz beim Hotel gleichen Namens erwartet, das etwas oberhalb des verstreuten Örtchens mit seinen bunten Häusern an der Meeresbucht liegt.

SKÁLAVÍK - HOTEL SKÁLAVÍK

Stellplatzart: .... Campingplatz und Restaurant
GPS: N61 49 39.1 W6 40 32.9
Adresse: .... FO-200 Skálavík, Eiler Jacobsens gøta 1
Tel.: .... +298 34 59 00
mailto: .... booking@hotelskalavik.fo
Homepage: .... www.hotelskalavik.fo
Zufahrtinfo: Auf der 40 Richtung Skálavík halten. Der Platz liegt vor dem Ortseingang auf der rechten Seite.
Kurzbeschreibung: Asphaltierter Platz für 15 Wohnmobile hinter dem modernen Flachbau des Hotels mit (ziemlich amerikanisch angehauchtem) Restaurant, in dem z. B. Burger und Steaks gereicht werden. Strom/Wasser, V/E-Station ohne Bodenablass. **Preis (2017)**: DKK 250,- je Wohnmobil inkl. Du/WC, Spielplatz (out-/indoor), WiFi.
Sonstiges: Mountain-Bike Vermietung, Grillhaus und Hot-Pots separat buchbar.
Öffnungszeiten: Sommerhalbjahr bzw. auf Anfrage.

DALUR - CAMPING

Stellplatzart: .... Campingplatz
GPS: N61 47 03.5 W6 40 28.8
Adresse: .... FO-235 Dalur
Tel.: *298 361164/218901/217901
mailto: .... bodvar@olivant.fo

Zufahrtinfo: Über Húsavík auf der schmalen Bergstraße nach Dalur, im Ort dem Linksbogen bis zum Meer folgen.
Kurzbeschreibung: Wiesenplatz hinter dem Deich, Aufenthaltsraum, DU/WC, Kochgelegenheit. Strom. Waschmaschine/Trockner auf Anfrage gg. Gebühr. Anmeldung bei Helga und Boðvar im 50 m entfernten, schwarzen Holzhaus. **Öffnungszeiten:** Mai-Sept.

Hält man sich an der Abzweigung rechts, gelangt man zunächst nach **Húsavík**, dessen Ortsteil **Dalur** angesichts der herrlichen Lage mein eigentliches Ziel ist. Bereits der eher verträumte Ort Húsavík bietet einen netten Picknickplatz (**GPS** N61 48 30.2 W6 40 34.3/Sjóvegur) im Grünen, der für eine ausgedehnte Pause dient. Es folgt ein enges Bergsträßchen, das um den Bergrücken nach Dalur führt, wo ich mich auf dem Campingplatz am Meer einniste und einen Wandertag einlege, bevor ich nach Skopun und von dort nach Tórshavn zurückkehre.

Zur Südspitze der Insel

Höhepunkt des Inselbesuchs ist die 2 1/2 h dauernde, mäßig steile Wanderung zur Schutzhütte über der Südspitze der Insel. Vom Ort führt ein Fahrweg dorthin, weshalb man sich (bei gutem Wetter) kaum verlaufen kann. Vorsicht bei Nebel! Belohnt wird man mit dem Blick auf Vágar/Mykines im Norden und Suðuroy im Süden.

Blick bis hinauf nach Mykines - „Inselfinale" des Besuchs auf den Färöern

Island - Nordosten

Es ist geschafft - die Überfahrt war hoffentlich auch für Sie angenehm und die Sonne lacht übers Meer auf die Berge. Ab der Einfahrt in den Fjord habe ich noch eine Stunde vor mir, bis mich die Insel aus Feuer und Eis empfängt. Alles versammelt sich auf dem Sonnendeck der Norröna und bestaunt die Bergkette rund um den Fjord, bis sich die bunten Häuser mit der hellblauen Holzkirche des Hafenortes Seyðisfjörður am Fjordende zeigt. Vor mir liegt eine spannende Reise um die größte Vulkaninsel der Welt.

Eine der ersten Gelegenheiten, sie zu sehen: Papageientaucher in Bakkagerði

Höhepunkte der Route im Nordosten Islands

1 BORGARFJÖRÐUR/BAKKAGERÐI

Besuch bei einem der schönsten Vogelfelsen im Nordosten, herrliche Wandermöglichkeiten und bunte Berge (Seite 86 ff).

2 HOCHLANDAUSFLUG: HOCHTEMPERATURGEBIET ASKJÁ

Mit einem 4x4-Fahrzeug oder mit dem Hochlandbus: Ausflug zu den Kraterseen der Askjá, wandern durch die Schlucht Drekagíl und der Blick auf die Herðubreið (Seite 94).

3 DIE GRÖSSTEN WASSERFÄLLE EUROPAS UND ÁSBYRGI

Die Jökulsá á Fjöllum tost vom Vatnajökull nach Norden und bildet tief eingeschnittene Schluchten. Der Dettifoss ist der größte seiner Art in Europa. Die Wandergebiete Vesturdalur und Ásbyrgi bieten einzigartige Felsformationen (Seite 107).

4 HAUPTSTADT DES WHALE-WATCHING: HUSAVÍK

Im sehenswerten Ort mit seiner imposanten Holzkirche starten seit Mitte der 90er Jahre die Walbeobachtungstouren in die Skjálfandi-Bucht. (Seite 112).

5 INS MYVATN-GEBIET

Der Blick über den flachen „Mückensee", ein Ausflug ins Hochtemperaturgebiet Krafla und ein Besuch im Myvatn Nature Bath sind unvergessliche Momente (Seite 118).

Da ich in Tórshavn als einer der letzten Fahrgäste in den Bauch der Norröna gefahren war, bin ich einer der ersten, die von der Fähre rollen. Von den Zollbeamtinnen freundlich begrüßt, hat mich Island wieder. Zur Zollabfertigung (dank Schengen-Abkommen geht das recht zügig) wird von der Dame der Aufkleber mit dem Datum der Einreise übergeben, den ich an der Windschutzscheibe anbringe.

Als Zugabe gibt es die Frage, wohin die Reise gehen soll. Und ich erhalte den Tipp, dass das Wetter hier im Osten und Nordosten prima sei, der Süden sich derzeit aber recht stürmisch und regnerisch zeige. So beantwortet sich die Frage nach der Fahrtrichtung, die ich einschlagen werde, erneut durch den Wetterbericht - ganz so wie bei meinen früheren Reisen auch.

Geschafft! Ankunft in Seyðisfjörður

SEYÐISFJÖRÐUR - TJALDSTÆÐI

Stellplatzart: .... Campingplatz
GPS: N65 15 38.2 W14 00 43.7
Adresse: .... Seyðisfjörður, Austurvegur
Tel. .... +354 471 1521
mailto: .... klas@austurbru.is
Homepage: .... www.visitseydisfjordur.is
Zufahrtinfo: An der Abzweigung der 93 Richtung Egilsstaðir, jedoch nicht dorthin abbiegen, sondern zunächst geradeaus und in Höhe der hellblau gestrichenen Kirche links abbiegen. Weiterer Stellplatz für Wohnmobile mit Stromanchluss ca. 200 m weiter geradeaus, dann links.
Kurzbeschreibung: Geschotterte, leicht terrassierte Stellplätze für Wohnmobile sowie Zeltwiese, gute Sanitärausstattung im Gebäude der ehemaligen Shell-Tankstelle, wo sich die Rezeption befindet (vormittags 10^{00}-12^{00} h und nachmittags 14^{00}-17^{00} besetzt). Versorgung mit Trinkwasser mit Kanister in der Küche bzw. mittels Schlauch am Autowaschplatz der früheren Tankstelle (Waschbürste abnehmen). **Preis 2016:** ISK 2.700 (Wohnmobil inkl. 2 Pers, Strom ISK 700, Dusche ISK 100, Preisreduzierung für Rentner auf ISK 1.700. **Öffnungszeit:** Mai-Sept.

Schon am Fährhafen weist ein Schild auf die 93 Richtung Egilsstaðir. Also Blinker rechts, ein Blick zurück zur Norröna zum Abschied für einige Wochen. Doch halt! Zuerst habe ich noch einige Vorschläge für Sie, bevor Sie einfach so davon sausen. So rollt mein Wagen erst Mal zum Supermarkt an der Abzweigung der 93 Richtung Egilsstaðir. Zunächst müssen die wichtigsten Vorräte für die erste Zeit in den Kühlschrank wandern. Egilsstaðir darf noch etwas warten. Ich möchte mir die Zeit nehmen, das schöne Hafenörtchen im Osten Islands näher anzuschauen. Wenige Meter weiter parke ich in eine Stellplatzbucht des Campingplatzes ein und nehme nach einem Kaffee die Erkundung in Angriff.

Das schmucke Kirchlein im Fährort Seyðisfjörður

Sehenswertes in Seyðisfjörður

Die schmucke, in hellblau gehaltene Kirche (Bild vorige Seite) hat nachmittags ihre Pforten geöffnet. Die Farbkombination aus hellblau und Holztönen strahlt eine beruhigende Atmosphäre aus.

Sie haben einen Draht zu technischen Geräten früherer Tage? Dann folgen Sie mir. Einige Schritte auf der Ausfahrtstraße der Fähre, dann biege ich links in die Hafnargötu ein, um nach fünf Minuten Gehzeit das **Technikmuseum Ostislands** zu betreten.

Was über Jahrzehnte hier zusammengetragen wurde, ist beeindruckend. Es ist ein Erlebnis, wenn Petur, der Inhaber und Betreiber, sein technisches Verständnis mit großer Fingerfertigkeit kombiniert. Zu jedem Gerät, zu jeder Maschine vermittelt er sein Wissen. Man erfährt, dass die hiesige Telefonvermittlung Islands, die noch im Original erhalten ist, schon 1906 über ein Unterseekabel mit den Färöer Inseln und Schottland verbunden war. Dass hier das erste isländische Radiogerät von Jóhann Hansson entwickelt und gebaut wurde, ist ein anderes Beispiel. Auch dieses Gerät ist im Original zu sehen. Das frühere Kaufmannshaus, das nach dem Tod des Besitzers, Otto Wathne aus Norwegen, als Telegrafenstation diente, war etwas Besonderes. Wathne hatte bereits eine Heißwasserheizung und fließend warmes und kaltes Wasser nebst WC installieren lassen - damals in Island noch völlig unbekannt. **Öffnungszeiten/Info:** Geöffnet Juni-Mitte Sept. täglich von 11^{00}-17^{00} h, Winterhalbjahr auf Anfrage. Eintritt (2016): ISK 1.000, Tel. +354 472 1696, mailto:tekmus@tekmus.is, www.tekmus.is.

Wenn Sie nach Ihrer Anreise ganz einfach entspannen möchten, ist sicherlich der Hinweis von Interesse, dass Sie sich im örtlichen **Schwimmbad** ein erstes Mal in die warmen Fluten stürzen und es sich in den Hotpots gut gehen lassen können.

Seðisfjörður hat eine ganze Reihe historischer Gebäude in die Gegenwart retten können, was den Ort als einen der schönsten Islands erscheinen lässt. Dazu trägt bei, dass die über 1.000 m hohen Berge rundum dem Ortsbild einen grandiosen Rahmen geben. Und die eine oder andere gute Einkehrmöglichkeit zur Begrüßung in Island finden Sie sicher auch, bevor Sie weiterfahren.

Ins Aufforstungsgebiet Seyðisfjörður

Vom Campingplatz her gesehen auf der anderen Talseite ist ein junger Wald entstanden, der auf der ganzen Länge des Tales bis zum Elektrizitätswerk gedeiht. So gehe ich zur Brücke beim Supermarkt. Direkt danach (Panoramatafel) folge ich dem Pfad am Bachufer, der mit Holzpflöcken mit gelber Spitze markiert ist. Zunächst verläuft der Weg bergwärts, um in einer Baumschonung nach rechts abzuknicken. Stetig gewinnt man an Höhe und durchquert die Baumgruppen, die durch Felspassagen, teils auch sumpfige Wiesen und viele mehr oder weniger kleine Wasserläufe sehr abwechslungs- und aussichtsreich ist. So stiefle ich etwa eine Stunde talaufwärts, immer umgeben und fasziniert von der Kette noch verschneiter Gipfel von oft über 1.000 m Höhe, bis in Höhe des Wasserkraftwerks. Ein Zaun ist zu übersteigen, dann gelangt man zum untersten Wasserfall. Nun führt der Weg auf der anderen Seite am Fluss entlang retour, wobei man ihn entlang des Berghangs etwas verlängern kann (in gleicher Weise markiert). Gehzeit ca. 2 Std./6 km.

Einkehr und weitere Aktivitäten In Seyðisfjörður

Essen gehen ist in Seyðisfjörður mehrfach möglich, und zwar im Restaurant Aldan schräg gegenüber der Abzweigung Egilsstaðir, (Tel. +354 472 1277, www.hotelaldan.com), Bistro Skaftfell (einfachere Gerichte wie Pizza & Co., (Tel. +354 472) - jeweils von Mai-Sept., das Restaurant Skálinn ganzjährig). Beim Aldan können Sie auch nach einer Paddeltour fragen, wenn Sie mit Muskelkraft über das (hoffentlich ruhige) Wasser des Fjords gleiten möchten.

Auf dem Weg nach Skálanes begegnet mir die Norröna nochmals

Ausflug/Wanderung zum Hof Skálanes

Sie haben ein Fahrrad (möglichst Mountain Bike) dabei? Dann können Sie folgendem Ausflugstipp folgen, der auch mit robusten Wohnmobilen machbar ist (möglichst 4x4). Die letzten 5 km wandere ich gemütlich durch die herrlich wärmende Sonne.

Ob mit Fahrrad oder Wohnmobil - man folgt der Straße am Technikmuseum vorbei weiter. Kurz nach dem Ortsausgang knirscht Schotterbelag unter den Reifen. So geht es etwa 5 km auf guter Piste bis in Höhe des Hofes **Hánesstaðir**, wo die Straße links hinab abknickt und nun enger und ruppiger wird. Es folgen teils ziemlich steile Passagen auf- und abwärts. Bald ist die Ruine des Kirchhofs **Þórrarinsstaðir** aus der Wikingerzeit erreicht (Infotafel), worauf ein scharfer Anstieg folgt. Nach insgesamt 12 km (zuletzt mit sehr vorsichtiger, angepasster Fahrweise) ist der **Wanderparkplatz Austdalur** (**GPS** N65 17 05.4 W13 46 30.5) erreicht. Bei günstiger Wasserführung (3 Furten) können 4x4-Fahrzeuge noch 4 km weiter zum Parkplatz des Hofes **Skálanes** fahren. Die letzten 800 m sind aber Fußgängern vorbehalten.

Ab dem Wanderparkplatz führt ein gut markierter Pfad mehr oder weniger parallel zur Fahrstraße (gelbe Pflöcke). Dort, wo die Autos furten müssen, wurden für Wanderer Brücken gebaut.

Die Fußgängerbrücken machen das Ganze auch für Mountain Biker angenehm. Gehzeit ab Parkplatz ca. 1 Std./5 km. Im Hof Skálanes kann man auf einen Kaffee und Kuchen oder ein einfaches Essen einkehren. Viel Spaß wünsche ich übrigens beim Durchwandern der Kolonie von Küstenseeschwalben kurz vor Skálanes - die Vögel fliegen sicher auch auf Sie muntere Angriffe. Seien Sie auf der Hut und wehren die angriffslustigen (aber sehr schönen) Biester mit Klatschen oder Winkbewegungen ab. Vom Hof wandert man noch gut 10 Minuten weiter auf ausgeschildertem Weg zum Vogelfelsen.

Mein Wanderziel: Skálanes

Alles Gute kommt von oben...

ROUTE 2

Von der Aussichtsplattform lassen sich, neben Möwen, auch Papageientaucher recht gut beobachten.

Verlängerung der Tour für gute Alpinwanderer: Wenn Sie noch Puste, Zeit und Trittsicherheit haben (was ich wegen reichlich Schnee nicht ausprobieren konnte), können Sie die Tour zur längeren Bergwanderung ausdehnen. Folgen Sie dem Wanderpfad Richtung **Dalatangi**. Sie haben gut 600 m Meereshöhe zu überwinden, denn der Bergrücken **Skóllaskarð** ragt steil und mächtig aus dem Meer auf, bevor der Wanderpfad über die Hochfläche **Daláafrett** (größte Vorsicht bei Nebel!) zur Landspitze mit dem Leuchtturm führt. (Dieser Abschnitt ist ca. 8,5 km lang, ca. 3-4 Std Gehzeit - siehe auch Ausflug Mjóifjörður).

Nun sind Sie aber auf der falschen Seite des Landrückens und müssen diesen natürlich auch wieder überqueren. Dies können Sie entweder auf gleicher Strecke tun, schöner ist sicher aber die Überquerung der **Dalaskarð**-Passhöhe (noch einmal 9 km/ 4 Std. Gehzeit. Insgesamt um die 9 Std. Gehzeit sind aber ein Wort!). Manchmal kann eine kleinere Tour, wie ich sie unternommen habe, ja nicht minder schön sein. In der Tourist Information ist übrigens die Wanderkarte Gönguleiðir á Austurlandi erhältlich.

Nach Rückkehr vom Ausflug in die herrliche Natur bei Skálanes heißt es, von Seyðisfjörður Abschied zu nehmen - ebenso wie es die Norröna tut (Bild Seite 84).

Hätte ich die Passhöhe **Fjarðarheiði** nicht aus früheren Recherchen (fast) ohne Schnee gekannt, die Fahrt Anfang Juni 2013 hätte mir den Eindruck einer Straße durch einen Gletscher vermittelt. Doch bin ich auf gut geräumter Piste gewohnt zügig in **Egilsstaðir** angekommen (Bild von unterwegs siehe unten). Hier gilt es, einige organisatorische Dinge zu erledigen, die ich mir auf den Plan geschrieben hatte, aber mit meinem Wohnmobil nur teilweise realisieren konnte.

Im diffusen Nachmittagslicht zeigt sich von der Passhöhe das Snæfell-Massiv

NÜTZLICHE TIPPS NACH ANKUNFT IN ISLAND

Telefonieren mit dem deutschen (schweizerischen oder österreichischen) Handy ist in Island teuer. Beachten Sie die Konditionen der Roaming-Abkommen Ihres Anbieters, die zurzeit stark in Bewegung sind.

Eine Lösung kann es deshalb sein, eine SIM-Karte eines isländischen Anbieters zu erwerben. Das spart am Ende manchen Euro an Telefonkosten. Ebenso verhält es sich, wenn Sie regelmäßig Zugang ins Internet haben möchten. Erkundigen Sie sich im Telefonladen der staatlichen Telefongesellschaft Siminn auf der Rückseite des Netto-Einkaufsmarktes. Oder fragen Sie alternativ schon zu Hause bei Ihrem Anbieter des Vertrauens nach einem Tarif, der Island (die Färöer Inseln) mit einschließt und so hilft, Roaming-Gebühren zu sparen.

Das Thema Gas dürfte auch für Sie von Interesse sein, vor allem, wenn Sie eine längere Reise durch Island vor sich haben. Sowohl die N1- als auch die Shell-Tankstelle in Egilsstaðir bieten als Service an, Ihre (vielleicht auch nur eine) heimische(n) Gasflasche(n) für die Reisedauer hier zu deponieren und bei Rückkehr wieder zurückzugeben. Sie bezahlen zwar ca. 75 EUR Pfand zzgl. Gasfüllung. Das Pfand erhalten Sie zurück, wenn Sie vor Ihrer Abreise wiederkommen. Ihre Gasflasche wird mit dem Namen versehen und bis zur Rückkehr aufbewahrt. Für die isländische Gasflasche benötigen Sie dann einen stärkeren Dichtungsring oder das Euro-Anschluss-Set, damit der deutsche Druckminderer zuverlässig angeschlossen werden kann. Auch die ggf. erforderlichen Dichtungsringe haben die genannten Tankstellen vorrätig, wie ich mich selbst überzeugen konnte. Von mehreren Lesern meiner bisherigen Bücher habe ich dies auch bestätigt bekommen. Ein Problem könnte allerdings sein, wenn Ihr Gaskasten für die etwas dickeren Flaschen aus Island nicht ausreicht. Probieren geht über Studieren, zumal in Island auch noch gleich mehrere Flaschensysteme im Umlauf sind.

Wer also, wie ich, kein Glück hatte, muss einigermaßen sparsam mit dem Gas umgehen und rechtzeitig Reykjavík oder auch Akureyri ansteuern, wo auch die deutschen, grauen Gasflaschen gefüllt bzw. getauscht werden können. Dazu gehe ich in den nützlichen Informationen von A-Z näher ein (Stichwort Gasversorgung).

Vielleicht haben Sie noch solch wichtige Dinge wie Lebensmitteleinkauf oder Geldwechsel auf Ihrem Plan? In Egilsstaðir haben Sie alle nötigen Anbieter auf kleinem Raum dicht beieinander - Supermärkte, Banken, Tankstellen. Hier geht alles unkompliziert und zügig über die Bühne, alles in Fußwegentfernung vom Campingplatz aus.

Egilsstaðir ist nicht eben ein idyllischer Urlaubsort. Es wurde erst Mitte der 40er Jahre des 20. Jh. gegründet und zählt über 2.300 Einwohner. Zuvor waren hier nur einige zerstreute Höfe und eine Richtstatt für Verbrecher gewesen. Da letzteres nun weniger mit Urlaub zu tun hat, ignoriere ich es lieber und konzentriere mich auf interessantere touristischen Aspekte. Für ergänzende Informationen steht Ihnen das **Tourist Informations-Zentrum für Ostisland** (Tel. +354 471 2320, www.east.is, mailto:east@east.is) zur Verfügung. Sie finden es mitten zwischen den Supermärkten und Tankstellen im Zentrum.

ROUTE 2

EGILSSTAÐIR - TJALDSTÆÐIÐ EGILSSTÖÐUM

Stellplatzart: Campingplatz
GPS: N65 15 30.4 W14 24 25.2
Adresse: 700 Egilsstaðir, Kaupvangur 17
Tel.: +354 470 0750
mailto: kaffiegilsstadir@gmail.com
Facebook: www.facebook.com/kaffi.egilsstadir
Zufahrtinfo: Von Seyðisfjörður/Reydarfjörður kommend in den Ort fahren, kurz vor der Ringstraße, in Höhe der Supermärkte links ab ausgeschildert.
Kurzbeschreibung: Noch etwas lieblose Campingwiese, Wohnmobile stehen auf Rasenflächen ohne Bäume. Jedoch gute Ausstattung (neu gebaut 2009, als der alte Platz der Planung eines Straßenbauprojektes weichen musste). Aus der Straße wurde zwar bisher nichts, dafür wurde aber der nunmehr modernere Camping- und Stellplatz für Wohnmobile, Caravans und Zelte fertig. Strom, Ver-/Entsorgung, modernes Restaurant Kaffi Egilsstaðir mit Alkoholausschanklizenz. Weitere Einkehr- und Einkaufsmöglichkeiten in Fußwegnähe. Campingcard-Akzeptanz. WiFi-Zone, Waschmaschine/Trockner gegen Gebühr. Preis 2016: ISK 1.400, Pensionäre ISK 800 p. P. + ISK 100 je Fahrzeug, Strom ISK 800. Fahrradvermietung. **Öffnungszeit:** Ganzjährig.

FELLABÆR - SKIPALÆKUR

Stellplatzart: Campingplatz
GPS: N65 16 50.9 W14 25 59.1
Adresse: Fellabær, an der 931
Tel.: +354 471 1324 oder 895 1324
mailto: booking@skipalaekur.is
Homepage: www.skipalaekur.is
Zufahrtinfo: Von Egilsstaðir auf die Ringstraße Richtung Akureyri, am Flughafen vorbei über die Brücke auf die andere Seite des Lögurinn fahren. Es folgt eine kleine Steigung. Gegenüber der Tankstelle links ab ausgeschildert. Der Platz liegt rechts der Fahrbahn.
Kurzbeschreibung: Familiärer Platz, Wiesengelände, Windschutz durch Bäume, Picknickplatz bei den Stellplätzen und beim Sanitärgebäude. Einfache, aber saubere Dusche/WC, Aufenthaltsraum, Stromanschluss. Preis 2016: ISK 1.500 p. P. (Pensionäre 10% Rabatt, Kinder 12-16 J. halber Preis), Strom ISK 1.000. **Öffnungszeit:** Mai - September.

Ausgangspunkte von Egilsstaðir aus: Campingplatz in Egilsstaðir …

Vielleicht möchten Sie auch hier in Egilsstaðir das moderne, recht große Schwimmbad ausprobieren? Dann auf in die angenehm temperieren Fluten, wer einen Ausgleich für die Überfahrt über den Nordatlantik sucht (... oder später bei der Rückkehr, wenn es ans Abschied nehmen geht). Sie finden das „Sundlaug" übrigens aus Fahrtrichtung Seyðisfjörður (oder Reyðarfjörður) kommend, wenn Sie bei der Shell-Tankstelle rechts abbiegen (dann ausgeschildert).

Ganz in der Nähe finden Sie dann auch gleich das **ostisländische Heimatmuseum** (Laufskógar 1, Tel. +354 471 1412, www.minjasafn.is). Hier gibt es unter anderem ein ausgegrabenes Wikingergrab samt Grabbeigaben zu bewundern.

Für das leibliche Wohl können Sie, wiederum benachbart, das Café Nielsen aufsuchen, das isländische Gerichte anbietet. Einfacher geht es in den Tankstellenshops zu. Aber einen Imbiss erhalten Sie auch dort, wobei die Gerichte im SB-Restaurant bei der N1-Tankstelle gar nicht schlecht sind.

Angesichts des vielseitigen touristischen Angebotes ist es gut zu wissen, dass der Ort und die nähere Umgebung schöne Campingplätze bieten. Einer liegt ortsnah hinter den Einkaufszentren. Fährt man über die Brücke nach **Fellabær**, eine kleine Gemeinde von gut 400 Einwohnern auf der anderen Seeseite, findet sich ein guter, familiär geführter und gemütlicher Campingplatz. Hier scheint man eher auf Klasse denn auf Masse zu setzen. Hinter der Tankstelle bei der Abzweigung versteckt sich übrigens eine hervorragende **Bäckerei** (**GPS** N65 16 57.5 W14 25 30.5).

Je nach Ihren Reiseplänen und in Abhängigkeit vom Wetter können Sie von Egilsstaðir die Rundfahrt um den Lögurinn und ins **Fljótsdalur** an den Anfang Ihrer Inselrundfahrt vorziehen. Wenn Sie dies möchten, blättern Sie bitte hier zur letzten Route, wo der Ausflug näher beschrieben ist.

... und der Platz auf der anderen Seite des Sees: Campingplatz Fellabær

1 Borgarfjörður/Bakkagerði

Zurück in Egilsstaðir, orientiere ich mich ein Stück retour Richtung Seyðisfjörður, biege dann aber auf die 94 Richtung Norden ab. Dort, genauer in den Bergen um Borgarfjörður Eystri, kommen all die Wanderfreunde auf ihre Kosten, deren Fahrzeug eine Fahrt in die bunte Bergwelt von Landmannalaugar oder Lónsöræfi nicht zulässt. Allerdings muss man zunächst etwas „Kilometer fressen". Bald weist die Strecke auch hier Schotterbelag auf, ist aber gut und zügig befahrbar. Nach etwa 35 km heißt es „Vogelfreunde aufgepasst"! Die 94 knickt markant in östlicher Richtung ab und führt fast schnurgerade durch eine sumpfige, von vielen Teichen durchsetzte Ebene **Hjaltastaðaþinghá** zwischen **Lagarfljót** und **Selfljót**. Sie wurde von den großen Gletscherflüssen mit Millionen Tonnen Schwemmsand angespült - ein Paradies für allerlei Wasservögel. Hier bekommen Sie alles zu Gesicht, was in flachen Küstenabschnitten an gefiederten Freunden lebt, von der Küstenseeschwalbe über allerlei Entenarten, Haubentaucher, Singschwäne und und und. Fahren Sie vorsichtig - da und dort machen die Vögel auch schon mal auf der Straße eine Ruhepause.

Dann schickt sich die Piste an, in weiten Kehren (nach wie vor Schotterstraße mit jetzt auffällig hellem Belag) zügig bergwärts zu führen. Beachten Sie die Hinweise auf Wanderwege. Eines davon trägt die Aufschrift „**Stórurð**". Dies ist ein Felssturzgebiet, das mit einem schönen Wanderweg erschlossen wurde. Gleich der erste dieser Parkplätze bietet Ihnen zugleich eine aussichtsreiche Möglichkeit zum Rasten und Wandern. Hier können Sie also gleich die Wanderstiefel und den Rucksack für eine schöne Wanderung auspacken.

ÓSAFJÖLL - STÓRURÐ

Stellplatzart: .... Parkplatz
GPS: N65 33 24.1 W14 01 52.0
Adresse: .... An der 94
Zufahrtinfo: Auf der 94 von Egilsstaðir kommend nordwärts. Nach der Ebene führt die Straße in Kehren steil aufwärts (Geschwindigkeitshinweise bei den Kurvenwarnschildern beachten). Beim ersten Hinweisschild „Storurð" biegen Sie rechts ab. Der Parkplatz führt auf grobem Schotter in einem Bogen etwa 200 m weit in eine kleine Bergnische. Hier stehen Sie sicht- und windgeschützt.
Kurzbeschreibung: Schotterplatz ohne weitere Ausstattung, außer man zählt die Aussicht über die weite Ebene zu den Ausstattungsmerkmalen.
Wandertipp: Siehe Rother Wanderführer Route 21 „Stórurð - Eine lange Wanderung zu einem gewaltigen Felssturzgebiet".

Mich zieht es weiter Richtung **Borgafjörður Eystri**. Das Örtchen **Bakkagerði** zählt irgendwie zu meinen Lieblingsplätzen in Island. So darf ich Ihnen nach dem vorgenannten Parkplatz noch einen weiteren nennen. Außerdem gibt es den Campingplatz und einen dritten Parkplatz, und als I-Tüpfelchen einen richtig schönen Vogelfelsen dazu, an dem Sie nun spätestens Ihre ersten Papageientaucher zu Gesicht bekommen sollten. Doch der Reihe nach.

NJARÐVÍK - INNRÍ HVANNAGÍL

Stellplatzart: .... Parkplatz
GPS: N65 33 35.2 W13 55 15.1
Adresse: .... Njarðvík
Zufahrtinfo: Die 94 führt von der Passhöhe in imposanten Serpentinen zügig und aussichtsreich ins Tal. Bald ist ein Stück Asphaltstraße erreicht, an dem der Hinweis „Innra Hvannagíl" rechts auf eine **grobe Schotterzufahrt** weist. Vergessen Sie, was Sie von zu Hause unter dem Begriff „Parkplatz" gewohnt sind. Vielleicht sollten Sie auch erst zu Fuß ausprobieren, ob Sie auf den Parkplatz fahren möchten.
Kurzbeschreibung: Schotterfläche, die als Wanderparkplatz am unteren Ende der Schlucht dient. Von hier gelangen Sie auf Schusters Rappen nicht weit, aber mit reizvoller Aussicht in die recht kurze Schlucht mit fast unglaublich bunt anmutenden Schotterhängen und kleinen Lavaeinlagerungen. Da es nicht weit ist, sehe ich hier von einem „Wandertipp" ab.

BAKKAGERÐI - TJALDSTÆÐI

Stellplatzart: .... Campingplatz
GPS: N65 31 27.4 W13 48 30.4
Adresse: .... Njarðvík
Tel.: .... +354 857-2005
mailto: .... borg@eldhorn.is
Homepage: .... www.borgarfjordureystri.is
Zufahrtinfo: Auf der 94 nach Bakkagerði und im Ort bis zur kleinen, grauen Kirche. Dort rechts ab ausgeschildert.
Kurzbeschreibung: Gut ausgestatteter Campingplatz - Wiesengelände am Fuß des Álfaborg-Felsens. Aufenthaltsraum, Waschmaschine/Trockner, Ver-/Entsorgung, Stromanschluss. Preis 2016: ISK 1.100 p. P., <14 J. frei, zzgl. Übernachtungssteuer. **Öffnungszeit:** Mitte Mai-Mitte Oktober.

In der Schlucht Innri Hvannagíl

Der Ort ist an sich nichts Besonderes, hat aber seinen Reiz durch das landschaftliche Umfeld aus farbenprächtigen Rhyolith- und Basaltbergen. Nahe dem Campingplatz darf ich Ihnen noch einen Einkehrtipp geben. Ich möchte ja die regionale Küche in den Vordergrund stellen. Zwar erhalten Sie auch die leider typisch isländisch gewordenen Fast-Food-Gerichte, doch stehen auch regionale Gerichte wie Fleischsuppe, Lamm etc. im **Café Álfa** schräg gegenüber des Campingplatzes auf der Karte. Wenn Ihnen die Selbstversorgung wichtig ist, gibt es einen Supermarkt.

Unbedingt sollten Sie einen Blick ins Kirchlein werfen, das als Altarbild die Szene der Bergpredigt zeigt, die der Maler kurzerhand in die Bergwelt um Bakkagerði angesiedelt zu haben scheint.

5,5 km weiter, am Ende der Straße, erwartet Sie der kleine, idyllische Fischerhafen nebst Parkplatz und WC (**GPS** N65 32 30.5 W13 45 15.0). Tagsüber parken darf man nach wie vor, wenngleich die früher problemlose Übernachtung nicht mehr erlaubt ist. Vom Parkplatz sind es wenige Schritte über eine Treppe zur Aussichtsplattform, von der Sie Papageientaucher, aber auch Dreizehenmöwen, Eiderenten etc. beobachten können. Wo hat man außerdem schon eine Picknickbank zur Verfügung, von der aus man den munteren Vögeln beim Futter holen zusehen kann?

Etwa 1 km zuvor findet sich der geschotterte **Wanderparkplatz Brúnavík 2, GPS** N65 32 09.7 W13 45 22.1 - Nr. 2 deshalb, weil es weiter Richtung Ort einen weiteren Parkplatz an der Stelle gibt, wo mein Wandertipp wieder auf Küstenhöhe führt, jedoch kaum wohnmobiltauglich ist.

Sonnenbad für Papageientaucher in Bakkagerði

Brunavík: Einsame Bucht und bunte Berge

Zwischen dem markanten Funkmasten und dem Hafen liegt ein kleiner, leider nicht ganz ebener Wanderparkplatz (Schild: Brunavík 2). Hier steht der Wagen ganz prima, während Sie auf Schusters Rappen steil den Berg hinauf schnaufen und nach etwa einer Stunde die Passhöhe erreichen.

Markierung: Graue Pflöcke mit gelbem Kopf. Für den Weg hinab in die malerische, verlassene Bucht Brunavík benötigen Sie ca. 30-45 Minuten. Anders als im Rother-Wanderführer beschrieben, wandere ich von der Schutzhütte der gleichen Markierung folgend talaufwärts, bis nach gut 30 Minuten aus dem Pfad zusehends ein Fahrweg wird. In einer S-Kurve erreicht man ein Schild mit einer Wanderkarte, von wo die Jeep-Piste steil rechts hinauf führt.

Nach 45 Minuten ist die Passhöhe erreicht, von wo der Fahrweg wieder hinab an den Borgarfjörður führt. Auf diesem Abschnitt genießen Sie eine besonders farbenfrohe Aussicht auf den Fjord mit seiner Umrahmung aus bunten Bergen. Auf der Fahrstraße sind es dann ca. 20 Minuten, bis man die Wanderstiefel zum Auslüften vor das Wohnmobil stellen kann.

Tipp: Gute, stabile Wanderstiefel sind angesichts feuchter, stellenweise sumpfiger Wiesen wichtig. Die Tour ist nicht allzu anspruchsvoll. Aber etwas Trittsicherheit vor allem bei den steilen An- und Abstiegspassagen im Wiesengelände ist nötig. Gehzeit insgesamt ca. 3,5 Std.

Weitere Wandertipps entnehmen Sie bitte der Wanderliteratur.

Mein Wanderziel - die Bucht Brúnavík

Nachdem die Rückfahrt auf gleicher Strecke hinter mir liegt, achte ich nach der Durchfahrt durch die Ebene nach dem Richtungswechsel nach Süden auf die Abzweigung der 944 (**Lagarfljóts-Vegur - Schild Hróarstunga**). Die Schotterstraße führt, wie der Name sagt, zum Lagarfljót. Es ist nicht einfach nur der gewaltige Fluss an sich, sondern das 2007/08 erweiterte Flusskraftwerk, das mein Ziel ist. Hier befindet sich ein netter Picknickplatz, der sich hervorragend für eine ausgiebige Rast eignet, während der man auch die Stauanlagen besichtigen kann.

LAGARFOSS/LAGARFJLÓTSVIRKJÚN

Stellplatzart: .... Parkplatz
GPS: N65 30 06.5 W14 21 48.1
Adresse: .... An der 944/Lagarfossvegur
Zufahrtinfo: Auf der 94 zurück in die Tiefebene Hjaltastaðaþinghá fahren. Nachdem sich diese wieder in südliche Richtung gewendet hat, weist bald ein Schild rechts ab auf die 944 (Ausschilderung Lagarfljótsvirkjun). Der guten Schotterstraße bis zum Kraftwerk folgen. Der Picknickplatz liegt nach der Überfahrt der Überlaufschleusen gleich rechts auf dem Damm.
Kurzbeschreibung: Geschotterter Parkplatz auf dem aufgeschütteten Damm neben der Kraftwerksschleuse. Picknickbank und darüber hinaus tolle Sicht auf die Berge beiderseits der Ebene.

DAS FLUSSKRAFTWERK LAGARFLJÓTS-VIRKJUN

Schon seit 1974 wurde die natürliche Strömung des Lagarfljót zur Stromgewinnung genutzt. Der Name Lagarfoss deutet auf einen Wasserfall hin. Eher ist es aber eine Stromschnelle, deren Gewalt man zur Stromgewinnung gut brauchen konnte. Seit jedoch das Wasser des Gletscherflusses Jökulá a Dal vom Kárahnjúkar-Staudamm in den Lagarfljót umgeleitet wird, hat dieser nicht nur die Farbe völlig auf milchig-graubraun verändert, sondern vor allem die Wassermenge gewaltig erhöht. So war es möglich, die Leistung des Kraftwerkes durch eine weitere Turbine um ein Vielfaches auf 27,2 MW zu erhöhen.

Besonders beeindruckend ist das Schauspiel des Wassers, wenn die Überlaufschleusen geöffnet sind, wie es während meiner Recherche aufgrund extremer Schneeschmelze im Hochland der Fall war.

Rast am Kraftwerk bei herrlichem Sonnenschein.

Fährt man auf der 944 weiter westwärts, gelangt man bald zur Einmündung auf die 925, auf die ich rechts ab einschere. Wieder ist es nicht weit zur nächsten Sehenswürdigkeit, der alten, schwarz gestrichenen Kirche des **Pfarrhofs Kirkjubær**. Der geräumige Parkplatz (**GPS** N65 30 52.6 W14 24 03.4) wäre eine gute Übernachtungsalternative - jedoch **keinesfalls** ohne die Nachfrage beim benachbarten Gehöft.

Nach der Besichtigung und einem gemütlichen Kaffee im Fahrzeug lasse ich den Motor an, um nach einigen Kilometern der Ausschilderung **Húsey** rechts ab auf die 926 zu folgen. Sie sind auch Naturliebhaber, die gerne in Ruhe oder bei einer mehr oder weniger langen Wanderung im Mündungsbereich der Flüsse Jökulsá a Dal und Lagarfljót den zahllosen Seevögeln zuschauen? Oder reiten Sie gerne? Egal was Sie antreibt - in Húsey werden Ihre Wünsche erfüllt. Und eine Stellplatzgelegenheit gibt es obendrein, damit Sie bleiben können, wenn es Ihnen gefällt.

HÚSEY - REITERHOF UND JUGENDHERBERGE

Stellplatzart: .... Parkplatz
GPS: N65 37 58.2 W14 16 29.4
Adresse: .... Húsey
Tel. .... +354 471 3010
Homepage: .... www.husey.de
Zufahrtinfo: Von der 944 kommend an der Einmündung rechts ab auf die 926 und dieser 21 km bis zum Ende folgen (gute Schotterstraße).
Kurzbeschreibung: Kleiner, geschotterter Parkplatz neben dem Gästehaus. Auf vorherige Anfrage ist - ausdrücklich nur für autarke Fahrzeuge mit WC an Bord! - eine Übernachtung möglich (Kosten ISK 500). Die Kapazität ist auf 2 Wohnmobile begrenzt). Der Besitzer des Hofes spricht übrigens fließend deutsch.

Es werden Reiterausflüge angeboten. In der Hauptsaison tgl. 10^{00} h und 17^{00} h. Kosten ca. EUR 40,00, Dauer ca. 2 Stunden - Ausritt zu den Seehundbänken und durch das sehr schöne Schwemmland mit reicher Vogelwelt.

Rast am Kirchhof Kirkubær

Birkhuhn am Wegrand bei Húsey

Wandern in Húsey

Es sind mehrere Wanderpfade durch die Uferwiesen markiert (6,7 km, 14 km oder 17 km). Die kürzeste Strecke wurde mir als „Perlentour" beschrieben. Immer wieder wird der Rundgang durch Informationstafeln ergänzt, die Auskunft über die Vögel geben. Zur Brutzeit gibt es intensive Unterhaltungseinlagen durch Angriffe der Skúas (Raubmöwe) oder Küstenseeschwalben. Es sei etwas wie bei Hitchcock, wie man mir schelmisch mitteilte, bevor ich die Wanderschuhe schnürte. Das sollten Sie auch tun, denn teils ist es etwas sumpfig. Zu sehen gibt es darüber hinaus am Strand und am Ufer der Flüsse Robbenkolonien. Es leben hier etwa 10-15% der gesamten Robbenpopulation Islands.

Über die 926 bin ich zügig wieder auf der 925 und mache an der Einmündung der 944 nochmals Halt. Hier steht gleich links die Rekonstruktion einer alten Kirche aus der Wikingerzeit. Die ursprüngliche **Geirstaðakirkja** dürfte aus der Zeit um 930-1260 gestammt haben. Bei der Kirche wurden Ruinen weiterer Hofgebäude entdeckt, die noch nicht freigelegt sind. Es dürften die Reste des Gehöfts des Hróar sein, dem Sohn des ersten Siedlers in Ostisland. So erklärt sich auch der Name des Gebietes **Hróarstunga**, auf dem der heutige Hof Geirstaður steht. Dort erhalten Sie die Schlüssel zur Torfkirche, wenn diese geschlossen sein sollte (in der Hauptsaison von ca. 10^{00}-16^{00} h offen). Auch dieser Parkplatz ist im Grunde übernachtungstauglich - aber wie immer nur nach Anfrage auf dem genannten Hof (**GPS** N65 30 16.6 W14 31 12.9)

Kurz, nachdem die Schotterpiste hinter uns liegt, können Sie an zwei Stellen einen Blick in die beeindruckende Schlucht werfen, welche die **Jökulsá a Dal** in das harte Gestein gefressen hat. 50 m nach Beginn des Asphalts führt die ehemalige Ringstraße auf eine sehenswerte Betonspannbrücke, von welcher Sie einen

Die Geirstaðakirkja

guten Blick in die Schlucht genießen. Wagemutige Jugendliche aus der Region machen sich hier häufig eine Spaß draus, ins tiefe Wasser zu springen - eine Sache, die ich nicht empfehle, mag der Fluss noch so gemächlich dahinfließen, seit ihm die Hauptmenge des Wassers für die Stromgewinnung „geklaut“ worden ist.

Schon sind wir an der Ringstraße. Neben der folgenden **Jökulsá brú** wurde ein **Picknickplatz** angelegt (**GPS** N65 25 51.3 W14 35 57.9). Nun haben Sie zwei Alternativen für die Weiterfahrt.

Auf der Ringstraße 1/Straße 85 nach Vopnafjörður

Wenn Sie gut ausgebaute Asphaltstraßen bevorzugen, folgen Sie der Ringstraße bis zur Abzweigung der neu gebauten 85 nach Vopnafjörður. Sollten Sie unterwegs Bedarf nach einem Campingplatz oder einem Schwimmbad haben, oder wenn Ihnen der Magen knurrt, dann machen Sie in **Skjöldólfstaðaskóli** Halt. Hier im Restaurant werden regionale Gerichte angeboten, beispielsweise Rentier oder die klassische isländische Fleischsuppe. Eine nette Übernachtungsgelegenheit ist es überdies, zumal auch ein Schwimmbad zur Verfügung steht.
Wer nicht bleiben möchte, fährt noch 30 km Ringstraße, bis links ein Picknickplatz ausgeschildert ist. Auf diesen biege ich ab, um mich über die Tourismusregion Vopnafjörður zu informieren. Bald rollt der Wagen, auf die gut ausgebaute 85 Richtung **Vopnafjörður**. Schier wie auf Schienen gleitet der Wagen dorthin.

FLJÓTSDALSHERAÐ - SKJÖLDÓLFSTAÐASKÓLI

Stellplatzart: Campingplatz und Restaurant
GPS: N65 19 01.3 W15 06 50.4
Adresse: IS-701 Fljótsdalsherað, Jökuldal
Tel. +354 471 2006
mailto: allij@centrum.is
Homepage: www.ahreindyraslodum.is

Zufahrtinfo: An der Ringstraße etwa 28 km ab der Jökulsá brú (ausgeschildert).
Kurzbeschreibung: Rasenplatz nebst Schwimmbad, **Preis 2016:** ISK 1.000 p. P./N. Für Camping- und Hausgäste ist die Nutzung des Schwimmbads kostenfrei. Nebenan eine Tankstelle, an der volltanken sollte, wer mir später ins Hochland folgt.
Öffnungszeit: Juni bis August.

ROUTE 2

ALTERNATIVSTRECKE: HELLISHEIÐI NACH VOPNAFJÖRÐUR

Diese Variante hat auch Nachteile: Die Piste ist durchgehend unbefestigt! Regnet es, bildet der Spritznebel einen graubraunen Überzug auf dem Wagen. Ist es trocken und sonnig, stauben Sie Ihr Wohnmobil ein und wissen gleich, wo es Undichtigkeiten aufweist. Doch die Aussicht ist überaus schön. Wenn Sie das neugierig macht, fahren Sie gleich nach der Jökulsá brú wieder rechts ab und folgen der 917 (Ausschilderung Vopnafjörður). Nun holpert der Wagen in östlicher Richtung bis fast zum Meer. Dort beginnt der steile, kurvige Anstieg auf die **Hellisheiði**.

Bevor die Straße steil links hinauf ansteigt, liegt rechts der Parkplatz **Landsendi** (**GPS** N65 42 32.3 W14 24 21.9), an dem es sich prima parken und eine kleine Wanderung machen lässt. Sie führt zum ehemaligen Hafen und von dort zur aussichtsreichen Landsendi-Klippe. Dort genießt man den Blick auf die Móvikur-Felsen und nach oben auf die 200 bis 300 m hohen, vorwiegend gelben, bunten Rhyolithfelsen. Gehzeit laut Wandertafel etwa 30 Minuten pro Richtung, wobei ich dies wegen strömenden Regens nicht ausprobieren konnte.

Kaum liegen die Serpentinen hinter mir, drängt es mich am Aussichtspunkt zum Anhalten. Der Blick schweift weit über die Schwemmlandebene, die von den großen Flüssen gebildet wurde. Unten liegen die Serpentinen, die ein wenig an den Trollstigen in Norwegen oder die Gotthardstrecke in der Schweiz erinnern. Gegenüber ragen die imposanten Berggipfel mit knapp über 1.000 m Höhe empor, die wir schon kennengelernt hatten. Nachdem ich mich satt gesehen habe, starte ich zur Weiterfahrt, die auf der anderen Seite kaum weniger schön talwärts führt. Hier und da gibt es nette Picknickstellen, die zum Verweilen einladen. Kurz vor dem Zwischenziel Vopnafjörður achten Sie auf die markanten Felsformationen am Meer. Ein Parkplatz mit vorgelagerter Aussichtsplattform erwartet die Gäste zur Rast - und zur Aussicht auf den imposanten Wasserfall **Gljúfurárfoss** (**GPS** N65 44 43.9 W14 40 26.4).

Nun ist es nicht mehr weit zur Straße Nr. 920, die links ab zum Torfhof Bustarfell führt. Rechts ab geht es weiter nach Vopnafjörður.

2 4x4 ABSTECHER MÖÐRUDALUR - F905/F910/F88 ZUR ASKJÁ

Für 4x4-Fahrer (geländegängige Fahrzeuge) darf ich vom Picknickplatz an der Ringstraße, bei welchem die 85 nach Vopnafjörður abzweigt einen Hochlandabstecher empfehlen, für den es eine Variante ab dem Kárahnjúkar-Staudamm gibt. Wer von Egilsstaðir auf der Ringstraße Richtung Westen fährt, gelangt zum Campingplatz/Schwimmbad Skjöldólfsstaðir.

Kühner Straßenbau: Die Strecke hinauf zur Hellisheiði

ALTERNATIVSTRECKEN ZUR ASKJÁ

Variante 1: Über Möðrudalur

Etwa 10 Kilometer westlich von Skjóldólfsstaðir zweigt die 901 links ab. Sie führt über Möðrudalur auf diese zurück. Die Straße wird aber nicht mehr allzu gut unterhalten, was eine vorsichtige Fahrweise erfordert.

In **Möðrudalur** ist ein Zwischenhalt angebracht, sofern man nicht schon in Skjóldólfsstaðir aufgetankt hat. Im Hochland gibt es keine Tankstelle. Auf dem Weg Richtung F905 und Möðrudalur durchquert man den Gebirgszug Möðrudalsfjall, eine karge Mondlandschaft. Auf der Passhöhe findet sich ein schöner, aussichtsreicher Picknickplatz (**GPS** N65 20 42.5 W15 46 14.0). Es folgt die Abzweigung der F905 nebst Infotafel, anhand derer man sich ein Bild von der bevorstehenden Piste und den Furten machen sollte.

In **Möðrudalur** findet sich ein schöner **Campingplatz** (**GPS** N65 22 26.1 W15 52 59.8) mit Blick auf die Herðubreið sowie die vielleicht urigste **Tankstelle** Islands. Jedenfalls habe ich nirgends eine entdeckt, die in einem Holzhaus untergebracht ist. Ob in Mitteleuropa dafür eine Bau- und Betriebsgenehmigung erteilt worden wäre? Der Campingpreis beträgt ISK 1.300 inkl. Tax, Strom ISK 800, V/E für Kassettentoiletten. Fürs leibliche Wohl sorgt das nette Café/Restaurant mit heimischer Küche, wo zudem isländische Handarbeiten verkauft werden. Vielleicht haben Sie fürs Hochland noch Bedarf an einem Islandpullover?

Nun heißt es, 2,7 km retour zu fahren und rechts auf die F905 abzubiegen. Die Strecke ist zunächst recht gut zu befahren, bis nach knapp 25 km, kurz vor der Einmündung der F910, zwei Furten zu queren sind. Also aussteigen, durchwaten, grobe Steine prüfen und gegebenenfalls wegräumen - dann (vorsichtig mit 4x4 und eingeschalteter Sperre/ möglichst Untersetzung) im Kriechgang ab durch die Mitte. Nein - nicht die Mitte - immer da, wo es am besten und nicht so tief ist. Und das ist in der Regel ein Bogen parallel zum aufgeschütteten Damm, der die starke Strömung bremsen soll.

Variante 2: Über Sænautasel

Diese ebenfalls sehr interessante Variante führt schon nach 7,6 km auf der 901 links ab über den Brúarvegur (907) zunächst zum **Sænauvatn** mit dem dortigen Torfhof **Sænautasel**, der eine Campingmöglichkeit und ein uriges Café bietet (Schotterfläche mit WC beim Café), das nach wenigen Schritten erreicht wird. Die Besitzerin Lilja serviert prima Pfannkuchen mit Rhabarbermus.

Kirche und originelle Tankstelle

Der alte Hof Sænautasel

ROUTE 2

Fürs Camping berechnet sie ISK 1.000/P, Rentner ab 67 ISK 500. Der ursprüngliche Hof ist als Museum zu besichtigen. Weiter geht es auf der 907 gut 16 km bis **Brú**, wo man rechts auf die Austurleið einbiegt und nach knapp 21 km mit der 905 zusammentrifft (Route von Möðrudalur her).

Variante 3: Von Kárahnjúkar auf der F910

Hier stoßen diejenigen hinzu, die ab der 910 (Zufahrt zum Kárahnjúkar-Staudamm) kommend auf die F910 gefahren sind.

Vom Staudammprojekt (bis dort breit ausgebaute Asphaltstraße) führt die F910 ins Hochland nach Brú (recht problemlose Strecke, die sich mit der nötigen Vorsicht gut befahren lässt. Auf dieser Passage sind keine nennenswerten Furten zu queren. Vorsichtige, den Verhältnissen angepasste Fahrweise ist dennoch wichtig.

Nachdem die Routenvarianten sich vereinigt haben, folge ich der F910 für 37 km Richtung Askjá. Nach etwa 20 km sind Sandpassagen zu meistern. Es wird ordentlich Staub aufgewirbelt, die Reifen finden bei Trockenheit wenig Halt. Fahren Sie gleichmäßig und mit Allradantrieb. Für die Sandpassagen entschädigt der Hochlandeindruck mit Blick auf die **Herðubreið**. Nach der Überquerung der Jökulsá auf einer Betonbrücke wird die Einmündung der F88 erreicht, die vom Myvatn her kommt. Nun liegen noch knapp 14 km holprige Hochlandstrecke vor mir, bis der

C **Campingplatz Drekagil** erreicht wird (**GPS** N65 02 31.7 W16 35 44.2). Er bietet eine einfache Ausstattung. Das Wohnmobil steht auf der Zeltwiese unter Gleichgesinnten. Die Hütte ist in den Sommermonaten besetzt, so zahlt man die Campinggebühr auch hier. Wenn Sie den Wagen abstellen, sollten Sie die Wanderschuhe schnüren. Die Schlucht Drekagil ist sehenswert, insbesondere auch die Wasserfälle am Ende.

AUSFLÜGE VOM CAMPINGPLATZ AUS

Von Drekagil sind es 8,5 km zum **Wanderparkplatz** (**GPS** N65 04 01.6 W16 43 30.7), von wo der Weg zum **Kratersee Víti** und zum etwas weiter entfernten **Öskjuvatn** zu Fuß zu bewältigen ist. Vergessen Sie nicht Ihre Badesachen. Im Krater steht milchig-grünes, leicht temperiertes Wasser (ca. 25-27° C). Etwas unangenehm ist nur der Abstieg vom Kraterrand.

Die Kraterseen Víti und Öskjuvatn im Hochtemperaturgebiet Askjá

Auf dem Weg vom neuen Lavafeld

Gleich dampft es aus der Spalte!

Als im Jahr 2014 der Vulkan **Barðabunga** mächtige Lavaeruptionen tätigte, bildete sich das neue Lavafeld **Holuhraun**, in das die Rangers gerne im Rahmen einer kostenlosen Führungen führen, wofür man allerdings im eigenen Wagen zum etwa 15 km entfernten Parkplatz fahren muss. Die Guides zeigen gerne auch weitere Sehenswürdigkeiten im Bann der Vulkane, darunter der herrliche Wasserfall. Vielleicht finden Sie auch den moderat warmen Bach, in dem es sich prima baden lässt... Ich wurde ausdrücklich gebeten, ihn nicht näher zu beschreiben, will man doch einen Andrang, wie ihn Landmannalaugar seit Jahren erlebt, unbedingt vermeiden, zumal keinerlei Infrastruktur zur Verfügung steht. Daher finden Sie hier auch keine zugehörigen GPS-Koordinaten.

Für die Fahrt zurück habe ich die **F88** ausgesucht. Zunächst geht es die ersten Kilometer auf der **F910** retour. Wenn diese rechts abknickt, hält man sich geradeaus. Die Piste führt geradewegs und ohne große Herausforderungen ins Traum-Wanderland **Herðubreiðarlindir**, wo der nächste C **Campingplatz** zum Verweilen einlädt. Aus den Wandervorschlägen habe ich die Tour übers Lavafeld zum Zusammenfluss von **Jökulsá á Fjöllum** und **Kreppa** herausgesucht. Die Farben der Vegetation sind überwältigend, man kann Vögel beobachten (Wildgänse) und hat stets die Herðubreið und die umliegenden Bergzüge im Blick.

Erfahrene Alpinisten können hier die Besteigung der **Herðubreið** in Angriff nehmen (ggf. das erste Stück in Absprache mit den Rangers fahren). Bitte stimmen Sie die vorgesehene Rückkehrzeit ab - der Berg ist nicht ungefährlich und mit 1.682 m eine Herausforderung.

Man tut gut daran, sich vor Weiterfahrt bei den Rangers nach dem Pistenzustand und den ausstehenden drei Furten zu erkundigen. Die erste liegt beim Campingplatz, die zweite ist recht tief und schwer zu überblicken. Auch die dritte hat es in sich. Den Rest holpert man problemlos zur Ringstraße zurück und kann die Fahrt mit dem Abstecher zum Dettifoss/Ásbýrgi und Vesturdalur fortsetzen. Sie haben kein 4x4-Fahrzeug? Dann erkundigen Sie sich in Akureyri oder Möðrudalur nach dem Hochlandbus, der Sie gut zur Askjá bringt. Oder Sie lassen den Hochlandausflug aus und fahren weiter nach Vopnafjörður.

Hochlandbus auf dem Weg zur Askjá

VOPNAFJÖRÐUR - TJALDSTÆÐI

Stellplatzart: .... Campingplatz
GPS: N65 45 27.8 W14 49 35.6
Adresse: .... Vopnafjörður, Lónabraut
Tel. .... (Tourist Information) +354 471 2211
mailto: .... info@vopnafjardar-hreppur.is
Homepage: .... www.vopnafjardar-hreppur.is
Zufahrtinfo: Von der 85 in den Ort abbiegen, dann ausgeschildert. Hinweis: Der Standort des künftigen Campingplatzes war bei Drucklegung noch nicht bekannt, wird aber ebenso gut ausgeschildert sein.
Kurzbeschreibung: Terrassierter Platz mit Buschwerk aufgelockert, WC/Du/Abwaschplatz. Frischwasser mit Kanister am Geschirrwaschbecken. Stromanschluss (ISK 800/N, Preis ISK 1.100 p. P./N. (Rentner ISK 900) zzgl. Strom ISK 800 und Übernachtungssteuer). Fahrradverleih im Kaupvangkaffi im Ort. **Öffnungszeit** Juni-August.

Beim Bauhof findet sich eine Anlage mit Bodenablauf fürs Abwasser nebst sauber vom Frischwasserhahn getrennten Spülschlauch - vorbildlich! **GPS** N65 45 14.7 W14 50 18.2

BUSTARFELL - TORFHOF-MUSEUM

Stellplatzart: .... Parkplatz
GPS: N65 36 57.3 W15 05 51.4
Adresse: .... Vopnafjörður/Husardalur, Bustarfell
Tel. .... (Tourist Information) +354 471 2211
mailto: .... bustarfell@simnet.is
Homepage: .... www.bustarfell.is
Zufahrtinfo: Von Vopnafjörður Richtung Egilsstaðir/917 der Ausschilderung folgend am Fjordende rechts auf die 920 (von der Hellisheiði her links). Nach ca. 17 km ist das Museum ausgeschildert.
Tipp: Fahren Sie bei der Abzweigung zum Torfhof noch ca. 10 Minuten steil in Serpentinen bergwärts. Oben erwartet Sie ein herrlicher Aussichtspunkt mit Blick über das Hofsádalur und den Vopnafjörður (**GPS** N65 37 34.9 W15 07 16.9). Die neu gebaute, steil bergwärts führende Straße führt zur 85 hinüber.
Kurzbeschreibung: Geschotterter Parkplatz des Museums, oberhalb gelegen das Café Hjáleiga, in dem täglich von 12^{00}-18^{00} Kaffee, Kuchen und Waffeln sowie - auf vorherige Bestellung - auch lokale Gerichte angeboten werden. Gästen des Museums und des Cafés ist man einem Übernachtungswunsch auf dem Parkplatz durchaus aufgeschlossen.

Der Museums-Torfhof Bustarfell

ROUTE 2

DAS VOLKSKUNDEMUSEUM BUSTARFELL

Seit 1532 war das Gehöft im Besitz einer wohlhabenden Familie. Lange Zeit lebten in dem aus 6 zusammenhängenden Häusern zuzüglich Stallungen bestehenden Hof, an die 50 Menschen mehrerer Generationen.

Ein solcher Hof war nicht nur von einer Familie bewohnt, sondern auch von deren Angestellten. Wenn Sie sich vor Augen führen, dass in den Obergeschossen bis zu 25 Personen in einem Raum schliefen, geheizt mit Holz- oder Kohleofen ohne Kamin, können Sie sich vorstellen, weshalb die kurzen, ausziehbaren Betten meist im Sitzen genutzt wurden. Die Menschen litten schlicht an Atemwegserkrankungen. So war die sitzende Haltung einfach hilfreich.

Doch wurde in den Jahren 1942-44 - sehr modern - eine Zentralheizung eingebaut und Strom mit einem Windrad erzeugt (regenerative Energie schon damals...). Die Gebäude waren bis 1966 bewohnt. Ein Schlafraum mit der originalen Ausstattung der Familie aus dem Jahr 1962 ist noch erhalten. Die Gebäude wurden nach 1770 errichtet, nachdem der Hof abgebrannt war. Die markanten gelben Steinblumen, die aus der Fassade wachsen, sollen übrigens einen Schutz vor dem Hausbrand bieten. Dass heute ein Museum mit authentischen Exponaten zu bewundern ist, ist dem letzten Eigentümer, Methúsalem Methúsalemsson zu verdanken, der viele Familienstücke zusammentrug und weitere dazukaufte. Später vermachte er die Gebäude dem Staat unter der Auflage, sie der Öffentlichkeit zugänglich zu machen (Bilder vorige Seite unten).

Öffnungszeiten/Info: Mitte Juni-Mitte September tgl. 10^{00}-18^{00} h. Eintrittsgebühr, Museumstag mit freiem Eintritt am 2. Sonntag im Juli.

Sehenswertes und Wandern in Vopnafjörður

Es gibt eine Reihe markierter Wanderwege, wovon einer auf die Landzunge **Kolbenstangi** (Leuchtturm) führt. Bewundern können Sie dies vom Parkplatz am **Fischerhafen** des Ortes aus (**GPS** N65 45 35.8 W14 49 01.1, Hafnarbyggd 54), indem Sie den Fußweg zum Leuchtturm in Angriff nehmen und von dort die Aussicht genießen. Ein weiterer, etwa einstündiger Fußmarsch verläuft von Bustarfell zum Elfenstein und zum dahinter liegenden Wasserfall, bei dem Knochen aus der Zeit weit vor der Eiszeit gefunden worden sind - die ältesten Funde in Ostisland.

Kolbeinstangi: Licht und Schattenspiel bei Vopnafjörður

ROUTE 2

Im alten Kaufmannshaus neben der **Tourist Information** gibt es ein Auswanderungszimmer. Dort wird die Lage der Menschen gegen Ende des 19. Jh. dokumentiert, als viele Einwohner nur den Ausweg der Auswanderung nach Kanada (New Iceland) sahen. Man versucht, Kontakte zu den Nachfahren mit dieser Einrichtung wach zu halten, damit die Kanadier mit isländischen Wurzeln ihre Abstammung nachvollziehen können. Aus dem Ort stammenden Musikern der 60er-90er Jahre ist ein weiteres Zimmer gewidmet. Einkehr ist direkt nebenan im Kaupvangkaffi möglich, wo die isländische Küche gepflegt wird. Wenn Sie selber kochen möchten, gibt es neben der Tourist Information einen Supermarkt.

Fahrt um die Halbinsel Melrakkasléta

Die Reise folgt von Vopnafjörður aus der 85 nach Norden. Haben Sie nicht auch gerade Lust, in ein **Schwimmbad** zu gehen und das warme Wasser zu genießen?

P 10 km von Vopnafjörður entfernt zweigt links die Straße ins **Selárdalur** ab. Der **Parkplatz Selardalslaug** (**GPS** N65 48 07.1 W14 54 38.9) liegt etwa 3,8 km von der 85 entfernt. Hier heißt es Badezeug auspacken und rein in die Fluten am munteren Flusslauf, die aus einer der wenigen Thermalquellen Ostislands gespeist wird. Die auf der Weiterfahrt an mir vorbeiziehende Landschaft ist karg und wirkt recht eintönig, sodass mich die Ausschilderung nach **Bakkafjörður** und der Hinweis auf gute Campingmöglichkeiten dazu verleiten, rechts ab 5 km in den Fischerort zu fahren. Der **Campingplatz** (**GPS** N66 02 14.1 W14 48 12.4) ist prima, wenn auch einfach: WC/Geschirrwaschplatz und Stromanschluss - und das Ganze ist (noch) gratis. Nebenan liegt ein kleiner Supermarkt mit Café. Hier lässt es sich gut mit den Einheimischen beim Kaffee ins Gespräch kommen.

Schöner geht es kaum: Sonnenuntergang in Bakkafjörður

Am ehemaligen Hafen soll ein neues Restaurant entstehen, wie mir der Besitzer mitteilte, der das alte Haus bereits gekauft hat und anfing, es zu renovieren. Er erlaubte mir, am Meer zu übernachten, was mir die Aufnahme das unglaublichen Sonnenuntergangs (Bild unten) ermöglichte. Zugleich erhielt ich den Tipp, anderntags ein Stück zum **Leuchtturm Svartanes** zu wandern

Zum Leuchtturm Svartanes

Vom Campingplatz aus folgt man der Fahrstraße in nordwestlicher Richtung, die nach 3 km zu zwei verlassenen Höfen führt. Bis zum kleinen **Parkplatz** oberhalb können 4x4-Fahrzeuge auch fahren (**GPS** N66 03 04.8 W14 45 06.9). Hier, nach knapp 60 Min. Fußweg, geht man steil hinab zum ersten Hof und hat noch eine knappe halbe Stunde Weg über Wiesen zum Leuchtturm vor sich, wo sich der Blick weit hinaus zum Leuchtturm Fontur erstreckt.

Fährt man Richtung **Þórshöfn**, fällt 3 km nach der Einmündung von Bakkafjörður links die Kirche des **Hofs Skegjástaðir** auf. Nach einem Blick ins Gotteshaus, das an einem schon bald nach der Landnahme besiedelten Platz steht. Nun liegen 35 km durch eine karge, graubraune Landschaft vor mir. Dann biege ich rechts nach **Þórshöfn. Achtung!** Gleich am Ortseingang wartet ein „schlafender Polizist", eine Bodenwelle, auf Sie... Wieder kann man die Badesachen packen und ein Stück Fußweg vom Campingplatz zum Bad in der markanten Halle im Ort auf sich nehmen. Wer lieber essen geht, kann dies bei der Tankstelle tun. Hier werden, neben Hamburgern & Pizza, auch kleine isländische Gerichte angeboten. Gut ist das Essen im dahinter liegenden **Restaurant Báran** (Tel. +354 468-1250, mailto:baranthorshofn@gmail.com), wo ich mir ein Lachssteak auf Gemüse mit Kartoffeln habe schmecken lassen. Mit ihrem unscheinbaren Äußeren ist es eine typische Gaststätte für die abgelegeneren Regionen, die ich schätze. Und was aus der Küche kommt, schmeckt gut! Ansonsten bietet Þórshöfn einige schmucke Häuser und eine schöne moderne Kirche, die einen Blick ins Innere verdient hätte, wäre Sie bei meinem wiederholten Besuch nicht erneut verschlossen gewesen. Doch immerhin: Durch die Glastür kann man ja schauen.

ROUTE 2

ÞÓRSHÖFN - TJALDSTÆÐI

Stellplatzart: .... Campingplatz/Wohnmobil-Stellplatz
GPS: N66 11 55.9 W15 19 32.6
Adresse: .... Þórshöfn, Hálsvegur
Tel. .... (Tourist Information) +354 468 1515
mailto: .... sund@sund.is
Zufahrtinfo: Von der 85 in den Ort abbiegen, bei der Tankstelle der abknickenden Vorfahrt folgen, dann ausgeschildert. Separater Wohnmobil-Stellplatz etwa 100 m oberhalb der Zeltwiese mit WC.
Kurzbeschreibung: Geschotterter Wohnmobil-Stellplatz mit Entsorgungsausguss und Stromanschluss (ab 14 J. ISK 1.200 p. P./N, Strom ISK 800). Kassiert wird abends ca. 18[00] h oder morgens ca. 9[00] h vom Platzwart. WC/Geschirrwaschplatz am Campingplatz. Neuer Sanitärcontainer am Wohnmobil-Stellplatz. **Öffnungszeit:** Juni-August.

4x4 AUSFLUG FÜR 4X4-FAHRZEUGE: HALBINSEL LANGANES

Das erste Stück bis zur Kirche von Sauðanes (erbaut 1889) ist für „normale" Wohnmobile machbar. Bis kurz nach dem Flugplatz gleiten Sie auf Asphalt dahin, erst zum Schluss folgt ein Stück guter Schotterpiste.

Bietet Ihr Wohnmobil 4x4-Antrieb, können Sie auf die Landzunge **Langanes** bis zum Leuchtturm **Fontur** hinaus gelangen. Oder fahren Sie bis zum Ende der 869 zum längst verlassenen Fischerdorf **Skálar**. An den Stränden liegen Unmengen an Treibholz, aber auch Teile eines alten Schiffswracks, die bei Sturmfluten hoch aufs Land geworfen worden sind. Eindrucksvoll sind die Vogelfelsen, die im letzten Abschnitt vor der Gabelung Fontur (geradeaus) und Skálar (rechts ab) zu sehen sind. Skálar wurde verlassen, als Seeminen, die der Abwehr deutscher Landungstruppen dienen sollten, an die Ostküste von Langanes gespült wurden. Zwei detonierten vor Skálar und zerstörten zwei Fischerhäuser. Dies veranlasste die Einwohner, das Feld zu räumen. Zwar versuchte eine Familie nach dem Krieg einen Neuanfang. Doch gaben sie Mitte der 50er Jahre wieder auf. Eine Informationstafel unterrichtet Sie ausführlich über die Geschichte von Skálar sowie über die **US-Basis Camp Greely**.

Wenn Sie Zeit haben, können Sie Fontur von hier aus zu Fuß erreichen. Von Skálar zum Leuchtturm und retour der nördlichen Küstenlinie folgend verläuft ein Wanderpfad, der mit 24 km jedoch eine stramme Tageswanderung ergibt (Wanderzeit von 5-6 Std. ohne Pausen).

P Wer hier in Skálar übernachten möchte, kann auf dem geschotterten Platz stehen (**GPS** N66 19 42.9 W14 45 47.2). Aber fahren Sie bitte **nicht** auf den noch sichtbaren Zufahrtsstraßen des Dorfes bzw. des US Army Stützpunktes herum. Offroad ist verboten! Neben der Rettungshütte ist eine WC-Hütte aufgestellt, die ich allerdings verschlossen vorfand. Das Wasser von dort muss abgekocht werden (Hinweisschild).

Die Fahrt zum **Leuchtturm Fontur** habe ich nicht ausprobiert. Fahren Sie an der Abzweigung geradeaus, haben Sie nach ca. 13 km das Ziel, den Leuchtturm erreicht. Zumindest beim Besuch guter Freunde war die Türe zum Leuchtturm nicht versperrt und sie konnten ihn besteigen (auf eigene Gefahr). Der Zeltplatz am Leuchtturm (**GPS** N66°22 42.2 W14 32 04.5) ist relativ eben und eignet sich hervorragend für eine Übernachtung. Allerdings sind weder Mülleimer noch Wasser vorhanden, und auch eine Entsorgung ist erst wieder in Þórshöfn nach der Rückfahrt möglich.

Auf dem nordwärts folgenden Abschnitt der asphaltierten 85 gelangt man Richtung **Raufarhöfn**. Doch zu zügig sollten Sie es gar nicht angehen lassen, sonst verpassen Sie eine tolle Küste mit filigranen Basaltklippen, die unzähligen Seevögeln einen Brutplatz bieten. So setze ich 28 km nach Þórshöfn den Blinker und ruckele auf der ruppigen, bei langsamer Fahrweise problemlos befahrbaren Schotterzufahrt zum **Parkplatz Rauðanes**.

P Wanderung zum Vogelfelsen Rauðanes

Am Parkplatz (**GPS** N66 14 33.9 W15 42 38.5) schnüre die Stiefel und wandere los. Jedoch habe ich diese Tour nur zum Teil erwandert und vor allem den Vögeln bei ihren Flugkünsten zugeschaut. Ich ging nur zur Landspitze der Halbinsel. Doch möchte ich Ihnen dringend festes Schuhwerk empfehlen. Teils wandert man in steilem Wiesengelände, das wenig Halt gibt. Vermutlich werden auch Sie mehr Zeit benötigen, als es 7 km Fußweg eigentlich erfordern (gut 2 Stunden), denn an den herrlichen Felsformationen und Vogelfelsen kann man nicht einfach so vorbei gehen.

Die Basaltfelsen an der Küste während der Wanderung in Rauðanes

P Wieder ist es nicht weit, bis ich auf der Passhöhe **Hofaskarð** einen Parkplatz für Sie entdeckt habe (**GPS** N66 17 53.3 W15 53 27.5 - 2 Picknickbänke mit Aussicht). Hier ist Gelegenheit für eine schöne Kaffeepause bei toller Aussicht. Infotafeln geben Auskunft über historische Hintergründe und die Aussicht bis hinüber nach Þórshöfn. Die nächsten 5 km liegen zügig hinter mir.

Nun folge ich rechts dem Schild nach Raufarhöfn über die Straße 874 (frühere 85), die später als 870 zur Nordspitze der **Halbinsel Melrakkaslétta** führt. Bald ist der Fischerort **Raufarhöfn** mit gepflegten Häusern, der schmucken Kirche und einem netten Campingplatz erreicht, der eine tolle Aussicht aufs Dorf bietet.

Ein gutes Restaurant im Ort gibt es obendrein. Sie erreichen es in Höhe der Kirche, die mit ihrem roten Dach und Turmhelm dem Ort ein markantes Wahrzeichen ist, rechts ab. Das zweite Gebäude rechts ist das **Hotel Norðurljós**. Im ersten OG befindet sich das Restaurant, das ein Fischbuffet sowie Fleisch- und Fischgerichte à la carte anbietet (Aðalbraut 2, Tel: +354 465 1233).

ROUTE 2

WAS NICHT IST, KANN NOCH WERDEN: ARCTIC HENGE

Beachten Sie schräg links der Ortsausfahrt das Steinmonument, das seit Jahren im Bau ist. Hier entsteht ein an steinzeitliche Anlagen erinnernder Steinkreis, ähnlich Stonehenge. Man will die exponierte Lage knapp unterhalb des Polarkreises nutzen. Auf dem Hügel sieht man die Mitternachtssonne rundherum ungehindert . Ich sah dagegen sehr schön den Ort. Die Anordnung der aus Steinquadern errichteten Bögen markiert die vier Himmelsrichtungen. Schaut man durch die Öffnungen der zentralen Formation und blickt durch einen der äußeren Spitzbögen, hat man die exakten Himmelsrichtungen. Auch die in der isländischen Sagenwelt allgegenwärtigen Elfen kommen zu ihrem Recht, indem die Steinkreationen den Kalender der Zwerge beinhaltet. Mehr Details hält die Informationstafel neben der Straße 870 am Ortsausgang für Sie parat.

HINWEIS FÜRS WANDERN IN VOGELGEBIETEN:

Wenn Sie zur Brutzeit hier (oder in anderen Brutgebieten) sind, seien Sie vorsichtig und verlassen die markierten Wege nicht. Es wäre jammerschade, wenn Sie versehentlich ein Gelege zertreten. Die Tiere haben es schwer genug, sich gegen Polarfüchse zu wehren und für die Jungen genügend Futter heranzuschaffen. Da sollten Touristen Rücksicht nehmen.

Zur Erklärung: Die einen Vögel lenken durch ihre Angriffe auf Sie vom Gelege ab, die anderen tarnen sich bestens (z. B. Eiderenten), andere rennen wie verrückt am Boden herum und spielen den sterbenden Schwan, um von den Eiern oder Jungvögeln abzulenken. Wichtig ist nur eins: Es geht ihnen allen um den Schutz des Nachwuchses. Und bitte: **Finger weg** von den Nestern der Eiderenten! Diese gehören dem Landbesitzer, und der hat mehr als genug Arbeit damit, die Eiderdaunen einzusammeln. Zuwiderhandlungen können streng bestraft werden.

RAUFARHÖFN - TJALDSTÆÐI

Stellplatzart:..Campingplatz
GPS: N66 26 52.1 W15 56 33.9
Adresse: .... Raufarhöfn, Skólavegur
Tel.:..+354 8320100
Zufahrtinfo: Nach der Ortseinfahrt rechts die Schule und Sporthalle. Danach zweigt die Zufahrt zum Campingplatz rechts ab (ausgeschildert).
Kurzbeschreibung: Geschotterter Parkplatz für Wohnmobile vor dem eigentlichen Campingplatz, der mit einem Erdwall vor dem Wind geschützt wird. Drinnen einwandfreie Sanitäranlagen (Du/WC/Frischwasserhahn außen). Keine Entsorgungsstation. **Preis 2016**: ISK 1.200 p. P./N, ab 67 ISK 1.000, <16 J. frei. Strom ISK 700, zu bezahlen entweder zur Öffnungszeit im benachbarten Schwimmbad (tgl. 16^{00}-18^{00} h offen) oder bei der Tourist Information ein Stück weiter im Dorf bei der N1-Tankstelle.

Wandern zum nördlichsten Leuchtturm

Da Raufarhöfn die nördlichste zusammenhängende Gemeinde Islands ist, liegt es nahe, dass auch der nördlichste Leuchtturm (Hraunhafnartangi) nicht weit ist. Auf der 870 sieht man schon von weitem das moderne Bauwerk. Wo die Straße ans Meer führt, können Sie das Fahrzeug rechts abstellen (**GPS** N66 31 27.2 W16 01 59.8 - mehr Platz jenseits des Damms). Schnüren Sie die Wanderstiefel und folgen dem Weg über groben Uferschotter. Mit etwas Glück können Sie Robben im Wasser oder beim Ausruhen an Land beobachten. Zur Brutzeit rechnen Sie mit Angriffen brütender Küstenseeschwalben. Je nach Laufgeschwindigkeit sind Sie nach knapp 30 Minuten am Leuchtturm.

Auch zum **Wikingergrab** aus der Landnahmezeit (sichtbar ist der Steinhaufen in der Nähe des Leuchtturms) ist ein Weg mit gelben Pflöcken markiert. Gutes Schuhwerk ist empfehlenswert, wenn Sie über die unwegsamen Steine stapfen. Ich hatte eine Dame aus Belgien getroffen, deren Wohnmobilurlaub einen Dämpfer (sprich: Gipsfuß) erhielt. Sie war zu Reisebeginn auf solchen Steinen umgeknickt und brach sich das Fußgelenk. Vier Wochen Island mit Gips - nicht, was die Urlauberin sich erträumte.

Nun rumpelt mein Wagen auf der 870 auf Schotter in nordöstlicher und später östlicher Richtung, bis ein Schild auf der westlichen Seite der Halbinsel rechts zum Hof **Núpskatla** weist. Wenn auch Sie gerne wandern und Vögel beobachten möchten, sollten Sie mir auf die 7 km lange Zufahrt folgen, auch wenn es wiederum eine Schotterpiste ist, die bei der letzten Recherche übrigens neu aufgeschottert war.

Immer umsichtig wandern: Die Entennester sind bestens getarnt!

ROUTE 2

P Am Parkplatz (**GPS** N66 30 25.2 W16 30 08.7) heißt es „Wanderstiefel angezogen" und los - der Vogelfelsen liegt in Sichtweite. Hier ist einer der beiden Brutplätze des Basstölpels in Island - eine echte Rarität also.

DER VOGELFELSEN RAUÐINÚPUR

Rauðinúpur ist ein Vulkan, der während der letzten Eiszeit ausgebrochen war. Markant ist die Steilwand, die zum Meer hin offen scheint und deren rostrote Grundfarbe mit schwarzbraunen und hellen Einlagerungen vor allem bei schönem Wetter farbenfroh strahlt. Aus dem Meer vor der Küste ragen zwei Lavatürme, die den Seevögeln Brutplätze bieten. Wie der Bergfried einer Burg trotzen Sie der Brandung. Zugleich bietet der Kot der vielen lebhaften Vögel einen krassen Kontrast zum braunschwarzen Vulkangestein.

Ein Polarfuchs auf Frühstückssuche

Flugbetrieb an der Basstölpelkolonie

So vor dem Leuchtturm Sölvanöf sitzend kann man dem Kommen und Gehen der Vögel bestens zuschauen und den klassischen Aufbau eines Brutfelsens studieren: Obenauf gilt es eine der beiden Kolonien von Basstölpeln (unteres Foto), den größten Seevögeln des Nordatlantiks, zu bewundern. Sie leben in Nachbarschaft der putzigen Papageientaucher, die sich am Rand der Grasnarbe ihre Bruthöhlen graben.

Es folgen von oben nach unten die verschiedenen Möwenarten und Eissturmvögel, gefolgt von Tordalken und Trottellummen. Diese drücken sich zu Hunderten an die Felswand, den Rücken zur See, damit bloß kein Ei verloren geht, das sie, ähnlich den Pinguinen, auf den Füßen liegen haben und sich zur Brut darüber hocken. Sieht dann ganz lustig aus, als ob sie einen Frack mit zwei weißen Knöpfen hinten trügen.

Der Weg vom Hof Núpskatla ist in 30 Minuten bequem zu machen, wäre da nicht das grobe Gestein, aus dem der Damm besteht. Deshalb sind gute Wanderschuhe sehr empfehlenswert, ebenso an der Wiese gegenüber der Brutkolonie, um ein Abrutschen zu vermeiden. Vorsicht also! Die Wanderung ist übrigens im Rother Wanderführer Island beschrieben.

Eine Besonderheit im nahen **Kópasker** ist das **Erdbeben-Informationszentrum**. Es geht mit lebhaften Berichten (isländisch und englisch) auf das Beben von 1976 ein, das nahezu alle Häuser im Ort mehr oder weniger stark beschädigte. Doch immerhin, es gab keine Todesopfer zu beklagen. Das Epizentrum hatte nur

Campingplatz in Kópasker

Eindrucksvoll: Folge des Erdbebens

12 km entfernt im Öxafjörður gelegen. Die Besucher erhalten Hintergrundinformationen zu Islands Vulkanismus und der Kontinentaldrift, was die Erdbebenhäufigkeit begründet. Ein weiteres Heimatmuseum ist etwas außerhalb des Dorfes an der Strecke gelegen, die ich auf der Weiterfahrt nehme.

Sie sehen vom Ort aus die Kirche. Benachbart befindet sich das Museum, das neben der üblichen Ausstattung mit Alltagsgegenständen früherer Tage eine Sammlung alter isländischer Bücher beinhaltet. Wer all das ausführlich anschauen möchte, richtet sich am besten auf dem örtlichen Campingplatz ein.

KÓPASKER - TJALDSTÆÐI

Stellplatzart: .... Campingplatz
GPS: N66 18 03.1 W16 26 32.2
Adresse: .... Kópasker, Kópaskersvegur
Zufahrtinfo: Kurz nach Ortseinfahrt rechts ins Zentrum einbiegen und gleich wieder links auf den Campingplatz. Das WC-/Duschhäuschen steht gut sichtbar gleich neben der Straße (ehemalige Tankstelle).
Kurzbeschreibung: Wiesengelände, nicht ganz eben, mit Picknickbänken und Buschwerk als Windschutz. WC/Dusche oberhalb. Autowaschplatz gleich nebenan. Stromanschluss ISK 700. Leider keine Ver-/Entsorgungsstation, **Preis 2016:** ISK 1.200 p. P./N, ab 67 ISK 1.000. Keine feste Öffnungszeit bekannt.

3 Ásbyrgi und die größten Wasserfälle Europas

Die 870 zieht sich weiter in südlicher Richtung, bis sie auf die 85 trifft, die von links über die **Ösarfjarðarheiði** führt. Seit dem Neubau jener Strecke ist leider auch der Zustand der früheren 85 (jetzige 870) wesentlich schlechter geworden.

Nun steht ein erlebnisreiches Wandergebiet rund um **Ásbyrgi** ins Haus, das Sie mit einem Besuch bei Europas größtem Wasserfall, dem **Dettifoss** verbinden können. Es ist sicher eine der eindrucksvollsten Attraktionen der Insel aus Feuer und Eis!

Erreichen können Sie ihn über die allerdings sehr holprige 864, weshalb ich die östliche Seite über die 862 empfehle. Mehrere Campingplätze bieten sich als Ausgangspunkte für den Ausflug oder die Wandertouren durch den Felsenkessel Ásbyrgi an.

Wandern in Ásbyrgi und im Vesturdalur

Vom Besucherzentrum aus habe ich mir anhand der Wanderkarte, die dort für ca. EUR 5,00 verkauft wird, die Route 8 ausgesucht. Der mit gelben Pflöcken markierte Weg führt von der Freiterrasse aus nach links zum Fahrweg, der zum Gehöft Ás gehört, überquert diesen und verläuft weiter durch den herrlichen Birkenwald.

Nach ca. 30 Minuten ist die erste Ausschilderung zum Campingplatz erreicht. Ich gehe geradeaus und gelange nach weiteren 45 Minuten zur Gabelung, wo man nach Vesturdalur weitergehen kann. Nachdem ich die schöne Aussicht in die tief eingeschnittene Schlucht genossen habe, folge ich dem Schild nach Ásbyrgi und überquere eine ein abwechslungsreiches Plateau (weitere 45 Min.). Sandige Abschnitte wechseln sich mit Birken- und Heidebewuchs und fantasievollen Lavaformationen ab, bis man, fast aus heiterem Himmel, auf der Abbruchkante ist und tief hinab in den sogenannten Hufabdruck des Pferdes des Odin blickt, wie die Schlucht nach altem Volksglauben genannt wird. Es geht weiter rechts, mehr oder weniger der Felskante folgend, bis - wiederum nach 45 Minuten - eine Stahltreppe und darunter ein mit Seil gesicherter Steig folgt, der mich in die Talsenke von Ásbyrgi führt. Es fehlen noch 15 Minuten zurück zum Informationszentrum.

Blick in den Talkessel von Ásbyrgi

ÁSBYRGI - TJALDSTÆÐI

Stellplatzart: .... Campingplatz
GPS: N66 01 43.0 W16 29 14.8
Adresse: .... Ásbyrgi
Tel. .... (Informationszentrum) +354 471 2211
mailto: .... asbyrgi@vjp.is
Homepage: .... www.vjp.is
Zufahrtinfo: Auf der 85 die Abzweigung Dettifoss links liegen lassen, der Abzweigung nach Überquerung der Jökulsá á Fjöllum links folgen.
Kurzbeschreibung: Weitläufiges, durch Bäume und Buschwerk aufgelockertes, Gelände. Gut ausgestattet: Strom, Ver-/Entsorgung, Waschmaschine, Trockner. Nahe der Tankstelle das **Informationszentrum des Naturschutzgebietes Ásbyrgi**, das Sie über Zielsetzung und Besonderheiten des Nationalparks informiert. Hier bitte für die Campingplätze anmelden. Preis 2016: ISK 1.600 p. P./N., 13-16 J. ISK 750, < 13 J. frei. Dusche/Waschmaschine jeweils ISK 500.
Öffnungszeit: Mitte Mai-Mitte Sept.

VESTURDALUR - TJALDSTÆÐI

Stellplatzart: .... Campingplatz
GPS: N65 55 58.4 W16 33 42.2
Adresse: .... Vesturdalur
Zufahrtinfo: Auf der 85 am Informationszentrum vorbei, etwa 3 km weiter links ab auf die 862. Nach einem guten Stück wechselt man, der Ausschilderung folgend, auf die 888 ins Vesturdalur. Da 2016 die neue Strecke bereits im Bau war, kann man von guter Erreichbarkeit ausgehen.
Kurzbeschreibung: Durch Bäume und Buschwerk aufgelockertes Wiesengelände in der Talsohle. Der Platz ist einfach, aber landschaftlich herausragend. Anmeldung bei den Rangern, die vor Ort ein Büro haben (Kontaktdaten wie Ásbyrgi).
Preis 2016: Wie Campingplatz Ásbyrgi.
Öffnungszeit: Juni bis Mitte Sept.

Foto: Katja Hünerfeld

Faszinierende Farben: Am Rauðhólar

Von Vesturdalur aus (Campingplatz) können Sie zwischen zwei Rundwanderungen wählen, die sich gut miteinander kombinieren lassen und dann eine längere Tour von 4-5 Stunden ergeben.

Ein gut markierter Weg führt vom Campingplatz zu einer Gabelung, bei welcher ich mich links halte. Auf einem schönen Pfad erreiche ich den sogenannten Echofelsen und gehe weiter zur Kirkja, einem Felstor, das einem gotischen Fenster gleicht. Es folgt ein recht steiler Anstieg zum roten Schuttkegel des **Rauðhólar**, der eine herrliche Aussicht bietet. Zurück geht man entweder auf gleicher Route oder auf einem fast parallel verlaufenden Weg.

Nimmt man an der Gabelung die Route rechts, gelangt man zu den Basaltformationen **Karl óg Kerling**, die der Strömung des Gletscherflusses widerstanden haben. Etwas vom Fluss entfernt geht man zur Steilklippe **Kallbjörg**, die den Blick auf die graubraunen Fluten tief unten ermöglicht. Es folgt eine heideähnliche Landschaft. Ab dem alten Gehöft Svinadalur geht es auf einer Jeeppiste zurück zum Ausgangspunkt. Gehzeit je Teilstrecke etwa 2 - 2 1/2 h. Gutes Schuhwerk ist erforderlich. Bei Nässe ist der Pfad teils glitschig und schlecht zu begehen. Weitere Wanderrouten siehe Wanderkarte sowie der Rother Wanderführer.

Natürlich ist es auch für Sie interessant, **Europas größten Wasserfall** zu sehen. Der **Dettifoss** kann mit 2x4-Fahrzeugen von beiden Seiten erreicht werden. Doch ist die 862 von Ásbyrgi her (Abzweigung 3 km weiter westlich ausgeschildert) **noch** eine ruppige Schotterpiste, besonders im Abschnitt ab der Abzweigung Vesturdalur südwärts. Doch fraßen sich während der Recherche Baumaschinen voran, um die Straße neu und für alle Fahrzeuge

Foto: Katja Hünerfeld

Warum nennt man die Höhle wohl „Kirkjá?

nutzbar zu bauen. In Höhe des Dettifoss finden Sie dann einen Parkplatz (**GPS** 65 48 40.1 W16 24 02.2), von dem ein Teil eigens für Wohnmobile ausgewiesen ist (WC, **keine** Übernachtung!).

Zum Dettifoss, Selfoss und Hafragilsfoss

Vom Parkplatz an der 862, den Sie von sowohl von der Ringstraße im Süden als auch von Ásbyrgi her auf neu gebauter Strecke errreichen, führt ein markierter Pfad zum gewaltigen Wasserfall. Schon aus der Ferne ist die aufsteigende Gischt erkennbar. Vergessen Sie gute Regenkleidung nicht! Sie werden bald wissen, weshalb ich das ausdrücklich erwähne.

Wenn Sie sich an dem Schauspiel satt gesehen haben, können Sie rechts hinüber zum nahen **Selfoss** wandern und dessen weit aufgefächerte Kaskaden, die sich fast hufeisenförmig darstellen, bewundern.

Die Wanderroute zum **Hafragilsfoss** habe ich nur zum Teil selbst ausprobiert. Hier verweise ich auf die Wanderkarte des Besucherzentrums.

Selbstverständlich ist es - wie schon erwähnt - möglich, bei vorsichtiger Fahrweise, den Dettifoss auch von der anderen Seite zu sehen. Sie fahren von der Ringstraße oder von der 85 her einige Kilometer auf der 864. Schimpfen Sie aber bitte nicht mit mir, wenn die Waschbrettpiste Ihnen ordentlich auf den Wecker geht. Parkplätze finden Sie in Höhe des **Dettifoss** (**GPS** N65 49 09.0 W16 22 45.3). Etwas weiter nördlich, wiederum von der 864 zweigt die (enge und teils steile!) Zufahrt zum **Parkplatz Hafragilsfoss** ab. Fahrzeuge mit langem Hecküberhang und wenig Bodenfreiheit

Am Dettifoss bleibt man nicht trocken ...

könnten hier Probleme bekommen. Vorsicht also! (**GPS** N65 50 10.0 W16 23 58.3). Der Wasserfall ist ähnlich imposant, wie schon der Dettifoss. Lediglich die Fallhöhe ist geringer. Immerhin jedoch stürzt hier derselbe Fluss eine weitere Stufe in die Tiefe.

4 In die Hauptstadt des Whale Watching: Húsavík

Jetzt heißt es, von Ásbyrigi her der 85 nach Nordosten zu folgen. Der Wagen gleitet auf guter Asphaltstraße durch die Ebene, bis nach der Bucht **Lón** ein steiler Anstieg folgt. Verpassen Sie nicht den Aussichtspunkt dort oben. Bei gutem Wetter erleben Sie ein Feuerwerk der Farben des Meeres. Drunten tummeln sich mit etwas Glück Wale, Robben und Seevögel runden das Naturerlebnis ab. Diesen Platz (**GPS** N66 08 14.5 W16 57 01.3) nutzte ich seiner Schönheit wegen früher mehrfach für eine Übernachtung, um keine weite Anfahrt mehr bis **Húsavík** zu haben. Das ist jetzt leider nicht mehr zulässig. Daher vorab die Stellplatzhinweise.

C HÚSAVÍK - TJALDSVÆÐIÐ HÚSAVÍKUR

Stellplatzart: Campingplatz
GPS: N66 03 04.9 W17 20 41.1
Adresse: 641 Húsavík, Heðinsbraut
Tel. +354 464 4300
mailto: info@visithusavik.is
Homepage: www.visithusavik.is
Zufahrtinfo: Auf der 85 von Osten kommend nach Húsavík fahren. Am Ende der Gefällstrecke nach Ortseingang links ab neben dem Sportplatz.
Kurzbeschreibung: Ortsnah und doch ruhig gelegene Wiese mit Anschlusssäulen für Strom. Sanitärgebäude am Rand der Zeltwiese mit guter Ausstattung. DU/WC, Waschmaschine/Trockner, Geschirrspülplatz. Ver- und Entsorgung an der Einfahrt beim Häuschen der Rezeption (besetzt im Sommer 19^{00}-23^{00} h, außerhalb dieser Zeit bitte im Whale Center anmelden/5 Min. Fußweg). **Öffnungszeit:** Mai bis September.

Ü HÚSAVÍK - SCHULZENTRUM

Stellplatzart: Parkplatz
GPS: N66 02 48.1 W17 20 08.6
Adresse: 641 Húsavík, Storigarður
Zufahrtinfo: Bei der Kirche von Húsavik abbiegen (Storigarður) und weiterfahren, bis die Straße in einem Rechtsbogen weiter verläuft. Beim Schulkomplex findet sich rechts der Parkplatz.
Kurzbeschreibung: Mehrere Stellflächen für Wohnmobile entlang der (wenig befahrenen) Straße, die von der Gemeindeverwaltung explizit eingerichtet wurden, um den Campingplatz zu entlasten (besonders bei Regen). Keine Ausstattung, aber die V/E-Einrichtung des Campingplatzes kann ausdrücklich genutzt werden (kostenfrei).

HÚSAVÍK - HEIÐARBÆR

Stellplatzart: .... Campingplatz
GPS: N65 53 17.8 W17 19 08.6
Adresse: .... 641 Húsavík, Heiðarbær
Tel. .... +354 464 3903
mailto: .... heidarbaer@simnet.is
Homepage: .... www.heidarbaer.is
Zufahrtinfo: An der Straße 87 von Húsavík Richtung Mývatn rechts ausgeschildert.
Kurzbeschreibung: Campingwiese mit Sicht- und Windschutz durch Hecken und Bäume, Du/WC im Restaurant (regionale Küche, einfach), Schwimmbad angegliedert (nicht im Campingpreis enthalten). Campingcard wird akzeptiert. Preis 2016: ISK 1.250 p. P./N. + Übernachtungssteuer, Familienpreis ISK 2.500. Frühstück auf Bestellung (ISK 1.400).
Öffnungszeit: Anfang Juni-Mitte Sept.

EINKEHRTIPPS UND EINKAUFEN

Fish of the day im „Gamli Baukur"

Nutzen Sie die Gelegenheit, in einem der gemütlichen und guten Restaurants von Húsavík die regionale Küche zu genießen. Rund um den Hafen bieten einige davon in ansprechender Atmosphäre gutes Essen an. Ich selbst habe mehrfach das Essen im **Gamli Baukur** getestet, sei es den Fisch des Tages (nach Angebot der Fischerboote) oder eine kräftige Fleischsuppe mit reichlich Gemüse und Lammfleisch. Auch das Restaurant **Salka** ist empfehlenswert. Weitere Angebote gibt es wenige Schritte entfernt - bis hin zu Fish & Chips, den üblichen Fast Food Angeboten oder Kaffee und Kuchen. Wer gerne die eigene Küche nutzt, hat in Húsavík ebenso gute Karten. Es gibt zwei Supermärkte und eine Bäckerei mit Konditorei (ein Stück nach der Kirche schräg links ab). Fürs Frühstück ist also gesorgt, zumal dort von 8^{00}-10^{00} h ein kleines Frühstücksbuffet angeboten wird. Apotheke und Krankenhaus werden Sie (hoffentlich) ignorieren können.

Los geht´s zur Whale Watching Tour mit der Nattfári von North Sailing ...

WALBEOBACHTUNG IN HÚSAVÍK

North Sailing hat sich seit 1995 in Sachen Walbeobachtung in Island einen Namen gemacht. Einerseits war die Skjálfandi-Bucht seit jeher ein Bereich, in dem sich Wale wohl fühlten. Die Strömungsverhältnisse und die in die Bucht mündenden Flüsse sorgen dafür, dass immer genug Krill und Plankton aufgewirbelt wird - ein Schlaraffenland für Buckel- und Zwergwale, die deshalb nahezu die gesamte Feriensaison über in der Bucht (hohe Sichtungsquote!) zu beobachten sind.

Auch Großwale, ab und zu Blauwale oder ein Finnwal, sind im Juni/Juli zu beobachten, Delfine und Orkas sind ebenso Gäste. Was lag also für die Gründer von North Sailing näher, als mit ihrem Angebot zu beweisen, dass mit Walen Geld zu verdienen ist - aber nicht mit der Jagd, sondern mit dem Angebot der Walbeobachtung. Die Touristen haben das Angebot gerne und zahlreich angenommen.

Hierfür wurden traditionelle Fischerboote aus Eichenholz umgerüstet. Zwei Segelschoner kamen hinzu, ebenso wie ein Filialbetrieb von North Sailing, zunächst in Ólafsfjörður und nun in Hjalteyri. Die Gesellschaft bietet auch längere Fahrten an, die mit den geräumigeren, besonders schönen Schiffen zur Papageientaucherinsel Lundey, nach Flatey oder Grimsey führen. **Info/Kontakt:** www.northsailing.is, mailto:info@northsailing.is, Tel. +354 474 7272; Rabatt bei Online-Buchung).
Zwei weitere Anbieter bieten Walbeobachtungstouren ab Hafen Húsavík in die Skjálfanda-Bucht an. Es sind **Gentle Giants**, die auf eine alte Familientradition als Fischer in der Skjálfandi-Bucht verweisen und ebenfalls schon viele Jahre aktiv am Markt sind. **Info/Kontakt:** www.gentlegiants.is, mailto:info@gentlegiants.is, Tel. +354 464 1500). Auch sie bieten vielseitige Routen an, bis hin zur Fahrt nach Grímsey, nach Flatey und zur Vogelinsel Lundey. Mit dem Ticket gibt es 20% Rabatt auf den Einritt ins Wal-Zentrum Húsavík. North Sailing und Gentle Giants kooperieren eng mit dem Walzentrum Húsavík. Der Dritte im Bunde ist seit 2013 das Restaurant **Salka**, wo Sie direkt buchen, genauso aber telefonisch oder online. **Info/Kontakt:** www.salkawhalewatching.is, Tel. +354 464 3999). In Húsavík haben Sie auf kleinem Raum das kompakteste Angebot, um mehrmals am Tag in die Bucht auszulaufen. Kaum eine Fahrt bleibt ohne Erfolg. Die Fahrten starten ab ca. 8^{00} Uhr bis in den Abend. Geschultes Personal mit Erfahrung ist an Bord. Am besten schauen Sie schon am Vorabend den Wetterbericht an und buchen dann die Fahrt für den nächsten Tag im Voraus. So haben Sie Ihren Platz auf einem der Boote sicher.

Die Hildur vor der Insel auf Walsuche

Und der Erfolg ist da: Buckelwal

Sehenswertes in Húsavík

Das Hafenstädtchen an der Skjálfandi-Bucht an der Skjálfandi-Bucht ist als „Hauptstadt des Whale Watching Europas" bekannt. Doch ist der Ort selbst sehenswert.

Wenige Meter vom Hafen entfernt finden Sie das **Walzentrum/ Walmuseum**, das Ihnen umfassende Hintergrundinformationen zu den Meeressäugern gibt. Wert wird Kindern und Jugendlichen beigemessen, die spielerisch lernen und sich kreativ zeigen sollen. Wanderungsverhalten, Fortbewegungstechnik, Körper- und Knochenbau der Wale werden anschaulich und verständlich vermittelt. Thema sind auch die Essgewohnheiten der Meeressäuger. Die Menge an Milch, die den Walkälbern täglich als Nahrung dient, wird zum Beispiel anhand 240 Milchflaschen dargestellt.

Weiter ist die **Kirche aus dem Jahr 1904** zu erwähnen. Ihr kreuzförmiger Grundriss bietet mit der hellen Farbgebung sowohl innen als auch außen einen schönen Eindruck. Die Kirche ist in der Hauptsaison täglich von 10^{00}-18^{00} h für Gäste offen.

Geht man bei der Kirche die Straße hinauf, kann man nach wenigen Schritten die Schwelle ins **Naturmuseum** nehmen und sich über die Zusammenhänge der Natur und der Landwirtschaft der Region anschauen.

Ein schönes Ausflugsziel ist weiterhin der oberhalb von Húsavík gelegene **Botsvatn**, den man zu Fuß umrunden kann (gut 5 km). Die Runde um den See ist übrigens auch eine beliebte Strecke fürs Jogging.

Eine Jeeppiste führt auf das **Húsavíkurfjall**, den 417 m hohen Hausberg des Städtchens, welcher auch ein gutes Wanderziel ist. Sollten Sie zur Zeit der Mitternachtssonne hier sein, ist dieser Berg ein beliebtes Ziel, von dem das Naturschauspiel besonders gut zu beobachten ist.

Blick auf Húsavík auf dem Weg zum Botsvatn während der Lupinenblüte

BADEN IM KÄSEKESSEL? KEIN PROBLEM IN HÚSAVÍK!

Das Schönste soll man sich ja für den Schluss aufheben. So empfehle ich den „Käsekessel", der mit seinem heilsamen Wasser den Bürgern von Húsavík ein lieb gewonnenes Kind geworden ist. Der Name rührt daher, dass die Edelstahlwanne, in der Sie sich gemütlich im warmen Wasser ausstrecken können, in der Tat einmal in einer Molkerei der Produktion von Käse gedient hatte. Keine Angst - davon merken Sie nichts mehr. Die hölzerne Verkleidung nebst Dusche und Umkleideraum sind der angenehme Rahmen für diese Badestätte. Das Wasser des schönen Hotpots ist gesund für die Haut. So wird ihm eine heilsame Wirkung bei Psoriasis (Schuppenflechte) zugesprochen.

EIn Genuss! Der Käsepott.

Fahren Sie beim Schwimmbad die Straße Laugarbrekka bergan zum Ende und biegen rechts ab. Nach den letzten Häusern zweigt ein Schotterweg rechts ab. Noch ein Stück um die Bergnase gelangen Sie zum Ziel (**GPS** N66 03 19.8 W17 21 05.9). Für die Erhaltung des tollen Hot Pots wird die Bezahlung von 200 ISK erbeten. Da inzwischen noch mehr Leute davon Wind bekommen haben, ist die Übernachtung auf dem Parkplatz im Wohnmobil oder Caravan verboten. Nachts wird das Wasser abgelassen.

ÞEISTAREYKIR - HOCHTEMPERATURGEBIET

Am Ortsausgang von Húsavík wurde eine Straße für LKW ins Hochland gebaut, um ihnen die Fahrt ins Hochtemperaturgebiet Þeistareikir zu ermöglichen, wo ein neues Geothermalkraftwerk gebaut wird, ähnlich demjenigen, jenseits des Bergmassivs im Vulkangebiet Krafla. Ob und in welcher Form dort ein vergleichbares touristisches Angebot entsteht, bleibt abzuwarten. Einen Aussichtsparkplatz (**GPS** N66 00 58.1 W17 15 25.7) mit toller Sicht finden Sie auf der Anfahrt. Und in Þeistareykir war ich auf Anfrage bei den Landbesitzern, die den Schafsabtrieb vorbereiteten, auch für eine Nacht willkommen.

Für die Natur bleibt trotzdem Platz!

Den **Gemüsehof Hvervellir** finden Sie auf der Weiterfahrt an der Straße 87 Richtung Mývatn gegenüber dem **Campingplatz Heiðarbær**. Sollte der Kühlschrank nach Frischem rufen - beim Gehöft **Hveravellir** werden werktags Tomaten, Paprika und Gurken ab Hof verkauft (8-12^{00}-u. 13-16^{00} h). Wenige Schritte entfernt finden Sie zudem die früher noch aktive Springquelle.

Umweg über Grænjaðarstaður und Ystafell

Haben Sie Lust auf die Besichtigung eines bedeutenden und reichen Torfhofes und eines Automuseums? Dann folgen Sie der 87 und später der Ausschilderung rechts ab auf einen Abstecher nach **Grænjaðarstaður**. Die Schotterstraße führt zügig talwärts. Sie überqueren die **Laxá**, die vom Mývatn her kommt und ein sehr schönes, stellenweise schluchtartiges Tal durchfließt, auf einer Staumauer. Wie der Name schon sagt, ist es ein lachsreicher Fluss, sogar einer der besten Islands. Doch hüten Sie sich, die Angel auszupacken und einen Fisch zu fangen. Die Lizenz ist teuer, und Sie werden kaum eine bekommen. Sie ist so begehrt, dass sie im Losverfahren abgegeben wird.

Nun folgen Sie dem Sträßchen von der Staumauer aus schräg rechts zum Torfhof, der das Museum beherbergt. Der Parkplatz (**GPS** N65 49 13.5 W17 20 58.4) bietet genug Raum für Ihr Wohnmobil, damit Sie sich alles in Ruhe anschauen können.

DER TORFHOF GRÆNJAÐARSTAÐUR

Die ältesten Teile des Gehöfts stammen von 1865. Hier lebten einst an die 30 Menschen, teils betagte Personen aus dem Umkreis, die hier ihren Alterssitz erhielten. Altersheime in heutiger Form gab es ja noch nicht.

Im Hof erhalten Sie einen Eindruck von der guten Stube, im Obergeschoss liegt die Wohnung des Priesters, dem früher das Land des Hofes unterstand. Sie haben Einblick in die einfachen Räume der übrigen Bewohner und Beschäftigten, die häufig mit bis zu 20 Personen in einem Raum nächtigten, nötigenfalls im Schichtbetrieb oder zu mehreren in einem Bett. Deshalb sind die Betten entweder in der Länge oder in der Breite veränderbar. Tagsüber, in zusammengeschobenem Zustand, dienten die variablen Schlafmöbel als Sitzgelegenheit.

Der gepflegte Museumshof

In den Lagerräumen sehen Sie, wie Skýr traditionell hergestellt und in Fässern gelagert wurde. Die Küchen sowohl im Erdgeschoss als auch eine Etage höher sind im Originalzustand aus dem 19. Jahrhundert erhalten. Zahlreiche Geräte und Arbeitsmittel sind zu sehen. So hatte jeder Bewohner sein eigenes, aus Holz geschnitztes Besteck oder kunstvoll verzierte Buttergefäße. Auch die Kirche ist sehenswert. **Öffnungszeiten/ Info:** Juni bis August täglich von 10^{00}-18^{00} h, Eintritt, www.husmus.is, mailto:safnahus@husmus.is, Tel. +354 464 3688. Parken über Nacht ist nicht ohne Einwilligung möglich. Also bitte vor Ort nachfragen.

Wer nun direkt zum Myvatn fahren möchte, fährt zurück zur 87 und erreicht zügig das Ziel. Sie können mir aber auch auf einen weiteren Abstecher folgen, wenn Sie Interesse haben, das eigenwillige, aber höchst interessante **Transportmuseum Ystafell** anzuschauen. Folgen Sie von Grænjaðarstaður dem Schottersträßchen 854, biegen bald rechts ab auf die 845 und weiter zur 85. Dort geht es links ab Richtung Akureyri. Auf schmaler Brücke überquert man den **Skjálfandafljót** und fährt talaufwärts. In **Ystafell** ist das Museum links der Straße nicht zu übersehen. Autofans (vor allem alter Modelle) können hier ihrem Hobby frönen. Zwar mutet die Sammlung ziemlich zusammengewürfelt und etwas chaotisch an. Doch macht genau das auch den Reiz des Ganzen aus (**GPS** N65 46 50.6 W17 34 46.5 - Übernachtung für Museumsgäste auf Anfrage möglich).

ROUTE 2

DAS TRANSPORTMUSEUM YSTAFELL

Schon im Außengelände stehen einige interessante Fahrzeuge. Schräg hinten dient ein vermeintlicher Schrottplatz wohl vor allem als Ersatzteillager. Das eine oder andere gute Stück aus früheren Tagen dürfte noch eine Weile auf eine Restaurierung warten - es sei denn, das Gefährt versinkt nach und nach völlig im sumpfigen Untergrund. Besonders aufgefallen ist mir der Barkas 1000 aus DDR-Produktion (Bild unten), der in seinen letzten aktiven Tagen als Wohnmobil ausgebaut sogar unter dem Eiffelturm in Paris abgelichtet wurde. Ein Bild von der Reise hängt im Museum. Ingólfur Kristjánsón und Kristbjörg Jónsdóttir haben eine Vielzahl von Fahrzeugen, Baumaschinen und Zubehör aus den letzten ca. 50 Jahren gesammelt und zu einer sehenswerten Ausstellung zusammengestellt, die in der Halle und auf dem Vorplatz in passablem, teils richtig gutem Zustand präsentiert werden (Eintritt 2016: ISK 800).

Öffnungszeiten/Info: Mitte Mai bis Ende September täglich 10^{00}-20^{00} h, www.ystafell.is, mailto:sverrir@islandia.is, Tel. +354 464 3133.

5 Ins Myvatn-Gebiet

Von Ystafell fehlen 9 km bis zur Ringstraße. Auf ihr ist eine gute Dreiviertelstunde (ab der Einmündung der 845 vom Torfhof her etwa die Hälfte), bis sich die Museumsbesucher am Informations-Parkplatz zur Mývatnsveit an der 87 wieder mit der eigentlichen Route treffen.

Wer den Abstecher nicht mitgemacht hat, rollt auf der 87 auf einer gut gepflegten Schotterstraße durch die Ödnis des Gebirgszugs **Geitafell**. Nach etwa einer Viertelstunde ist wieder Asphalt unter den Rädern, und schon kündigt der Hinweis auf einen Picknickplatz an, dass die **Mývatnsveit** erreicht ist. Vom Informations-Parkplatz hat man einen guten Überblick über die Höhepunkte des Sees. Der Vulkankrater **Hverfjall** zieht sicher auch Ihre Blicke auf sich. Genießen Sie die Aussicht, bevor Sie nach **Reykjahlíð** fahren, das meine erste Station ist. Zunächst aber ein paar allgemeine Informationen zur Mývatnsveit, bevor es los geht zur Erkundung dieses Tourismusmagneten.

Pseudokrater während eines Spaziergangs am Südufer des Mývatn

Frühling am Ufer des Myvatn

Foto: Katja Hünerfeld

Der Hauptort Reykjahlíð am Myvatn, im Hintergrund das Hverfjall

WARUM MÝVATN? UND WARUM EIN NATURSCHUTZGEBIET?

Der Name bedeutet Mückensee. Seien Sie sicher - zumindest im Juni, wenn die Tage und das Wasser wärmer werden, sind Sie nie alleine. Im Gegenteil! Myriaden von Mücken (meist harmlose, aber furchtbar lästige Zuckmücken) werden Sie begleiten und auch Ihnen den letzten Nerv rauben. Und das erfolgreich! Doch auch in den Wochen danach lässt die Plage nicht völlig nach.

Nicht umsonst werden allerorten Mückennetze angeboten, die Sie über den Kopf ziehen können. Die nervtötenden Biester haben auch ihren Nutzen, bieten doch die im und am Wasser lebenden Larven und Mücken Fischen und Vögeln eine gute, schier unerschöpfliche Nahrungsgrundlage. Deshalb ist der Mývatn auch für seine Artenvielfalt bekannt. Während wir von den Fischen nicht viel zu Gesicht bekommen, können wir die Vogelwelt intensiv beobachten und bewundern. Nicht weniger als 35 Entenarten werden hier gesichtet, darunter die Spatelente, die am Mývatn ihren einzigen Brutplatz in Europa hat. Dazu kommt eine Vielzahl anderer Vogelarten.

Um es gleich deutlich hervorzuheben: Das Gebiet mit seiner vielfältigen Landschaft vulkanischen Ursprungs ist zu Recht eine der schönsten und damit auch beliebtesten Gegenden Islands. Damit dies so bleibt, hat man das gesamte Gebiet zum Naturschutzgebiet erklärt. Deshalb ist die freie Übernachtung strikt verboten! In der Brutzeit ist gar der Zugang zu den Uferzonen des Mückensees untersagt. Der See entstand, als Lavaströme den Abfluss versperrten. So gesehen, ist er ein natürlicher Stausee. Er ist nicht tief, kann sich im Sommer also recht schnell erwärmen, was durch die aktive Vulkantätigkeit der Region verstärkt wird. Selbst im Winter ist der See häufig nicht zugefroren. Doch hat dies den erwähnten Nachteil, dass die Mücken sich pudelwohl fühlen und sich munter und zahlreich vermehren. So zappeln früh im Jahr Millionen Mückenlarven im See, die allesamt - meist eben im Juni - zu ausgewachsenen Mücken werden. Es sei denn, es kommt ein Vogel oder Fisch daher, der sie als willkommenes Futter betrachtet. Wenn nicht, darf das Biest den Einheimischen und Touristen auf den Nerven herumtanzen, ins Auto sausen, in Nase und Ohren fliegen. Und manchmal, besonders an windstillen Tagen, bildet die „Iceland Airforce“ gar richtige kleine, dunkle Wolken

Was tun dagegen? Eigentlich gar nicht viel! Sie können sich eines der erwähnten Netze kaufen. Oder suchen Sie, wenn möglich, eine andere Zeit aus, um den Mývatn zu besuchen. Doch lässt sich das halt nicht immer machen. Dann sollten Sie, wenn Sie im Freien sind, das Wohnmobil immer schön geschlossen halten. Eine kleine Hilfe ist es, sich an Orten aufzuhalten, die möglichst starken Wind haben. Das mag etwas ungewöhnlich klingen. Aber das mögen die Flattertiere gar nicht. Sehr beliebt sind bei den Mücken die von der Sonne aufgewärmten Blechflächen der Autos (und Wohnmobile) oder Zeltplanen.

Und dann viel Spaß, wenn Sie die Tür öffnen :-) Die Biester wissen nämlich nicht, wo der Ausgang ist. Und wenn Sie sie hinausjagen möchten, holen sie gleich Verstärkung von draußen rein. Es bleibt Ihnen gar nicht viel anderes übrig, als die Plagegeister einzeln zu erledigen.

Wie erwähnt, dürfen Sie hier nur auf einem der ausgewiesenen Campingplätze nächtigen, die ich den Beschreibungen vorausschicke. Einzige Ausnahme ist, wenn Sie essen gehen und dort das Einverständnis erhalten, über Nacht auf dem jeweiligen Parkplatz stehen zu bleiben.

REYKJAHLÍÐ - HLÍÐ FERÐAÞJÓNUSTA

Stellplatzart: .... Campingplatz
GPS: N65 38 57.5 W16 55 05.2
Adresse: .... Reykjahlíð - Hraunbrún
Tel.: .... +354 464 4103 oder 8996203
mailto: .... info@myvatnaccommodation.is
Homepage: .... www.myvatnaccommodation.is
Zufahrtinfo: Von Norden kommend kurz vor dem Ort links hinauf ausgeschildert (zugleich Zufahrt zum Flugplatz).
Kurzbeschreibung: Weitläufig terrassiertes Gelände, Aussicht auf Hverfjall und den See. Gute Ausstattung, Sanitärbereich mit Du/WC, WiFi-Zone, Waschmaschine, Trockner. Ver-/Entsorgung für Wohnmobile. Vorteil: Preislich etwas günstiger als die anderen Plätze (2016: 1.600 ISK p. P./N. inkl. Du/WC, WiFi, < 16 J. frei, Strom ISK 700. Fahrradverleih.
Öffnungszeit: Ca. Mitte Mai bis Mitte September.

REYKJAHLÍÐ - BJARG

Stellplatzart: .... Campingplatz
GPS: N65 38 26.6 W16 54 44.2
Adresse: .... 660 Reykjahlíð, Bjarg
Tel.: .... +354 464 4240
mailto: .... ferdabjarg@simnet.is
Zufahrtinfo: Auf der zur Nebenstraße „degradierten" früheren Ringstraße, jetzt 848, in südlicher Richtung, kurz später rechts ab ausgeschildert.
Kurzbeschreibung: Sehr schönes, am See gelegenes Campinggelände mit speziellen Wohnmobil-Stellplätzen (Bild unten). Teilweise Schatten und Windschutz durch Büsche. Waschmaschine/Trockner, Ver-/Entsorgung. Preis 2016: ISK 1.700 p. P./N., < 13 J ISK 800, < 13 J. frei, Behinderte 50% Rabatt, Strom ISK 800/Tag. Fahrrad- und Bootsverleih.
Öffnungszeit: Ca. Mitte Mai bis Mitte September.

REYKJAHLÍÐ - VOGAR

Stellplatzart: .... Campingplatz
GPS: N65 37 25.0 W16 55 03.6
Adresse: .... 660 Reykjahlíð
Tel.: .... +354 464 4399
mailto: .... info@vogahraun.is
Homepage: .... www.vogahraun.is
Zufahrtinfo: Vom letztgenannten Campingplatz etwa 1 km weiter fahren, dann links ab ausgeschildert.
Kurzbeschreibung: Am Rand des Lavafeldes, kleines Restaurant (Pizza & Co.), Ver-/Entsorgung, Du/WC, Preis ISK 1.500 p. P./N., zzgl. Wohnmobil (klein) ISK 750, groß ISK 1.500, Strom Inklusive.
Öffnungszeit: Ca. Mitte Mai bis Mitte Sept.
Einkehrtipp: Jogafjós Restaurant. Als besonderer Tipp bietet sich der Besuch im schräg gegenüber liegenden „Kuhstall-Café" an. Dort sollten Sie reservieren, denn es wissen viele, auch Einheimische, von der Besonderheit: Sie sitzen beim hervorragenden Essen mit Blick auf den See, in den Kuhstall und auf den Melkstand für die Kühe. Fleisch, Käse, im Boden gebackenes Brot und Fisch stammen aus eigener Produktion bzw. Fang, das Gemüse überwiegend vom Gemüsehof Hveravellir.

Sind wir schon mal in **Reykjahlíð**, möchte ich ein paar Dinge herausstellen, die Sie nicht verpassen sollten. Zuerst ist die schöne **Kirche** zu nennen. Sie sollten auch die Reste der alten Kirche an der Friedhofsmauer anschauen. Dort gewinnt man einen Eindruck, wie die Lava des Mývatn-Feuers vor den Kirchenmauern Halt gemacht hatte. Die Kanzel der neuen Kirche zeigt diese Szene in künstlerischer Form dargestellt. Weiterhin hat Reykjahlíð eine gute **Tourist Information** zu bieten (Tel. +354 464 4390, www.visitmyvatn.is, im Ort ausgeschildert). Nicht weit entfernt, fristet das früher beliebte Schwimmbad sein etwas undankbares Dasein, seit das **Mývatn Nature Bath** eröffnet hat. Dabei ist es durchaus einen Tipp wert, zumal es wesentlich preisgünstiger ist.

Bei der Einfahrt des Schwimmbades beginnt die Steigung auf die Passhöhe am **Námafjall**. Hier wurde lange Zeit Schwefel abgebaut und für die Munitionsherstellung exportiert.

AUSSERGEWÖHNLICHER BADETIPP: MÝVATN NATURE BATH

Ich verabschiede mich vorläufig vom See und folge der Ringstraße ein Stück Richtung Egilsstaðir. Bald fällt links der unwirklich schwimmbadblaue See **Bjárnaflág** auf, in dem man früher baden konnte. Seit jedoch gegenüber das **Mývatn Nature Bath** diesem Zweck dient, wird das Wasser nicht mehr heruntergekühlt und ist zu heiß. Also Abstand halten! Setzen Sie den Blinker und besuchen das neue Bad - es lohnt sich. Fast fühlt man sich an die Blaue Lagune auf der Halbinsel Reykjanes erinnert. Auf alle Fälle ist es ein lohnendes, wenn auch nicht ganz billiges Vergnügen, zwischen Lavafeldern, dampfenden Bergrücken und blau schimmernden Bachläufen im ca. 35-38° C warmen Wasser zu baden. Die gepflegte Anlage wurde vor wenigen Jahren erbaut. Übrigens: Für Badegäste, so wurde uns signalisiert, ist man dabei zu prüfen, in Verbindung mit dem Besuch der Anlage dem Wunsch nach der Möglichkeit für eine Übernachtung im Wohnmobil zu entsprechen. Es bleibt aber ohne Gewähr, nur auf Anfrage vor Ort und je nach Betrieb (**GPS** N65 37 52.7 W16 50 55.7). **Öffnungszeiten/Info:** Mitte Mai-Aug. tgl. 9^{00}-24^{00} h, sonst 12^{00}-22^{00} h, www.jardbodin.is. **Eintritt 2016:** ISK 4300 (Rentner/Behinderte/Studenten ISK 2.700), Winterhalbjahr ISK 3.800 (ISK 2.400).

Das Mývatn Nature Bath

Schlammtopf im Solfatarenfeld Hverir

Kurz vor der Passhöhe können Sie am Picknickplatz einen Halt einlegen und sich anhand der Infotafeln noch einmal ein Bild über die Sehenswürdigkeiten machen.

Bald werden Sie im **Solfatarenfeld Hverir** sehen, wie viel Schwefel hier aus des Teufels Küche kommt. Die Straße führt in einer S-Kurve abwärts. Dann heißt es den vermutlich schon zahlreichen Touristen auf den Parkplatz rechts ab zu folgen. Wenn Sie trittsicher sind und die Witterung trocken ist (auch kein Regen kurz vorher), können Sie die festen Bergschuhe (mit gutem Profil!) schnüren und mir auf eine Wanderung folgen. Dazu später mehr.

Bitte lesen Sie die Infotafel am Zugang zum Solfataren- und Fumarolenfeld durch, während Sie schon die eine oder andere Dampfschwade des nach faulen Eiern „duftenden" Gebräus aus der Tiefe einatmen. Die Warntafeln und Absperrungen haben ihren Sinn! Bitte beachten Sie diese und meiden die hellen Stellen am Boden - Einsturzgefahr! Und das gilt nicht nur hier, sondern immer in aktiven Vulkanzonen. Sie wären nicht der oder die Erste, die schlimme Verletzungen und Verbrennungen davonträgt.

Wanderung auf den Vulkankegel Námafjall

Vom Eingang zum Solfatarenfeld sieht man einen Pfad hinten links hinter dem Bergrücken verschwinden. Diesem folge ich, sobald ich mich am Dampfen und Zischen der Schlammpötte und Dampfaustritte satt gesehen habe.

Ich nehme mir auch den Warnhinweis zu Herzen, der auf einem Schild am Wegrand vor dem Anstieg steht und auf die große Rutschgefahr im steilen, haltlosen Gelände hinweist. Sie sind auf eigene Gefahr unterwegs!

Ich habe Glück - das Wetter ist trocken. Doch kenne ich es auch anders (siehe Fotos). Es wird schnell klar, wie ernst der Hinweis zu nehmen ist. Selbst das gute Profil der Wander-

Das Vulkanmassiv Námafjall

ROUTE 2

schuhe gibt gerade mal so genug Halt bei Trockenheit - aber bei Nässe...?!. Da und dort kam ich auf dem steilen, festgebackenen Terrain ins Rutschen. Nach 30 Minuten ist das gemeistert und ich kann von der ersten Kuppe ein Auge voll nehmen, bevor ich zum Gipfel weitergehe. Dann verläuft der Weg zunächst leicht, später wieder recht steil abwärts. Was die Wanderung ausmacht, sind die unglaublichen Farben an den Dampfaustritten. Nach einer guten Stunde bin ich wieder unten am Wohnmobil. Ich mag den Gestank hinter mir lassen. Doch ist die Faszination groß. Ich genieße das Schauspiel zuvor noch bei einer Tasse Kaffee.

Bald zweigt die Straße 863 ab. Ich folge dem Schild „Krafla". Das Vulkangebiet ist eines derer, die als „überfällig" gelten. Dass hier über 200 Bohrlöcher bis zu 2000 m tief reichen, um dem Geothermalkraftwerk Dampf zu liefern, mag für Laien der Gefahr zuträglich erscheinen. Die Fachleute sind jedoch sicher, die Lage im Griff zu haben und im Fall der Fälle schnell genug evakuieren zu können. Ich bin Optimist und glaube es, auch wenn es nicht wenige Stimmen in Island gibt, die der Sache kritisch gegenüber stehen und einen „provozierten" Ausbruch nicht ausschließen.

Wenn Sie das Thema interessiert - im Kraftwerksgebäude mit den Dampfschloten ist ein **Informationszentrum** eingerichtet. Hier wird ein Film (auch in deutscher Sprache) gezeigt. Was mich aber noch viel mehr reizt, sind zwei herrliche Wanderungen, die mitten ins Herz der Vulkanzone führen.

Überall dampft und zischt es.

DAS MÝVATN-FEUER UND DIE ENTSTEHUNG DES VÍTI KRATERS

Das Vulkansystem der Krafla war im 18. Jahrhundert Ausgangspunkt des sogenannten „Mývatn-Feuers" (1724-29 und 1746). Wie eine Initialzündung war die explosionsartige Entstehung des Kratersees Víti zu sehen. Diesem Ausbruch folgte eine über Jahre hinweg andauernde Ausbruchsserie, bei der einige Spalten entstanden und glühende Lava in großen Mengen ausstießen. Wie ein zäher Teig wälzte sich die glühende Masse vorwärts und kam dem Dorf Reykjahlíð immer näher. Sie zerstörte es weitgehend - bis auf die Kirche, wie ich schon schrieb.

Das alte Lavafeld von damals ist zerklüftet, aber bemoost oder spärlich von Gras bewachsen. 1975-84 gab es eine neue, lange anhaltende Ausbruchsserie. Die Lava floss zum Teil in die gleiche Richtung, war aber nicht so ergiebig wie zuvor. Pechschwarz zieht sich das neue Lavafeld markant über das graugrün schimmernde, alte Lavagestein - herrlich!

Wandern am Spaltenvulkan Leirhnjúkur

In dieser Hexenküche möchte ich Ihnen zwei schöne Wanderungen empfehlen. Details können Sie auch hierzu dem Rother Wanderführer entnehmen. Das Bild unten zeigt das Wandergebiet.

Für die Wanderung zur Eruptionsspalte des **Leirhnjúkur** stellen Sie den Wagen nach dem steilen Anstieg oberhalb des Kraftwerks links ab auf den geräumigen **Parkplatz** (WC, Imbissbude - **GPS** N65 42 47.8 W16 46 27.2) und schnüren die Wanderstiefel. Es ist keine große Höhendifferenz zu überwinden, auch ist der Weg nicht schwierig, zumindest bis zur knapp 20 Minuten Gehzeit entfernten Aussichtsplattform.

Foto: Katja Hünerfeld

ROUTE 2

Sie können die Route erweitern, unter anderem Richtung Reykjahlíð. An der Abzweigung gehe ich weiter Richtung Vulkanspalte. Sie passieren blubbernde und fauchende Solfataren (20 Minuten), aber auch farbenfrohe Ablagerungen - ein Zeichen, dass dieser Vulkan noch sehr nahe an seiner aktiven Phase ist.

Wenn das junge Lavafeld erreicht ist, können Sie sich vorstellen, wie sich die Lava glühend über ältere Schichten und zugleich über unberührte, vom Frost buckelig gewordene Wiesen ergossen hatte. Es geht nun durch die Eruptionsspalte der letzen Ausbrüche (es wird schon nicht gerade ein neuer Ausbruch kommen) und am Westhang zu einem schönen Aussichtspunkt, von dem gut zu sehen ist, wie die neue, schwarze Lava die ältere und auch sattgrüne Wiesen überzogen hat. Der Pfad führt links am Lavafeld abwärts. Am Ende der Lavazunge folgt eine Abzweigung des Wegs nach Reykjahlíð. Hier hätten wir vor einigen Jahren unsere Tour gerne um die Besteigung des markanten **Hlíðarfjall** ergänzt - und wurden sage und schreibe von einem Gewitter überrascht (etwas Seltenes in Island!). Die Gipfelwanderung wäre keine gute Idee gewesen, weshalb wir kurz unter dem Gipfel abbrechen mussten.

Foto: Katja Hünerfeld

Blick vom Kratersee Viti über den Leirhnjúkur zum Hlíðarfjall

Wandern zum Kratersee Víti

Eine sehr schöne Entschädigung ist die Wanderung zum und um den **Kratersee Víti**, den ich um eine zusätzliche Runde um ein Solfatarenfeld ergänzt hatte - trotz Regen und mehrerer Rutscheinlagen. Doch konnte ich diese Tour mit meiner Familie schon früher bei Sonnenschein machen, was das Foto eindrücklich belegt. Man kann vom gleichen Wanderparkplatz aus losgehen, oder man stellt das Wohnmobil auf den **Wanderparkplatz Krafla** (**GPS** N65 43 04.1 W16 45 27.1). Die Runde um den Krater ist einfach, wenn auch etwas Trittsicherheit nötig ist (man könnte abrutschen, weil der vulkanische, festgebackene Untergrund kaum Halt gibt, ganz besonders bei Nässe). Gehzeit etwa 45 Minuten, mit dem Solfatarenfeld 1 Std.).

Herrliche Sicht vom Kraterrand

Nun führt mein Routenvorschlag nach eindrucksvollen Wandertouren am Tor zur Hölle auf gleicher Strecke zurück zum Mývatn. Auch jetzt wäre natürlich ein Entspannungsbad im Mývatn Nature Bath nicht zu verachten.

Kurz vor Reykjahlíð folge ich dem Schild auf das mittlerweile geteerte Sträßchen zur altbekannten Badestelle **Grótagjá**. Doch Vorsicht! Die Höhle soll gesperrt werden - Baden verboten. Wer es dennoch tut, begibt sich in erhebliche Gefahr. Es besteht Einsturzgefahr. Erdbeben und vor allem stark schwankende Wassertemperaturen bergen ein nicht kalkulierbares Risiko, welches die Grundeigentümer nicht mehr tragen können und möchten, wie mir von der Wirtin des Kuhstall-Cafés mitgeteilt wurde. Sie ist Miteigentümerin des Landes hier. Schade, hat man nun doch extra die Zufahrtsstraße zur mit warmem Wasser gefüllten Lavahöhle asphaltiert. Ein vorsichtiger Blick (nicht hineinklettern, schon gar nicht baden!) kann aber kaum schaden. Das bedeutet: Gesperrt wird nicht mit Stacheldraht und Zäunen, sondern mit einem Appell an die Vernunft und einem Verbotszeichen, auf das die Gäste hoffentlich achten...

Es kommt aber auch ohne dies noch einiges Interessantes auf Sie zu, eigentlich noch viel dramatischer, nämlich die „düsteren Burgen" **Dimmuborgir** und die Besteigung des **Hverfjall**.

Wandern in den Dimmuborgir und zum Hverfjall

Die bizarren, fantasievollen Lavaformationen erreichen Sie, wenn Sie von Vogar aus ein Stück nach Süden fahren. Der Parkplatz ist links gut ausgeschildert. Also Blinker gesetzt, links ab und ausgestiegen! Gute Wanderschuhe sind angeraten und los gehts! Es gibt mehrere Routen zur Auswahl. Es ist für jeden Anspruch etwas dabei, vom Spaziergang bis zu schwierigeren Wanderung. Bei den **Dimmuborgir** sind mehrere Rundwanderungen markiert (Holzpflöcke unterschiedlicher Farben) und an der Infotafel beschrieben. Ein Weg führt zum **Borgarskora-Tunnel** (0,5 km), zur von fantastischen Lavaformationen umgebenen Wiese **Gatklettur** (1 km) oder über die **Kirchenroute** (Kirkjuhringur, 2,4 km). Die hellblau markierte Route erfordert Trittsicherheit, da ein paar Steige zu meistern sind. Dafür werden Sie mit besonders eindrücklichen Lavatürmen entlohnt.
Als Höhepunkt erwartet Sie das **Lavator Kirkjan**, das anmutet wie eine gotische Kirchentür.

Wenn Ihnen das noch nicht genug ist, können Sie von Gatklettur zum **Explosionskrater Hverfjall** wandern. Das Foto auf der vorigen Seite zeigt die Dimmuborgir mit Hverfjall im Hintergrund. Dort geht es ein Stück um den Krater herum und auf gleichem Weg wieder zurück. Weitere Alternativen sind eine Tour vom Hverfjall ins Gebiet **Hverfellssandur** zur **Kraterreihe Lúdentsborgir**. Von dort stammt übrigens die ganze Lava, die zur Entstehung des Mývatn beitrug.

In die andere Richtung führt ein Weg zur **Lavahöhle Grótagjá** und von dort weiter nach **Reykjahlíð** und zurück. Diese Route bietet sich an, wenn Sie den Wagen auf einem der Campingplätze stehen lassen möchten (natürlich mückensicher verschlossen...).

Die Tourist Information oder die Campingplätze sind behilflich bei der Auswahl der Route und halten auch Kartenmaterial bereit.

Foto: Katja Hünerfeld

Auf der Wanderung durch die Dimmuborgir - hinten der Krater Hverfjall

ROUTE 2

Auch der Rother Wanderführer beschreibt mehrere dieser Touren ausführlich, sodass ich mich auf die oben erwähnten Angaben beschränke und den gewonnenen Platz für ein paar schöne Bilder als Anreiz für Ihre Wandererlebnisse reservieren kann.

Spaziergang Höfði

Kurz nach dem Parkplatz Dimmuborgir ist der **Wanderparkplatz Höfði** ausgeschildert, dieses Mal auf der rechten Seite. Hier können Sie eher einen Spaziergang durch den verwunschen wirkenden Wald machen. Immer wieder eröffnen sich herrliche Ausblicke auf den See und bizarre Lavatürme. Der Rundweg ist - je nach Fotopausen - etwa 20-30 Minuten lang (WC am Parkplatz).

Auf der Weiterfahrt auf der südlichen Route um den See, gelangt man über die Landbrücke zwischen Mývatn und Grænavatn nach **Skútustaðir**, wo man erneut einen eindrucksvollen Spaziergang machen kann..Vom Wandern möchte ich kaum sprechen. Mehr Zeit dürfte fürs Fotografieren draufgehen, wenn Sie zwischen den Pseudokratern stehen. Auch hier die Bitte: Halten Sie sich an die abgesteckten Wege. Die Fotos werden auch so eindrucksvoll!

ENTSTEHUNG DER PSEUDOKRATER

Eins ist jedenfalls sicher - aus den Kratern sind niemals Lavamassen ausgeworfen worden. Vielmehr hatte sich der gewaltige, glühende Gesteinsstrom der Lúdentspalte über das sumpfige Land ergossen. Klar, dass das Wasser zwangsläufig zum Kochen und Verdampfen kommen musste. Und wenn die Dampfblasen und der Druck groß genug waren, wurde die Lavadecke aufgesprengt. Hierdurch erkaltete und erstarrte die Lava an diesen Stellen. Stehen blieben die Pseudokrater.

Die Runde um den See kann man auf der Ringstraße wieder bis Reykjahlíð schließen. In diesem Fall sei auf den Aussichtsberg **Vindbelgjarfjall** (529 m) hingewiesen. Vom Parkplatz aus ist es eine schweißtreibende Tour. Da meine Beine „genug" melden, darf ich auf den Rother Wanderführer verweisen, der die Route näher beschreibt. Dazu wünsche ich schönes Wanderwetter mit nicht gar so vielen Mücken, damit die Aussicht auch ein Genuss wird.

Mit dem **Goðafoss** steht ein weiterer Höhepunkt dieser Route bevor. Die Ringstraße führt nach **Laugar**, einem schmucklosen Ort mit Campingplatz und Schwimmbad. Aber mich reizt das weniger und ich sause weiter. Bald steigt die Straße an. Die Einmündung der 745 mit der Ausschilderung „Grænjaðarstaður" folgt bald.

Dann wendet sich die Fahrtrichtung und man überquert den Höhenzug **Fljótsheiði** in südwestlicher Richtung. Der **Goðafoss** zeigt sich bald ein erstes Mal. Die Parkplätze sind voll von Autos, Bussen und auch ein paar Wohnmobilen. Dies zeigt, dass der Wasserfall eine der Hauptattraktionen Islands ist, auch eine der am häufigsten fotografierten. Zwar übernachten immer wieder Wohnmobilisten auf dem Parkplatz auf der Insel, besonders außerhalb der Öffnungszeiten des Campingplatzes. Doch ziehe ich diesen vor, denn diese Seite des Wasserfalls ist weniger von Touristen frequentiert. Zudem bietet das Restaurant schmackhafte Kuchen und Gerichte aus der isländischen Küche.

WARUM GOÐAFOSS?

Der „Wasserfall der Götter" ist mit 12 m Fallhöhe und markanten Basaltblöcken in der Mitte einer der schönsten Wasserfälle auf der Insel. Für die Isländer hat er auch seine geschichtliche Bedeutung. Der Gode und Gesetzessprecher Þorgeir Ljósvetningagoði hatte im Zuge der Christianisierung des Landes um das Jahr 1000 alle heidnischen Götterbilder seines Landes in die Fluten geworfen. Eine Gedenktafel auf der Insel zwischen den Flussarmen erinnert an dieses Ereignis.

GOÐAFOSS - FOSSHOLL

Stellplatzart: .... Campingplatz und Restaurant
GPS: N65 41 09.1 W17 32 20.9
Adresse: .... An der Ringstraße
Tel.: .... +354 464 3108
mailto: .... fossholl@godafoss.is
Homepage: .... www.godafoss.is
Zufahrtinfo: Vom Mývatn über die Ringstraße kommend nach Überquerung des Höhenrückens Fljótsheiði in der Talsohle nicht zu übersehen.
Kurzbeschreibung: Wiese hinter dem Restaurant, zur Straße abgeschirmt durch das WC-Gebäude und das Restaurant (7^{00}-21^{00} h). Einkehr im Restaurant (Frühstück möglich), Ver-/Entsorgung, Stromanschluss auf Anfrage. **Preis 2016:** ISK 1.500 p. P./N., Strom ISK 500,00. Tankstelle mit Schnellimbiss nebenan. **Öffnungszeit:** Mitte Mai-Mitte Sept.

Foto: Katja Hünerfeld

Der Goðafoss - attraktiv auch aus einer eher ungewohnten Perspektive

ROUTE 2

4x4 AUSFLUG AUF DER 843/842 UND F26/F821 LAUGAFELL

Vom Goðafoss kann man zu einem Ausflug von etwa 50 km (gut befahrbare Schotterpiste) zum sehenswerten **Aldeyjarfoss** starten. Bis dort kann die Piste mit nicht geländegängigen Fahrzeugen passabel bewältigt werden. Dann allerdings ist ohne Allrad die Rückfahrt zur Ringstraße angesagt, denn kurz vor dem Aldeyjarfoss, beim Hof Mýri, beginnt die F26 (Sprengisandur). Wenn Sie also ein Mietwohnmobil haben, sollten Sie sich erkundigen, ob die Fahrt zum Wasserfall in den Mietbedingungen eingeschlossen ist.

Dies und ein einigermaßen robustes, hochbeiniges Fahrzeug vorausgesetzt, starte ich beim Goðafoss auf der 843, die nach 24 km die Talseite wechselt. Es folgen weitere 15 km zum Hof Mýri und danach ein kurzer, etwa 4 km langer, steiler und ruppiger Anstieg, bis die Zufahrt zum Aldeyjarfoss links ausgeschildert ist. Notfalls lassen Sie das Fahrzeug beim Hof Mýri stehen und schnüren die Wanderstiefel. Ob zu Fuß oder mit dem Wohnmobil: Das Viehgatter, das die Straße versperrt, ist nach dem Passieren wieder zu schließen! Sie werden bemerken, dass das Bild der Landschaft seinen Charakter mit jedem Meter Anstieg verändert. Aus dem satten Grün des Weidelandes wird der typische Hochlandcharakter mit graubraunen Schotterwüsten.

P Am **Parkplatz Aldeyjarfoss** angekommen (**GPS** N65 21 51.2 W17 20 27.7, WC am Parkplatz) schließt sich eine kleine Wanderung an, um den Wasserfall in seiner beeindruckenden Schönheit zu bewundern. Der Fußweg ist gut 15 Minuten lang, wobei Trittsicherheit erforderlich ist (Absturzgefahr!). Bevor man den Wasserfall sieht, erblickt man auf der anderen Talseite beeindruckende Basaltsäulen. Eine ist abgerutscht und lehnt wie ein Bleistift an der Felswand. An der Abbruchkante wird der Blick zur graubraun zu Tal tosenden Wassermasse des Skjálfandafljót frei - beeindruckend und fesselnd zugleich. Unsere damals 7-jährige Tochter hatte es so beschrieben: „Der Wasserfall kommt um die Kurve, als wenn er keine Zeit hätte". Schöner, als aus dem Kindermund, kann man es eigentlich kaum beschreiben. Sie können noch ein gutes Stück um den Kessel des Wasserfalls herumwandern, um ihn aus einer anderen Perspektive zu sehen.

Foto: Katja Hünerfeld

Am Aldeyjarfoss

WEITERFAHRT ÜBER DIE F26/F821 LAUGAFELL

Die Weiterfahrt ist dann ausschließlich 4x4-Fahrzeugen mit Geländetauglichkeit vorbehalten. Ich fahre knapp 60 km weiter auf der F26/ Sprengisandur (lose, sandige Passagen und ein paar kleinere Furten!), jedoch nicht um das Hochland nach Süden zu überqueren.

So nehme ich die Abzweigung der F881 rechts ab, die nach 24 km (die letzten 4 km auf der F821) zum **Laugafell** führt. Dort lasse ich es mir im angenehm warmen Hot Pot einfach gut gehen und kann mich von der Anstrengung der Hochlandpiste bestens erholen).Die Nacht verbringe ich auf dem zugehörigen **Campingplatz Laugafell (GPS** N65 01 38.0 W18 19 57.4, Du/WC, Gebühr ISK 1.800) und fahre anderntags über die F821 Richtung Akureyri, was sich gut mit den Ausflugstipps im Eyjarfjarðardalur verbinden lässt - siehe Hinweise dort).

Foto: Katja Hünerfeld

Badespaß im Hot-Pot in Laugafell

Variante: Alternativ können Sie, vor allem, wenn Sie von Süden über die Sprengisandur anreisen, auf der F26 18 km weiterfahren bis zur Abzweigung der F752, die dann über Laugafell weiter bis nach Varmahlíð führt.

HOCHLANDÜBERQUERUNG SPRENGISANDUR

Als Verbindung zur Südseite der Insel aus Feuer und Eis, gespickt mit einer Reihe von Furten und teils ruppigen Passagen dient die Hochlandpiste Sprengisandur (F26). Vom Aldeyjarfoss sind etwa 92 km in südlicher Richtung zu fahren, bis die **Hochlandhütte/Campingplatz Nydalur (GPS** N64 44 13.6 W18 04 19.8) erreicht ist (hier die größte Furt - siehe Foto). Noch einmal 110 km liegen vor Ihnen, wenn Sie - streckenweise mit Blick auf imposante Gletscherkappen von Vatnajökull und Hofsjökull - von dort zum Gästehaus/Tankstelle Hrauneyjar gelangen möchten.

Die Furt kurz vor dem Campingplatz Nydalur im Nationalpark

ROUTE 2

Island - Norden

Als zweiter Abschnitt in Island steht uns der Norden Islands bevor, der eine ähnlich kontrastreiche Landschaft aufweist, wie zuvor. Hier erwarten Sie deutlich lebhaftere und größere Ortschaften, allen voran Akureyri, besonders tief ins Land reichende Fjorde und ein abwechslungsreiches Naturschauspiel.

Es sind weniger Phänomene des aktiven Vulkanismus, welche in Küstennähe die Aufmerksamkeit auf sich ziehen. Vielmehr erwartet uns eine imposante Tierwelt im Wasser und an Land.

Es gilt, landschaftliche Besonderheiten zu entdecken, darunter faszinierende Basaltformationen an den Küsten des tief eingeschnittenen Eyjafjörður, auf der Halbinsel Vatnsnes und auch im Landesinneren. Ein weiteres Mal besteht die Gelegenheit zu ausgiebigen Whale Watching Touren und sogar zu einer Brauereibesichtigung.

Und für 4x4-Piloten, ja teils selbst mit robusten 2x4-Fahrzeugen, bieten sich auch hier im Norden schöne Abstecher ins Hochland an, um dort ausgiebig die Faszination der Insel aus Feuer und Eis zu genießen.

Faszinierend: Buckelwale beim Whale Watching im Eyjafjörður/Hauganes

Höhepunkte der Route durch den Norden Islands

1 HAUPTSTADT DES NORDENS: AKUREYRI

Besuchen und genießen Sie die geschäftige Kleinstadt, die sich mehr und mehr international ausrichtet, nicht zuletzt des wichtigen Hafens wegen (Seite 134).

2 EYJAFJÖRÐUR - DER LÄNGSTE FJORD ISLANDS

Weit reicht die tief eingeschnittene Meereszunge ins Land, gesäumt von einer herrlichen Bergwelt. Hier gibt es viel zu entdecken - geschichtlich, kulturell und architektonisch wie auch beim Whale Watching (Seite 145).

3 DIE HERINGSSTADT SIGJLUFJÖRÐUR

Einst bestritt man hier mit Heringsfang und -verarbeitung einen wesentlichen Teil des Exports Islands. Geblieben ist ein außergewöhnlich schönes Museum. Und die Heringe sind auch wieder zurück (Seite 151).

4 HOCHLANDAUSFLUG: DIE KJÖLUR-ROUTE

Nicht einmal mehr zwingend mit einem 4x4-Fahrzeug erreichen Sie mit Hveravellir ein besonderes Hochtemperaturgebiet. Unweit davon hat die Gletscherschmelze im Kerlingarfjöll bunte Berge freigegeben (Seite 162).

5 UM DIE HALBINSEL VATNSNES

Entlang der Küste der Halbinsel oder von Hvammstangi aus auf einer Beobachtungsfahrt können Sie zahlreich Robben beobachten. Faszinierende Felsformationen erwarten Sie unterwegs obendrein (Seite 166).

1 Hauptstadt des Nordens: Akureyri

Vom Goðafoss ist es nicht weit bis **Akureyri**. An der Ringstraße gelangt man an den **Ljósavatn**. Der **Picknickplatz** (**GPS** N65 42 19.1 W17 39 53.4) eignet sich prima für eine Vesperpause, bevor die Fahrt über die Passhöhe des Ljósavatnsfjall in Angriff genommen wird. Wenn die Talsenke der **Fjnóská** erreicht ist, liegen links ein Schwimmbad, eine Schule und ein Gästehaus. Diese ignoriere ich und nehme anstatt der Ringstraße die landschaftlich reizvolle Route durch das **Dalsmýnni**. Zwar knirscht Schotter unter den Reifen. Doch die Straße ist gut im Schuss und zügig befahrbar. Wer das nicht mag, überquert auf der Ringstraße die **Vaðlaheiði** und biegt jenseits der Passhöhe rechts Richtung Grenivík ab.

Die im Dalsmýnni vorbeiziehende Landschaft ist grün, die Bergkuppen jedoch häufig noch lange mit Schneeresten bedeckt. Nach 15 km knickt das Tal nach Westen ab. Der Grund ist eine Endmoränenablagerung aus der Eiszeit, welche dem Fluss den Weg versperrte. So suchte sich der Fluss den Weg durchs weiche Gestein Richtung **Eyjafjörður** und hat ein markantes, enges, später schluchtartiges Tal eingeschnitten.

Noch einmal 12 km liegen vor mir, bis die 83 erreicht ist. **Grenivík** lasse ich rechts liegen und entscheide mich zum Besuch im **Torfhof Laufás**, einem sehenswerten Museum, in dem es viel zur Regionalgeschichte zu entdecken gilt. Die zugehörige Kirche ist besonders sehenswert. Ein Café nebst Souvenirshop liegen nebenan. Nicht nur der übliche Touristen-Nippes, sondern auch schöne, isländische Handarbeiten sind im Angebot.

Der schmucke Torfhof Laufás am Eyjafjörður

Wenn Sie sich für den Besuch im Museumshof etwas Zeit nehmen möchten, finden Sie drei Parkplätze, die zum Verweilen geradezu einladen. Der erste Platz liegt, vom Dalsmýnni kommend, gleich nach der Abzweigung neben der 83 (**GPS** N65 53 55.4 W18 03 58.6, Picknickbank und Infotafel). Dieser Platz bietet die Gelegenheit für eine ausgiebige Pause mit Aussicht auf den hier breiten Eyjafjörður und die umliegenden, hohen Berge.

Auch direkt beim **Museumshof** finden Sie einen großen Parkplatz vor (**GPS** N65 53 39.6 W18 04 18.0). Dieser ist tagsüber allerdings stark frequentiert. Und damit gleich gar keine Missverständnisse aufkommen, steht am Parkplatz ein Schild, welches das Übernachten auf dem Parkplatz verbietet.

Die dritte, ruhige Parkmöglichkeit findet sich etwa 1,5 km Richtung Akureyri oberhalb der Asphaltstraße auf einem Stück der alten Trasse (**GPS** N65 52 33.4 W18 04 33.7). Die Aussicht über den Fjord von der erhöhten Position ist besonders schön. Man kann prima die Fracht- und Kreuzfahrtschiffe beobachten. Und vielleicht haben Sie auch das Glück, wie ich bei der letzten Recherche, als ich mit dem Fernglas Walbeobachtungsboote aus Akureyri und Hauganes entdeckte - und Wale obendrein. Natürlich ist das kein Vergleich mit der Teilnahme an einer solchen Tour. Eine nette Überraschung ist es aber allemal.

DER TORFHOF LAUFÁS

Laufás ist ein alter Siedlungsplatz. Der ehemals reiche Pfarrhof ist im typischen Baustil errichtet worden. Die Gebäude sind in einem außerordentlich guten, ansehnlichen Zustand. Bis 1936 war die Pfarrei von Þórvaldur Þórmar bewohnt. Als dieser ein neues Haus bezog, wurde nach wie vor eine Landwirtschaft mit Viehhaltung, Ackerbau und Eiderentenzucht betrieben. Davon zeugt die geschnitzte Eiderente am Giebel des mittleren Gebäudes. Inzwischen ist aus dem Hof ein umfangreiches, mit Ausstellungsstücken aus dem Umland ergänztes Heimatmuseum geworden. Man erhält einen guten Eindruck vom Leben am Ende des 19. Jahrhunderts, so beispielsweise vom Bauernhofspiel der Kinder - gefertigt aus Tierknochen (Bild). Die 1856 erbaute Kirche zeigt neben dem schmucken Altar eine reich verzierte Kanzel. Beachtenswert ist das moderne Taufbecken unter der himmelblauen Decke. **Öffnungszeiten/Info:** Juni-August täglich 9⁰⁰-17⁰⁰ h. Wer den Hof außerhalb der Saison besichtigen möchte, ruft vorher an unter Tel. +354 463 3196. www.minjasafnid.is.

AKUREYRI - CITY-CAMPING

Stellplatzart: .... Campingplatz
GPS: N65 40 42.6 W18 06 02.5
Adresse: .... 600 Akureyri, Þingvallastræti
Tel.: .... (+354) 462 3379
mailto: .... hamrar@hamrar.is
Homepage: .... www.hamrar.is
Zufahrtinfo: Im Zentrum durch die Kaupvangstræti in die Þingvallastræti.
Kurzbeschreibung: Rasengelände mit wenig Charme - typischer Stadtcampingplatz, für den die zentrale Lage spricht (Nähe zum Schwimmbad, Supermarkt und Innenstadt). Durchgangsplatz, entsprechend beanspruchte Sanitärausstattung und etwas unruhig. **Preis 2016:** ISK 1.300 p. P./N, ab 2. Nacht ISK 1.100 (zzgl. ISK 100 Übernachtungssteuer). Ver-/ Entsorgung (Ausguss für Kassetten-Toilette).
Öffnungszeiten: Mitte Juni bis Ende August.

AKUREYRI - HAMRAR

Stellplatzart: .... Campingplatz
GPS: N65 38 53.9 W18 06 09.7
Adresse: .... 600 Akureyri, Hamrar
Tel.: .... +354 461 2264
mailto: .... hamrar@hamrar.is
Homepage: .... www.hamrar.is
Zufahrtinfo: An der N1 Tankstelle Richtung Eyjafjarðardalur fahren (Straße 821). Nach dem Flughafen ist der Campingplatz rechts ab ausgeschildert. In weiten Kehren durch das Waldgebiet Kjarnaskógur bergwärts.
Kurzbeschreibung: Weitläufiges Wiesengelände nahe dem Forstgebiet Kjarnaskógur. Gut ausgestattet, ruhig gelegen. **Preis 2016:** ISK 1.300 p. P./N., < 17J frei, WiFi, Waschmaschine/Trockner gegen Zusatzgebühr. Strom ISK 800. Ver-/Entsorgungsstation (kein Bodenablauf).
Öffnungszeit: Ganzjährig, Rezeption besetzt Mitte Mai- Mitte Oktober, sonst telefonisch erreichbar unter (+354) 843 0002.

AKUREYRI - LÓNSÁ

Stellplatzart: .... Campingplatz
GPS: N65 42 07.3 W18 09 08.8
Adresse: .... 601 Akureyri, Birkihlið
Tel.: .... +354 462 5073
mailto: .... lonsa@simnet.is
Homepage: .... www.lonsa.is
Zufahrtinfo: Auf der Ringstraße Richtung Reykjavík halten. In Höhe der großen Supermärkte zur Linken zum letzten Kreisel, dann links ab.
Kurzbeschreibung: Wiesengelände mit Stromanschluss, Du/WC, Anmeldung im Gästehaus Lónsá 8^{00}-11^{00} h und 15^{00}-23^{00} h. Etwas Verkehrslärm von der nahen Ringstraße. **Preis 2016:** ISK 1.200 p. P./N., Strom ISK 500, Frühstück möglich. Noch **keine** Campingtoilettenentsorgung.
Sonstiges: Nahe Einkaufsmöglichkeiten (verschiedene Supermärkte). Etwa 3 km vom Zentrum entfernt.
Öffnungszeit: Mai bis Sept.

Nun chauffiere ich das Wohnmobil auf der 83 zur Ringstraße und bin bald auf dem Damm und der Brücke zur Hauptstadt des Nordens. Gleich dort sei auf die große Tankstelle hingewiesen, die Sie nicht nur mit Sprit und den üblichen, amerikanisch angehauchten Fast Food Angeboten versorgt. Vielmehr gibt es am Rand des Autowaschplatzes eine **Entsorgungsstelle** für Ihr Abwasser und die Camping-Toilette (**GPS** N65 40 11.0 W18 04 53.1). Da Akureyri ein vielseitiges Angebot für Touristen hat, möchte ich die Stellplatztipps gerne empfehlen. In Akureyri gibt es den zentral gelegenen Campingplatz (eher zweckmäßig als gemütlich) und den landschaftlich sehr schönen, aber ein Stück außerhalb liegenden Platz Hamrar (gleicher Besitzer) sowie einen neuen Platz an der Ringstraße (Lónsá).

DIE AKUREYRARKIRKJÁ

Dem Baumeister Guðjón Samúelsen ist es mit seiner eigenwilligen, markanten Architektur gelungen, die Brücke zwischen dem Glauben und der rauen isländischen Natur zu schlagen. Die nach oben strebenden Säulen sind in zweierlei Hinsicht aussagekräftig. Einerseits erinnern sie an die häufig in Island zu sehenden Basaltsäulen, und das Streben zum Himmel spricht ebenso für sich. Die helle Farbe steht für den Schnee und das Eis, das schlichte Innere des Gotteshauses passt zur Kargheit des Hochlandes.

Ähnlich, jedoch um ein paar Nummern größer, hat Samúelsen die Hallgrímskirkjá und die katholische Kathedrale in Reykjavík gestaltet.

Hier in Akureyri allerdings wurde eine Besonderheit in das Gotteshaus integriert: Das mittlere Fenster im Chorraum stammt aus der Kathedrale von Coventry in England. Es war ein Zeichen des Dankes der Briten, dass sie ihre Kunst- und Kulturgüter in Island sicher vor deutschen Bomben und Raketen aufbewahren konnten. Die Fenster der Seitenschiffe stellen Szenen aus dem Leben Jesu und aus der Geschichte Islands dar.

Die sehenswerte Akureyrarkirkjá.

Besonders schön sind die große, wertvolle Orgel und der interessante Taufstein, dessen Vorbild in der Marienkirche in Kopenhagen steht.

Die Kirche hat eine gute Akustik. So finden im Juli sonntags um 17⁰⁰ h Konzerte statt. Sommeröffnungszeit für Besucher ansonsten (natürlich außerhalb der Gottesdienste) jeweils von 10⁰⁰-12⁰⁰ h und 14⁰⁰-16⁰⁰ h.

EIN BLICK IN DIE GESCHICHTE VON AKUREYRI.

Die Stadt wurde im 17. Jahrhundert von dänischen Kaufleuten gegründet. Damals gab es nur wenige Häuser. Nach und nach ließen sich immer mehr Erwerbstätige (Fischer und Handwerker) nieder und gründeten die Siedlung Oddeyri. Bis heute kann man den Unterschied zwischen den Vierteln der Kaufleute und der Gewerbetreibenden bemerken. Wie eine Provinzposse mutet es an, dass die Schule in der Mitte der Stadt gebaut wurde - damit keiner in den Teil „der anderen“ gehen musste.

Der Wirtschaftsaufschwung kam im 19. Jahrhundert mit der Gründung der Handelsgenossenschaft KEA (Kaupfelag Eyriðinga Akureyrar), die ihre Güter in ganz Island vertreibt. Natürlich spielen Fischfang und -verarbeitung eine große Rolle, wobei heutzutage auch moderne Technologien von Bedeutung sind, zumal es eine Hochschule gibt. Auch der Tourismus erhält eine immer größere Bedeutung. Da ist man nicht nur über die Gäste der Kreuzfahrtschiffe froh. Hotels und die Campingplätze zeigen, dass man alle Gruppen von Touristen ansprechen möchte.

Die geschäftige Hafnarstræti

Kultur- und Kongresszentrum Hof

Das Haus, in dem Jón Svensson lebte und arbeitete - und Nonni und Manni schrieb

In der Stadt stelle ich fest, dass sich in den letzten Jahren baulich, der weitgehend überwundenen Finanzkrise zum Trotz, doch einiges getan hat. War noch bei der letzten Recherche die Tourist Information im Busbahnhof zu finden, ist sie jetzt ins graubraune **Kongresszentrum Hof** am Hafen umgezogen (Akureyrarstofa, Menningarhúsinu Hofi, 600 Akureyri, Tel. +354 450 1050, mailto:akureyrarstofa@akureyri.is). Der Rundbau, der für eine Stadt dieser Größe erstaunlich groß dimensioniert erscheint, zieht die Blicke auf sich - sofern nicht ein großes Kreuzfahrtschiff im Hafen die Schau stiehlt. Die Kreuzfahrt-Touristen ergießen sich dann in Scharen mit Bussen auf die Landausflüge und in die Fußgängerzone, wo man die Besichtigung des Städtchens in Angriff nimmt.

Sehenswertes in Akureyri

Wie immer, wenn ich hier bin, parke ich den Wagen auf dem **Parkplatz beim Busbahnhof an der Hafnarstræti** (**GPS** N65 40 43.4 W18 05 20.2) und kann die Stadt bequem zu Fuß erreichen. Akureyri nennt sich, nicht zu Unrecht, Hauptstadt des Nordens. In der Tat gewinnt man den Eindruck einer richtigen, wenn auch sehr kleinen Metropole. Es fehlt eigentlich an nichts, was in anderen Ländern eine Großstadt ausmachen würde: Hafen, Flughafen, Einkaufsmöglichkeiten aller Art, eine Fußgängerzone (die man allerdings in wenigen Minuten durchschritten hat) und eine markante, alles überragende Kirche. Neugierig? Dann rein ins Getümmel! Gemütlich und doch lebhaft geht es in der kleinen, aber feinen Fußgängerzone zu. Die farbenfrohen Häuser mit einem bunten Angebot (nicht nur für Touristen) geben einen schönen Rahmen ab. Hier lässt es sich bei gutem Wetter gemütlich auf den Terrassen der Cafés sitzen oder durch die Gassen flanieren.

Über die Kaupvangstræti gelangt man hinauf zur 1940 eingeweihten **Akureyrarkirkjá** - ein Muss für den Besuch in der Stadt. Vom Vorplatz der Kirche hat man einen sehr schönen Überblick über die Stadt und den Hafen. Geht man den Eyrarlandsvegur hinter dem Gebäude hinauf, gelangt man zunächst zum Denkmal „Der Geächtete" von Einar Jónsson und zur benachbarten katholischen Kirche St. Josef, einem sehr schönen Holzkirchlein.

Dort gegenüber zweigt man ab zum **Botanischen Garten**, der bei keinem Akureyri-Besuch fehlen sollte. Nehmen Sie sich die Zeit für einen gemütlichen Bummel durch die Blütenpracht und den Baumbestand. **Öffnungszeit** im Sommer werktags 8^{00}-22^{00} h, sonntags wird eine Stunde später geöffnet. Im Park befindet sich ein gemütliches Café, in dem Snacks sowie Kaffee und Kuchen angeboten werden.

Unterhalb des Denkmals am Rand des Gartens führt ein Fußweg in die Aðalstræti und weiter Richtung **Nónnahús** und **Minjasafn** (ausgeschildert), zwei sehenswerten Museen. Das **Nónnahús**, vor dem eine bronzene Skulptur des **Jón Svensson** steht, kümmert sich um das Leben und Wirken des Jesuitenpaters, der seine berühmten Kindheitserzählungen von **Nónni und Manni** hier geschrieben hat.

Das wenige Schritte entfernte **Heimat- und Volkskundemuseum** befasst sich mit der Geschichte und Kultur sowie mit der Religion ab der Landnahme und wechselnden Ausstellungen. Das **Luftfahrtmuseum** ist auch noch zu nennen. Auf dieses komme ich beim Ausflug ins Eyjafjarðardalur zurück. Weiter gibt es in der Kaupvangstræti das **Kunstmuseum** (offen Juni-Sept. Di-So 12^{00}-17^{00} h).

ROUTE 3

Einkehrtipps

Auch in Sachen Gastronomie hat Akureyri ein großes Spektrum zu bieten - weit über Fast-Food-Tempel hinaus. In der Kaupvangstræti erwartet Sie beispielsweise das RUB23 mit einer ansprechenden Speisekarte, die auch und vor allem isländische Küche beinhaltet.

Ähnlich sieht es im Bautinn etwas weiter unterhalb aus, wobei dort leider auch Walfleisch im Angebot ist (Anmerkung siehe Hinweise in den Infos von A-Z). Wer etwas außerhalb einkehren möchte, dafür vergleichsweise günstig und doch gut, geht ins Greiffinn in der Glerargata, das auch bei Einheimischen sehr beliebt ist. Und das deutet bekanntlich auf ein passendes Preis-Leistungs-Verhältnis hin.

Äußerst erfolgreiche Fahrt in Hauganes im Sommer 2016

WHALE WATCHING IM EYJAFJÖRÐUR

Der Eyjafjörður ist ein gutes Ziel für Freunde der Walbeobachtung. Die Strömungsverhältnisse und in den Fjord mündende Flüsse sorgen für nährstoffreiches Wasser. Dass zudem die Fischerei verboten ist, erhöht das Nahrungsangebot. So können sich die Wale hier den Sommer über so richtig Speck anfressen, um gestärkt die Rückreise in die Karibik anzutreten. Häufig sind Delfine, Schweinswale, Zwerg- und Buckelwale, manchmal der eine oder andere Großwal (Blauwal, Pottwal, Finnwal) anzutreffen. Diese sind jedoch vorwiegend am Ausgang des Fjordes ins offene Meer zu entdecken. Zudem lassen sich manchmal Orkas sehen.

Bei der 2013 eröffneten **Whale Watching Firma Ambassador in Akureyri** habe ich die abendliche Fahrt in die Mitternachtssonne um 20^{30} h gebucht - ein traumhaftes Erlebnis. **Info/Fahrplan:** Tel. +354 462 6800, www.ambassador.is. Die Fahrten an Bord der komfortablen **Ambassador** dauern etwa 3-4 Stunden, wobei Wale häufig schon nahe bei Akureyri zu entdecken sind. Wenn es länger dauert - es gibt einen Aufenthaltsraum mit Kaffee und Snacks im geheizten Bauch des Schiffes.

Weiterhin hat sich jüngst auch **Elding**, eine Gesellschaft aus Reykjavík, hier angesiedelt (Ticketbüro tgl. 8^{00}-18^{00} h am Parkplatz neben der Tourist Information, www.elding.is, Tel. +354 519 5000, mailto:elding@elding.is.

Weiter nördlich, in **Hjalteyri**, bietet **North Sailing**, die wir schon aus Húsavík kennen, auf einem stilvollen **Eichenboot Knörrinn** vom Hafen aus in der Zeit von Mitte Mai-Mitte September Whale Watching Touren an. Buchen können Sie unter +354 464 7272 oder online unter www.northsailing.is.

Mit **Whale Watching Hauganes** erwartet der älteste und damit erfahrenste Anbieter Islands seine Gäste seit 1993 mit dem traditionellen, 30 t schweren **Eichenboot Niels Jónsson EA 106.** Zur Saison 2017 wird ein weiteres Eichenboot in Betrieb genommen, die noch etwas größere **Gunnar Hámundarsson GK 357.** Der erfahrene Anbieter verweist auf sehr hohe Sichtungsquoten, oft auf 100 %. Die Touren werden von Mai bis September angeboten. Auch Hochseeangeln gehört zu den Touren, ebenso Fahrten zur Mitternachtssonne und zum Tauchen. **Info/Fahrplan:** Tel. +354 867 0000, mailto:niels@niels.is, www.whales.is (Bild unten).

Auch in **Dalvík** können Sie - auf Anfrage ganzjährig und mit sehr hoher Sichtungsquote, direkt am Hafen buchen. Auch hier stechen Sie im **traditionellen Fischerboot** in See. Während der Tour wird die Angelrute ausgeworfen. Was am Haken ist, wird im Anschluss der Tour gegrillt. Im Angebot sind 4 Fahrten täglich im Sommer zwischen 9^{00} und 23^{00} h (zur Mitternachtssonne). **Info /Fahrplan:** Tel. +354 771 7600, mailto:book@arcticseatours.is, www.ArcticSeaTours.is.

Welcher der Abfahrtshäfen und Anbieter Ihnen fürs Whale Watching am meisten zusagt, mag Ihre Fahrtroute entscheiden. Wenn Sie von Akureyri über die **Öxnaheiði** sausen, liegt Akureyri nahe.

Folgen Sie mir jedoch, wenn Sie etwas Zeit übrig haben, auf den Abstecher um die **Halbinsel Tröllaskági**. Dort können Sie - je nach Tageszeit und Wetter - einen der Anbieter auswählen. Alle geben sich größte Mühe, Sie nicht nur mit Walsichtungen, sondern auch mit warmen Getränken, kleinen Snacks oder Kuchen , teils sogar mit Hochseeangeln mit anschließendem Grillen oder einem Restaurant zu versorgen. Denken Sie an warme Kleidung, auch wenn Overalls an Bord ausgegeben werden. Doch darauf kommen wir später zurück. Zunächst nehme ich Sie auf einen Ausflug ins Eyjafjarðardalur mit.

Abstecher ins Eyjafjarðardalur

Bevor ich Akureyri in nordwestlicher Richtung verlasse, möchte ich das **Eyjarfjarðardalur** erkunden, was Sie auch mit einem Ausflug ins Hochland verbinden können, wenn Sie Allradantrieb haben. Hier deshalb die Stellplatzvorschläge für Ihren Aufenthalt, wenn Sie dort eine Nacht hier verbringen möchten.

Zunächst führt die Reise zurück zur N1-Tankstelle, von wo man die Landebahn des Flughafens von Akureyri sieht. Wenn da nur mal keiner der Piloten einen Fehler macht. Diese sehen das sicher gelassener, wovon ich mich beim Flugtag 2013 überzeugen konnte. Die Start- und Landebahn ist länger, als es einem vorkommt. Da ich schon mal da bin, kann ich den Blinker setzen und zum **Luftfahrtmuseum** fahren (**GPS** N65 39 05.5 W18 04 34.3). Zwar ist es keine allzu große Ausstellung, aber es steht doch die eine oder andere interessante und geschichtsträchtige Maschine in der großen Halle. Dominiert wird der Bestand an Luftfahrzeugen von

EYJAFJARÐARSVEIT - TJALDSVÆÐI

Stellplatzart: Campingplatz
GPS: N65 34 24.5 W18 05 26.5
Adresse: 601 Eyjarfjarðarsveit, Hrafnargil
Tel.: +354 464 8144
mailto: esveit@esveit.is
Homepage: www.esveit.is
Zufahrtinfo: Auf der 821 talaufwärts fahren. Kurz nach dem Weihnachtsgarten in den Ort und dort gleich links ab ausgeschildert.
Kurzbeschreibung: Weitläufiges, durch Heckenreihen abgegrenztes Wiesengelände. Den Stellplatz sucht man selbst aus. WC/Dusche im Schul-/Schwimmbadgebäude, Geschirrwaschplatz auf dem Platz, Ver-/Entsorgungseinrichtung. WiFi-Zone gegen Gebühr auf dem gesamten Gelände. Benachbartes, schönes Schwimmbad mit Hotpot (ca. 38° C) und 25-Meter-Becken (ca. 30° C). **Preis 2016**: ISK 1.200 p. P./N., < 15 J. frei, Pool ISK 600, Pensionäre ISK 150. **Öffnungszeit:** Ca. Juni bis August.
Sonstiges: Nur ein kleines Stück talaufwärts, lädt ein kleines Forstgebiet nebst Picknickplatz zum Verweilen (**GPS** N65 33 37.2 W18 06 23.5).

einer viermotorigen Fokker F27-200, die der staatlichen Fluggesellschaft Iceland Air lange als Multifunktionsmaschine gedient hatte. Der Einsatz der Maschinen ist auf den Inlandsflügen auch heute noch gängig: Post, Fracht, Passagiere und Ambulanzflüge werden in einem Aufwasch erledigt. Ein „Rosinenbomber" steht im Freigelände.

Etwa 8 km weiter werden Weihnachtsbräuche im **Jólagarðurinn/Weihnachtsgarten** vorgestellt (**GPS** N65 34 49.2 W18 05 30.5).

JÓLAGARÐURINN (WEIHNACHTSGARTEN

Es duftet weihnachtlich. In allen Ecken des Lebkuchenhauses gibt es Weihnachtssachen aus aller Welt, so aus Deutschland eine typische Weihnachtspyramide aus dem Erzgebirge.

Besonderen Raum nehmen die isländischen Bräuche und Traditionen zu Christi Geburt ein. Besonders wichtig sind die 13 Weihnachtsmänner, deren Eltern Grýla und Leppalúði und die Weihnachtskatze. Diese Figuren entstammen Volkssagen. Sie sollen die Zeit des Wartens aufs Christkind kurzweilig machen, indem sie allerlei Schabernack treiben. Es ist Tradition, dass jede der 13 Figuren in den Wochen vor Weihnachten für eine bestimmte Zeit aufgestellt wird. Diese und der zugehörige Kalender wäre doch sicher auch ein traditionelles isländisches Mitbringsel für die Lieben daheim?

Auch der Garten rund ums Haus ist unterhaltsam gestaltet. Er bietet sich nebst Picknickplatz zum Verweilen an. Im Jahr 2016 errichtet wurde überdies ein neues Gebäude, in dem ein Hofladen eingerichtet wurde. Handarbeiten und skandinavische Spezialitäten (Marmeladen, Säfte etc.) können erstanden werden.

Nicht zuletzt sei der Kinderwunschbrunnen vor dem Haus erwähnt. Es soll Glück für den Kinderwunsch und das (die) Kind(er) bringen, wenn man die Wasseroberfläche berührt und seinen Wunsch im Stillen äußert. Und wenn Ihnen all dass so gut gefällt, dass Sie auch gemütlich im Café einkehren und einkaufen möchten - mit einem Augenzwinkern erhielt ich hierfür das freundliche Einverständnis für eine Übernachtung auf dem hauseigenen Parkplatz. **Öffnungszeiten/Info:** Juni-Aug. tgl. 10^{00}-21^{00} h, Sept-Dez. 14^{00}-21^{00} h, Weihnachten und Jan-Mai 14^{00}-18^{00} h, Tel. +354 4631433, mailto:jolagard@simnet.is.

Drinnen oder draußen - im Jólagarðurinn wird an Groß und Klein gedacht!

ROUTE 3

Die Torfkirche von Saurbær

Vielleicht sollte ich die Fahrt durch das Tal „Kleine Kirchenrunde" nennen, denn am Weg liegen interessante alte Kirchen. Die markanteste ist sicherlich diejenige in **Grund**. Sie ist von erstaunlicher Größe und wurde vom Grundbesitzer erbaut und gestiftet. Die prächtige Holzkirche, eine der größten in Holzbauweise im Land, ist noch heute Eigentum des Hofes Grund und. Ein gutes Stück talaufwärts ist die **Torfkirche Saurbær** rechts oberhalb der Straße ausgeschildert.

Sie ist eine der besterhaltenen Torfkirchen Islands und war bis 1931 Pfarrkirche. Im 12./13. Jahrhundert gehörte sie zu einem Kloster, das aber nicht lange Bestand hatte. Das heute zum Nationalmuseum gehörige Kirchlein wurde 1858 erbaut und trägt die Glocken am Gebälk über der Kirchentür.

Unterhalb der Kirche mag Sie das kleine **Museum** interessieren, das eine Unzahl von **Alltagsgegenständen** beinhaltet. „Kannst Du Dir vorstellen, dass es keine zwei identischen Dinge in dieser Welt gibt?" - das ist der Leitsatz aus dem Prospekt des Museums. Der Sammler Sven Hermannsson, ein Zimmermann, hat bei Hausrenovierungen über 20.000 Gegenstände Alltagsgebrauchs früherer Tage zusammengetragen. Man mag es Nippes nennen. Unzählige Nägel, Schlüssel, Kugelschreiber etc. mögen am Ende doch identisch anmuten - jeder ist aber auf seine Art einmalig. Es ist interessant, wie alles akribisch geordnet präsentiert wird. Zum Museum gehört ein kleines Café. **Öffnungszeit/Info:** Mitte Mai-Mitte Sept. tgl. 11^{00}-17^{00} h oder auf Anfrage (Tel. +354 463 1261, mailto:smamunir@esveit.is).

Schlüssel - ordentlicher gehts nicht!

Nach der Abzweigung der 826 links ab müssen die Reifen mit gut befahrbarem Schotterbelag Vorlieb nehmen. Nach etwa 2 km liegt rechts die **Holzkirche Hólar**. Wenn Sie die Runde um den **Hólarvatn** nicht machen möchten, fahren Sie zurück zur 821 und gleiten auf Asphalt dahin, bis die 829 auf die andere Talseite hinüber wechselt (Ausschilderung Laugadalur).

Dort liegen drei weitere interessante Kirchen. Die südlichste ist **Möðruvellir** (erbaut 1847). Dort hatte schon seit dem Jahr 1000 eine Kirche gestanden. Talabwärts folgt die **Munkaþverákirkja** (erbaut 1844). Die Vorgängerkirche datierte um 1155 und gehörte zu einem Benediktinerkloster, das mit der Reformation aufgelöst wurde. Zuletzt gelangen Sie nach **Kaupangur**, wo 1318 erstmals eine Kirche dokumentiert war. Das heutige Gotteshaus wurde 1922 eingeweiht.

4x4 C

HOCHLANDAUSFLUG FÜR 4X4-PILOTEN

Wer ein Hochlandabenteuer einlegen möchte (bzw. eingelegt hat), gelangt über die 821 (später F821) zum **Hochlandbad Laugafell**. Die F821 ist recht ruppig, weist aber keine Furten auf, die zu Problemen führen sollten. Dafür gibt es ein paar heftige Steigungen mit grobem Schotter, die recht ausgewaschen sein können. Dort ist Vorsicht angeraten. Dafür entschädigt nach etwa 42 km ab Einmündung der 827 von Hólar her das Hochlandbad **Laugafell** mit großem, urig-schönem Natur-Pool (38° C Wassertemperatur) und der Hochland-Campingplatz mit WC/Dusche (**GPS** N65 01 38.0 W18 19 57.4).
Anfahrtalternativen nach Laugafell: Über die F26/F881 vom Aldeyarfoss kommend oder von Varmahlíð aus über die 752/F752, die beim Picknickplatz ab Varmahlíð startet.

2 Eyjafjörður - Der längste Fjord Islands

Sie erreichen die Ringstraße wieder bei Akureyri jenseits des Fjordes und überqueren diesen erneut, um die Reise in westlicher Richtung fortzusetzen. Die Fahrt geht auf der Ringstraße gen Westen aus der Stadt heraus.

Die Rekonstruktion des Handelsplatzes Gáseyri

ROUTE 3

Schon weist rechts ab ein Schild zu einer historischen Stätte - **Gáseyri** (Straße 816). Bei der historischen Stätte steht ein großzügiger Parkplatz mit WC zur Verfügung - ideal für eine längere Rast (**GPS** N65 46 56.9 W18 09 56.0).

DER HISTORISCHE HANDELSPLATZ GÁSEYRI

Wie die Endung „eyri" schon sagt, handelt es sich um eine Sandbank die schon zur Landnahmezeit besiedelt oder für die Einrichtung eines Handelsplatzes genutzt wurde. Von einem Hafen in heutigem Sinne konnte man damals nicht sprechen, denn die Handelsschiffe hatten keinen großen Tiefgang und wurden an flachen Uferabschnitten an Land gezogen.

Gáseyri wurde in den letzten Jahren archäologisch aufgearbeitet. Im Gelände erkennt man mit Hilfe der Informationstafel gut, wo einmal die Kirche und die Hütten oder Zelte der Händler gestanden hatten. Dass zugleich ein schöner Parkplatz mit WC eingerichtet wurde, kommt uns natürlich sehr gelegen.

DER PFARRHOF MÖÐRUVELLIR

Im 13.-16. Jh. befand sich hier ein Augustinerkloster. Nach der Auflösung wurde das Anwesen Amtssitz und Schulplatz. Die Kirche blieb Pfarrkirche, wurde jedoch 1868 durch das Gotteshaus ersetzt, das wir heute besichtigen können. Der Jesuitenpater und Autor von „Nonni und Manni", Jón Sveinsson (Nonni), wurde hier am 16.11.1857 geboren und verbrachte die ersten Lebensjahre hier, bevor er nach Akureyri ins Nonnahús zog und dort seine Kindheitserlebnisse zu Papier brachte.

ABKÜRZUNG ÜBER DIE RINGSTRASSE BIS VARMAHLIÐ

Die Ringstraße führt auf einer Strecke von etwa 85 km von Gáseyri bis nach Varmahlíð, wo sich die Wege mit unserer ausführlichen Route wieder treffen. Die Straße verläuft durchs Öxnadalur und dann über Öxnaheiði (540 m) hinweg, um durchs weite, von einem verzweigten Fluss geprägte Norðurdalur nach Varmahlið zu gelangen.

Neben ein paar landschaftlich interessanten Aspekten passieren wir zwei Punkte die ich besonders hervorheben möchte. Zum einen ist dies der **Picknickplatz Jónasarlundur** (**GPS** N65 36 13.7 W18 30 37.9, WC, Picknickbänke) am Fuß des **Hraundrangi** (1075 m) mit dem Hof Hraun, dessen blaue Dächer weithin erkennbar sind. Nicht nur, dass es den passablen Parkplatz in einem kleinen Wäldchen für eine Rast gibt (Camping verboten - Parken zur Herstellung der Fahrtüchtigkeit aber nicht). Auch die markante Felszinne ist ausgesprochen sehenswert. Ich möchte Sie gar nicht animieren, hinauf zu klettern - das haben bis 1956 schon andere erfolglos abbrechen müssen. Und von der Goldkiste, die der Sage nach dort oben versteckt liegen soll, wurde auch nie wirklich etwas bekannt. Zum anderen ist dieser Abschnitt des **Öxnadalur** besonders schön.

Nach der Passhöhe gelangt man recht zügig zum nächsten, wiederum für die isländische Geschichte bedeutenden Platz: **Orlygsstaðir**. Auch hier informiert eine ausführliche Tafel über den Hintergrund einer der größten und blutigsten Schlachten aus der Sagazeit im Jahr 1238. Es sollen 67 Menschen den Tod gefunden haben, denen nun ein Gedenkstein gewidmet ist (Fußweg dorthin). Bis **Varmahlíð** sind es dann noch 10 km. Und dort können Sie sozusagen auf einem der zwei Campingplätze auf diejenigen warten, die um die Halbinsel **Tröllaskagi** fahren und dort einiges Interessantes erleben werden.

Doch nehme ich mir die Fahrt um die schöne Halbinsel vor, zumal sich hier doch einiges zum Besseren verändert hat. Und das bezieht sich nicht nur auf die Straßenverhältnisse, sondern auch und gerade ums touristische Angebot. Dazu gehören die Angebote für die Walbeobachtung entlang der Westküste des Eyjafjörður, aber auch schöne Campingplätze und nicht zuletzt ein verbessertes Angebot in der Gastronomie.

P WC Als erstes erreiche ich, die Abzweigung zum Hafen von **Hjalteyri**, wo sich nicht nur der Ausgangspunkt fürs **Whale Watching** von **North Sailing** befindet. Vielmehr kann man die Wartezeit auf die nächste Tour im 40° C warmen, originellen Hot Pot mit Meerblick vor dem Gebäude äußerst angenehm gestalten (**GPS** N65 51 02.4 W18 11 37.8). Statt des Whale Watching kann man auch einen Tauchausflug beim **Strýtan Tauchcenter** buchen. Auf dem Schotterplatz vor der früheren Heringsfabrik mit WC kann man (**auf Anfrage!**) auch schon mal über Nacht stehen.

Wenige Kilomenter weiter nördlich zweigt rechts die 809 Richtung **Hauganes** ab. Dort werden seit 1993 **Walbeaobachtungstouren** auf einem Eichenboot angeboten. Welch eindrucksvolle Fotos auf den Fahrten auf den Eyjafjörður möglich sind, zeigen die Fotos am Beginn dieser Route und in der Infobox zum Whale Watching. Das Angebot des Ortes wird Schritt für Schritt verbessert, nicht zuletzt durch die Einrichtung des nur wenige Schritte vom Hafen

Start zum Whale Watching Hauganes

Hopfen und Malz - Gott erhalt´s!

entfernten neuen **Campingplatzes**, dessen Ausstattung ich noch nicht besichtigen, wohl aber die GPS-Koordinaten notieren konnte (**GPS** N65 55 27.5 W18 18 21.0). Das benachbarte **Fischrestaurant** und der **Fischverkauf** machen den Besuch noch attraktiver.

Im nahen **Árskogssandur** lohnt sich ein Halt zur Besichtigung der **Brauerei Kaldi**. Es soll noch besser kommen: War noch vor wenigen Jahren Bier verboten in Island, können wir nun dem Braumeister über die Schulter schauen. In wenigen Jahren soll es gar möglich sein, im „Bier SPA" einen besonderen Wellnesstag einzulegen und das Badeerlebnis im Restaurant ausklingen zu lassen. Die Idee, Bier zu brauen, kam dem Besitzer Ólafur, weil er aus Gesundheitsgründen den Beruf als Fischer aufgeben musste. Ein Freund - ein Braumeister aus Tschechien - schlug ihm vor, Bier zu brauen. **Brauereibesichtigung auf Voranmeldung** (Tel. +354 466 2505, **GPS** N65 56 38.6 W18 21 26.3 - Verkostung und Übernachtung auf Anfrage möglich).

Auf der 82 geht es weiter nach **Dalvík**. Nehmen Sie sich Zeit und nisten sich auf dem guten Campingplatz ein.

C DALVÍK - TJALDSTÆÐI

Stellplatzart: .... Campingplatz
GPS: N65 58 04.9 W18 31 58.0
Adresse: .... 620 Dalvík, Sunnubraut
Tel.: .... +354 460 4940
mailto: .... sundlaug@dalvik.is
Homepage: .... www.dalvik.is
Zufahrtinfo: An der Ortsdurchgangsstraße links ab gut ausgeschildert.
Kurzbeschreibung: Schöner, bei Schule und Schwimmbad gelegener Wiesenplatz, Ver-/Entsorgung, Stromanschluss, Waschmaschine/Trockner, Spielplatz, Barfußparcours, WiFi. Anmeldung beim Schwimmbad, dort auch die Dusche. Das Schwimmbad ist modern und geräumig, bietet eine Riesenrutsche und neben dem Sportbecken selbstverständlich die obligatorischen Hot-Pots. **Preis 2016:** Pauschal ISK 2.250 je Wohnmobil/N.Strom ISK 1.000. Entsorgungsstelle mit Bodenablauf an der Einfahrt (Schlauch erforderlich). **Öffnungszeit:** Juni-Aug.

Besonders erwähnen möchte ich, dass ich mit **Gregor´s Pub** (offen abends 18^{00}-23^{00} h) unweit des Hafens eine zwar nicht gemütliche, aber gute Gaststätte gefunden habe. Gehen Sie schräg gegenüber des Ticketbüros für die **Fähre nach Grímsey** (auch das wäre ein netter Ausflugstipp) und fürs **Whale Watching** links und gleich wieder links. Nach wenigen Schritten erreichen Sie das Ziel. Der polnische Inhaber, der schon lange hier wohnt, kocht eine isländische Fleischsuppe, die weithin als eine der besten gilt.

Ein weiterer, guter Einkehrtipp ist das Café Gisli Eirikur Helgi. Sie finden es an der Ecke Skiðabraut/Hafnabraut. Sehr gutes, selbst gebackenes Brot zur hervorragenden Fischsuppe sind mir sehr gut in Erinnerung geblieben, ebenso die Ausstellung im 1. OG.

Sehenswertes in und um Dalvík

Tourist Information: Berg, Menningarhús, **GPS** N65 58 20 56.0 W18 31 57 07.8, Tel. +354 846-4928, mailto:info@dalvikurbyggd.is. Kurz vor dem Dorf ist in **Árskógssandur** rechts ab die Fähre nach Hrisey ausgeschildert. Eine Überfahrt (ohne Wohnmobil) dürfte vor allem für Vogelfreunde von Interesse sein, denn Hrisey bietet ein vielseitiges Vogelleben. Grund: Hier gibt es nach wie vor keine natürlichen Feinde für die gefiederten Freunde - keine Hunde, Katzen, Polarfüchse, Nerze oder Ratten.

In **Dalvík** selbst gilt es nicht nur das **Whale Watching** (www.arcticseatours.is, Tel. +354 771 7600) zu erwähnen. Das Ticketbüro liegt direkt im Zentrum am Hafen ausgeschildert). Sehenswert ist das **Regionalmuseum** (offen Juni-Sept. tgl. 13^{00}-17^{00} h) in Form des klassischen Museumstyps. In Dalvík liegt der für lange Zeit größte Mann der Welt im wiederum größten Grab Islands begraben - **Jóhann der Riese**. Er war 2,34 m groß, hier geboren und nach Tätigkeiten in der Seefahrt und im Zirkus aufs Alter hin wieder heimgekehrt. Natürlich werden im Museum auch die übrigen Belange des Ortes und der näheren Umgebung beleuchtet.

Ein neues Reiseziel für alle Altersgruppen ist das **Birdland** etwas außerhalb im **Svarfaðardalur**. Man spricht mit Recht von einem hohen Unterhaltungs- und Überraschungspotenzial. Es gilt wissenschaftliche Betrachtungen der Vogelwelt zu sehen, Balzverhalten, Nist und Brutzeit und der Vogelzug. Aber auch Betrachtungsweisen, Musik und vieles mehr aus der Vogelwelt sind zu hören und zu sehen. Wer Interesse hat, die Vögel auch im „echten Leben" zu beobachten, wandert auf einem ausgeschilderten Pfade zu den Vogelbeobachtungshütten im unter Naturschutz stehenden Tal mit ausgedehnten Feuchtgebieten bis hinaus zur Küste. **Öffnungszeiten/Info:** Ca. Juni bis August täglich 12^{00} -17^{00} h oder außerhalb dieser Monate auf Vereinbarung unter Tel. +354 466 1551, mailto:natturusetur@simnet.is, www.birdland.is.

Die Weiterreise führt nach 20 km nach **Ólafsfjörður**. Hier finden Sie einen guten Campingplatz für den Fall, dass Sie etwas verweilen möchten.

Der Aussichts- und Picknickplatz am Tunnelportal Ólafsfjarðarmúli

Sie können auf dem Parkplatz vor der Tunneleinfahrt Halt machen (**GPS** N66 04 25.5 W18 32 16.2) - übrigens ein prima Tipp, um im Juni/Juli (fast) die Mitternachtssonne zu sehen. Vom Campingplatz gelangen Sie zu Fuß ins Zentrum und können die Naturkundesammlung im Bankgebäude (3. OG) anschauen, wobei angesichts der kleinen Ausstellung der Eintrittspreis recht teuer erscheint. Die Anmeldung zum Campingplatz im Café Klara können Sie zur Einkehr nutzen. Auch hier wird eine prima Fischsuppe, Fish of the Day etc. gereicht.

ÓLAFSJFÖRÐUR - TJALDSTÆÐI

Stellplatzart: .... Campingplatz
GPS: N66 04 15.1 W18 38 57.5
Adresse: .... 625 Ólafsfjörður, Aðalgata
Tel.: .... +354 406 4044
mailto: .... fjallabygd@fjallabygd.is
Homepage: .... www.fjallabygd.is
Zufahrtinfo: Auch hier an der Ortsdurchfahrt gut ausgeschildert. Anmeldung im Ort beim Café Klara mit Tourist Information tgl. 11^{00}-18^{00} h.
Kurzbeschreibung: Wiesengelände beim Sportzentrum, daneben Schwimmbad. Ver-/Entsorgung, WC, Dusche im Schwimmbad (Gebühr!). Einkaufs- und Einkehrmöglichkeit im Ort. Preis: ISK 1.100 (Rentner ISK 900) p. P./N. + Steuer, Strom ISK 700. **Öffnungszeit:** Juni bis August.

ABKÜRZUNGSSTRECKE (SCHOTTER) ÜBER DIE LÁGHEIÐI

Wenn Sie nicht an Schotterpisten stören, könnten Sie Siglufjörður auslassen und am Miklavatn wieder auf den Routenvorschlag stoßen. Doch sparen Sie nicht viele Kilometer und verpassen einen der eindrucksvollsten Orte im Norden Islands. Besonders überragend ist die Strecke landschaftlich ohnehin nicht, sieht man von der Holzkirche beim Hof Knappsstaðir aus dem Jahr 1840 einmal ab.

3 Die Heringsstadt Siglufjörður

Die Weiterfahrt nach **Siglufjörður** gestaltet sich seit 2010 wesentlich einfacher. Die beiden Orte sind seither mit zwei Tunnels verbunden. So steht Ihnen am **Heðinsfjörður**, zwischen den zwei Tunnels, ein Picknickplatz zur Verfügung, der zur ausgiebigen Rast einlädt. Ein weiterer solcher Platz mit Blick auf **Siglufjörður** liegt gleich nach der Tunnelausfahrt auf der rechten Seite (**GPS** N66 06 19.0 W18 48 59.0). Zudem gibt es auch in Siglufjörður wieder einen gut ausgestatteten Campingplatz. Die Übernachtungsfrage ist dort also leicht zu beantworten.

SIGLUFJÖRÐUR - TJALDSTÆÐI

Stellplatzart: .... Campingplatz
GPS: N66 08 57.0 W18 54 35.6
Adresse: .... Siglufjörður,Gránugata
Tel.: .... +354 464 9100
mailto: .... fjallabyggd@fjallabyggd.is
Homepage: .... www.fjallabyggd.is
Zufahrtinfo: Am Heringsmuseum vorbei in den Ort fahren, dann neben dem Rathaus im Zentrum; dort auch Tourist-Information.
Kurzbeschreibung: Rasenfläche, Waschmaschine/Trockner (Extra-Gebühr), Picknickbänke. Benachbart Supermarkt, Aðalsbakkari (Bäckerei), Fleisch-/Fischfachgeschäft. **Preis 2016**: ISK 1.100 (Rentner ISK 900) p. P./N. + Steuer, Strom ISK 700. **Öffnungszeit:** Juni-August.

Sehenswertes - Museen in Siglufjörður

Die **Tourist Information** (Fjallabyggð District Information Office - Siglufjörður) finden Sie in der Gránugata 24 (Rathaus), Tel. +354 467-1555, mailto:info@fjallabyggd.is. Dort hält man für wenig Geld Wanderbroschüren bereit. Mir war hier aber weniger das Wandern, als vielmehr die interessanten Museen wichtig.

Das Heringsmuseum ist die Hauptattraktion des Ortes. In der Roaldsbaracke, einem 1907 erbauten Holzhaus, benannt nach den norwegischen Gebrüdern Roald, wurde über Jahrzehnte unter vergleichsweise guten Rahmenbedingungen, Salzhering in Holzfässer eingelegt und verschifft. Aus dafür nicht geeigneten Fischen wurde Fischmehl und Tran hergestellt - Basis für Kosmetika, so zum Beispiel für eine bekannte Creme in blauer Blechdose aus Deutschland. Das historische Gebäude ist bis heute gut erhalten. Es stand früher direkt am Wasser. So konnte einst der Fisch vor die Haustür geliefert und verarbeitet werden. Heute verläuft die Ortsdurchfahrt an der Haustür vorbei.

Die Arbeits- und Wohnbedingungen der „Heringsmädchen“ sind im Erdgeschoss (Verarbeitung) und im Obergeschoss (Wohnungen der Arbeiterinnen) hervorragend dargestellt. Es ist mir gut in Erinnerung, wie eine Angestellte berichtete, dass sich eine Touristin entschuldigt habe, versehentlich die Privaträume betreten zu haben. Die Zimmer sind so lebensnah gestaltet, dass man meint, die Arbeiterinnen wären nur mal eben aus dem Haus. Auf dem Dachboden gibt es Gerätschaften für den Fang und zur Verarbeitung der Fische zu sehen.

Sind die Heringsmädchen bei der Arbeit?

ROUTE 3

Im **Folk Music Center** beim Rathaus um die Ecke findet sich das Volksmusik-Zentrum der Stadt. Hier wird noch heute bewusst und intensiv die isländische Musik gepflegt, gelehrt und gefördert. Das Museum gibt umfangreiche Hintergrundinformationen, aber auch musikalische Kostproben. Hier wird wirklich viel gesungen, musiziert und getanzt. Neuerdings wurde eine kleine Werft zum Museum gemacht, in der in traditionelle Holzschiffe hergestellt und repariert werden. Dieser Museumsteil befindet sich am Hafen (beim Rathaus zum Hafen gehen, dort rechts ab zum Ende der Straße). Für die Museen gibt es ein Kombiticket (**Öffnungszeiten** im Sommer jeweils 13^{00}-17^{00} h).

Einen Blick ins Innere hat auch die erstaunlich große **Kirche von Siglufjörður** verdient. Und wenn Sie möchten, können Sie das Hallenbad besuchen, das an der westlichen Durchgangsstraße Richtung Westen gut zu finden ist.

Foto: Katja Hünerfeld

Das gelungene Heringsmuseum in Siglufjörður

Besonders zugesagt hat mir das Hafnarkaffi/Harbour House Café am Fischhafen. Hier sehen Sie gleich, was von den Fischerbooten eingebracht und frisch aus der See auf den Teller kommt. Ich kann die Fischsuppe nur empfehlen - ein Gedicht! Es gibt natürlich auch andere Seefische und Meeresfrüchte nach Tagesangebot (offen ca. Juni-Sept ohne feste Öffnungszeiten. Offen ist, wenn die Flagge draußen am Masten flattert). Beim Campingplatz um die Ecke Richtung Fischhafen finden Sie das Hannes Boy Café (gelbes Haus, offen 11^{00}-18^{00} h) und das gehobene Restaurant Rauðka (rotes Haus, offen 18^{00}-22^{00} h) mit regionalem Angebot, aber nicht so günstig wie im Hafencafé. Weiterhin bieten das Allinn und das Torgið regionale Gerichte, aber eher einer anderen Region: Sie legen den Schwerpunkt auf amerikanische Spezialitäten (... Fast Food), was nicht mein Ziel ist (aber durchaus nicht schlecht sein muss).

Ich verlasse Siglufjörður und erreiche die Landspitze nach einem weiteren Tunnel. Unterwegs lohnt sich ein Halt am Aussichtsparkplatz nach der Tunnelausfahrt oder ein gutes Stück weiter am mit einer Picknickbank ausgestatteten Parkplatz oberhalb des **Miklavatn** (**GPS** N66 06 01.4 W19 04 14.0). Man kann prima hinab zum Miklavatn wandern (am Hof unterhalb des Parkplatzes vorbei) und im Ufergeröll nach Brauchbarem im Treibgut suchen, was besonders für Kinder immer wieder schön ist - siehe Foto von unserer Tochter, das vor einigen Jahren entstanden ist.

Bald gelangt man an die Einmündung der alten Route von Ólafsfjörður her und hält sich Richtung Sauðarkrókur. Nach einem guten Stück erreiche ich das Schild „**Lónkot Ressort**" mit der Fußnote „Member of Slow Food Reykjavík", was mich neugierig macht. Ich kenne und schätze das Restaurant seit Jahren. Die Inhaberfamilie setzt auf Freundlichkeit und stilvolles Ambiente. Dabei wird auf regionale, isländische Küche geachtet.

Fischsuppe direkt am Fischhafen

Kinderfreundliches Treibholz

Im etwas südlich gelegenen Örtchen **Hofsós** kann man im Geschichtsbuch der Insel blättern, genauer gesagt im Kapitel „Auswanderung nach Amerika“. Was Sie sich dort auch unbedingt vormerken sollten, ist ein Besuch im modernen Schwimmbad mit Meerblick aus dem Pool oder dem Hot-Pot heraus - toll!

HOFSÓS - LÓNKOT RURAL RESORT

Stellplatzart: .... Campingplatz/Gaststätte
GPS: N66 00 18.1 W19 24 13.8
Adresse: .... 566 Hofsós, Lónkot
Tel.: .... +354 453 7432
mailto: .... lonkot@lonkot.com
Homepage: .... www.lonkot.com
Zufahrtinfo: Auf der 76 vom Miklavatn aus weiter Richtung Hofsós/Sauðarkrókur, nach 29 km rechts ab ausgeschildert.
Kurzbeschreibung: Schönes, am Skagafjörður gelegenes Grundstück mit Blick auf die Felseninseln Malmey und den felsigen Höhenzug Þórðarhöfði. Skulpturenpark, Aussichtstürmchen, Campingplatz (ohne Du/WC, dafür mit ISK 1.000 p. P./N. relativ preiswert).
Öffnungszeit: Ca. Mitte Mai bis Ende August.

HOFSÓS - TJALDSTÆÐI

Stellplatzart: .... Campingplatz
GPS: N65 53 53.8 W19 24 21.4
Adresse: .... 566 Hofsós, Skólagata
Tel.: .... +354 899 3231
mailto: .... tjaldstaedi@gmail.com
Homepage: .... www.tjolumiskagafirdi.is
Zufahrtinfo: Von der 76 der Ausschilderung in den Ort folgen. Der Campingplatz befindet sich gleich links am Ortseingang.
Kurzbeschreibung: Campingplatz auf einem durch Buschwerk und Bäume vor dem Wind geschützten Wiesengelände. Einfache Ausstattung.
Preis (2016): ISK 1.300/Pers./N., Rentner ISK 1.000, ab 2. Tag ISK 300 bzw. 200 günstiger) zzgl. Strom ISK 700). WC. Bei Fragen und Problemen wird gebeten, über die angegebene Nummer Hildur und Halldór anzurufen, die auch die Campingplätze Sauðarkrókur, Varmahlíð und Hólar betreuen. **Öffnungszeit:** Mitte Mai-Mitte September.

Traumblick aus dem Schwimmbad...

Foto: Katja Hünerfeld

... und das Auswanderungsmuseum

DAS AUSWANDERUNGSMUSEUM HOFSÓS

Es wurde in historischen Gebäuden am Fischerhafen ein hochinteressantes Museum eingerichtet, das sich vor allem an Nachfahren der Auswanderer richtet, aber auch für alle anderen interessant ist. Man möchte die Gelegenheit geben, die Wurzeln der Familie zu studieren, Beweggründe der Auswanderung zu lesen und Kontakte neu zu knüpfen. Viele Isländer sind nach der Vulkankatastrophe Askjá-Eruption im 19. Jahrhundert vor der Hungersnot nach Kanada („New Iceland") und North Dakota ausgewandert. Die Schriftstücke und Dokumente sind höchst interessant. Fotografieren ist zur Wahrung der Privatsphäre verboten.

Auf der Weiterfahrt ist 200 m nach der Abzweigung der 781 die denkmalgeschützte **Torfkirche Gröf (Grafarkirkjá)** zu erwähnen, die links ab als Sehenswürdigkeit ausgeschildert ist (Zufahrt zum kleinen Parkplatz über einen Schotterweg, Zaun bitte wieder schließen). Die Kirche war in den 50er Jahren und jüngst erneut renoviert worden. Sie untersteht dem Nationalmuseum. Wenn Sie es im Inneren anschauen, seien Sie vorsichtig, damit Sie sich an den Querbalken nicht die Stirn anrempeln, wie es mir früher einmal passiert ist. So sah ich kurz nicht die sonst in isländischen Kirchen häufigen Sternlein funkeln, sondern die sprichwörtlich anderen... Doch auch Autorenköpfe lernen dazu. Aus Erfahrung wird man ja klug.

Weiter südlich Richtung folgt das private **Skagafjörður Transportation Museum**. Zahlreiche Schmuckstücke aus der Automobilgeschichte warten auf die Besucher, darunter schön erhaltene oder hergerichtete Wagen aus deutscher Produktion (Ost und West). Neuerdings öffnete ein Museumscafé. Und wenn Museums- und Café-Gäste freundlich fragen, ist man für eine Übernachtung im Wohnmobil offen (**GPS** N65 48 29.0 W19 18 36.9). **Öffnungszeiten/Info:** Mitte Juni bis 1. Sept. tgl. 11⁰⁰-18⁰⁰ h, Tel. +354 845 7400.

Die Torfkirche Gröf (Grafarkirkjá)

Samgöngusafn (Automobilmuseum)

Ein für die Kirchengeschichte Islands bedeutender Ort folgt etwas südlich mit dem ehemaligen Bischofssitz **Hólar**, wobei man auf der 769 links ins Hjaltadalur fahren muss. Es findet sich dort ein zwar einfacher, landschaftlich aber schöner Campingplatz. Ein Schwimmbad und ein Restaurant mit regionalem Tagesangebot (neben amerikanischen Spezialitäten) gibt es obendrein. Besichtigen Sie die in Steinbauweise (Sandstein) errichtete, ehemalige Bischofskirche mit hohem, weißem Turm. Sie wurde 1763 eingeweiht. Nebenan steht der 1854 erbauten Torfhof als Museum offen. Die Schule dient der Fachschule für Tourismus und Landwirtschaft. Die Pferdezucht wird von der Hochschule betrieben.

HÓLAR - TJALDSTÆÐI HÓLASKÓGUR

Stellplatzart: Campingplatz
GPS: N65 44 11.9 W19 07 12.6
Adresse: Hólar, Tjaldstæðavegur
Tel.: +354 899 3231
mailto: tjaldstaedi@gmail.com
Homepage: www.tjolumiskagafirdi.is
Zufahrtinfo: Auf der 769 nach Hólar, wo der Campingplatz ausgeschildert ist. Zufahrt über ruppige, aber bei vorsichtiger Fahrweise gut befahrbare Schotterstraße. Vorsicht wegen teils überhängender Äste der Bäume.
Kurzbeschreibung: Campingplatz im Wald. WC, Stromanschluss, Mülltonne. Eintritt ins Schwimmbad und Campinggebühr können Sie im Informationsbüro entrichten, dort das Café/Restaurant. **Preis (2016):** ISK 1.300/Pers./N., Rentner ISK 1.000, ab 2. Tag ISK 300 bzw. 200 günstiger zzgl. Strom ISK 700. **Öffnungszeit:** Mitte Mai bis Mitte September.

Wandertipp: Geschichtspfad

Um den Ort führt ein Pfad, der in einer Broschüre (im Informationsbüro erhältlich) erklärt wird. Er streift alle Punkte von geschichtlicher Bedeutung. Ausgangs- und Endpunkt ist der Parkplatz am Informationsbüro. Gehzeit ca. 1 h. Weitere Wandertipps siehe Wanderliteratur.

Ich fahre zur 76 zurück und später Richtung **Sauðarkrókur** rechts auf die 75, die auf Dämmen und Brücken das Mündungsgebiet des Heraðsvötn überquert. Das Schwemmland ist ein Paradies für Vögel, was sich vom Picknickplatz Vesturósinn/Ferjumaðurinn beobachten lässt (rechts nach einer Kuppe etwas erhöht und aussichtsreich, **GPS** N65 44 47.9 W19 32 56.2).

DIE FRÜHERE FÄHRE DES JÓN OSMANN/WANDERTIPP

Ihr Wohnmobil wird von einer Skulptur „bewacht", die den Fährmann Jón Ósmann darstellt. Er hatte bis 1926 eine Fähre betrieben, welche die Reisenden am Stahlseil über den Fluss brachte. Den Stein, an dem das Stahlseil befestigt war, sowie die Reste seiner Wohnhütte können Sie auf einem Spazierweg besichtigen (ausgeschildert - siehe Infotafel). Als die erste Betonbrücke nahe seinem Wohnsitz errichtet und die Schotterstraße gebaut wurde, war sein Job hinfällig. Für die Menschen ein Fortschritt, für Jón nicht. Doch zeigt die Skulptur, dass man seine Dienste nicht vergessen hat. Die Infotafel zeigt für technisch Interessierte Konstruktionszeichnungen der alten Brücke, die vor wenigen Jahren erst durch ein neues Bauwerk ein paar Meter entfernt abgelöst worden ist.

Bevor ich in den Ort fahre, dehne ich die Rundtour aus und nutze sie zur ausgedehnten Strandwanderung. Ich gehe auf dunklem Sandstrand entlang der leicht begrünten Dünen über die nur noch für Fußgänger offene alte Brücke von 1926 hinweg bis fast nach Sauðarkrókur hinüber.

SAUÐARKRÓKUR - TJALDSTÆÐI

Stellplatzart:..Campingplatz
GPS:..N65 44 47.5 W19 38 47.6
Adresse:..550 Sauðarkrókur, Skagfirðingabraut
Tel.:..+354 899 3231
mailto:..tjaldstaedi@gmail.com
Homepage:..www.tjolumiskagafirdi.is
Zufahrtinfo: In den Ort fahren bis zur Durchgangsstraße Skafirðingabraut, links ab, nach dem Sportplatz rechts ausgeschildert.
Kurzbeschreibung: Wiesengelände mit Picknicktischen, Stromanschluss, Dusche/WC, Waschmaschine/Trockner (Gebühr), Ver-/Entsorgung. **Preis (2016):** ISK 1.300/Pers./N., Rentner ISK 1.000, ab 2. Tag ISK 300 bzw. 200 günstiger) zzgl. Strom ISK 700). An der Ortsausfahrt Richtung Varmahlíð großer Supermarkt.
Öffnungszeit: Mitte Mai-Mitte Sept.

ROUTE 3

Sehenswertes in Sauðarkrókur

Sauðarkrókur gilt als Hauptort der Islandpferdezucht. Nirgends in Island sieht man mehr Pferde auf den Weiden. Entsprechend werden Sie auch hier wenig Probleme haben, einen Hof zu finden, der Pferde ausleiht oder organisierte Touren anbietet.

Im Ort ist die Kirche aus dem Jahr 1844 interessant, deren Fenster Szenen aus der Bibel und aus dem Kirchenjahr darstellen. Der Ortskern zieht sich von dort rechts ab weiter, wobei ich die benachbarte Bäckerei erwähnen möchte, die gutes, kräftiges Brot anbietet, darüber hinaus prima Konditoreiwaren.

Geht man weiter, findet man rechts ab das Museum nebst Tourist Information im Minjahús. Das Exhibition Center ist Juni-August tgl. 13^{00}-19^{00} h offen, Tel: +354 455-6161, mailto:info@

visitskagafjordur.is). Das angeschlossene Museum zeigt Handwerksberufe, die in Sauðarkrókur von Bedeutung waren. Ein Oldtimer ist im Eingangsbereich aufgestellt, und daneben - ziemlich unpassend, wie ich finde - ist der Eisbär ausgestopft ausgestellt, der 2008 an der Passhöhe zwischen Norðurdalur und Laxadalur (nördlich von Sauðarkrókur) geschossen wurde, weil - angeblich - kein Narkosemittel zur Verfügung stand. Das Tier war vermutlich auf einer Eisscholle nach Island getrieben und an der Küste der Halbinsel gestrandet. So erging es einem weiteren Eisbären, der an der Nordspitze der Halbinsel im gleichen Jahr entdeckt worden war, sowie Artgenossen, die 2010/11 in Island gestrandet waren. Das Thema ist in Island sehr in der Diskussion. Leider hat man sich von offizieller Seite entschieden, aus Kostengründen bei künftigen Sichtungen erneut von der Schusswaffe Gebrauch zu machen.

Etwas weiter an der Durchgangsstraße sollten Sie sich überlegen, was Sie einkaufen könnten. Fast egal, was es ist - sie werden es wahrscheinlich erhalten. Im Laden „**Verzlun H. Júlíusson**" wird seit 1919 alles angeboten, was im Städtchen gebraucht werden könnte. Sogar Sprit gibt es an der Tankstelle im Stil der 50er Jahre vor der Haustür am Straßenrand. Sehenswert ist die Geschäftsausstattung aus dem Gründungsjahr - es ist fast ein noch in Betrieb befindliches Museum.

Der historische Verzlun H. Juliusson

ABSTECHER ZUM GRETTISLAUG/JARLSLAUG

Nun zieht mich der Bedarf an einem Hot-Pot weiter. Ist man fast am Hafen angelangt und fährt ein Stück weiter auf der 744 Richtung Norden, zweigt die 748 rechts ab (Schild: **Grettislaug**). Sie sollten vor einer Schotterstraße nicht zurückschrecken, die ab etwa halber Strecke von 16 km ziemlich ruppig ist, aber letztlich doch problemlos. Als Lohn gibt es am Ende der Straße das heiße Bad im naturnah angelegten Hot-Pot (ISK 1.000) und einen schönen Campingplatz nebst Café/Restaurant.

Angeboten werden Bootsfahrten nach **Drangey**, wo es vor allem Papageientaucher und Tordalken zu sehen gibt (während der Brutsaison von Mai-August). Mit etwas Glück bekommt man Robben oder Seehunde zu Gesicht, manchmal sogar Wale. Die Tour dauert etwa 4 Stunden und beinhaltet die „Freilassung" auf der Vogelinsel, die man zu Fuß erkundet. Höhepunkt sind jedoch die beiden mit Natursteinen eingefassten Hot-Pots, die auf einer heißen Quelle erbaut wurden und, je nach Wetter, eine Temperatur von ca. 39-41° C aufweisen (bei meinem Besuch gar 42° C). Gebühr zu entrichten im Café, in dem neben kleinen Snacks und Kaffee/Kuchen auf vorherige Bestellung auch heimische Gerichte serviert werden.

WANDERTIPP: GLASSTEIN-BUCHT

Eine kleine Tour führt vom Grettislaug zum steinigen Ufer. Man klettert durch die Wackersteine an der Küste um die Bergnase und gelangt zu einem flacheren Bereich und einer Bucht. Wenn Sie dort zu Boden schauen, werden Sie transparente Steine entdecken - eine Besonderheit dieser Bucht. Nun steigen Sie auf den Fahrweg, der zurück zum Hof Reykir und zum Campingplatz führt.

SAUÐARKRÓKUR - GRETTISLAUG/JARLSLAUG

Stellplatzart: Campingplatz
GPS: N65 52 50.9 W19 44 12.2
Adresse: 550 Sauðarkrókur, Reykir
Tel.: +354 821 0090 oder 821 0091
mailto: drangey@fjolnet.is
Homepage: www.drangey.net
Zufahrtinfo: Von Sauðarkrókur auf die 744 nordwärts, nach etwa 0,5 km rechts ab auf die 748 bis zum Straßenende.
Kurzbeschreibung: Sehr schön angelegter, landschaftlich bevorzugt liegender Campingplatz mit herrlichem Blick auf die vogelreiche Insel Drangey. Sanitäranlage in Bauweise traditioneller Torfhöfe einfach, aber in Ordnung. Wohnmobile und Zelte stehen auf einer ebenen Wiese. Stromanschluss. Keine Ver-/Entsorgungsstation. Wasser am Restaurant erfragen. Durchschnittliches Preisniveau. **Öffnungszeit:** Ca. Juni bis August.

Abends wird es ruhiger beim berühmten Torfhof Glaumbær

ROUTE 3

Ich entscheide mich für die Weiterreise südwärts auf der 75 Richtung **Varmahlíð**, um einen der beliebtesten Hochlandausflüge einfügen zu können. Auf knapp halber Strecke lege ich einen Halt im wohl bekanntesten Torfhof Islands ein: **Glaumbær**.

DER TORFHOF GLAUMBÆR

Der Hof wurde in heutiger Form im 18./19. (Bild unten) Jahrhundert erbaut und beherbergt ein Museum. Zu besichtigen gibt es in den historischen Gebäuden Alltagsgegenstände aus Urgroßmutters Zeiten, Werkzeuge, Wohnräume, Wirtschaftsräume und nicht zuletzt die sehenswerte Kirche, die nunmal zu einem wohlhabenden Hof gehörte.

Schenkt man den Sagas Glauben, wohnte Snorri Þórfinnsson hier und erbaute bereits im 11. Jahrhundert die erste Kirche. Er soll der Sohn von Þórfinnur Karlsefni und Guðriður Þórbarnardóttir gewesen sein, geboren in Vinland auf dem amerikanischen Kontinent. Wenn das stimmt, wäre er wohl der erste Sohn von Europäern, der in der „Neuen Welt" geboren wurde. Benachbart steht das 1883-86 erbaute Áshús mit Souvenirshop und Café . **Öffnungszeiten/Info:** Mitte Juni bis Ende August täglich 9^{00}-19^{00} h. Tel. +354 453 6173, mailto:bsk@skagafjordur.is, www.glaumbaer.is. Ausstellung im Nebengebäude/Tourist Information 13^{00}-19^{00} h offen.

ROUTE 3

Das nächste Zwischenziel ist **Varmahlíð**, zumal es dort einen der attraktivsten Campingplätze der Reise gibt. Das Örtchen bietet, davon abgesehen, nicht viel, war es doch noch vor wenigen Jahrzehnten gar keine zusammenhängende Siedlung. Die verkehrsgünstige Lage an der Ringstraße allerdings macht das Dörfchen interessant. So werden Raftingtouren, Reiten und vieles mehr angeboten. Selbstverständlich gibt es ein schönes Schwimmbad. Darüber hinaus stehen zwei Campingplätze zur Verfügung, ein sehr einfacher, günstiger in der Talsohle, wo ich gut und ruhig nächtigte, sowie ein gut ausgestatteter Platz etwas außerhalb.

VARMAHLÍÐ - LAUFTÚN

Stellplatzart: .... Campingplatz
GPS: N65 33 19.9 W19 26 05.9
Adresse: .... 560 Varmahlíð
Tel.: .... +354 453 8133
Zufahrtinfo: Zunächst auf der 75 von Sauðarkrókur über Glaumbær nach Varmahlíð, dort auf die Ringstraße. Auf dieser Richtung Akureyri abbiegen, dann nach einem kurzen Stück links ab ausgeschildert.
Kurzbeschreibung: Wiesengrundstück in der Flussebene, eingerahmt von Hecken bzw. Baumreihen. Strom, WC/Dusche. Keine V/E-Station. Wasser am Geschirrwaschplatz. Einfach, aber eigentlich fehlt es an nichts. **Preis (2016):** ISK 500 p. P./N., < 11 J. frei. Nur Barzahlung.
Öffnungszeit: Juni bis August.

Entsorgungsstation: Bei der N1 Tankstelle im Ort öffentlich zugängliche Entsorgungsstation (Ausguss Kassettentoiletten).

VARMAHLÍÐ - TJALDSTÆÐI

Stellplatzart: .... Campingplatz
GPS: N65 33 08.3 W19 27 21.6
Adresse: .... 560 Varmahlíð, Iþtróttavöllur
Tel.: .... +354 899 3231
mailto: .... tjaldstaedi@gmail.com
Homepage: .... www.tjodumiskagafirdi.is
Zufahrtinfo: Links neben der N1 Tankstelle ausgeschildert. Durch den Ort der Vorfahrtstraße folgen, am Schwimmbad vorbei. Nach 900 m ist der Platz erreicht.
Kurzbeschreibung: Durch Hecken und Bäume eingeteilte Wiesenflächen. Modernes Sanitärgebäude, Aufenthaltsraum/Küche, Waschmaschine/Trockner (Zusatzgebühr), Ver-/Entsorgung, Stromanschluss. Ruhig gelegen. **Preis (2016):** ISK 1.300 p. P./N. (Rentner ISK 1.000), ab 2. Tag ISK 1.000/800. Strom ISK 700.
Öffnungszeit: Mitte Mai bis Mitte September.

Die Ringstraße knickt auf der Weiterreise bald auffällig links ab. Kurz zuvor zweigt die ausgeschilderte Zufahrt zur **Torfkirche Viðmýri** wiederum links ab. Am Parkplatz gibt es ein WC, (Eintrittsgebühr für die Kirchenbesichtigung, offen im Sommer 9^{00}-18^{00} h). Ein Schild an der Toilette zeigt deutlich an, dass Zelten und Übernachten im Wohnmobil generell nicht erwünscht sind. Doch geht es ja auch in erster Linie um die schöne Kirche, die dem Nationalmuseum angehört und zu den besterhaltenen Islands gehört.

Torfkirche Viðmýri

Entlang der weiteren Strecke folgen bald zwei nette Picknickplätze, die zur Rast einladen. Der erste **Rastplatz (GPS** N65 32 49.4 W19 26 22.7) liegt bei der Abzweigung der 752 (F752), die ich im Zuge des Hochlandausflugs zum Badeplatz Laugafell von Akureyri aus erwähnt hatte. Am Ende der Steigung liegt dann beim **Denkmal für Stefan G. Stelason ein weiterer Picknickplatz (GPS** N65 31 46.0 W19 31 04.0). Vom Denkmal genießen Sie eine herrliche Aussicht auf den Skagafjörður und das Mündungsgebiet der Heraðsvötn.

Die Ringstraße führt nun mäßig steil, aber gut ausgebaut, zügig über die Passhöhe ins Langidalur, wo die Abzweigung der F35 (Kjölur-Route) nach Süden erreicht wird.

4 (F)35 - KJÖLUR-ROUTE UND KERLINGARFJÖLL ABSTECHER INS HOCHLAND/VERBINDUNG IN DEN SÜDEN

Die Kjölur-Piste ist mittlerweile für normale Fahrzeuge zugelassen. Allerdings - es ist nach wie vor eine ruppige, mit den meisten Wohnmobilen nur sehr vorsichtig und langsam befahrbare Hochlandstrecke, auch wenn das „F" vor der 35 weggefallen ist. Das eine oder andere Schlagloch oder im Weg liegende Steine werden Ihr Geschirr in den Schränken zu Freudensprüngen animieren. Der Staub tut ein Übriges (wenn es nicht regnet). Dafür entschädigen ein uriges Hochlandbad (**Hveravellir**) nebst Campingplatz und der Abstecher ins **Kerlingarfjöll**, ein farbenfrohes Geothermalgebiet. Auch die Zufahrt dorthin wurde wesentlich entschärft, seit die Furten „verrohrt" worden sind.

Von der Ringstraße führt die 731 noch auf Asphalt zur 35. Im Hochland eröffnet sich dann bald der Blick zu den Eiskappen des Langjökull und des Hofsjökull. Zwischen beiden hindurch führt die Piste nach Südisland. Vorbei am Stausee **Blöndulón** und vielen kleineren Seen wird das Umfeld immer hochlandtpyischer: Graubraune Schotterwüsten, aufgelockert durch sattes Grün an den Gewässern, gleiten am Wohnmobil vorbei. Am Gästehaus „Kjölur Guesthouse" (**GPS** N65 09 00.7 W19 43 19.7) wäre eine Übernachtung auf dem Parkplatz auf Anfrage denkbar. Nach dem Höhenzug Dufunesfell (Parkplatz und Infotafel) zweigt die Piste zum Hochlandbad Hveravellir rechts ab, wo Sie mit dem Wohnmobil auf dem **Campingplatz Hveravellir** nächtigen können (**GPS** N64 51 58.7 W19 33 13.7 - Gebühr).

Höhepunkt dort ist der urige Badepott, den die Badenden selbst durch Zufuhr von mehr oder weniger Heiß- oder Kaltwasser in der Temperatur regulieren - in Mitteleuropa fast unvorstellbar. Doch hier funktioniert es. Man baut auf Vernunft und Denkvermögen der Menschen. **Dennoch:** Prüfen Sie vor dem Einsteigen in den Pool, ob nicht ein Vordermann (oder -frau) vergessen hatte, das Heißwasserrohr aus dem Pool zu nehmen. Sonst könnte die „Mini-Blaue-Lagune" zum Baden viel zu heiß sein.

Vielleicht haben Sie auch Glück mit Polarlichtern? Gesehen am 3.9.2016/1[56] h.

ROUTE 3

Hinter dem Hochlandbad erstreckt sich ein Geothermalgebiet mit dampfenden und zischenden Solfataren und Fumarolen. Über Holzplanken ist es auf einem Spaziergang erreichbar. Es ist eine Freude, das Wechselspiel der Farben zu genießen, die aus den Auskristallisierungen der chemischen Substanzen aus dem Erdinneren gebildet werden.

Da das Wasser ständig am Siedepunkt ist, soll der Geächtete Eyvindur zur Sagazeit sich hier oben mit seiner Frau Halla in einer Lavahöhle versteckt gehalten haben. Ernährt haben Sie sich demzufolge von Schafen, die Sie gestohlen und in den heißen Pötten gegart haben sollen. Das, damit Sie wissen, wie heiß das Wasser hier oben in der Tat ist.

WANDERUNGEN VON HVERAVELLIR AUS

Die Hochlandregion bietet zahlreiche Wanderrouten. Eine zwischenzeitlich eingestürzte Lavahöhle, die Eyvindur als Heimstatt gedient haben soll, ist eines der Ziele. In einer Halbtagestour können Sie den Vulkankrater Stykur (847 m) mit seinem erstarrten Lavasee erwandern und vom Kraterrand die faszinierende Welt aus Feuer und Eis genießen. Will man nicht auf gleichem Weg zurückwandern, kann die Tour durch das Þjófadalur (Tal der Diebe) verlängert werden,und von dort zurück nach Hveravellir (ca. 8-9 Std. insgesamt).

Detaillierte Angaben zu den Wandermöglichkeiten gibt Ihnen die empfohlene Wanderliteratur. Der Hüttenwirt hält ebenfalls Informationen und Kartenmaterial für Sie bereit.

Tolle Wohnlage? Eyvindurs Höhle - Gletschersicht und Heißwasser gratis

Schöner könnten die Farben kaum sein: Auf dem Rundweg Kerlingarfjöll

ABSTECHER INS KERLINGARFJÖLL

Die 35 führt weiter nach Süden zum Gullfoss/Geysir. Sie können 28 Kilometer südlich der Abzweigung Hveravellir links auf die F347 abzweigen und den **Hochland-Campingplatz Kerlingarfjöll** ansteuern (Wanderheim, Restaurantbetrieb **GPS** N64 41 00.2 W19 18 00.0 - Gebühr). Erkundigen Sie sich im Gästehaus nach dem Wanderweg talaufwärts und vergessen Sie Ihre Badesachen nicht, denn dort gibt es einen weiteren, naturbelassenen Badepott zum Entspannen.

Wer ein 4x4-Wohnmobil sein Eigen nennt, das kräftige, ruppige Anstiege meistern kann, fährt hinauf auf den Wanderparkplatz Kerlingarfjöll (**GPS** N64 38 47.5 W19 16 42.6). Von hier erwandern Sie das farbenfrohe, hier und dort dampfende und zischende Geothermalgebiet bei hoffentlich wesentlich besserem Wetter als ich es beim ersten Besuch mit meiner Frau gemeinsam hatte. Wir hatten beim ersten Besuch aufgrund Schneeregens zentimeterstarke Lehmklumpen an den Sohlen und damit wortwörtlich schwere Füße. Und doch waren wir äußerst fasziniert von der herrlichen Vulkanwelt, die ich mitlerweile bei Kaiserwetter kennengelernt habe.

Einen Leserhinweis möchte ich Ihnen nicht vorenthalten, auch wenn ich ihn nicht selbst erwandert habe. Sie können ein Stück unterhalb des beschriebenen Wanderparkplatzes links abbiegen und zu einem schönen Aussichtspunkt mit Rundumblick fahren (**GPS** N64 39 05.5 W19 15 15.8), um von dort hinauf zum Gipfel Snækollur zu wandern - ca. 1,5 h Anstieg).

Von der Abzweigung Kerlingarfjöll sind es 67 km zum Gullfoss, wo Sie eine Asphaltstraße in Empfang nimmt, ebenso die Cafeteria nebst Parkplatz des Wasserfalls, auf den ich später noch zu sprechen komme.

Zurück auf der gut ausgebauten Ringstraße, geht es weiter durchs **Langidalur** nach **Blönduós**. Hier erhalten Sie und Ihr Wagen, was Sie brauchen - Supermarkt und Tankstelle liegen beieinander an der Ringstraße, ein recht gutes Restaurant obendrein.

BLÖNDUÓS - TJALDSVÆÐI

Stellplatzart: Campingplatz
GPS: N65 39 33.7 W20 16 35.2
Adresse: 540 Blönduós
Tel.: +354 820 1300
mailto: gladheimar@simnet.is
Homepage: www.gladheimar.is
Zufahrtinfo: An der Ringstraße beim Ortseingang (gegenüber N1-Tankstelle) links ab ausgeschildert.
Kurzbeschreibung: Wiesengelände, aufgelockert durch Hecken, unterhalb der Straße und damit recht ruhig. Anmeldung im grauen Gebäude, in dem auch die **Tourist Information** untergebracht ist. Gute Ausstattung, modernisierte Sanitäranlagen (Du/WC, Ver-/Entsorgung für Kassetten, separate Frischwasserversorgung (gut!), Waschmaschine/Trockner gegen Zusatzgebühr).
Preis (2016): Pauschal ISK 3.500 für Familien inkl. Strom oder ISK 1.500 p. P. /N., Strom ISK 700. **Öffnungszeit:** Juni bis August.

Sehenswertes In Blönduós

Die Tourist Information findet sich, wie in der Stellplatzbeschreibung erwähnt, am Campingplatz.

Im Ort wird Ihnen die in den 90er Jahren eingeweihten **Kirche von Blönduós** auffallen, die an eine Muschel erinnert - Tribut an die Haupteinnahmequelle, da man nach dem Wegbleiben der Heringsschwärme auf die Zucht von Miesmuscheln setzte. Der Architektur wegen sollten Sie einen Blick ins Innere der Kirche werfen, wo das Spiel der Schatten der Fenster und der hellen Farben bei Sonnenschein fasziniert (offen im Sommer tgl. 10^{00}-15^{00} h, eine Eintrittsgebühr wird berechnet).

Licht- und Schattenspiel der Kirche

Im Zentrum des Ortes finden Sie das eine oder andere alte Gebäude nahe beieinander, was den Eindruck eines intakten Fischerdorfes vermittelt, zumal mittendrin gastronomische Angebote und eine Bäckerei zu finden sind.

Im neuen Teil der Stadt finden Sie das **Textilmuseum** (Öffnungszeiten: Mitte Juni-Mitte August tgl. 14^{00}-17^{00} h).

Über die Tourist Information am Campingplatz können Sie darüber hinaus **Robben- und Vogelbeobachtungstouren** buchen, was Vögel betreffend im Frühsommer sinnvoll erscheint.

In der Nähe des Campingplatzes, bei der N1-Tankstelle, befindet sich in einem ungemütlich anmutenden Zweckbau das Restaurant Potturinn, in dem Gerichte (übrigens auch Kuchen, den ich getestet habe) aus der isländischen Küche im Angebot sind. Auch äußerlich gemütlich geht es im alten Teil des Ortes im Café Kilian zu, das mir die Tourist-Information auf die Frage nach regionaler Küche angeraten hat.

Nach Übernachtung auf dem Campingplatz und einem Besuch im schönen, modernen und recht großen Schwimmbad am Fuß der Kirche, starte ich den Motor und rolle zur Ringstraße zurück. Auf dieser gilt es nun ein gutes Stück Richtung Westen zu fahren. Die Straße 721 zweigt bei einem neben der Ringstraße gelegenen Rastplatz rechts ab (**Parkplatz Ólafslundur** mit WC/Picknickbank - **GPS** N65 30 15.6 W20 22 36.8). Von hier aus lege ich einen Abstecher von insgesamt 13 km zur **Þingeyrarkirkjá** ein. Eingeweiht

Die Þingeyrarkirkja

wurde das Gotteshaus 1877. Sein Standort deutet darauf hin, dass schon zur Sagazeit hier Gericht gehalten wurde. Eine Besonderheit ist nicht nur die Bauweise aus dunklem Stein, sondern dass Sie einen Flügelaltar aus Nottingham (GB) aus Alabaster beinhaltet, den man nur zu Gesicht bekommt, wenn man nicht zu spät kommt, wie ich... Zur Öffnungszeit erhalten Sie im benachbarten Informationszentrum Kaffee und Kuchen und können nachfragen, ob Sie eine Nacht hier stehen bleiben können (**Parkplatz GPS** N65 33 17.1 W20 24 17.9). Ein Reiter von einem nahen Gehöft sagte mir, dass dies möglich sei, man aber nachfragen solle. Flexibel sind sie halt, die Isländer!

5 Um die Halbinsel Vatnsnes

Die erste Sehenswürdigkeit an der Straße 716, ein Kunst- und Befestigungswerk der Natur, ist die Felsenfestung **Borgarvirki**. Sie erreichen diese vom Picknickplatz (**GPS** N65 28 24.8 W20 35 47.0) in wenigen Minuten zu Fuß. Basaltfelsen eines alten Vulkans bildeten den Grundstock. Die Lücken haben wohl Siedler zur Landnahmezeit mittels Mauerwerk ergänzt - fertig war die Burg. Allerdings gibt es keine schriftlich festgehaltenen Quellen über Zweck und Bauherren. Wenn Sie den kurzen Anstieg vom Parkplatz hinter sich haben, werden Sie mit einem überwältigenden Blick über die Fjordwelt und ins Landesinnere belohnt.

Die kurvige, teils steile Straße führt zur 711, die (geschottert) nordwärts zum „Basaltungeheuer" **Hvitserkur** führt. Die Basaltformation können Sie kurz nach dem **Café Ósar** (Kaffee/Snacks,

Nur wenige Minuten vom Hvitserkur entfernt: Ein Robben-Wellnessplatz!

WiFi Zone) auf einer steilen Zufahrt erreichen. Vom recht stark frequentierten Parkplatz (**GPS** N65 36 12.9 W20 38 25.0) sind es wenige Schritte zur Aussichtsplattform. Oft überlege ich mir, Sie zu fragen, für welches „Ungeheuer“ sie das Naturgebilde halten, das bei Ebbe das Meer leer zu saufen scheint. Es bietet Seevögeln eine tolle Brutstätte. Lassen Sie der Fantasie freien Lauf. Für mich ist die natürliche Skulptur am ehesten einem Nashorn ähnlich. Und nutzen Sie die Gelegenheit, nicht nur das Basaltungeheuer zu bewundern, sondern auch ein Stück rechts entlang der Küste zu gehen. Dort können Sie häufig Robben beobachten.

ROBBENBEOBACHTUNG AUF DER HALBINSEL VATNSNES

Vom Parkplatz können Sie hinabsteigen (Trittsicherheit/gutes Schuhwerk sind nötig, vor allem bei Nässe!) und rechts am Kiesstrand entlang wandern. Später geht man wieder rechts zum Parkplatz hinauf.

Die Beobachtung der Robbenkolonie auf der gegenüber liegenden Sandbank ist bei Ebbe beeindruckend. Dann liegen die Tiere träge umher. Das tun Sie eben nur bei Ebbe. Bei Flut zeigen Sie sich im Wasser alles andere als faul und träge. Vielmehr sind sie von der Neugierde getrieben und kommen dem Ufer recht nahe. Sie behalten immer achtsam im Auge, was sich am Strand oder ringsum tut, um schlagartig im Wasser verschwinden zu können. Noch etwas: Gehen Sie nur an den ausgewiesenen Beobachtungsplätzen heran. Nehmen Sie ein gutes Fernglas und einen Fotoapparat mit hohem Zoomfaktor mit. Vor allem: Verhalten Sie sich ruhig - die Tiere sind scheu. Wer Geduld und Ruhe beweist, wird meist mit neugierigen Blicken aus dem Wasser beäugt, und wie gesagt, bei Ebbe auch mit an Land dösenden Tieren belohnt. Weitere Beobachtungsstellen gibt es auf der westlichen Seite der Halbinsel beim Campingplatz und Hof Illugastaðir und beim Picknickplatz Tangar.

Von **Hvammstangi** aus können Sie mit einem hölzernen Beobachtungsboot in die Bucht hinausschippern, um die faszinierenden Säugetiere vom Wasser aus zu beobachten. **Sealtours** fährt im Sommer täglich hinaus. Nebenbei gibt es Seevögel zu sehen. Zur Zeit der Mitternachtssonne werden Abendfahrten angeboten, bei denen Sie die Sonne für kurze Zeit im Meer versinken sehen. Info: Tel. +354 897 9900, mailto:info@sealwatching.is, www.sealwatching.is.

Damit sind wir auf der Westseite der Halbinsel angekommen. Der Robbenbeobachtungsplatz **Hindisvík** an der Landspitze wurde zur Schonung der Robbenkolonie und des Privatlandes gesperrt.

Etwas weiter südlich machen ein isländisches und ein schottischen Fähnchen am Hof **Geitafell** neugierig. Der Besitzer ist halb Isländer, halb Schotte. Schotten mögen sparsam sein, Isländer dagegen flexibel und pragmatisch. Das ergänzt sich, wie man hier sieht. Als das Silo überflüssig wurde, war die Idee zum Restaurant geboren, das Sigrun und Robert Jón mit Bravour führen und ihren Gästen in familiärer Atmosphäre gute, frische Gerichte bieten.

HÚNAÞING - GEITAFELL

Stellplatzart: Restaurant
GPS: N65 37 27.0 W20 49 27.3
Adresse: 531 Húnaþing, Geitafell
Tel.: +354 861 2503 oder 893 3380
Homepage: www.geitafell.is

Zufahrtinfo: Südwestlich der Landspitze Hindisvík links ab ausgeschildert und gut sichtbar.
Kurzbeschreibung: Parkplatz beim Restaurant.

Trotz beschränkten Platzangebots sind die Besitzer aufgeschlossen, wenn Sie nach dem Essen im Restaurant anfragen, ob Sie eine Nacht bleiben dürfen. Reservierung ist zu empfehlen.

Auf der Weiterfahrt finden Sie weitere Plätze für die Robbenbeobachtung. Beim Hof Illugastaðir können Sie dies mit der Übernachtung auf dem Campingplatz kombinieren, ein Stück südlich davon am **Picknickplatz.Tangar** (**GPS** N65 35 04.0 W20 55 14.3).

ILLUGASTAÐIR - TJALDSTÆÐI

Stellplatzart: Campingplatz
GPS: N65 36 25.5 W20 52 41.7
Adresse: 531 Húnaþing - Illugastaðir
Tel.: +354 451 2664 oder 894 0650
Zufahrtinfo: An der 711 nach der Landspitze rechts ab gut ausgeschildert.
Kurzbeschreibung: Wiese, topfeben, nebenan WC/Dusche/Geschirrwaschplatz, Stromanschluss. **Günstiger Preis (2016):** ISK 1.000 p. P./N, Strom ISK 1.000. Einfach, aber landschaftlich sehr schön. Startpunkt für einen etwa 15-minütigen Fußweg zu einer Beobachtungshütte, von der Sie die Seehunde und Robben mit Fernglas beobachten können (Ferngläser nebst Gästebuch sind vorhanden). **Öffnungszeit:** ca. Juni-August.

HVAMMSTANGI - TJALDSTÆÐI KIRKJUHVAMMUR

Stellplatzart: Campingplatz
GPS: N65 24 08.0 W20 55 44.5
Adresse: 530 Hvammstangi, Kirkjuhvammsvegur
Tel.: +354 899 0008 oder 615 3779
mailto: hvammur.camping@gmail.com
Homepage: www.tjalda.is/Kirkjuhvammur
Zufahrtinfo: Im Ort links ab der Ausschilderung bergwärts, am Schwimmbad und dann am Wasserreservoir vorbei.
Kurzbeschreibung: Schön gelegener, gepflegter Platz, gute Ausstattung: V/E-Anlage, Frischwasser, Waschmaschine/Trockner (Gebühr), Stromanschluss. **Preis 2016:** ISK 1.200 p. P./N., Strom ISK 700. Sehr schöne Lage auf der Anhöhe über dem Ort. **Öffnungszeit:** Mitte Mai-Mitte Sept.

Sehenswertes/Einkehr in Hvammstangi

Zunächst sollten Sie vor dem Spaziergang in den Ort die Kirche beim Campingplatz anschauen. Unterwegs überquert man die Reitanlage, geht nach rechts und folgt dem Fahrweg schräg links zum Dorf. Ein paar Züge im Schwimmbad (ca. 33° C), etwas Entspannung im Hot-Pot (38°/41° C), schon ist man ein anderer Mensch. In der Tourist Information mit dem **Icelandic Seal Center** (Brekkagata 2/am Hafen, Tel. +354 451 2345, mailto:info@selasetur.is, www.selasetur.is) können Sie viel über die Robben lernen oder eine **Robbenbeobachtungsfahrt** buchen. Im Obergeschoss wurde jüngst ein gutes Restaurant eröffnet, in dem ein preisgünstiges Mittagsbuffet geboten wird. Haben Interesse an isländischen Strickwaren, sollten Sie die **Wollfabrik mit Werksverkauf**, die an der Ortsausfahrt in Richtung der Ringstraße ausgeschildert ist, aufsuchen. Mit dem nächsten Ausflugsvorschlag endet die Fahrt um Vatnsnes. Er dürfte für diejenigen interessant sein, welche den Ausflug um die Halbinsel nicht machen möchten.

ROUTE 3

ABKÜRZUNG /AUSFLUG ZUR SCHLUCHT KOLUGLJÚFUR

Sie lassen die Abzweigungen der 716/711 aus und bleiben auf der Ringstraße. Später folgen Sie der 715 (gute Schotterstraße). Wer den Ausflug von Hvammstangi her anhängen möchte, fährt auf der Ringstraße 10 km ostwärts zur Abzweigung. Das Naturschauspiel eines sehenswerten Wasserfalls mit anschließender Schlucht ist nach 6 km erreicht.

Sobald das Wohnmobil auf einem der Parkplätze (beiderseits der Brücke - **GPS** N65 19 57.6 W20 34 11.8) steht, heißt es die Wanderstiefel zu schnüren und auf der linken Flussseite dem anfangs gut, später kaum noch zu sehenden Wanderpfad zu folgen (Achtung - Absturzgefahr!). Die Schlucht ist 1 km lang und an die 50 m tief. Sie bietet spektakuläre Felsformationen, von denen kleine Wasserfälle herab plätschern. Unten tost der schäumende Bach, stürzt da und dort Felsstufen hinab und fließt auch mal recht ruhig tief unten zwischen den Felswänden dahin - abwechslungsreich und sehenswert. Grandiose Fotomotive sind bei gutem Wetter sicher.

Die Kirche nebst Friedhof direkt neben dem Campingplatz

Island - die Westfjorde

Die Faszination tief eingeschnittener Fjorde im Kontrast zu schroffen Bergen zieht zahlreiche Leser stets aufs Neue in ihren Bann. Die Westfjorde erfordern jedoch weite Fahrtstrecken, dies zudem oft auf Schotterstraßen. Aufgrund des Zeit- und Fahrtaufwandes ist es der Teil Islands, der vom Tourismus am wenigsten abbekommt - ein Segen für diejenigen, welche die Einsamkeit suchen - und schade für diejenigen, deren Urlaubszeit zeitlich knapp bemessen oder auch, wenn Sie Schotterpisten in der Regel meiden.

Traumplatz für die Vogelbeobachtung: Ein Tordalk auf dem Látrabjarg

Höhepunkte der Route durch die Westfjorde

1 GANZ NAH AM GLETSCHER - ZUM DRANGAJÖKULL

Der einzige Gletscher der Westfjorde, einsam und versteckt gelegen, ist auf einer faszinierenden Wanderung nur zu Fuß zu erreichen. Wer die Einsamkeit der Gletscherwelt liebt, ist hier genau richtig. (Seite 178).

2 METROPOLE DER WESTFJORDE: DAS LEBHAFTE ÍSAFJÖRÐUR

Mit etwa 2.600 Einwohnern, eingebunden in der engen Fjordlandschaft, ist Ísafjörður eher ein Dorf. Doch bietet die „Hauptstadt der Westfjorde" alles, was eine lebhafte kleine Metropole ausmacht. (Seite 183).

3 DÝRARFJÖRÐUR UND ÞINGEYRI

Der Dýrafjörður mit dem Hauptort Þingeyri gehören zu den ältesten Siedlungsorten der Westfjorde. Die nahe „Schweiz der Westfjorde" mit knapp 1.000 m hohen Bergen sind vom nahen Aussichtspunkt Sandafell gut zu sehen oder von Þingeyri aus zu erwandern. (Seite 188).

4 DYNJANDIFOSS - EINER DER SCHÖNSTEN IN ISLAND

Breit aufgefächert tost das Wasser über die Bergkante, einem römischen Brunen ähnlich. Und bis hinab zum Álftafjörður. (Seite 192).

5 ZUM WESTLICHSTEN PUNKT EUROPAS - LÁTRABJARG

Der westlichste Punkt Europas, über 14 km lang und über 400 m aus dem Nordatlantik herausragend, ist Látrabjarg einer der größten Brutfelsen der Welt. Kaum irgendwo können Sie den Vögeln näher kommen, als hier. Und es sind weit mehr Vogelarten, als die allseits beliebten Papageientaucher. (Seite 196).

Nach ein paar Kilometern lege ich den ersten Halt bei der Kirche von **Prestbakki** ein (**GPS** N65 18 55.2 W21 11 37.6) und genieße den Blick über die Meeresbucht Húnaflói. Nicht, dass es ein unerhört schönes Kirchlein wäre. Der Ort strahlt einfach eine Ruhe aus, die ich schätze - Westfjorde eben.

Nach der Kaffeepause folgt ein Abschnitt der 61, der mal wieder Schotter unter die Räder zaubert. Doch erlaubt der gute Zustand eine rasche Fahrt. Die Landschaft nimmt an Abwechslungsreichtum zu. Ich umkurve felsige Hügel und Wiesen in stetigem Auf und Ab, bis am **Bitrufjörður** ein erster Picknickplatz Gelegenheit zur ausgiebigen Rast bietet (**GPS** N65 28 46.7 W21 23 07.4). Eine weitere Gelegenheit besteht am **Kollafjörður**.

Der Kilometerzähler ist um einige Ziffern weiter, als ich vom Anblick der Berge jenseits des Fjordes fasziniert die grasenden Pferde und Schafe beobachte, auf deren Weide sich auch Gänse und Singschwäne den Magen vollschlagen, um für die Winterreise gerüstet zu sein. Schön, dass meine freundliche Frage beim

Bauern und die Tatsache, dass ich eine Toilette an Bord habe, mit einer ebenso freundlichen Erlaubnis quittiert wird, am kleinen Parkplatz Kirkjuból für eine Nacht zu stehen und die Landschaft zu genießen (**GPS** N65 38 21.6 W21 34 02.7).

Suchen Sie dagegen einen guten Campingplatz, müssen Sie sich noch ein paar Kilometer bis Hólmavík gedulden. Dabei können Sie tolle Ausblicke in die Fjordlandschaft am **Steingríms-fjörður** entlang förmlich in sich aufsaugen. In Hólmavík gilt es dann einiges zu entdecken.

HÓLMAVÍK - TJALDSVÆÐIÐ HÓLMAVÍK

Stellplatzart: Campingplatz
GPS: N65 42 07.6 W21 41 04.2
Adresse: Hólmavík, Hafnarbraut
Tel.: +354 451 3560
mailto: info@strandabyggd.is
Homepage: www.strandabyggd.is
Zufahrtinfo: Von der 68 in den Ort abbiegen, gegenüber der Tankstelle links abbiegen (ausgeschildert).
Kurzbeschreibung: In größere Einzelflächen aufgeteilter Campingplatz beim Schwimmbad (separater Eintritt ISK 550), am Ortsrand. Gute Ausstattung (Strom, Ver-/Entsorgung (mit Bodenablauf) , Waschmaschine/Trockner (je ISK 650), WC/Dusche). **Preis (2016)**: ISK 1.200 p. P./N. ab 14 J., Rentner/Behinderte ISK 800, Strom ISK 650.
Öffnungszeit: ca. Mitte Mai bis Mitte September.

Sehenswertes und Einkehr in Hólmavík

Besonders interessant ist das Museum in der **Tourist Information von Holmavík** (www.galdrasyning.is, Tel. +354 8976525, mailto: galdrasyning@holmavik.is - **GPS** N65 42 23.9 W21 39 58.2) das sich mystischen Themen wie der Hexerei und dem Volksglauben früherer Zeiten widmet. **Öffnungszeiten**: Tgl. 9^{00}-19^{00} h (Winterhalbjahr 11^{00}-15^{00} h u. 18^{00}-19^{00} h). Für den Rundgang gibt es ein Heftchen mit Erläuterungen. Für Ihr leibliches Wohl wird im Museumscafé gesorgt (Kaffee und Kuchen, einfache Gerichte). Zudem finden Sie zwei Restaurants, in denen regionale Küche im Angebot ist. Zum einen ist dies das Kaffi Riis (kurz vor der Tourist Information auf der anderen Straßenseite), zum

... ob er schon länger wartet?

anderen das Kaffi Galður, wo Sie gute Muscheln auf den Teller bekommen (was zugegeben nicht mein Fall ist). Doch gibt es auch andere Gerichte aus dem Meer und Fleisch.

Ausflug nach Drangsnes/Landspitze Bjarnarnes

Vor mir liegt die Fahrt um den Steingrímsfjörður. In **Drangsnes** will der originelle Hot Pot genutzt werden. Der Badepott an der Durchgangsstraße liegt mitten in der Uferbefestigung. Das klingt für Mitteleuropäer ziemlich schräg. Das heiße Wasser war bei Bauarbeiten zufällig angezapft worden. Man entschied sich, es zu fassen und den **Hot Pot** einzurichten. Dusche und WC sind auf der anderen Straßenseite. So lässt es sich wohl fühlen in einem der Pötte mit 31°/39°/41°C Wassertemperatur und Meerblick (Parkplatz davor - **GPS** N65 41 19.0 W21 26 50.6). Zudem hat Drangsnes ein modernes Schwimmbad und einen Campingplatz zu bieten.

DRANGSNES - TJALDSTÆÐI

Stellplatzart: .... Campingplatz
GPS: N65 41 28.6 W21 26 22.2
Adresse: .... 520 Drangsnes, Drangsnesvegur
Tel.: .... +354 844 4701
mailto: .... drangur@drangsnes.is
Homepage: .... www.tjalda.is/drangsnes
Zufahrtinfo: Von der 61 am Fjordende rechts ab nach Drangsnes (bis dort Asphaltstraße Nr. 645). Durch den Ort fahren, am Hot Pot vorbei, dann steil bergauf. Kurz später rechts und links der Straße ausgeschildert.
Kurzbeschreibung: Einfacher Campingplatz in schöner Lage mit Blick auf Grimsey und den Steingrímsfjörður. Du/WC, Stromanschluss an zwei Stellplatzebenen beidseits der Straße. **Preis (2016):** ISK 1.100 p. P. /N. ab 15 J. Strom ISK 1.000.
Öffnungszeit: Mai bis Oktober.
Entsorgungsstationen für Abwasser/Toilette (Kassettenausguss): Neben der Tankstelle (**GPS** N65 41 28.1 W21 26 30.0) oder wenige Meter neben dem Restaurant Malarhorn (**GPS** N65 41 23.3 W21 26 02.8).

Krähenscharben auf Hrisey

Drangsnes: Wohlfühlen im Hot Pot

Wenn Ihr Magen knurrt, Sie aber Ihre Wohnmobilküche kalt lassen möchten, besuchen Sie das Kaffi Malarhorn (www.malarhorn.is, Tel. +354 896 0337, mailto:malarhorn@malarhorn.is), das ein Stück hinter dem Schwimmbad am Fjordufer. Dort kommt vor allem das auf den Teller, was das Meer gerade an frischem Fisch oder Muscheln hergibt .

Sie können dort - während der Brutsaison (ca. Mai-Anfang August) auch eine Bootstour nach **Grimsey** buchen. Die Vogelinsel wird vom Bootsführer zunächst dicht am Ufer umrundet, was einen guten Einblick in die Brutfelsen ermöglicht. Hier sind neben den häufigen Möwen und Eissturmvögeln auch Krähenscharben zu sehen. Und natürlich kommt auch Ihr Wunsch nach der Entdeckung der putzigen Papageientaucher nicht zu kurz. Sie haben die Gelegenheit, für eine gute Stunde das Boot zu verlassen und die Insel auf eigene Faust zu erkunden. Auf dem Rückweg wird geangelt und den Fang können Sie im Erfolgsfall erwerben. Insgesamt dauert der Spaß etwa 3 Stunden.

Nun holpere ich auf der engen, teils steilen Schotterstraße 645 um die Halbinsel Richtung **Laugarhóll**. An einer schönen Bucht mache ich eine Pause (**GPS** N65 44 51.6 W21 21 59.6). Den Platz hatte ich bei früheren Islandreisen schon für eine Übernachtung genutzt. Unsere Tochter konnte mit Freude im Treibgut nach brauchbarem Spielzeug suchen. Bald gelangt man zur 643 und erreicht rechts ab das **Hotel Laugarhóll**, wo ein einfacher Campingplatz sowie ein Schwimmbad zur Verfügung stehen. Das (ca. 35° C warme) Bad stammt aus den 30er Jahren. Der historische Hot Pot **Gvendarlaug** beim alten Torfhof ist eine geschützte Sehenswürdigkeit und nicht mehr fürs Baden freigegeben.

Der historische Hot Pot Gvendarlaug in Laugarholl, hinten die Zeltwiese

LAUGARHÓLL - TJALDSTÆÐI

Stellplatzart: .... Campingplatz
GPS: N65 46 51.7 W21 30 57.6
Adresse: .... 510 Hólmavík, Laugarhóll
Tel.: .... +354 451 3380 oder 698 5133
mailto: .... laugarholl@laugarholl.is
Homepage: .... www.laugarholl.is
Zufahrtinfo: Von Drangsnes über die Schotterstraße 645 um die Landspitze herum und weiter bis zur Einmündung auf die 643. Dort rechts ab. Das Hotel ist etwas weiter talaufwärts links ab ausgeschildert.
Kurzbeschreibung: Kleine Zeltwiese etwa 150 m oberhalb der Hotelzufahrt, ruhig gelegen mit schönem Blick ins Tal. WC, Kaltwasser hinter einem Entwässerungsgraben (Zugang über Holzsteg). Dafür ist der Platz sehr preisgünstig. **Preis 2016:** ISK 700 p. P./N, Eintritt Schwimmbad ISK 300).
Öffnungszeit: Juni-August (bei nasser Witterung nur für Zelte nutzbar).

Wer keine Lust oder Zeit für längere Strecken auf Schotter zur Verfügung hat, fährt auf der 643 zurück zur 61 und folgt auf dieser der weiteren Route durch die Westfjorde.

Ausflug nach Djúpavík und zum Krossnesslaug

ROUTE 4

Der Ausflug nimmt mindestens einen Tag in Anspruch und umfasst knapp 200 km (hin und zurück ab Laugarhóll). Er führt durch eine grandiose Fjordlandschaft. Zumindest bis Djúpavík ist die Straße eine passable Schotterpiste. Danach, in den Passagen, auf denen die Straße durch Geröllhalden gebaut wurde (Steinschlaggefahr - nicht anhalten!), ist allerdings eine vorsichtige Fahrweise nötig. So fahre ich vom Hotel Laugarholl auf guter Schotterpiste zwischen steilen Berghängen des fast 800 m hohen Gebirgszuges zunächst bis **Djúpavík**.

Die alte Fischfabrik neben dem Hotel/Restaurant Djúpavík

DJÚPAVÍK - EINST UND HEUTE EIN ERFOLGREICHER ORT

Vor Jahrzehnten war der Fischerort noch als erfolgreicher Standort einer Heringsfabrik bekannt - bis die Heringsschwärme in den 60er Jahren ausgeblieben waren. Danach fristete das Industrieanwesen nebst Arbeiterwohnungen ein trostloses Dasein. Die Gebäude waren der rauen Witterung schutzlos ausgeliefert und der Verfall nahm seinen Lauf, jedenfalls bis das Ehepaar Eva und Ásbjörn beschloss, dem alten Ort zur neuen Blüte zu verhelfen. Das ehemalige Wohnheim für die Arbeiterinnen wurde renoviert. Heute ist es das im Sommer beliebte Hotel Djúpavík. Im Erdgeschoss können Sie einkehren (vorherige Reservierung empfehlenswert!) und erhalten in angenehmer Atmosphäre gutes, regionales Essen serviert.

Die ehemalige Fischfabrik ist heute nach wie vor in ihrem halb verfallenen Zustand, dies aber ganz bewusst. Auf den zweiten Blick wird auch Sie die Faszination ergreifen, wie viele andere Gäste auch. Es war Ásbjörn und Eva ein Anliegen, die Fabrikhallen zu erhalten. Dabei war es auch ein Verdienst von „Claus in Iceland", wie der junge Deutsche sich nennt, die dunkle, verwunschen erscheinende ehemals größte Betonhalle Islands zu einer Ausstellung umzubauen. Heute ist Claus zwar nicht mehr dort tätig, doch seine Idee lebt nach wie vor fort. Sie können dort Fotografien aus alter Zeit, aber auch zeitgenössiche Fotokunst im grauen Industriekomplex bewundern - eine beeindruckende Idee, wie ich finde.

DJÚPAVÍK - HOTEL DJÚPAVÍK

Stellplatzart: .... Restaurant
GPS: N65 56 40.9 W21 33 30.2
Adresse: .... 522 Kjörvogur - Árneshreppur/Djúpavík
Tel.: .... +354 451 4037
mailto: .... djupavik@djupavik.is
Homepage: .... www.djupavik.com
Zufahrtinfo: Auf der 643 von Laugarhóll aus auf landschaftlich sehr attraktiver Strecke bis Djúpavík fahren (ca. 46 km).
Kurzbeschreibung: Parkstreifen gegenüber dem Restaurant. Übernachtung für Restaurantgäste bitte ausschließlich auf Anfrage bei Eva und Ásbjörn bzw. beim Servicepersonal.

NORÐURFJÖRÐUR - URÐARTINDUR

Stellplatzart: .... Campingplatz
GPS: N66 03 00.7 W21 34 03.4
Adresse: .... 524 Árneshreppur, Norðurfjörður
Tel.: .... +354 843 8110
mailto: .... urdartindur@urdartindur.is
Homepage: .... www.urdartindur.is
Zufahrtinfo: Auf der 643 bis Norðurfjörður fahren, am Fjordende kurz vor dem Ort auf der linken Seite gelegen.
Kurzbeschreibung: Wiesengelände am Ende der Bucht, Dusche/WC, Aufenthaltsraum, keine V/E-Station. Anmeldung im hellen Haus. Preis (2016): ISK 1.200 p. P./N. (Kinder frei).
Sonstiges: Zweiter, ähnlich ausgestatteter Platz (**Valgeirsstaðir**) liegt auf dem Nachbargrundstück (**GPS** N66 03 03.7 W21 33 56.0). **Preis 2016**: ISK 1.800 p. P./N. (Rabatt für FI-Mitglieder). Anmeldung: Grünes Haus.
Öffnungszeit: Juni bis Mitte September.

Nach 38 km parken Sie auf dem Parkplatz **Krossnesslaug** (**GPS** N66 03 22.9 W21 30 29.7) und sollten nun die Badesachen packen. Im Juni/Juli können Sie vielleicht die Mitternachtssonne genießen, wie ich im Juni 2013, in dunklen Nächten im Spätjahr auch Polarlichter. Nach wenigen Schritten gleiten Sie ins warme Wasser und genießen das Bad mit Meeresblick. Mit einem Augenzwinkern meinte der Bademeister, ich könne, wenn ich vom Hot Pot aufgewärmt sei, das Meerwasser testen. Gerade habe er dort 9°C gemessen.

Ein Stück vor dem Bad steht Ihnen das Restaurant **Kaffi Norðurfjörður** offen (regionale Küche). Wer den Ausflug ausdehnen möchte, bucht eine Bootsfahrt nach **Hornstrandir**, zum noch einsameren Badeplatz am Reykjarfjörður oder in die menschenleere Bucht **Hornvík**, wo Freunde einsamer Wandertouren ihre Freude haben. Sie können das Boot auch weiterfahren lassen, das Schwimmbad genießen und die Rückfahrt abwarten, die Sie mit dem Kapitän abstimmen müssen. Diesen nicht selbst ausprobierten Ausflugstipp erhielt ich von der Tourist Information Hólmavík.

Einen Besuch wert ist die an der Strecke ausgeschilderte Handwerksausstellung **Kört** nahe der Siedlung **Finnbogaðaskóli** (Kirche), die ich nur von außen angeschaut habe. Warum von außen? Ich hatte das Krossneslaug zu lange genossen.... Es ist eine Ausstellung von Kunstwerken aus Treibholz oder Walknochen. Sie können das eine oder andere Stück erwerben - für die Lieben daheim oder für sich selbst. **Öffnungszeiten/Info:** Juni-Aug. tgl. 10^{00}-18^{00} h, Tel. +354 451 4025, www.trekyllisvik.is, mailto:arnes2@simnet.is. Auf dem Rückweg nutzen Sie die gleiche Strecke. Von Laugarhóll sind etwa 8 km zurück zur 61 zu fahren, wo das Wohnmobil wieder auf Asphalt rollt.

Zur Mitternachtssonne bin ich am Krossneslaug

ROUTE 4

1 Ganz nah am Gletscher - zum Drangajökull

Kaum liegt die Überquerung der **Steingrímsfjarðarheiði** (Straße 61) hinter mir, entscheide ich mich für einen weiteren Abstecher, der eine Strecke von etwa 37 km in Anspruch nimmt (Schotterpiste, bei meiner Recherche aber gut befahrbar).

Ziel des Ausfluges ist der **Drangajökull** (Bild unten). Am Ende des fast versandeten Fjordes **Kaldalón** (benannt nach einem in Island bekannten Dichter, dem ein Denkmal gewidmet ist), zweige ich von der 635 rechts ab. Der Schotterweg führt auf die Endmoräne zu. Ich fahre rechts um die Moräne, wo sich nach einer Furt (Vorsicht!) eine Schotterfläche findet (**GPS** N66 05 47.6 W22 21 01.9). Eine Alternative ist links am Fluss auf dem Schotterdamm.

Wandertipp: Zum Drangajökull

Ich kenne die Wandertour aus früheren Jahren. Selbst unsere damals 7-jährige Tochter hatte die Route begeistert erwandert und das Gletschererlebnis genossen (siehe Wanderliteratur).

Ein Hinweis zur Vorsicht vorab: Es gibt keinen gut erkennbaren, markierten Wanderpfad. Einige Bäche sind zu überqueren, weite Passagen führen über loses Geröll und erfordern Trittsicherheit, Orientierungssinn und Kondition sind erforderlich, denn die Markierung (Steinhaufen) muss oft erspäht werden. Der Gletscher zieht sich Stück für Stück zurück. Daher wird die von mir und meiner Familie benötigte Gehzeit von 2 Stunden je Richtung mittlerweile um ca. 15 Minuten überschritten.

Es erwartet Sie eine grandiose Landschaft aus steilen Bergflanken, grünen Moospolstern an den Bachläufen, Grund- und Endmoränen, und nicht zuletzt die Zunge des **Drangajökull**. Dass das Begehen des Gletschers ohne ortskundige Führung und ange-

Die Wanderroute zum Drangajökull im Herbst - Orientierungssinn ist nötig.

messene Ausrüstung tabu ist, setze ich voraus. Halten Sie sich in Blickrichtung vom Parkplatz zum Gletscher am unteren Ende des Berghanges und orientieren sich an den Steinmännchen. Vorsicht am Gletscherrand! Immer wieder hört man Geröll von der steilen Eisfläche donnern. Am Gletschertor besteht Einsturzgefahr. Davon konnte ich mich mit meiner Frau bei der Recherche 2008 mit eigenen Augen überzeugen, als ein Eisblock am Gletschertor abbrach. Es war beeindruckend, den Gletscher kalben zu sehen, die Flutwelle noch beeindruckender...

Wenn Sie Ihren Beinen und dem Wohnmobil die Schottertour zum Gletscher ersparen möchten, können Sie sich auf einen interessanten Ort freuen: **Reykjanes**. Zwar macht das ehemalige Schulgebäude, heute Hotel und Restaurant, äußerlich einen kaum einladenden Eindruck. Doch was den Gästen geboten wird, ist aller Ehren wert! Ein gutes Restaurant hat regionale Speisen im Angebot (Fisch- und Fleischgerichte) . Und hinter dem Gebäude erwartet Sie ein moderner Campingplatz.

REYKJANES - TJALDSTÆÐI

Stellplatzart: .... Campingplatz
GPS: N65 55 37.8 W22 25 28.3
Adresse: .... 401 Isafjörður - Reykjanes
Tel.: .... +354 456 4844
mailto: .... rnes@rnes.is
Homepage: .... www.rnes.is
Zufahrtinfo: Auf der 61 fahren, bis die Ausschilderung von der 2009 eröffneten neuen Trasse nach rechts weist. Sie landen direkt in der Siedlung mit Tankstelle und Hotel.
Kurzbeschreibung: Vor kurzem komplett neu angelegter Campingplatz mit modernem Sanitärgebäude; dort auch Entsorgungsstation für Abwasser. Waschmaschine/Trockner und WiFi in Kürze vorgesehen.
Preis (2016): ISK 2 700 pro Wohnmobil/N.
Öffnungszeiten: Ganzjährig (nach Wetterlage).

Das Salz ist nun fast fertig für die Verpackung

Salzfabrik, altes Schwimmbad, Robben

Zum Hotel gehört das Schwimmbad aus den 30er Jahren, das mit einem großen Schwimmbecken überrascht. Die Wassertemperatur ist unterschiedlich, je nach dem, wie nahe man sich an einem Heißwasserzulauf befindet (ca. 33° bis 36° C habe ich gemessen). Gehen Sie ins Hotel, dann fühlen Sie mal den Fußboden. Selbst die Vortreppe strahlt eine wohlige Wärme ab. Der Grund: Unter dem Gebäude befindet sich die kochend heiße Quelle. Auch das nahe „Gamli Sundlaug" (Bild) profitierte früher davon. Einen Vorteil hatte deshalb der ehemalige Campingplatz auf der Rasenfläche vor dem Hotel: Auch dort fühlt sich der Boden warm an. Schnee zu schippen kennen die Leute also nicht. Die weiße Pracht taut selbst bei strenger Kälte von selbst wieder ab.

Wenn Sie vom Campingplatz ein paar Meter unterhalb Richtung Meer wandern (die frühere Straße 61), gelangen Sie zu drei unscheinbaren Gebäuden. Dort wird seit kurzer Zeit in alter Tradition Salz gewonnen, das Sie im Hotel (und in vielen Lebensmittelgeschäften Islands, ja sogar in ganz Europa) erwerben können. Hierfür wird Meerwasser in Tanks gepumpt, das mit der Wärme aus der ergiebigen, 96° C (!!!) heißen Quelle direkt unter dem Hotel erhitzt wird. Durch die Verdampfung entsteht eine angereicherte Salzlauge, die nach und nach abtrocknet - einfach, effektiv und gänzlich ohne Zuführung fremder Energie.

Folgt man der alten Straße weiter, weist ein Schild rechts zum „Gamli Sundlaug", dem alten Schwimmbad. Auch dort sprudelt heißes Wasser aus dem Boden. Der Bach wurde über Jahrzehnte in einem Becken aus Stein, später aus Beton, eingefasst und diente lange Zeit als natürliche Badestelle.

Dann wandert man parallel zur Landebahn des Flugplatzes. Wenn die Straße leicht rechts abknickt, kann man dem Ufer des Fjordes folgen. Später führt auch die Straße zum Ufer zurück. In diesem Bereich tummeln sich Robben, die sich gut beobachten lassen. Der Rückweg verläuft auf gleicher Strecke.

Die 61 folgt auf neuer Trasse auf einem Damm nach **Vatnsfjörður**, von dort zu einer kleinen Insel und dann auf einer Brücke über den **Mjóifjörður**. Das spart einige Kilometer Richtung Ísafjörður. Doch bis dort gibt es noch einige Zwischenstationen. Die erste ist ein Picknickplatz hoch über dem **Skötufjörður** (**GPS** N65 56 40.9 W22 47 05.5 - Picknickplatz und tolle Aussicht über den Fjord).

Der Hof Litli Bær mit dem netten Café

Nachdem der Fjord umrundet ist, liegt 2 km vor der **Landspitze Hvitanes** hinüber zum **Hestfjörður** links oben der Hof **Litli Bær**. Das alte Torfhaus wurde hergerichtet. Die Besitzer betreiben ein nettes Café (Sommer tgl. 10^{00}-17^{00} h - Parkplatz **GPS** N65 59 09.6 W22 48 55.5). Die Waffeln mit Marmelade und Sahne sind ein Gedicht! Eine Infotafel gibt Aufschluss über die Geschichte des Hofes, der teils als kleines Museum gestaltet ist.

Bald folgt ein blaues Verkehrszeichen mit **Robbensymbol** - kein Schild, das unseren Regelungen der StVO entspricht. Doch zeigt es, was Sache ist: Draußen im Fjord tummeln sich zahlreiche Tiere bei Flut im Wasser. Oder sie sonnen sich bei Ebbe auf einer kleinen Insel in einem Abstand, der den Tieren Ruhe lässt, aber zum Fotografieren taugt. An einem Verkaufsstand wird vom Hof Litli Bær Eingemachtes angeboten, beispielsweise Rhabarbermarmelade - zwar nicht billig, aber gut. Den angeschriebenen Betrag wirft man in die aufgestellte Box.

Die Straße folgt der Küstenlinie. Nun ist der **Hestfjörður** zu umkurven. Es folgt nach Überquerung eines Höhenrückens der **Seyðisfjörður** (nicht zu verwechseln mit dem Ankunftsort der Norröna) und danach der **Álftafjörður**. Beide Fjorde haben etwas gemeinsam - schöne Picknickplätze nämlich, die zur ausgedehnten Rast einladen.

Der Platz am **Seyðisfjörður** findet sich unterhalb der Straße direkt am Fjordende (**GPS** N65 58 04.0 W22 55 04.1) in sehr ruhiger Lage.

Ganz anders der Rastplatz hoch über dem **Álftafjörður** oberhalb der Landspitze **Kambsnes**: Es ist ein exponierter Aussichtspunkt. Die Straße führt fast über die Bergnas und auf der anderen Seite ebenso steil wieder abwärts. Der Rastplatz (**GPS** N66 02 11.7 W22 56 32.9 - Vorsicht bei Sturm!) liegt oben in der Kurve und eröffnet einen herrlichen Blick über die Fjordwelt.

Zur Schlucht und Wasserfall Valagil

Wenn Sie ein Stück talwärts fahren, erwartet Sie - wieder am Fjordende - der schöne Wanderparkplatz **Álftarjarðarheiði** (**GPS** N65 58 00.5 W23 05 16.4), wo ich die Wanderstiefel schnüre. Die Route zur Schlucht **Valagil** (2 km pro Richtung) ist leicht zu begehen und recht gut markiert. Das Ziel ist vom Parkplatz aus schon zu sehen. Schlucht und Wasserfälle machen die Tour reizvoll, ohne dass wesentliche Steigungen oder Gefälle zu bezwingen wären.

Trotz Regenwetter schön: Valagil

Weitere Wanderrouten sind am Parkplatz beschrieben (11 km Breiðdalsheiði, 15 km Korpudalur).

Das nach einer Lawinenkatastrophe 1995 teils zerstörte **Suðavík** bietet eine einzigartige Besonderheit, das **Arctic Fox Center**. Dieses und das Café Melrakki befinden sich in einem altem Haus aus Norwegen. Dort abgetragen, wurde es von norwegischen Walfängern hier wieder aufgebaut. Zuletzt wurde es mit Liebe zum Detail unter Verwendung der noch guten Holzteile restauriert. Im Erdgeschoss können Sie bei isländischer Küche einkehren. Oben finden Sie das Arctic Fox Center.

DAS ARCTIC FOX CENTER

Die Ausstellung teilt sich in drei Bereiche auf. Zunächst sehen Sie drei verschiedene Arten des Polarfuchses. Der wohl häufigste ist kastanienbraun und im Winter weiß, beige und mittelbraun die anderen, die ihre Farbe im Winter nicht wechseln. Der zweite Bereich widmet sich der wissenschaftlichen Betrachtung der Lebensweise und Verbreitungsgebiete, Nahrung etc. Im dritten Bereich „Fuchsjagd" wird versucht, über den Bestand der kleinen Räuber mit Blick auf die Urängste vieler Isländer aufzuklären. Dass ein Polarfuchs einmal an die Schafe geht, ist angesichts der Größe der Tiere wohl kaum denkbar. Es sei denn, es handelt sich um ein bereits totes oder schwer verletztes Lamm, denn Aas fressen die Füchse schon. Die Nähe des Menschen meiden sie, denn sie wissen wohl, dass dieser das einzige Wesen ist, das ihm ständig nach dem Leben trachtet. Im Museum und Restaurant haben Sie überdies kostenloses WiFi.

SUÐAVÍK - TJALDSTÆÐI SELJALANDSDALUR

Stellplatzart: Campingplatz
GPS: N66 02 12.0 W22 59 25.5
Adresse: 420 Suðavík, Túngata
Tel.: +354 848 7959
mailto: sudavik@sudavik.is
Homepage: www.sudavik.is
Zufahrtinfo: Auf der Ortsdurchfahrt zunächst ein ganzes Stück fahren, bis links oben das Café Melrakka nebst Arctic Fox Center ausgeschildert ist. Dort meldet man sich für den Campingplatz an, der wiederum ein Stück weiter links hinauf beschildert ist.
Kurzbeschreibung: Ruhiger Platz am Ortsrand, separate Stellplätze für Wohnmobile beim WC-Häuschen. Dusche/WC/Geschirrwaschplatz. V/E-Station auf der anderen Straßenseite. Frühstück im Arctic Fox Center auf Anfrage. **Preis 2016**: Ab 12 J. ISK 1.000, Rentner ISK 500, Strom ISK 700.
Öffnungszeit: Juni-August.

2 Metropole der Westfjorde: Das Lebhafte Ísafjörður

Von Suðavík ist es ein Katzensprung nach **Ísafjörður**. Allerdings ist zuvor noch das Fjordende zu umfahren. Dabei haben Sie vielleicht dasselbe Glück, wie ich bei einer früheren Islandreise. Ein Seeadlerpaar ließ sich ohne Flügelschlag in die Lüfte tragen. Ähnliches Fluggeschick benötigt ein Pilot beim Landeanflug auf den Flughafen Ísafjörður, denn die Landebahn ist zwischen Berghang und Fjord eingezwängt. Es ist atemberaubend, wenn großen Propellermaschinen beim Start oder bei der Landung eine enge Kehre ziehen müssen, um die Landebahn anzufliegen.

ÍSAFJÖRÐUR - TUNGADALUR TJALDSTÆÐI

Stellplatzart: Campingplatz
GPS: N66 03 37.7 W23 12 16.1
Adresse: 400 Ísafjörður, Tungudalur
Tel.: +354 864 8592
mailto: tjald@gih.is
Homepage: www.ghi.is
Zufahrtinfo: Neben der Orkan-Tankstelle/Bonus Markt führt die 60 bergwärts. Von dort Richtung Stadt fahren. Gegen Ende der Kurve am Fjordende ist der Campingplatz links ab ausgeschildert. Am Golfplatz vorbei.
Kurzbeschreibung: Zwar recht einfach ausgestattet, und dennoch einer der teureren Plätze, dafür aber landschaftlich besonders schön und ruhig im Seitental gelegen. Nebenan der Golfplatz. Ver-/Entsorgung, Stromanschluss. WiFi. Rezeption offen 8^{00}-9^{00} und 20^{00}-21^{00} h. **Preis 2016**: ISK 1.700 p. P./N. Strom ISK 1.000.
Öffnungszeit: Mai bis Mitte September.

Ver-/Entsorgungsstation: Die öffentlich zugängliche Ver-/Entsorgungssation (mit Bodenablauf!) befindet sich beim städtischen Bauhof am Seljalandsvegur (**GPS** N66 04 10.4 W23 09 00.7).

Ísafjörður ist die Metropole der Westfjorde - und das mit um die 2.600 Einwohnern. Es fehlt hier an nichts - Läden, Tankstellen, Campingplätze, Museen, Boots- und Naturführungen zu Fuß, im Kajak, zu Pferd. Überzeugt?

Einkauf und Einkehr

Am Fjordende gibt es einen Supermarkt nebst Tankstelle (Abzweigung der 60), eine weitere Tankstelle und einen Supermarkt gibt es im Ortszentrum, ebenso zwei gute Bäckereien/Cafés. Eine Auswahl haben Sie auch in Punkto Aktivitäten in Ísafjörður und in Sachen Campingplatz.

Das Restaurant Tjöruhusið nebenan mit seiner rustikalen, traditionellen Einrichtung bietet eine ausgezeichnete Küche mit vielseitigen Fischgerichten. Mein Tipp: Gehen Sie zum Mittagessen zwischen 12^{00}-14^{00} h. Dann erhalten Sie Ihr Gericht in der Pfanne serviert zum recht günstigen Preis. Abends gibt es ein Fischbuffett für das doppelte Geld (19^{00}-21^{00} h). Man darf dann auch essen, soviel man mag. **Info/Öffnungszeiten:** Reservierung empfohlen, Tel. +354 4419, geöffnet nur im Sommer, ca. Juni-Sept.

Foto: Katja Hünerfeld

Essen im Tjöruhusið- nicht verpassen!

Kaum zu übertreffen: Blick über den Fjord vom Hafen aus: Ísafjörður

Sehenswertes und Aktivitäten in Ísafjörður

Die Landzunge im **Skutulsfjörður** war schon im 16. Jahrhundert besiedelt. Aus dem 18. Jahrhundert stammt das Ensemble von Holzhäusern, die heute das Regional- und Fischereimuseum bilden (Neðstikaupstaður). Es bietet nicht nur Hintergrundinformation zur Fischerei, die noch heute Hauptstandbein der Wirtschaft ist. Der Tradition der Fischerei ist auch das Denkmal am Ortseingang gewidmet. Weiterhin gilt es im Museum eine große Sammlung schöner Schifferklaviere zu sehen. Im Dachgeschoss befindet sich die naturhistorische Abteilung. **Info/Öffnungszeiten:** +354 456 3297, Mitte Mai-Mitte Sept. oder nach Vereinbarung, offen tgl. 9^{00}-18^{00} h.

Der Altarraum der Kirche

Unbedingt anschauen sollten Sie die moderne Kirche, deren Altarbild aus einem Schwarm aus Ton gebrannter Vögel besteht - hergestellt von einer Behindertenschule. Die eigenwillige Architektur strahlt eine ruhige, aufs Wesentliche konzentrierte Ruhe aus. Das Gotteshaus war anstelle der abgebrannten früheren Kirche errichtet worden.

Von den Aktivitäten wird das Wandern besonders hervorzuheben, allem voran im Naherholungsgebiet Tungudalur beim Campingplatz, wo man Ihnen bei der Auswahl der passenden Route hilft.

Ebenso tut dies die **Tourist Information** in der Aðalstræti. **Info/Öffnungszeiten:** Tel. 456 8060, Mo-Fr 8^{00}-18^{00} h, Sa/So 11^{00}-14^{00} h. mailto:info@vestfirdir.is, www.westfjords.is. Zudem können Sie dort Angeltouren bis hin zu Bootsfahrten in den Norden der Westfjorde buchen, was sich mit (geführten) Wanderungen verbinden lässt. Sie können auch ein Mountain Bike mieten. (info@westtours.is, www.westtours.is, Tel. +354 456 5111). Zudem finden Sie ein großes Schwimmbad mit Sauna im Austurvegur.

Bevor Sie nach Süden starten, empfehle ich Ihnen einen Abstecher nach **Bolungarvík**, das seit dem Bau eines Verbindungstunnels näher an Ísafjörður herangerückt ist.

Eine Besonderheit ist im historischen Fischerdorf **Ósvör** zu finden (**GPS** N66 09 00.0 W23 12 59.3). Folgen Sie kurz nach der Tunnelausfahrt rechts der Ausschilderung. Die rekonstruierten Hütten zeigen, wie karg und hart das Fischerleben war. Üblich war es, dass die Fischerei nebenberuflich stattfand - im Juni, im Oktober und nach Weihnachten, wenn die Landwirtschaft Ruhepause hatte. Dann kamen die Bauern in den Fischersiedlungen zusammen. Meist bestand eine Bootsbesatzung aus 6-8 Mann, die in einer Hütte zusammen lebten, Netze knüpften, Fangleinen spannten und vieles mehr. Eine Frau kümmerte sich um die Hausarbeit. Geschlafen wurde zu zweit in einem Bett - mehr Betten gab es nicht. Das Personal trägt lederne Fischeranzüge, wie sie früher üblich waren. **Info/Öffnungszeiten:** Im Sommer ca. 10^{00} -18^{00} h. Tel. +354 892 5744 oder 456 7005, www.osvor.is.

Zum Fischereimuseum Ósvör gehört auch das **Naturkundemuseum** in der Ortsmitte. Dieses informiert schwerpunktmäßig über Vögel, aber auch über die Jagd und Meerestiere. Wenn Sie einen Islandpullover oder andere Strickwaren haben möchten, schauen Sie in den Handarbeitsladen mit Tourist Information. Hier wird das Gestrickte günstig angeboten. Um die Ecke am Hafen erwartet Sie im alten Holzhaus das Restaurant Einarshusið mit regionaler Küche (Tel. +354 456 7901, mailto:ragna@einarshusid.is).

BOLUNGARVÍK - TJALDSTÆÐI

Stellplatzart: Campingplatz
GPS: N66 09 18.1 W23 15 12.7
Adresse: 415 Bolungarvík, Höfðastigur 1
Tel.: +354 456 7981 oder 7316 oder 7381
mailto: sundlaug@bolungarvik.is
Homepage: www.bolungarvik.is
Zufahrtinfo: In den Ort fahren, dann links ab ausgeschildert (Schwimmbad und Campingplatz).
Kurzbeschreibung: Campingwiese liegt hinter dem Schwimmbad. Gute Ausstattung mit Ver-/Entsorgung, Waschmaschine/Trockner, Stromanschluss. **Preis 2016**: Je Wohnmbil/N. ISK 2.000, Strom ISK 800.
Öffnungszeit: Mai bis September.

Museumsdorf Ósvör: Der Fischer im historischen Outfit vor seinem Boot

Ich mache mich auf den Rückweg über Ísafjörður und biege auf die 60 ab, um durch den Tunnel, der die Botnsheiði und Breiðdalsheiði unterquert, zu fahren. Mein nächstes Ziel ist **Flateyri**. Zunächst führt der Tunnel zweispurig unter der Passhöhe hindurch, verzweigt sich und führt fortan einspurig weiter (Ausweichstellen, Gegenverkehr in nördlicher Richtung hat Vorfahrt). Ich halte mich geradeaus. Und nach dem Tunnel und der Gefällstrecke biege ich rechts auf die 64 Richtung Flateyri ab.

Wer mag, legt am etwas erhöht liegenden **Picknickplatz** bei der Ruine der 1889 errichteten Walfangstation eine Rast ein und genießt die Fjordwelt (**GPS** N66 02 29.5 W23 27 34.7). Von der Walfangstation steht nur noch der Schornstein, nachdem die Anlage 1901 abgebrannt und der Walfang eingestellt worden war. Hier stand einst das Wohnhaus des Firmeninhabers Ellefsen, der es nach der Brandkatastrophe nach Reykjavík verschenkte. Dort dient das Holzhaus heute den Staatsempfängen der Republik Island. Es erlangte Weltruhm, als die Präsidenten Reagan und Gorbatschow sich auf der Terrasse die Hände reichten.

Der Campingplatz liegt im Schutz der Lawinenverbauung. Nachdenklich stimmt der Gedenkstein bei der Kirche für die Opfer der Lawinenkatastrophe vom Oktober 1995, bei dem ganze Familien ausgelöscht wurden. Um künftige Katastrophen zu verhindern, wurde der Schutzwall errichtet. Oben ist ein Aussichtspunkt angelegt, von dem man einen prima Überblick über den Fjord und das Fischerdorf hat (Zugang vom Friedhofsparkplatz). Wandertouren sind möglich, wobei ich die Wanderschuhe eingepackt lasse und in den Ort gehe. Sehenswert ist (bei der Kirche links) das historische **Kaufmannshaus** (Buchladen) mit Einrichtung aus Uromas Zeiten. Das **Nonsense-Museum** mag nicht Jedermanns Sache sein, aber ein Unikat. Daneben können Sie im unscheinbaren, sehr guten **Restaurant Vagninn** die isländische Küche genießen. Auf der anderen Seite des Hauses werden Handarbeitswaren angeboten.

Auf dem Weg zum Lawinenwall in Flateyri mit Blick auf das Fischerdorf.

FLATEYRI - TJALDSTÆÐI

Stellplatzart: Campingplatz
GPS: N66 03 08.2 W23 30 37.5
Adresse: 425 Flateyri, Ólafstun
Tel.: +354 450 8000, 8480920 oder 8592010
mailto: tjald@isafjordur.is
Homepage: www.isafjordur.is
Zufahrtinfo: In den Ort fahren, gleich an der Tankstelle rechts abbiegen.
Kurzbeschreibung: Einfach ausgestattet (nur WC, Kaltwasser) an der Zeltwiese hinter der Tankstelle, Spielplatz und Picknickbänke. Für Wohnmobile nicht ausgestattet. Deshalb gab mir eine Bedienstete den Tipp, dass der Parkplatz am Friedhof öffentlich sei und deshalb nichts koste. Es ist dennoch angemessen, sich im Schwimmbad anzumelden oder wenigstens fürs Schwimmbad zu zahlen. **Preis 2016**: ISK 1.100, bis 12 J. frei. Oder Sie nutzen die Stellplatzalternative an der Zufahrt.
Öffnungszeit: Mitte Mai bis Mitte September.

3 Dýrarfjörður und Þingeyri

Wieder an der 60 befindet sich ein weiterer Picknickplatz mit Informationstafel des Vereins der West-Wikinger (siehe Infotext in Þingeyri) zu **Vesteinns letztem Ritt** (**GPS** N66 00 19.5 W23 25 13.4). Die 60 führt weiter über die **Gemlufallsheiði** zum **Dýrafjörður**. Dort angekommen, befindet sich ein paar Meter rechts ab ein Rastplatz mit Picknickbank und einer weiteren Infotafel der West-Wikinger (**GPS** N65 53 48.1 W23 28 20.9).

Am hinteren Ende des Dýrafjörður lädt erneut ein schöner Platz etwas abseits der Straße mit tollem Blick über den Fjord und auf die ihn einrahmenden Bergketten zum Verweilen ein (**GPS** N65 51 36.2 W23 18 53.5). Auch hier finden Sie eine Informationstafel, die Aufschluss über die Sagazeit gibt. Bald ist das Örtchen **Þingeyri** erreicht, das ich sehr schätze und deshalb gerne etwas Zeit verbringe, weshalb mir der Campingplatz beim Schwimmbad willkommen ist.

Foto: Katja Hünerfeld

Nach Regen kommt Sonnenschein - Rast am Dýrafjörður

ROUTE 4

ÞINGEYRI - TJALDSVÆÐI ÞINGEYRARODDA

Stellplatzart: .... Campingplatz
GPS: N65 52 47.8 W23 29 34.4
Adresse: .... 470 Þingeyri, Þingeyrarodde
Tel.: .... +354 450 8470
mailto: .... tjald@isafjordur.is
Zufahrtinfo: In den Ort fahren, links ab zur Kirche und um diese herum.
Kurzbeschreibung: Hinter Hallenbad und Sportanlage eine von Hecken und Bäumen umgebene Wiese. Strom, V/E, Waschmaschine/Trockner.
Preis 2016: ISK 1.500 p. P./N., Strom ISK 750. Campingcard wird akzeptiert. Das Hallenbad ist modern. Hier ist auch die Anmeldung für den Campingplatz. Sonntag ist Warmbadetag (32° C, sonst ca. 30° C, Hotpots mit 39°/42°C). **Öffnungszeit:** Mitte Mai bis Mitte September.

DIE WIKINGER DER WESTFJORDE

In den letzten Jahren wurde die Geschichte (oder die Geschichten) der Wikinger, die Sagas also, und hier besonders die Gisla-Saga, touristisch aufgearbeitet. Auf maßgebliche Initiative hat Sigmundur Þórdarson den Verein der Wikinger der Westfjorde ins Leben gerufen. Mit Hilfe vieler fleißiger Hände der Gleichgesinnten wurden an den Straßen der Westfjorde Informationstafeln aufgestellt und Picknickplätze eingerichtet, um den Reisenden die Sagas etwas näher zu bringen. In Þingeyri selbst wurde ein Festgelände mit Ringmauer und Bühne errichtet, wo alljährlich das Wikingerfest steigt. Bedeutend ist hier die Gisla-Saga, in der Gislis Leben, seine Familie und natürlich Liebe und Eifersucht eine Rolle spielen. Mehr dazu erfahren Sie in der Tourist Information im Ortszentrum (zwischen Restaurant und Kirche) oder unter www.westvikings.info.

Þingeyri ist der älteste Ort der Westfjorde und war einst Thingstätte. Die Kirche stammt aus dem Jahr 1911. Zeitweise ließen sich im Ort auch amerikanische und französische Fischer nieder. Davon zeugt der kleine französische Friedhof, den Sie später auf

Þingeyri: Vogelperspektive vom Wanderparkplatz auf dem Sandafell

der Fahrt nach Lokinhamrar sehen können. Das Dorf bietet ein sehr schönes, gemütliches Restaurant (Kaffi Simbahöllinn, Tel. +354 899 6659, www.simbahollin.is). Dort können Sie zum guten Angebot an Speisen und Getränken aus lokalen Zutaten eine geführte Tour zu Pferd oder mit einem Mountainbike buchen.

4x4 AUSFLUG NACH LOKINHAMRAR (4X4-STRECKE ODER MTB)

Sie können auf eigene Faust in die Pedale treten und die Route um die Halbinsel herum nach Lokinhamrar radeln, von dort am Fjordufer bis kurz vor Hrafnseyri und dann über die Hrafnuseyrarheiði zurück nach Þingeyri. Doch dafür sollten Sie schon recht fit und geübt sein. Oder Sie fahren einfach nur ein Teilstück und auf gleichem Weg retour.

Bequemer haben es 4x4-Fahrer, die auf Höhe und Breite des Fahrzeugs achten sollten. Mein Fahrzeug ist 2,85 m hoch/2,10 m breit. Bei der Felspassage am nordwestlichen Zipfel der auf dem Bild zu sehenden Landzunge waren kaum 30 cm Luft zwischen Fels und Dachkante. Achten Sie zudem auf den Flutkalender. Die Strecke im südwestlichen Bereich ist nur bei Ebbe zu bewältigen. Ich selbst musste ein Stück zuvor abbrechen, da ein Felssturz das Weiterkommen verhinderte. Überhaupt ist die Strecke extrem steinschlaggefährdet. Im Bereich der Geröllhalden keinesfalls unnötig anhalten. Insgesamt sind es als Rundtour an die 70 km auf der ruppigen Piste. Der erste Teil (bis zum Schild „4x4-Strecke“, davor kleine Parkmöglichkeit mit Traumblick auf den Dýrafjörður), ist auch mit normalen, zumindest mit kleineren Fahrzeugen noch einigermaßen passabel machbar, aber ruppig, steil und eng.

Wandern von Þingeyri aus

Ich hatte schon erwähnt - das erste Stück der Strecke Richtung Lokinhamrar ist auch für normale Fahrzeuge machbar. Von Sigmundur, einem der Initiatoren der Wikingervereinigung, erhielten wir bei einer früheren Reise den Tipp, vom Haukudalur aus auf den **Kaldbakkur** zu wandern. Bis heute allerdings ist die Umsetzung dieses Tipps entweder aus Zeit- oder aus Wettergründen gescheitert. Doch wenn ich mir den Panoramablick vom Sandafell vorstelle, liegt es auf der Hand, dass es eine beeindruckend schöne Tour ist, den 998 m hohen Berg zu erklimmen.

Das **Sandafell** (367 m) ist ein leichteres, aber auch sehr schönes Ziel, zumal der Berg als einer der schönsten Aussichtspunkte der Westfjorde gilt. Folgen Sie von Þingeyri aus der 60, die übrigens bis Bildudalur (bzw. Flokalundur) eine Schotterpiste ist, zumindest derzeit noch. Doch dazu später mehr. Stellen Sie den Wagen am Parkstreifen entlang der 60 ab. Sie haben dann etwa eine Stunde Gehzeit auf der Fahrspur vor sich, bis Sie den Gipfel beim Sendemasten erreicht haben und den Ausblick über den Dýrafjörður, hinüber zur Gemlufallsheiði und in die „Alpen der Westfjorde" mit dem Kaldbakkur genießen können. Þingeyri wiederum liegt tief unten und sieht aus, wie auf einer Modelleisenbahn modelliert.

Kleine, robuste Wohnmobile (4x4 von Vorteil) könnten die ersten zwei Drittel der Strecke aufs Sandafell bewältigen. Sie können den Wagen beim Parkplatz (**GPS** N65 52 10.8 W23 29 45.8) abstellen und dann losgehen.

In weiten Kurven windet sich die 60 über die **Hrafnseyrarheiði** zum historischen Pfarrhof **Hrafnseyri**. Die Passstraße verläuft auf atemberaubend schöner Strecke talwärts. Genießen Sie den Blick auf die aufgefächerten Berge um den **Arnarfjörður**. Unten folge ich der Ausschilderung nach Hrafnseyri links ab. Der Hof (**GPS** N65 45 34.9 W23 27 6.8) ist für Island von historischer Bedeutung. Er war der Geburtsort des Freiheitskämpfers Jón Sigurðsson (offen Mitte Juni-Anfang September tgl. 11^{00}-18^{00} h). Das Café öffnet eine Stunde früher, sodass Sie gleich die guten Waffeln mit Konfitüre zu einem Kaffee genießen können. Die Inhaberin war sehr angetan, dass sich mehrere Leser meines Buches über diesen Tipp gefreut hätten.

Das Museum, das dem Leben und Wirken des Jón Sigurðsson gewidmet ist, war eigens von der damaligen Präsidentin Vigðís Finnbogadóttir eröffnet worden. Sehenswert ist sowohl die moderne Kirche als auch die alte Vorgängerin in Holzbauweise.

Wenn Sie Lust haben, gehen Sie an die Einzäunung der alten Kirche heran und schauen nicht nur in die Kirche, sondern auch hinüber zum Fjordende. Dort zeigt sich (bei gutem Wetter) das nächste Reiseziel, der **Dynjandifoss**, der eigentlich Fjallfoss heißt.

Von Hrafnseyri schon zu sehen: Der Dynjandifoss

4 Dynjandifoss - einer der schönsten in Island

Bis dort liegen noch 23 km abwechslungsreiche Schotterstraße vor mir. Die Fahrzeit vergeht im Nu und ich kann den Blinker rechts setzen, um auf den kleinen, aber feinen Campingplatz am Fuß der insgesamt sechs Wasserfälle setzen. Sobald das Wohnmobil eben steht, geht es ans Bestaunen der Wasserfälle, die ganz oben vom breit sich auffächernden Dynjandifoss gekrönt werden.

Ü DYNJANDIFOSS (FJALLFOSS)

Stellplatzart: .... Campingplatz
GPS: N65 44 11.8 W23 12 31.0
Adresse: .... An der 60
Zufahrtinfo: Von Hrafnseyri 23 km der Schotterstraße 60 folgen, dann rechts ab (ausgeschildert). Zufahrt zum Parkplatz von da aus 0,8 km.
Kurzbeschreibung: Geschotterter Parkplatz, in der Mitte gelegener Picknickplatz in einem Steinkreis, WC, Geschirrspülbecken, Müllcontainer. Besonders schön ist die Kulisse des grandiosen Wasserfalls - der Lieblingswasserfall meiner Frau und meiner Tochter in Island, übrigens auch einer meiner Favoriten. Für die Benutzung der Sanitäranlage wird um den Einwurf der Gebühr (ISK 200) in die Box am WC-Häuschen gebeten.

Wandertipp: Zum Dýnjandifoss (Fjallfoss)

Am Campingplatz steigt man in den Wanderpfad ein, welcher zu den sechs Wasserfällen führt. Es sind (von unten her) der Bæjarfoss, Hundafoss, Hrísvaðafoss, Göngumannafoss, Strompgljúfrafoss, Hæstahjallafoss und eben Dynjandifoss. Der eigentliche Aufstieg ist in knapp einer halben Stunde gut zu machen. Doch werden auch Sie wohl länger brauchen, der Fotostopps wegen. Kalkulieren Sie für hin und zurück durchaus 1 1/2 Stunden ein. Immer wieder ist zu lesen, dass man hinter dem Göngumannafoss

Der Dynjandifoss vom (mittlerweile anders gestalteten) Parkplatz aus.

hindurchgehen könne. Wiederholt habe ich versucht die Stelle zu finden - erfolglos. Mag sein, dass es bei geringer Wassermenge funktioniert. Oder ich bin einfach zu wasserscheu.

Weiter geht es auf der 60 auf die **Dýnjandisheiði**. Nach 22 km teilt sich die Straße. Ich biege rechts ab Richtung Bildudalur (Straße 63). Hinsichtlich der Qualität der Schotterpiste lässt sich streiten, ob es eine gute Wahl ist. Aber die Zwischenziele unterwegs bis Bildudalur sind es mir wert. So holpere ich dahin, um auf den folgenden etwa 30 km möglichst viele der zahlreichen Schlaglöcher zu umschiffen - nur teils mit Erfolg... Dafür belohnen einige Zwischenstopps, die ich mir nicht entgehen lassen möchte.

ABKÜRZUNG AUF DER 62 RICHTUNG FLOKALUNDUR

Wenn Sie geradeaus auf der 60 bleiben, gelangen Sie nach 8 km zum Hof Flokalundur, heute ein Hotel nebst Campingplatz, auf den ich später zu sprechen komme. Dies könnte von Interesse sein, wenn Sie nun die Reise durch die Westfjorde beenden und nach Brjánslækur zur Fähre Baldur möchten, um sich nach Stýkkishólmur schaukeln zu lassen. Oder Sie fahren von dort aus auf Asphalt bis kurz vor Patreksfjörður, um Europas westlichsten Punkt - Látrabjarg - anzusteuern. Wenn der bekannte Vogelfelsen Ihr Ziel ist, haben Sie allerdings ab der Abzweigung wiederum eine 46 km lange Schotterpiste vor sich. Auch dazu später mehr.

Der erste Halt ist auf dem Picknickplatz kurz vor den **Suðurfirðir** rechts neben der Straße. Sehenswert ist (neben dem Picknicktisch aus Stein - **GPS** N65 36 34.3 W23 23 50.2) die kleine Schlucht nebenan.

Nach weiteren 8 km ist der **Reykjarfjörður** erreicht, wo sich ein uriger Badeplatz gleich neben der Straße befindet. Oberhalb des 10-Meter-Beckens mit ca. 33° C Wassertemperatur befindet sich der alte, aus Steinen und Torfsoden aufgebaute Hot Pot (Wassertemperatur etwa 42° C). Nebenan befindet sich ein Umkleidehäuschen nebst Dusche/WC - und eine Spendenbox, wo Sie bitte bei Benutzung einen freiwilligen

Huch - da fehlt doch das Wasser ... !

Doch da ist noch der alte Hot Pot

Beitrag einwerfen. Der Parkplatz ist etwas abseits der Straße ruhig gelegen (**GPS** N65 37 21.9 W23 28 06.7).

Nun folgen noch etwa 10 km Schotterpiste und Ausweichmanöver vor den Schlaglöchern, bis wieder Asphalt unter den Rädern ist und die letzten 6 km bis **Bildudalur** sich ruhiger darstellen. In dem Fischerort sollten all diejenigen einen Halt einlegen, die fantastische Erscheinungen mögen. Es gibt dort nämlich das Monstermuseum. Es nimmt für sich in Anspruch, ein ähnliches Seeungeheuer sein Eigen zu nennen, wie Loch Ness in Schottland - mit dem Unterschied, dass man diesem hier eben eine Ausstellung gewidmet hat. Hier finden alle Monster Berücksichtigung, die in der Umgebung (angeblich) gesichtet worden sind. Besonders beeindruckend ist eine interaktive Karte der Westfjorde, bei der man mit einem magnetischen Stein auf der Landkarte Hintergrundinformationen zu den ausgesuchten Orten abrufen kann. Und natürlich sind die Fantasiegeschöpfe das Hauptthema, an das man glaubt - oder eben auch nicht. Auf alle Fälle können Sie sich im zugehörigen Restaurant regionale Gerichte schmecken lassen - vor allem natürlich Fisch. **Öffnungszeiten/Info:** Mitte Mai bis Mitte Sept. tgl. 10^{00}-18^{00}, Tel. +354 456 6666, mailto:skrimsli@skrimsli.is, www.skrimsli.is. Es gibt noch ein zweites Restaurant Vegamót und zwischen den beiden Restaurants ein Musikmuseum - es wird also auch hier etwas geboten, weshalb es erfreulich ist, dass ein moderner Campingplatz zur Verfügung steht.

BILDUDALUR - TJALDSTÆÐI

Stellplatzarte: .... Campingplatz
GPS: N65 41 00.6 W23 36 13.4
Adresse: .... Bildudalur, Hafnarbraut
Tel.: .... +354 450 2354
mailto: .... bylta@vesturbyggd.is
Homepage: .... www.vesturbyggd.is
Zufahrtinfo: Von der 63 auf die 619 rechts abbiegen, in den Ort und dann der Ausschilderung folgen.

Kurzbeschreibung: Teils auf Rasen, für Wohnmobile aber vor allem auf einer betonierten Fläche Stellplatz mit 20 Stromanschlüssen. Nebenan Sportzentrum, wo sich die Duschen/WC befinden. WiFi Zone gegen (hohe) Gebühr, Waschmaschine/Trockner. HotPot ISK 630, Sauna ISK 370. **Preis 2016**: Ab 15 J. ISK 1.450, Strom ISK 1.250.
Öffnungszeit: Ca. Juni-August.

TALKNAFJÖRÐUR - TJALDSTÆÐI

Stellplatzart: Campingplatz
GPS: N65 37 43.3 W23 50 39.8
Adresse: Talknafjörður, Strandgata
Tel.: +354 456 2639
mailto: sundlaug@talknafjoerdur.is
Homepage: www.talknafjoerdur.is
Zufahrtinfo: Von der 63 auf die 617 abbiegen und im Ort der Ausschilderung mit Schwimmbad-Symbol folgen. Der Campingplatz befindet sich direkt nebenan.
Kurzbeschreibung: Zwar kein überaus attraktiver, aber ein gut ausgestatteter Campingplatz (WC/Dusche, Waschmaschine/Trockner gegen Zusatzgebühr, Ver-/Entsorgung, Strom). **Preis 2016**: ISK 1.300 p. P../N. (Rentner ISK 630,00, Strom ISK 1.000. WiFi inklusive, Dusche/Schwimmbad separate Gebühr. Entsorgung mit Bodenablauf an der Zufahrt.
Öffnungszeit: Ca. Juni-August.
Sonstiges: Frischwasser am Autowaschplatz am Ortseingang.

Die Route führt weiter über die **Tunguheiði** nach **Talknafjörður**. Der Fischerort mit knapp 300 Einwohnern liegt am gleichnamigen Fjord und erwartet die Gäste mit einem Schwimmbad nebst Campingplatz (separater Eintritt ins Schwimmbad).

Wer kleine, aber feine Badepötte mag, dem bietet der Hot Pot **Pollurinn** drei warme Pötte mit Meerblick. Sie haben dorthin vom Campingplatz aus 3,5 km Fahrtstrecke vor sich, bis Sie dem kleinen Schild „Pollurinn" rechts hinauf folgen und den Wagen auf den Parkplatz stellen und sich gegen eine geringe Gebühr dem netten Hot Pot widmen können (**GPS** N65 38 57.1 W23 53 41.1).

Wenn Sie der Hunger treibt, finden Sie neben dem Campingplatz das **Restaurant Dunhagi** mit regionaler Küche (Öffnungszeit 11^{00}-21^{00} h, Tel. +354 456 5865). Oder Sie kaufen sich selbst etwas ein. Denn hier gibt es etwas Außergewöhnliches, einen „Self-Service Fischverkauf nämlich, bei dem Sie in eine Box werfen, was Ihnen der frische Fisch wert ist. Hoffentlich bleibt das lange so!

Die architektionisch interessanteste Sehenswürdigkeit ist die

Badegenuss im Hot Pot Pollurinn

Altar der Kirche aus Basalt

ROUTE 4

2002 eingeweihte Kirche mit viel Holz innen und außen. Altar und Lesepult sind im Kontrast zu den Wänden aus schwarzem Basalt gefertigt. Der Abstecher nach Talknafjörður lohnt sich also.

Nächste Station der Reise ist das mit rund 650 Einwohnern recht große **Patreksfjörður**. Besonders zu erwähnen ist das schöne, große Schwimmbad in der Nähe der Kirche, das vor wenigen Jahren das etwas in die Tage gekommene Bad abgelöst hat.

Benachbart liegt das Restaurant **Stukuhusið** (Aðalstræti 50, Tel. +354 456 1404, mailto:stukuhusid@simnet.is, www.stukuhusid.is). Das aus Holz gebaute Haus wurde von der Inhaberfamilie mit viel Liebe und Arbeit zu einem richtig gemütlichen Gasthaus umgebaut. Besonders angetan haben es mir der Gastraum im Obergeschoss - und das gute Essen natürlich.

C

PATREKSFJÖRÐUR - TJALDSTÆÐI

Stellplatzart: Campingplatz
GPS: N65 35 30.6 W23 58 29.3
Adresse: 450 Patreksfjörður, Aðalstræti
Tel.: +354 456 2380
mailto: ba@vesturbyggd.is
Homepage: www.vesturbyggd.is
Zufahrtinfo: In den Ort fahren, in Höhe der N1 Tankstelle rechts hinauf ausgeschildert.
Kurzbeschreibung: Terrassiertes, durch Bäume und Erdwälle windgeschütztes Gelände links der Gemeindehalle, Blick auf den Patreksfjörður. Ver-/Entsorgung auf der anderen Seite der Halle mit Bodenablauf. Küche/Aufenthaltsraum sowie Sanitärbereich neu eingerichtet/modern, Waschmaschine/Trockner. **Preis 2016:** ISK 1.450 (< 15 J. frei), Strom ISK 1.250. Waschmaschine im Preis einthalten. WiFi im Haus empfangbar.
Öffnungszeit: Juni bis September.

5 Zum westlichsten Punkt Europas: Látrabjarg

Patreksfjörður ist Ausgangsort zum westlichsten Punkt Europas, dem Vogelfelsen **Látrabjarg**. Tanken Sie zuvor nochmals, denn eine Tankstelle gibt es an der Strecke nicht. Auch Abwasser und Toilette sollten geleert werden. Sie werden sicher mindestens einen Tag am westlichsten Campingplatz Europas verweilen.

Grund sind nicht die Campingplätze. Vielmehr sind es die Vögel, die am größten Brutfelsen Islands nisten.

Sich diesen Naturgenuss zu erschließen, müssen Sie mit zunächst 12 km Asphalt- und 47 km Schotterpiste „erkaufen". Dass es auf der Fahrt nicht langweilig wird, dafür sorgen die atemberaubend schöne Landschaft, aber auch die nicht eben gute Straße. Ich habe kaum einmal mehr Schlaglöcher auf kleinstem Raum gesehen, als ausgerechnet auf dieser Strecke (Straße 612, die am Ende des Paktreksjörður von der 62 abzweigt), als ich sie 2016 befuhr. Nehmen Sie sich also Zeit für den einen oder anderen Halt an besonders schönen Stellen.

Die erste Anlaufstelle mag das Schiffswrack der Garður 64 sein, dem ersten aus Stahl gefertigten Fischerboot Islands aus dem Jahr 1912. Es war hier gestrandet und rostet vor sich hin. Aufgrund des Zustandes ist das Betreten des Wracks ausdrücklich verboten. Der **Parkplatz** bei der maritimen Sehenswürdigkeit (**GPS** N65 31 01.5 W23 50 08.3) ist mit einer Picknickbank und schöner Aussicht ausgestattet, was zum Verweilen einlädt.

Eine Abwechslung sind auf der Weiterfahrt die Dünen und der weiße Sand im Bereich des Flugplatzes (... wo die Isländer doch überall eine Landepiste bauen!), aber halt auch die Waschbrettpiste dort. Also unbedingt (mindestens) ein Auge für die Straße offen halten! Bei meiner letzten Fahrt ist ein Kleinwagen vor mir dem Streckenzustand und der unangepassten Fahrweise wegen ins Schleudern gekommen und eine Böschung hinabgestürzt.

Wenn Sie nach 10 km die Geröllhalden passiert haben, eröffnet sich der Blick über eine Bucht mit weiten Sandstränden und türkisfarbenem Wasser. Es folgt der Hof **Hnjótur**, wo Sie einen Halt beim Fischerei- und Heimatmuseum mit Café und Souvenirverkauf einlegen können (**GPS** N65 33 43.9 W24 09 27.3).

Die vor sich hinrostende Garður 64 im Größenvergleich mit dem Wohnmobil

ROUTE 4

DAS MUSEUM HNJÓTUR

Der Gründer Egil Ólafsson hat interessante Stücke zusammengetragen. Sie stammen aus zahlreichen Höfen der Umgebung und dokumentieren die Arbeitsbedingungen früherer Zeiten. Interessant ist zudem die Dokumentation der Rettung Schiffbrüchiger des englischen Trawlers Dhoon, der kurz vor Weihnachten 1947 vor den Klippen von Látrabjarg gesunken war. In einer halsbrecherischen Rettungsaktion gelang es Einheimischen, unter widrigen Bedingungen eines Wintersturms über die Klippen zu den Schiffbrüchigen zu gelangen und diese vor dem Tod zu retten. Hierzu gibt es einen Dokumentarfilm, den ein deutsches Filmteam nachträglich an den Originalschauplätzen gedreht hat. Sehenswert!
Die Sammlung historischer Flugzeuge und Flugzeugwracks in einem ehemaligen Hangar der Lufthansa ist leider nicht mehr zugänglich, nachdem sich die Eigentumsverhältnisse geändert haben. Es verbleibt aber ein Blick auf den im Freien auf bessere Zeiten hoffenden „Rosinenbomber" aus Kriegszeiten. **Öffnungszeiten/Info:** Mai bis September täglich von 10⁰⁰-18⁰⁰ h, www.hnjotur.is, mailto:museum@hnjotur.is).
Im benachbarten Gehöft finden Sie eine (sehr einfache) Campingwiese, Die nähere Besichtigung allerdings habe ich mir gespart, weil mir der Platz für Wohnmobile eher ungeeignet erscheint.

VESTURBYGGÐ - BREIÐAVÍK

Stellplatzart: .... Campingplatz
GPS: N65 32 58.6 W24 21 06.4
Adresse: .... 451 Vesturbyggð, Breiðavikurkirkjá
Tel.: .... +354 456 1575
mailto: .... breidavik@patro.is
Homepage: .... www.breidavik.is
Zufahrtinfo: An der Straße 612 nach Überquerung der Passhöhe rechts ab ausgeschildert und gut zu sehen.
Kurzbeschreibung: Rasenfläche sowie geschotterter Parkplatz mit Picknicktischen und Stromanschluss.
Preis 2016: ISK 2.000 p. P./N. - auf den ersten Blick teuer, aber inkl. Dusche/WC, WiFi und Waschmaschine. Kostenloser Kaffee an der Rezeption gehört zum guten Service. Restaurant, Frühstück kann gebucht werden.
Öffnungszeit: April-Sept.
Sonstiges: Schöner Sandstrand in der Meeresbucht. Ein besonderer Service: Sind Polarlichter zu erwarten, wird angeboten, dass man geweckt wird, wenn das Spektakel am Nachthimmel sich einstellen sollte.

Museum Hnjótur - Rettung der Dhoon

Breiðavík

Die Bucht vor dem Hof Hnjótur

Kurz nach dem Hof Hjnótur folgt die Gabelung der Straßen 612/615, wo ich auf der 612 links steil hinauf bleibe, um die Hochfläche hinüber nach **Breiðavík** zu überqueren und die fehlenden 12 km zum westlichsten Parkplatz Europas und zum Vogelfelsen und Leuchtturm **Bjargtangar** zu fahren. Bitte beachten Sie: Das Übernachten auf dem Parkplatz Bjargtangar ist nicht (mehr) zulässig - dem Naturschutz, aber auch Ihrer Sicherheit zuliebe. Der Grund ist das Risiko hereinbrechender, heftiger Stürme, die für die „Weißware" (Wohnmobile) nicht ganz ohne sein können. Da sind Sie auf dem 3,5 km entfernten (und kostenlosen) Campingplatz Brunnarverstöð sowie auf dem guten Campingplatz Breiðavík wesentlich besser aufgehoben.

ROUTE 4

Ü WC

VESTURBYGGD - BRUNNARVERSTÖÐ

Stellplatzart: .... Campingplatz
GPS: N65 30 47.5 W24 29 44.9
Adresse: .... Vesturbyggd, an der 612
Zufahrtinfo: Auf der 612 weiterfahren bis 3,5 km vor Ende der Strecke an der Steilküste Látrabjarg/Bjargtangar. Vor dem letzten Anstieg der Straße links ab ausgeschildert.
Kurzbeschreibung: Herrlich bei den Ruinen des früheren Hofes gelegene Campingwiese, windgeschützt durch das hohe Bergmassiv. WC, Kaltwasser, also sehr einfach ausgestattet - dafür aber kostenlos.

Putzige Gesellen - im wahrsten Sinn des Wortes!

Wandern und Vogelbeobachtung Látrabjarg

Egal, welches Wetter herrscht - es ist immer beeindruckend, die Meeresvögel zu beobachten. Meine Erfahrung: Bereits wenige Meter vom Wanderparkplatz entfernt ist die Beobachtung der Papageientaucher bestens möglich, zumindest von April bis Anfang August. Dann verlassen die Jungen die Kinderstube und kehren mit den Altvögeln aufs Meer zurück - adieu bis nächstes Jahr! Während der Brutsaison ist hier richtig was los. Doch vergessen Sie nicht, auch den anderen Vögeln Ihre Aufmerksamkeit zu schenken. Beispielsweise ist hier immerhin die größte Kolonie Tordalken zu bewundern, darüber hinaus Trottellummen und verschiedenen Möwenarten. Es ist ein überaus schöner Anblick, aber auch die Geräuschkulisse der Vögel ist mehr als beeindruckend, ja stellenweise fast ohrenbetäubend.

Schwierig ist es, die Vögel Vögel sein zu lassen und sich der schönen Wanderung entlang der Felskante zu widmen, wenn Sie möchten bis zur Bucht Keflavík (14 km). Da Sie die ganze Strecke, die auf 444 m ansteigt und in Keflavík auf Meereshöhe endet, wieder zurück gehen müssen, ist es ratsam sich die Kräfte einzuteilen oder eben nur ein Stück zu gehen. Und wie gesagt - auch Sie werden mehr Zeit mit der Vogelbeobachtung als mit dem Wandern an sich verbringen...

i 4x4 ABSTECHER RAUÐSANDUR

Vielleicht möchten Sie einen Abstecher zum sehr schönen Küstenstreifen Rauðsandur machen? Mir blieb dieser versagt - ich startete zwei Mal den Versuch: Einmal war ich am Wochenende eines Open Air Konzertes mit 500 Besuchern dort. Es regnete in Strömen und der Sturm peitschte nicht nur das Wasser vom Himmel, sondern auch zahlreiche Zelte der Besucher davon. Ende der Veranstaltung - Abbau der verbliebenen Zelte und viel, viel Gegenverkehr. Beim zweiten Versuch 2016 war das Wetter genauso. Da (er-)sparte ich mir einen zweiten Anlauf erneut.

So habe ich mich jeweils in den Windschutz des Campingplatzes Patreksfjörður verkrochen. Bekannte berichteten mir, dass der Strand schön sei, das Café ebenso. Wenn Sie es allerdings probieren möchten - die Zufahrtsstraße (Schotter) sei allerdings in einem recht mitgenommenen Zustand und für 2x4-Fahrzeuge („Weißware") nicht empfehlenswert.

Es heißt nun an den Abschied von den Westfjorden zu denken. Es sind noch einige Kilometer Asphaltstrecke bis **Brjánslækur** zu bewältigen, sofern Sie die Fähre Baldur über den **Breiðafjörður** nach Stýkikishólmur nutzen möchten. Dies macht Sinn, schneidet man doch eine lange Fahrt durch die einsame Fjordlandschaft des südlichen Abschnitts der Westfjorde ab.

Die Wartezeit im Birkimelurlaug vergeht schell - und sehr angenehm!

Allerdings werden mit dem Wohnmobil ansehnliche Preise aufgerufen für ein 7-Meter-Mobil mit 2 Personen ca. € 200,00 Stand 2017). Reservierung ist vor allem im Sommer unerlässlich. Um die Wartezeit zu überbrücken, können Sie das mit Meerblick gelegene Schwimmbad **Birkimelurlaug** besuchen und es sich im warmen Wasser (Schwimmbecken ca. 34° C, Hot Pot ca. 37° C) gut gehen lassen. Derweil parkt Ihr Wohnmobil zwischen Straße und Schwimmbad auf dem zugehörigen Parkplatz (**GPS** N65 31 12.9 W23 24 18.2). Wer lieber die Wanderstiefel schnürt, kann vom Fähranleger wenige Kilometer weiterfahren, wo bei der Einmündung der 62 in die 60 beim Hof **Flókalundur** ein Campingplatz nebst Restaurant zur Verfügung steht. Außerdem habe ich dort zwei sehr schöne Wandertipps für Sie (genauer gesagt ist der eine davon aus dem Rother Wanderführer).

FLÓKALUNDUR - TJALDSTÆÐI

Stellplatzart: Campingplatz
GPS: N65 34 38.2 W23 10 24.7
Adresse: 451 Vesturbyggd, an der 60/62
Tel.: +354 456 2011
mailto: flokalundur@flokalundur.is
Homepage: www.flokalundur.is
Zufahrtinfo: Direkt neben der Einmündung der 62 in die 60.
Kurzbeschreibung: Campingwiese oberhalb von Straße und Restaurant, ruhig, schöne Aussicht. Restaurant mit regionaler Küche und Tankstelle mit kleinem Lebensmittelangebot. **Preis 2016**: Ab 16 J. ISK 1.400 p. P./N., Strom ISK 1.000, keine Ver-/Entsorgung.
Öffnungszeit: Mitte Juni-Mitte September.
Sonstiges: Nur wenige Meter von Flokalundur entfernt besteht die Möglichkeit zum Wohlfühlbad am **Hellulaug**, einem naturnah mit Steinen eingefassten Hot Pot. Der Badepott liegt nur wenige Meter unterhalb der Straße Nr. 60 liegt (Kleiner Parkplatz **GPS** N65 34 38.9 W23 09 34.4). Für die Nutzung wird um eine angemessene Spende gebeten, die in die dafür vorgesehene Spendenbox eingeworfen wird.

Wandern in Flókalundur

Das Wohnmobil wartet auf den Parkplatz beim Restaurant oder Sie buchen sich beim Campingplatz ein.

Die ca. 75 Min. dauernde Wanderung in die Schlucht der Penna startet am Wanderparkplatz jenseits der Brücke an der 62. Schon nach wenigen Schritten gelangt man in Birkenbuschwald an die Abbruchkante zur Schlucht, die durch schöne Basaltformationen, teils im Flussbett stehend, geprägt ist. Nach einer guten halben Stunde kommt der Wasserfall in Sicht, welcher das obere Ende der kurzen Tour markiert. Der Rückweg verläuft auf gleicher Strecke, bietet aber durch den veränderten Blickwinkel eine sehr schöne Aussicht in die Schlucht.

Die zweite, wiederum einfache Route von etwa 2 Stunden Gehzeit, startet beim Campingplatz und führt in einer guten Stunde hinauf zum **Helluvatn** (Anstieg gut 250 Meter). Der See liegt in einer hochlandähnlichen Landschaft (siehe Rother Wanderführer).

DIE ÜBERFAHRT MIT DER BALDUR ÜBER DEN BREIÐAFJÖRÐUR

Die MS Baldur der Gesellschaft Sæferðir (Seatours/Stýkkishólmur) setzt täglich zwei Mal über den Breiðafjörður. Start ist in Brjánslækur, Ankunft in Stýkkishólmur auf Snæfellsnes. Abfahrt ist (Stand 2016) im Sommer (Juni-August) 12^{15} h und 19^{00} h ab Brjánslækur, in der Nebensaison nur So-Fr. **Infos und Fahrplan:** Tel. +354 433 2254, www.seatours.is, mailto: seatours@seatours.is. Das Büro Brjánslækur nebst Cafeteria und Souvenirshop ist nicht zu übersehen. Buchen Sie möglichst am Vortag. Wenn Sie vor Ort buchen, sollten Sie frühzeitig da sein, um einen Platz zu erhalten. Sollte eine Wartezeit entstehen, dürften die Ausflüge bzw. Aktivitäten in der Umgebung interessant sein. Sie können auch bei der Cafeteria stehen, wo (auf Anfrage) für Kunden die Gelegenheit zur Übernachtung im Wohnmobil gegeben wird. Parkplatz Brjánslækur **GPS** N65 31 46.2 W23 11 55.3).

Die (neue) Baldur ist in Stýkkishólmur angekommen.

Die Fahrt um den Breiðafjörður

Langweilig wird die Fahrt um den Breiðafjörður nicht werden, so viel kann ich versprechen. Die Reise führt durch eine eindrucksvolle Landschaft. Schwieriger ist allerdings, Parkmöglichkeiten zu finden, denn es handelt sich um einen zwar schönen, aber fast menschenleeren und touristisch wenig erschlossen Landstrich. Dafür wurde die Straße in den letzten Jahren in langen Abschnitten komplett neu gebaut und lässt eine zügige Fahrt zu.

Nach wenigen Kilometern weisen auf der Landbrücke zwischen dem **Vatnsfjörður** und dem Vatnsdalsvatn Wanderschilder darauf hin, dass man hier gleich nochmals die Stiefel auspacken kann. Da ich dies nicht wollte (es trübte sich mächtig ein, starker Regen folgte) darf ich auf den Rother Wanderführer verweisen, der die Route ausführlich beschreibt.

P Die erste passable Parkmöglichkeit, die ich wegen eines aufziehenden Sturms dankbar nutzte, denn sie bot guten Windschutz, bietet sich am Mjóifjörður, einem kleinen Nebenarm des **Kerlingarfjörður** (**GPS** N65 36 40.7 W22 49 13.5). Hier stand mein Wohnmobil über Nacht etwas vor dem Sturm geschützt am Fuß der befestigten Böschung - die Weiterfahrt wäre angesichts starker Böen unverantwortlich gewesen.

ROUTE 4

P Anderntags traf ich am **Gufufjörður**, ein deutsches Wohnmobil an, das auf einem ausgeschilderten Picknickplatz Schutz vor dem Sturm gesucht hatte und den Wagen mit der Nase in den Wind parkte (**GPS** N65 31 33.6 W22 24 39.9 oder N65 31 30.6 W22 24 48.9 auf der anderen Seite) - im Zweifel eine gute Möglichkeit, das unangenehme Schaukeln zu vermeiden.

Am Gufufjörður: Nase in den Wind - eine gute Möglichkeit bei Sturm.

Nach einer äußerst schönen Passstraße (Schotterstraße) gelangen Sie ins **Djúpidalur**, wo ein weiteres, mich allerdings nicht ansprechendes Schwimmbad zu finden ist. Am Fjordende biegt man links ab (ausgeschildert) und hat einen knappen Kilometer zu fahren. Es gehört zum benachbarten Hof, bei dem man sich anmelden muss (Eintritt bei Recherche ISK 400, **Parkplatz GPS** N65 34 56.9 W22 16 55.4) und den Schlüssel erhält. Weniger schön finde ich das Bad, weil rund um das Hallenbad und den im Freien liegenden Hot Pot ein Holzzaun in die Höhe ragt - nichts also mit schöner Aussicht beim Aufwärmen im Wasser.

Deshalb fahre ich weiter, werfe einen Blick zurück ins Djúpidalur und erklimme die nächste **Passhöhe (Hjaltaháls)**.

Es folgt - kurz nach Einmündung der 608 - ein historisch interessanter Ort, die alte **Thingstätte Þorskafjarðarþing**. Dort gibt es einen passablen Picknickplatz (**GPS** N65 35 19.2 W22 06 33.2), von dem aus man die Reste der Thingstätte besichtigen kann (Infotafel mit Lageplan). Auf einem Felsen das Denkmal für Matthias Jóchumsson. Hier fanden einst die Frühjahrsversammlungen der Bauern der Westfjorde statt. Ab dem 16. Jahrhundert siedelten sich deutsche Kaufleute an, bis diese durch das dänische Handelsmonopol abgelöst wurden. 1849-95 fanden hier auch regelmäßige Versammlungen statt, die der Unabhängigkeit von der dänischen Krone dienen sollten.

Bald wird die Besiedelung wieder dichter und es folgt ein Campingplatz für diejenigen, die eine Übernachtung einlegen möchten.

REYKHÓLARHREPPUR - BJARKALUNDUR

Stellplatzart: .... Campingplatz
GPS: N65 33 21.3 W22 06 11.0
Adresse: .... 380 Reykhólarhreppur, Bjarkalundur (an der 60)
Tel.: .... +354 4347863
mailto: .... bjarkalundur@bjarkalundur.is
Homepage: .... www.bjarkalundur.com
Zufahrtinfo: An der 60 gelegen und kaum zu übersehen.
Kurzbeschreibung: Schön angelegtes Campinggelände auf Wiesengrundstück etwas abseits der (wenig befahrenen) Straße. Entsorgungsstation (Kassettenentleerung) an der Zufahrt in einer kleinen Holzhütte. Waschmaschine/Trockner (ISK 1000), free WiFi. **Preis 2016**: ISK 1.400 p. P./N. (ab 12 J.). Strom ISK 700, Dusche ISK 500.
Sonstiges: Tankstelle nebenan, Restaurant (Frühstück möglich). Anmeldung an der Rezeption des zugehörigen Hotels.
Öffnungszeit: Mai bis Oktober.

Abstecher auf die Halbinsel Reykjanesfjall

Wenige Meter vom Campingplatz Bjarkalundur entfernt zweigt die 607 ab und führt am Ufer des Berufjörður entlang in einem weiten Bogen auf die Halbinsel und in den Hauptort **Reykhólar**. Zunächst erwartet Sie ein aussichtsreicher Picknickplatz beim kleinen **Forstgebiet Barmahlíð** (**GPS** N65 30 42.5 W22 06 40.1) mit Blick auf die Fjordwelt. Wenige Kilometer weiter zweigt die Zufahrt nach Reykhólar links ab, wo Sie ein Campingplatz beim Schwimmbad erwartet. Oldtimer-Fans können in Höhe der Abzweigung nach Reykhólar die Seljanes Oldtimer-Traktorensammlung anschauen (Hof Grund, Tel. +354 4347720). Der Hof **Miðjanes** liegt, von der Abzweigung nach Reykhólar auf der 607 etwa 4 km weiter, etwas rechts oberhalb der Straße. Er bietet neben der ruhigen Lage schöne Wandermöglichkeiten, über welche die Familie gerne informiert. Beliebte Wanderziele sind der **Heyafoss** und der nahe **Miðjanesfoss**.

REYKHÓLAR - GRETTISLAUG

Stellplatzart: .... Campingplatz
GPS: N65 26 45.7 W22 12 03.4
Adresse: .... 380 Reykhólar, Reykjabraut 12
Tel.: .... +354 434-7738
mailto: .... grettislaug@reykholar.is
Homepage: .... www.reykholar.is
Zufahrtinfo: Über die 607 und dann links ab in den Ort fahren. An der Kirche vorbei, dann links ab ausgeschildert.
Kurzbeschreibung: Wiesengelände unterhalb des Schwimmbads mit 25m-Becken und zwei Hot-Pots, schöner Blick auf die flache Felsenbucht. **Preis 2016**: ISK 1.600 p. N. für Einzelperson, ISK 2.000 für 2-4 Personen. Strom ISK 650.
Öffnungszeit: Mai bis August.
Sonstiges: Spaziergang zur Küste mit Vogelbeobachtungsplattform.

Zauber der Herbstfarben bei Reykhólar

ROUTE 4

REYKHÓLAR - MIÐJANES

Stellplatzart: .... Campingplatz
GPS: N65 27 52.3 W22 17 21.4
Adresse: .... 380 Reykhólar, Miðjanies 2
Tel.: .... +354 8945883 oder 6903825
mailto: .... gustafjo@reykholar.is
Zufahrtinfo: Von der Abzweigung nach Reykhólar noch 4 km auf der 607 bleiben, dann rechts ab ausgeschildert.
Kurzbeschreibung: Wiesengelände, von Bäumen umgeben, V/E-Station und WiFi im Außenbereich geplant (bisher nur im Haus). Du/WC, Waschmaschine im Campingpreis enthalten.
Preis 2016: ISK 1700 p. P./N., 2. Person ISK 800, Strom ISK 800
Öffnungszeit: April bis September.

Wer den Abstecher auf die Halbinsel auslässt, folgt der 60 weiter und erreicht zunächst eine Senke, in welcher ein Schotterweg links ab führt.

Nach kurzer Fahrt auf Schotter stelle ich mein Wohnmobil am Rand des Weges ab und mache eine kleine Wanderung zum Talschluss, wo sich im Herbst besonders intensive, herrliche Farben zeigen. Mein Hauptziel ist aber der Wasserfall, der durch eine enge Schlucht tost, die das Wasser ins harte Vulkangestein gegraben hat (**GPS** N65 31 34.3 W21 59 58.3). Der Fußweg ist etwa 1,5 km lang (einfacher Weg - also eher ein Spaziergang).

Auf der 60 geht es dann zunächst am Króksfjörður entlang und auf einem Damm über den Gilsfjörður hinweg bald wieder bergwärts. Ich überquere den Höhenzug des **Miðfjall** auf herrlicher Strecke auf den Badeort **Laugar** zu.

Bei Reykholar: Wenn der Herbst verschwenderisch mit der Farbe umgeht.

ROUTE 4

Wiederholt kenne ich diese Strecke nur bei strömendem Regen. Umso mehr war mir Laugar aufgrund des schönen, großen Schwimmbades und des historischen Hot Pots im Außengelände oberhalb des Edda-Hotels (kostenlos nutzbar, keine Dusche, gemessene Temperatur 41° C) sehr willkommen.

Wandermöglichkeiten gibt es zur Genüge (Infotafel beim Hotel über die Routen).

Aufs Wandern habe ich der Witterung wegen jedoch wiederholt verzichten müssen, was Sie mir sicher nachsehen können. Schließlich hätte ich vom wolkenverhangenen Svörtuklettar oder von der bunten Schlucht Ránagil nicht viel zu sehen bekommen. Gerne verweise ich Sie deshalb auf die Informationstafeln vor Ort und den bewährten Rother Wanderführer.

LAUGAR - TJALDSTÆÐI

Stellplatzart: Campingplatz
GPS: N65 14 45.6 W21 48 07.9
Adresse: 371 Dalabyggð
Tel.: +354 444 4930
mailto: laugar@laugar.is
Homepage: www.laugar.is
Zufahrtinfo: Auf der 60 das Miðfjall überqueren (farbenprächtige Berghänge!) und nach 3 km derAusschilderung Laugar 3 km/Byggdasafn folgen.
Kurzbeschreibung: Wiesengelände nahe dem Schwimmbad und Hotel/Restaurant, Heimatmuseum. Einfache Ausstattung mit recht schrägen bzw. unebenen Stellplätzen auf Wiesengelände. Entsorgung nur für Kassettentoiletten.
Preis 2016: ISK 1.000 p. P./N., Strom auf Anfrage. Campingwart kommt morgens und abends zum Kassieren.
Öffnungszeiten: Juni bis August.

Bei schlechtem Wetter ein willkommener Badegenuss in Laugar

ROUTE 4

Das 250 Einwohner zählende **Buðardalur** am **Hvammsfjörður** ist nach weiteren 16 km erreicht. Das Fischerdorf bietet als Sehenswürdigkeit die **Leifsbuð** (Regionalmuseum des Bezirks Dalir, offen Juni-Aug. tgl. 13^{00}-18^{00} h, Tel. +354 434 1328). Das Kunst- und Geschichtsmuseum am Hafen widmet sich zeitgenössichen Werken und den Reisen des Erik des Roten und seines Sohnes Leifur Eiríksson, die durch ihre Fahrten nach Grönland (der Vater) und Vinland (Amerika - der Sohn) in die Geschichtsbücher eingegangen sind und vermutlich von hier aus starteten. Am Hafen finden Sie auch die Tourist Information sowie das Restaurant Leifsbuð.

BUÐARDALUR - TJALDSTÆÐI

Stellplatzart: Campingplatz
GPS: N65 06 28.7 W21 45 55.9
Adresse: 370 Dalabyggd, Gunnarsbraut
Tel.: +354 4341644
mailto: dalakot@dalakot.is
Homepage: www.visitdalir.is
Zufahrtinfo: An der Ortsdurchfahrt gegenüber der Tankstelle rechts ab.
Kurzbeschreibung: Einfach ausgestatteter Platz, aber sauber und schön angelegt (Hecken/Bäume), Stromanschluss, WC, Dusche im Gemeindehaus. **Preis 2016:** ab 12 J. ISK 1200 p. P./N., Strom ISK 1000, Dusche, Waschmaschine/Trockner je ISK 500.
Öffnungszeit: Mitte Mai - Mitte September.

ROUTE 4

Ein interessanter Abstecher ist die 7,5 km weite Fahrt auf der 586 bis nach **Eiríksstaðir** im **Haukadalur**. Der rekonstruierte Wikingerhof, der nahe den ausgegrabenen Resten des historischen Hofes nach hypothetischen Konstruktionszeichnungen errichtet wurde, gilt als Geburtsort von **Leifur Eiríksson**, dem Entdecker Amerikas (**Parkplatz Eiriksstaðir GPS** N65 03 30.1 W21 32 12.0). **Öffnungszeiten/Info:** Im Sommer tgl. 10^{00}-18^{00} h, Tel. +354 434

Restaurant und Tourist Information am Hafen

1118, www.eiriksstadir.is). Meine Ankunft allerdings war leider erst kurz vor Ende der Öffnungszeit, weshalb ich mich auf einen Kurzbesuch beschränken musste. Doch ist es selbst dann interessant, den Hof aus der Wikingerzeit anzuschauen, um die Lebensweise vor etwa 1.000 Jahren ein wenig beurteilen zu können. Der in authentischer Wikingerkluft gekleidete Museumsinhaber zeigte mir dennoch bereitwillig „sein" Zuhause, bevor sich der Tag zum Ende neigte, ebenso wie nun diese Route durch die Westfjorde.

So kehre ich nach dem Besuch in Eiríksstaðir zur 60 zurück und fahre noch ein Stück weiter, bis die 54 rechts abzweigt. Die Fahrt durch die Westfjorde endet hier. Wer mir weiter auf die Halbinsel Snæfellsnes folgt, biegt rechts auf die 54 ab und folgt dieser bis Stýkkishólmur.

i ABKÜRZUNGEN UND VERBINDUNGEN ZWISCHEN DEN ROUTEN

Haben Sie die **Westfjorde ausgelassen**, hatten sich unsere Wege in Brú getrennt. Bald vereinigen sich die Routen wieder, sobald Sie auf der Ringstraße über die Hóltavörðuheiði Richtung Borgarnes gefahren sind.

Wer von Brú kommend aber die Halbinsel Snæfellsnes bereisen möchte, fährt am besten von Brú aus etwa 9 Kilometer nördlich Richtung Hólmavík/Ísafjörður und biegt auf die geschotterte 59 ab. Über die Laxadalsheiði erreichen Sie das Laxadalur. So können Sie Buðardalur und den Hof Eiríksstaðir besuchen und sich von hier aus in die Fahrt auf der 54 Richtung Stýkkishólmur einklinken (ca. 45 km ab Brú).

Alternativ bleiben Sie etwas länger auf der Ringstraße, schießen damit aber deutlich über das Ziel hinaus und müssen auf der 60 wieder ein gutes Stück nordwärts bis zur 54 fahren (ca. 90 km ab Brú).

i ABKÜRZUNG: DIREKTE VERBINDUNG NACH BORGARNES

Haben Sie dagegen die Westfjorde bereist, möchten nun aber - aus Zeit- oder Wettergründen **Snæfellsnes auslassen**?

Dann fahren Sie von der Abzweigung der 54 etwa 32 km auf der 60, bis diese in die Ringstraße (1) einmündet. Von dort sind es dann 37 km zügiger Fahrt, bis sie Borgarnes erreichen, wo sich die Route wieder mit der Strecke über die Halbinsel Snæfellsnes trifft.

So gemütlich die Wikingerstube aussieht - irgendwann ist im Museum Feierabend

Island - Südwesten

Nun befinden wir uns im Südwesten Islands - der Region, die einen hohen Zulauf an Touristen erlebt. Das liegt daran, dass mehr und mehr Gäste mit dem Flugzeug über Keflavík anreisen. Häufig „bündeln" sich diejenigen, die Island im Zug einer Kurzreise von oft nur wenigen Tagen bereisen, hier mit allen, die sich längere Zeit auf der Insel aufhalten. Erwarten Sie deshalb nicht, besonders in der Hauptsaison, Natur pur zu erleben und die Attraktionen weitgehend für sich zu haben.

Diese Route ist für all die interessant, die mit einer Reisezeit von 1-2 Wochen von Keflavík aus mit einem Mietfahrzeug reisen, aber dennoch viel von Island entdecken möchten. Doch freuen Sie sich auch auf weniger bekannte, jedoch kaum weniger interessante Ziele, die hierfür mehr als „nur" entschädigen.

Faszinierend der Moment, wenn die Blase platzt: Strokkur im Haukadalur

ROUTE 5

Höhepunkte der Route Snæfellsness und Reykjanes

1 DER NATIONALPARK SNÆFELLSJÖKULL

Die markante Halbinsel im Westen Islands gilt als sehr vielseitig. Nicht umsonst sagt man oft: Wer Island sehen möchte, muss „nur" die Halbinsel Snæfellsnes anschauen (Seiten 218).

2 DER BILDERBUCHVULKAN ELDBORG

Nur wenige Kilometer von Borgarnes entfernt liegt der Explosionskrater mitten in einem herrlichen Birkenbuschwald. Steht man auf dem Kraterrand, überschaut man die Bergkette der ganzen Halbinsel bis zur Gletscherkappe des Snæfellsjökull (Seite 222).

3 REYKJAVÍK UND DAS HAUPTSTADTGEBIET

Reykjavík gilt als die nördlichste Hauptstadt und Metropole der Welt. Obwohl die Stadt selbst „nur" rund 85.000 Einwohner zählt, bildet sie mit den umliegenden Trabantenstädten tatsächlich eine kleine Metropole. (Seite 236).

4 ÞINGVELLIR / ÞINGVALLAVATN

Hier an der Bruchkante zwischen Amerika und Europa entstand im Jahr 974 das Alþing, weltweit die älteste noch unverändert bestehende Demokratie. Nur ist das Alþing mittlerweile nach Reykjavík umgezogen. Þingevellir ist heutzutage ein Nationalpark (Seite 255).

5 IM HAUKADALUR: GEYSIRE UND GULLFOSS

Weltweit bekannt und der Namensgeber für alle Springquellen weltweit: Der Geysir. Nur wenige Kilometer entfernt können Sie den berühmten Gullfoss bewundern. (Seite 261).

Die 54 (auf 84 km gut befahrbare Schotterstraße) ist landschaftlich eine attraktive Piste, auf der Sie von Buðardalur her die Halbinsel Snæfellsnes erreichen. Sie führt nahe am Ufer des **Hvammsfjörður** entlang. Immer wieder beeindruckt der Blick auf die Felsen, Inselchen und Inseln im Wasser. Niemand weiß wirklich genau, wie viele es sind. Die Angaben sind unterschiedlich, die häufigste ist „unzählige". Dafür gibt es auf der Strecke bis Stykkishólmur kaum wohnmobiltaugliche Parkgelegenheiten oder Campingplätze. Doch ist die Schönheit der Landschaft Ausgleich genug, wie das Titelbild dieses Buches zeigt. Ab **Stykkishólmur** sieht die Infrastruktur für Wohnmobilurlauber dann wieder viel besser aus.

Die imposante Kirche in Stykkishólmur

STYKKISHÓLMUR - TJALDSTÆÐI

Stellplatzart: Campingplatz
GPS: N65 04 14.9 W22 43 52.9
Adresse: 340 Stykkishólmur, Aðalgata
Tel.: +354438 1075
mailto: mostri@stykk.is
Homepage: www.stykkisholmur.is/mannlif/tjaldsvaedi-og-gisting
Zufahrtinfo: Auf die 58 abbiegen und nach Ortseingang bei der Tankstelle rechts ab - ausgeschildert, am Golfplatz.
Kurzbeschreibung: Zeltwiese und hinter dem Servicegebäude (Tourist Information) der Wohnmobil-Stellplatz. Gute Ausstattung (Café, Strom, V/E-Anlage mit Bodenablauf, Waschmaschine/Trockner, WiFi Zone).
Preis 2016: Ab 16 J. ISK 1.300 p. P./N (2 Tage ISK 2.000, 3 Tage ISK 2.600. 6 Tage ISK 4.800, Strom ISK 800. Schwimmbad nebenan.
Öffnungszeit: Mitte Mai - Mitte September.

Stykkishólmur ist Treffpunkt mit denjenigen, die mit der Baldur über den Breiðafjörður übergesetzt sind. Es hat gut 1.100 Einwohner und bietet einiges an Sehenswürdigkeiten und Möglichkeiten für Aktivitäten. Wahrzeichen ist die architektonisch herausragende, einem Wikingerschiff nachempfundene **Kirche**, die 2011 eine Klaiss-Orgel erhalten hat. Das Altarbild mit der Muttergottes ist beeindruckend. Leider erlebte der Architekt Jón Haraldsson die Einweihung 1990 nicht mehr. Er verstarb kurz vor Fertigstellung im Jahr 1989, wie eine kleine Inschrift im Eingangsbereich besagt.

Der natürliche Hafen ist nicht nur Heimathafen der Baldur, sondern auch der Boote, mit denen Ausflugsfahrten angeboten werden .Unter anderem bietet **Sea Tours**, denen auch die Baldur gehört, eine **Naturbeobachtungs- und Inselrundfahrt** an, Viking Sushi Tour genannt. Interessant ist das Angebot für Familien: Eigene Kinder bis 15 Jahre fahren von Juni bis August kostenlos, ab 16-20 Jahren zum halben Preis. Bei Online Buchung gibt es weitere 10% Rabatt. **Info/Buchung:** Tel. +354 433 2254, www.seatours.is, seatours@seatours.is. Das **Informationsbüro mit Souvenirshop befindet sich am Hafen**.

Altarbild und Taufbecken

Alte Kirche und Norska Husið

Sehenswertes, Einkehr/Einkauf

An der Hafnargata stehen einige historische Gebäude. Am markantesten sind die **alte Kirche** und das gegenüber stehende **Norska Husið**. Das aus Norwegen stammende Gebäude wurde instandgesetzt und beherbergt das **Regional- und Heimatmuseum** mit Gegenständen und Einrichtungsstücken aus dem 19. Jh. Die von Arni Torlacius 1845 eingerichtete Wetterstation gilt als eine der ältesten, übrigens noch funktionsfähigen, Einrichtungen. Wechselnde Ausstellungen regionaler Künstler werden ergänzend gezeigt. **Öffnungszeiten/Info:** Juni-August tgl. 12^{00}-17^{00} h, Tel. +354 438 1640, www.norskhus@.is.

Am Ortseingang befindet sich ein Supermarkt und mehrere Tankstellen sowie die gute Bäckerei Nesbrauð, in der Sie festes, dunkles Brot erhalten. Regionale Küche genießen Sie in mehreren Restaurants (Hotel Stykkishólmur, Fimm Fiskar). Nicht vergessen möchte ich natürlich das große Schwimmbad mit Frei- und Hallenbad, Riesenrutsche und den obligatorischen Hot Pots - Treffpunkt für Jung und Alt. So traf ich auch bei einer früheren Fahrt Hildibrandur vom Hof Bjarnahöfn, der das nächste Ziel ist, nachdem ich das Helgafell auf einer kurzen Wanderung erklommen habe, um die Aussicht zu genießen. .

Wandertipp: Helgafell

Der 73 Meter hohe Berg bietet einen schönen Blick über den Breiðafjörður und die Bergwelt im Süden. Auf dem Gipfel stehen Reste eines Klosters. Fahren Sie von der 58 aus ein Stück mit dem Auto zum Parkplatz (WC - **GPS** N65 02 30.2 W22 43 58.4) oder noch um den Hügel herum bis zur Kirche. Wenn Sie die zweite Variante wählen und das erste Mal hinaufsteigen, besagt der isländische Volksglaube: Starten Sie am Grab der Guðrun Ósvifursdóttir (eingezäunte Grabstätte oberhalb des Friedhofs) und besteigen den Berg schweigend ohne zurückzuschauen und blicken vom Gipfel nach Osten, dann haben Sie einen Wunsch frei - wenn es ein guter Wunsch ist. Da ich schon mehrfach oben war, erübrigen sich für mich die Wünsche.

Blick vom Helgafell

ROUTE 5

Am Ortseingang von Stykkishólmur ist der **Parkplatz Arnarborg** ausgeschildert. Hier können Sie Spaziergänge durch das Aufforstungsgebiet und über den Golfplatz machen (**GPS** N65 03 47.9 W22 44 13.0).

Zurück auf der 54 startet die Fahrt um die Halbinsel **Snæfellsness**. Zur ersten Station ist es nicht weit. Zunächst durchqueren wir ein einzigartiges Lavafeld - **Berserkjahraun** genannt. Folgt man der 54 Richtung Ólafsvík, ist bald die Abzweigung zum Hof **Bjarnarhöfn**, der weithin für seine Spezialität **Hákarl** bekannt ist, ausgeschildert. Der Wagen rollt auf einer neuen Asphaltstraße bis kurz zum Parkplatz (**GPS** N64 59 52.9 W22 57 47.7 - Übernachtung im Einzelfall auf Anfrage möglich).

DAS MUSEUM BJARNARHÖFN

Hier haben Hildibrandur und sein Sohn Guðjón Informationen zu allem, was mit der Fischerei und der Jagd zu tun hat, zusammengestellt. Die Besonderheit **Hákarl** genießt einen Sonderstatus. Sie sehen mit Bilddokumenten die Verarbeitung der Eishaie und können im Freigelände Trockengestelle besichtigen, wo die Haistücke an der Luft reifen. Wie das schmeckt, dürfen Sie im Museum kosten. Ich wäre gespannt auf Ihre Meinung - gute Mine zum ... na ja - Geschmackssache...! Zu meinen Lieblingsspeisen gehört es nicht. Dafür werde ich vielleicht nicht so alt, wie die Isländer, die auf den gesundheitlichen Nutzen schwören. Ich jedenfalls verstehe gut, dass Hákarl mit einem kräftigen Schluck Brennivín hinabgespült wird, was dem gesundheitlichen Nutzen eher nicht zuträglich ist. Aber man sollte probieren, bevor man urteilt.

Zum Hof gehört eine alte Kirche. Auf Anmeldung, vorwiegend für Gruppen, kann sie besichtigt werden. Hildibranður zeigte mir und meiner Familie einmal das Kirchlein und ließ meine Frau auf einer der Sitzbänke mit dem Rücken zum Altar Platz nehmen. So hätten sündige Frauen in der Vergangenheit immer sitzen müssen, meinte er grinsend. Im Kirchlein gibt es ein Altarbild von einem unbekannten Schüler Rembrandts. Der Altar stammt von 1640. Mehrere Messgewänder von 1856 sind noch vorhanden, ja sogar eines aus noch katholischer Zeit (um 1500). Nimmt man den Kelch in die Hand, fühlt er sich warm an. Wenn es also einen heiligen Kelch gebe, müsse es wohl dieser sein. **Öffnungszeiten/Info:** Im Sommer tgl. 10^{00}-18^{00} h, Tel. +354 438 1581, www.bjarnahofn.is.

Foto: Katja Hünerfeld

Weiter geht es auf der 54 Richtung Ólafsvík. Wer Schotterstraßen mag, folgt der alten Trasse, die ins Lavafeld führt und da und dort eine nette Haltemöglichkeit bietet. Nächste Station ist **Grundarfjörður**, ein alter Fischerei- und Handelsplatz. Das Wahrzeichen des Ortes hat wohl die Natur geschaffen - das markante Kirkjufell überragt mit seiner spitzen Form den Ort und den Fjord. Das Dorf hat auch einen hohen Freizeitwert. Wandern und organisierte Ausflüge stehen oben auf der Beliebtheitsskala.

Sie können bei **Láki-Tours Seeangel- und Naturbeobachtungs -Touren** oder die **Walbeobachtung** buchen, die ab **Ólafsvík** startet. Dort haben Sie gute Chancen, einen oder mehrere der großen Walsorten zu entdecken, die man bei **Láki-Tours „Big Five"** nennt: Blauwal, Finnwal, Buckelwal, Orka und Zwergwale. Und wenn es noch ein Delfin sein darf - auch das habe ich auf der Tour gesehen, einen Eishai dazu. Die Bootsfahrt verläuft entlang der Küste um den Leuchtturm Öndverdanes - spektakuläre Ansichten des Naturschutzgebietes Snæfellsjökull sind also inbegriffen. **Info/Fahrplan:** Tel.+354 546 6808, www.lakitours.com, Nesvegur 5. Übrigens beherbergt das Buchungsbüro auch gleich ein Restaurant, womit die Frage geklärt ist, wie Sie aufkommenden Hunger bekämpfen können - übrigens „whale friendly".

Wandern in Grundarfjörður

Empfohlen werden Wanderungen auf den **Klakkur**, einen Aussichtsberg mit 380 m Höhe, der bei sehr guter Sicht im Westen sogar den Snæfellsjökull erblicken lässt. Ich habe die Tour nicht selbst ausprobiert, ebenso wenig wie die Besteigung des Kirkjufell, für das eine ortskundige Bergführung empfohlen wird.

Blick auf Grundarfjörður mit dem markanten Kirkjufell

GRUNDARFJÖRÐUR - TJALDSSTÆÐI

Stellplatzart: .... Campingplatz
GPS: N64 55 12.8 W23 15 45.9
Adresse: .... Grundarfjörður, Ölkelduvegur
Tel.: .... +354 8945309
mailto: .... grundarcamping@gmail.com
Homepage: .... www.grundarfjordur.is
Zufahrtinfo: In der Ortsmitte ausgeschildert (links Richtg. Schwimmbad).
Kurzbeschreibung: Zeltwiese/Stellplatz mit Stromanschluss, V/E-Station, nahes Schwimmbad., **Preis 2016**: Ab 16 J. ISK 1.100 p. P./N., Rentner ISK 850, Strom ISK 900. Anmeldung/Bezahlung durch Campingwart, der 9^{00}-11^{00} h zum Platz kommt, oder im nahen Schwimmbad.
Öffnungszeit: Juni bis August.

ÓLAFSVÍK - TJALDSSTÆÐI

Stellplatzart: .... Campingplatz
GPS: N64 53 21.4 W23 41 15.2
Adresse: .... 355 Ólafsvík, Dalbraut
Tel.: .... +354 433 6929
mailto: .... info@snb.is
Homepage: .... www.snb.is
Zufahrtinfo: Kurz vor Ortseinfahrt Ólafsvík links ab ausgeschildert. An der Einfahrt steht ein altes, hölzernes Fischerboot, dort abbiegen.
Kurzbeschreibung: Einfacher Wiesenplatz, Sanitärausstattung etwas betagt, Ver-/Entsorgung an der Zufahrt, Stromanschluss.
Sonstiges: Auch hier ein schönes Schwimmbad,das allerdings etwas entfernt liegt (Ennisbraut 9) und Einkaufsmöglichkeiten, darunter (in Höhe des Hafens) eine gute Bäckerei, wo es kräftiges Brot zu kaufen gibt. **Preis 2016:** ISK 1.000 p. P./N., Rentner ISK 750, Strom ISK 500.
Öffnungszeit: Juni bis Mitte September.

Auf dem Weg von Grundarfjörður können Sie auf dem Rastplatz neben der 54 halten und die Aussicht über den Fjord genießen (**GPS** N64 57 01.9 W23 28 34.7). Das in **Ólafsvík** startende **Whale Watching** von **Laki Tours** hatte ich schon erwähnt. Fahren Sie nach dem Pakkhúsið rechts ab und parken am Pier, wo Sie auch ein WC finden.

Orkas im Breiðafjörður

Die sehenswerte Kirche von Ólafsvík

In der Nähe liegt der Supermarkt sowie das Schwimmbad. Wenn Zeit bleibt, sollten Sie einen Blick ins Pakkhúsið mit Regionalmuseum und Souvenirladen werfen. Im Nebengebäude finden Sie die Tourist Information, wo Sie sich schlau machen, wenn Sie eine Gletschertour planen oder mit Ihrem Wagen über die F570 fahren wollen. Sie erhalten Hinweise auf den Straßenzustand. Man ist bei der Buchung der Bergführung, einer Fahrt mit dem Pistenbulli oder fürs Whale Watching behilflich. (Tel. +´354 430 6929, www.snb.is). Ein Blickfang in Ólafsvík ist die markante Kirche. Idee des Architekten war, das Gotteshaus aus Dreiecken zu konstruieren. Das war umstritten, sieht aber eindrucksvoll aus.

4x4 ABSTECHER HOCHLANDSTRECKE F570

Ich habe die Strecke von Arnarstapi her und früher schon mit einem VW-T3 Syncro gemeistert. Vor Jahren war es August und die Strecke zwar ruppig, aber problemlos befahrbar. Im Juli 2013 dagegen war die Fahrt grenzwertig, auch wenn ich ein geländegängiges Fahrzeug habe. Durch Schneereste und Schmelzwasser war die Piste derart durch Erosionsrillen, ja richtige Bäche, zerfurcht, dass Allradantrieb mit Untersetzung sowie Differentialsperren die einzige Chance für ein Durchkommen boten. Nehmen Sie also (wie auf allen Hochlandstrecken) den Rat Einheimischer in Anspruch. Weichen Sie im Zweifel auf die Gletschertouren aus, die sowohl in Arnarstapi als auch in Ólafsvík angeboten werden. Das ist zwar nicht billig, ein defektes Wohnmobil aber weitaus teurer. Auf der Seite von Arnarstapi ist der Parkplatz Sönghellir erwähnenswert. Lassen Sie den Wagen dort stehen und wandern ein Stück zu den Höhlen, deren Namen auf das vielfache Echo zurückgeht, das manches wie einen Gesang erscheinen lässt.

Da die meisten Leser kein 4x4 Fahrzeug fahren und daher grobe Schotterstraßen nicht zu den bevorzugten Pisten zählen dürften, widme ich mich der normalen Route, die meiner Ansicht nach landschaftlich ohnehin ansprechender ist. Zunächst gelange ich zu interessanten Plätzen, die einen Besuch verdient haben.

Der erste ist das Dorf **Rif**. Dann folgt der Vogelfelsen **Keflavíkurbjarg**, den Sie auf einer Stichstraße erreichen (**Parkplatz GPS** N64 55 03.2 W23 51 55.5, geschotterter Platz). Sie werden, sofern die Brutsaison läuft, beim Aufenthalt fort viel Unterhaltung haben: Die Küstenseeschwalben werden Ihnen zu zeigen wissen, wer der Herr im Hause Keflavikurbjarg ist.

Der zweite Ort, den Sie besuchen sollten, ist **Hellisandur**. Im **Fischereimuseum** gilt es das älteste erhaltene Ruderboot Islands, die Bliki aus dem Jahr 1826, zu sehen. Im Garten steht ein sehenswertes Denkmal für die Fischer. Und nicht zuletzt der schöne Campingplatz ist der Lage in einem zerklüfteten Lavafeld wegen erwähnenswert.

1 Der Nationalpark Snæfellsjökull

Der **Nationalpark Snæfellsjökull** wurde 2001 eingerichtet und umfasst 167 km². Sie können im Krater des Snæfellsjökull eine Reise zum Mittelpunkt der Erde beginnen (... allerdings nur, wenn Sie Jules Vernes Roman glauben). Doch auch ohne die Reise ins Erdinnere sehen Sie faszinierende Lavaformationen, Vulkanschlote, Küstenabschnitte und einiges aus der Geschichte und Kultur des Landes. Das Informationszentrum befindet sich in Hellnar, wohin wir später noch gelangen werden.

HELLISANDUR - TJALDSTÆÐI

Stellplatzart: Campingplatz
GPS: N64 54 44.7 W23 53 21.2
Adresse: 360 Hellisandi, Hellisandur
Tel.: +354433 6929
mailto: info@snb.is
Homepage: www.snb.is
Zufahrtinfo: An der Ortsdurchfahrt, links ab ausgeschildert.
Kurzbeschreibung: Schöne Lage im Lavafeld Sandahraun, einfache, aber moderne Sanitärausstattung, V/E-Station, Stromanschluss, Müllentsorgung. Tankstelle, Swimming Pool und Einkehrmöglichkeit im Hotel Hellisandur. **Preis 2016**: Ab 13 J. ISK 1.000 p. P./N., Strom ISK 500.
Öffnungszeit: Juni bis Mitte September.

Der Namensgeber des Nationalparks: Snæfellsjökull

ARNARSTAPI - TJALDSTÆÐI

Stellplatzart: .... Campingplatz
GPS: N64 46 04.0 W23 38 02.0
Adresse: .... Arnarstapi, Arnarstaparvegur
Tel.: .... +354 435 6783
mailto: .... snjofell@snjofell.is
Homepage: .... www.snjofell.is
Zufahrtinfo: In den Ort fahren, bei der Tankstelle links.
Kurzbeschreibung: Wiese mit sehr einfacher Campingausstattung, Spielplatz. Restaurant im benachbarten Torfhof (regionale Küche, sehr guter Kuchen). Buchung der Schneemobil-Touren.
Öffnungszeit: Juni bis August.

Weiteres Restaurant Samkommunhúsið mit isländischen Spezialitäten ohne Menükarte, ausschließlich mit lokal hergestellten Zutaten nach Tagesangebot, Tourist Informationsbüro.

RUNDFAHRT UND WANDERPARKPLÄTZE IM NATIONALPARK SNÆFELLSJÖKULL

Die Rundfahrt durch den Nationalpark beginnt in Hellisandur. Etwa 3 km später reckt sich ein 420 m hoher Sendemast gen Himmel. Er stammt aus Zeiten des kalten Krieges, als das U.S. Militär den Stützpunkt Gufuskálar unterhielt. Seit dem Abzug der Truppen dient er zivilen Zwecken. Wenig später erinnern Ruinen von Fischerhütten und einer Kirche an irische Wurzeln: Írskra brunnar und Írksra kirkja.

Bald knickt die 574 südwärts ab. Die 579 zweigt rechts ab und führt, zunächst asphaltiert, in abenteuerlicher, aber problemloser Strecken-

Küstenseeschwalbe im Angriffsmodus

Skulptur am Fischereimuseum Hellisandur

ROUTE 5

führung ins Lavafeld. Nach einem Parkplatz an der Bucht **Skarðsvík** wird es etwas schwieriger. Die Straße bietet kaum Ausweichstellen. Kastenwagen und 4x4-Fahrzeuge sind nun im Vorteil. Etwa 2,5 km danach gabelt sich die Straße. Ich fahre rechts zum **Leuchtturm Öndverdanes** (**Parkplatz GPS** N64 53 05.2 W24 02 39.1). Doch die geplante Wanderung fällt aus. Fasziniert entdecke ich in Ufernähe schwarze Flossen, die hin und her ziehen - eine Gruppe Orkas auf Jagdausflug vor der Küste. Gebannt schaue ich dem unvergesslichen Spektakel zu, bis mich der Hunger packt und der Regen beginnt, mir durch Mark und Bein zu gehen. Sonst hätte ich noch den Brunnen Fálki des früheren Gehöftes besichtigt.

Den zweiten Leuchtturm **Skálasnagi**, den Sie an der Abzweigung links erreichen, sollten Sie 4x4-Fahrzeugen überlassen - oder dorthin wandern (gerne weiter bis Beruvík). Es ist eine faszinierende Steilküste.

Folgt man der 574, gelangt man zum Parkplatz **Beruvík und** etwas weiter zum markanten, rechts der Straße liegenden **Vulkankegel Saxholl**, den man erklimmen kann (**Parkplatz Saxhóll GPS** N64 51 03.9 W23 55 28.2).

Wieder ist es nicht weit zum nächsten sehenswerten Haltepunkt: Der **Ringwallkrater Hólarhólar** erinnert an eine alte Arena. Und dann sind es 2,8 km, bis die 572 rechts abzweigt und zum ehemaligen Fischerort **Dritvík** führt. Der dortige Parkplatz bietet ein WC (**GPS** N64 48 47.5 W23 57 40.1). Ein Fußweg führt zur Steilküste. Die gefährlichen Strömungen im Meer, gepaart mit heftigen Stürmen, haben so manchem Schiff Probleme bereitet. Unlösbare Probleme sogar, wie man an den umherliegenden Wrackteilen erkennt, die als Kulturgut gelten und nicht entwendet werden dürfen. Zudem liegen drei Steine am Ufer, die der Sage nach zum Kräftemessen dienten (stark - halbstark - schwach) und damit zur Beurteilung, ob ein Aspirant für die Arbeit auf dem Fischerboot taugte.

Weitere 5 km liegen auf der 574 vor mir, bis eine Stichstraße zum **Parkplatz Malarrif** (**GPS** N64 43 50.1 W23 48 13.7) führt. Hier befindet sich das **Informationszentrum des Nationalparks**. An der Landspitze gibt ein Leuchtturm Orientierung für die Seefahrt. Wenn man eine Viertelstunde in die andere Richtung geht, steht man vor den im Nebel gespenstisch wirkenden Lavatürmen. Kurz nach der Abzweigung liegt an der 574 noch ein **Picknickplatz** mit Blick auf die Türme (sozusagen für die Faulen - **GPS** N64 44 14.8 W23 46 31.2).

Ein weiterer Platz unterhalb der 574 steht beim **Denkmal für Guðriður Þórbjarnardóttir**, der Schwägerin von Leifur Eiríksson, zur Verfügung (**GPS** N64 45 21.8 W23 41 18.2). Sie war die erste Isländerin, die in Amerika ein Kind gebar.

Dann gelangt man zur Abfahrt nach **Hellnar**, wo ein Besuch im **Café am Vogelfelsen** lohnt. Wenn Sie dort mehr Wetterglück haben, als ich, sollten Sie sich auf der Sonnenterrasse Kaffee und Kuchen schmecken lassen.

Wenige Kilometer östlich liegt **Arnarstapi** (Bild rechts) ein kleiner Weiler, wo Sie sich auf dem Campingplatz einnisten und einiges unternehmen können.

Arnarstapi - Restaurant/Camping

ROUTE 5

Wandern im Nationalpark Snæfellsjökull

Von **Ólafsvík** können Sie den 410 m hohen Hausberg Enni erklimmen, der in vielen Elfengeschichten erwähnt wird (ca. 1,5 Std.). An der Abzweigung der 579 kann man entlang der Fahrbahn zur **Muschelbucht Skaðsvík** gehen und sich den Vogelfelsen widmen (ca. 1 Std., zum Wandern eher ungeeignete Asphaltstraße). Besser wandert man zum **Vulkankegel Vatnsborg** und weiter zu den Leuchttürmen Skálasnagi und Öndverdanes, um auf der Schotterstraße zum Ausgangspunkt zurück zu gehen (ca. 3-4 Std.).

Vom Wanderparkplatz **Beruvík** (an der 574) führt ein Pfad entlang der Klippen zur Felszinne und Leuchtturm Skálasnagi und weiter zum Leuchtturm Öndverdanes (ca. 3 Std.). Als ginge es darum, der Wanderung so etwas wie einen kleinen Nervenkitzel zu verleihen (... obwohl die Route gar nicht eintönig ist) durchquert man bei Öndverdarnes eine Kolonie der Küstenseeschwalben ...

Zwischen Hellnar und Arnarstapi verläuft einer der schönsten Wanderwege entlang der Felsenküste. In welcher Richtung Sie den Weg gehen, ist gleich. Sie werden sehr schöne Felsformationen und Vogelfelsen genießen können. Ebenso sieht es aus, wenn Sie von Arnarstapi Richtung Buðir entlang der Küste wandern.

Nun heißt es Abschied zu nehmen von der Vulkanwelt und auf der 574 westwärts zu fahren. Kurz vor der Einmündung in die 54 können Sie nach **Buðir** abzweigen, um das Wohnmobil auf den Parkplatz der Kirche abzustellen (**GPS** N64 49 17.9 W23 23 05.1). Es ist ein alter Handelsplatz, von dem nur noch die vor etwa 50 Jahren wieder instandgesetzte Kirche und Reste der Häuser vorhanden sind. Den Schlüssel für das Gotteshaus erhält man gegen einen kleinen Obolus beim Hotel. Dort gibt es isländische Küche (Fisch, Lamm). Das Essen können Sie sich „verdienen", indem Sie von Buðir aus durchs Lavafeld **Buðahraun** mit Höhlen und zerklüfteten Felsformationen Richtung Arnarstapi wandern.

Rast bei der Kirche in Buðir

Die Landschaft wird rechts, von der Bucht **Faxaflói** abgeschlossen. Zur Linken erheben sich mächtige Berge, deren vulkanischer Ursprung sich in der Vielfalt von Farben und Formen zeigt. Bald sind zwei Plätze links ausgeschildert, die mit besonderen Quellen ausgestattet sind. Der alte **Hof Lýsuhóll** mit zwei Hot Pots (ein historischer, kaum noch nutzbarer und ein in einer Plastikwanne gefasster Pott) ist links nebst einer Campingmöglichkeit ausgeschildert, die ich nicht überprüft habe. Erneut links folgt nach einem weiten Linksbogen der Kirchhof **Staðastaður** (dort ein an der Straße ausgewiesener Picknickplatz, **GPS** N64 49 01.78 W23 00 19.4). Nicht weit davon liegt der **Hof Ölkelda**, der über das Stichsträßchen 571 erreicht wird. Er besitzt eine **Mineralquelle**. Zugang erhält man bei der Informationstafel (Parkplatz), wobei gebeten wird, bei Wasserentnahme einen Obolus einzuwerfen. Einheimische tun dies gern, weil sie um die Wirkung wissen. Sie wurde 1972 durch Analysen bestätigt. Hilfreich soll das Wasser für Herz-/Kreislaufbeschwerden, Nierenleiden und bei Diabetes sein. Die Wirkung habe ich nicht ausprobiert. Aber schaden dürfte das Wasser nicht.

Im weiteren Verlauf nähert man sich links dem Waldgebiet **Hofstaðaskog**. An der Straße ist eine Picknickstelle ausgewiesen (**GPS** N64 50 07.2 W22 49 48.2). Also blinke ich links, um auf den ausgeschilderten Spazierwegen die Beine zu vertreten und eine Pause zu genießen. Von einer Wanderung mag ich nicht sprechen.

2 Der Bilderbuchvulkan Eldborg

Bevor die Straße nach Süden abknickt, fallen links markante Vulkankegel auf, deren Krater (**Geldingaborg**) und Schutthänge (**Rauðamelskúlur**) in der Sonne leuchten. In Sichtweite und mit Blick auf die Eldborg findet sich denn auch ein weiterer, allerdings nicht so ruhig gelegener **Picknickplatz** (**GPS** N64 50 47.6 W22 22 42.6). Schon führt die Straße südwärts durch ein Lavafeld - **Eldhraun**. Es stammt aus der Eldborg, die ihrer markanten Form in der Ebene wegen wohl als Burg benannt wurde. Der Hof **Eldborg** bietet sich als Ausgangspunkt für eine Wanderung zum Krater an, aber auch als Campingplatz. Kurz vor den Toren von Borgarnes endet nun die Route durch die Westfjorde und die Halbinsel Snæfellsnes. Wer diese Route der weiten Strecken nicht mitgemacht hat, stößt auf der Ringstraße von Norden kommend kurz vor **Borgarnes** wieder hinzu.

Geldingaborg - einer der Krater

SNORRASTAÐIR - TJALDSVÆÐI

Stellplatzart: .... Campingplatz
GPS: N64 46 26.5 W22 18 07.8
Adresse: .... 311 Borgarnes Kolbeinstaðahreppur
Tel.: .... +354 8636628 oder 435 6628
mailto: .... snorrastadir@simnet.is
Homepage: .... www.snorrastadir.is
Zufahrtinfo: Auf der 54 weiter Richtung Borgarnes fahren.- rechts ab ausgeschildert (Hotel und Campingplatz Snorrastaður).
Kurzbeschreibung: Wiese/geschotterter Platz neben dem Bachlauf. Sanitäranlagen im Hofgebäude, Aufenthaltsraum. Hot Pot auch für Campinggäste nutzbar. Das Schönste ist die Wandermöglichkeit durch niedrigen Buschwald zum Vulkankrater Eldborg.
Preis 2016: Pauschal ISK 2.000 pro Wohnmobil. Strom
Öffnungszeit: Mitte Mai bis Ende August.

Wanderung zum Vulkankegel Eldborg

Start ist an der Brücke über den Fluss beim Campingplatz, wo man zunächst ein Stück dem Flusslauf folgt, bis ein Weidezaun gequert wird und man in den Buschwald gelangt. Dem Wanderpfad folgt man etwa 20-25 Minuten, bis man am steilen Krater angelangt ist. Die restlichen 5 Minuten sind fast eine kleine Klettereinlage, wobei der Steig mit Drahtseilen gut gesichert ist. Steht man am Kraterrand, eröffnet sich ein grandioser Ausblick bis hinüber zum Snæfellsjökull, über die Ebene und das Meer und rückwärtig über die imposante Bergkette der Halbinsel. Abgesehen von einer Schleife über den kleinen Nebenkrater nebenan geht man auf demselben Weg auch wieder retour (je Richtung ca. 45 Minuten Gehzeit, Anstieg ca. 60 m zum Kraterrand).

Tolle Kontraste: Vorn der Kraterrand Eldborg, hinten der Snæfellsjökull

Abstecher ins Reykhóltsdalur und nach Borgarnes

Als Einstieg habe ich einen Abstecher nach Reykhólt und dessen Umgebung vorgesehen, der viel Natur und Kultur zu bieten hat. So halte ich mich an der Ringstraße links und fahre in nordöstlicher Richtung, um bald nach Reykhólt abzubiegen. Bereits an der Ringstraße bietet sich die Gelegenheit für eine Rast auf dem Parkplatz **Danielslundur** bei einem Forstgebiet (**GPS** N64 39 30.1 W21 42 40.0). An der Abzweigung der 50 kann man an der Tankstelle mit Lebensmittelladen Sprit und Lebensmittel ergänzen.

DEILTARTUNGUHVER - HEISSWASSERQUELLE

Stellplatzart: Parkplatz
GPS: N64 39 47.5 W21 24 34.8
Adresse: An der 50
Zufahrtinfo: Von der Ringstraße 3 km nördlich des Picknickplatzes rechts auf die 50 Richtung Reykhólt/Husafell abbiegen. Gut 17 km fahren (bei Einmündung der 522 knickt die Straße markant nach Süden ab), dann rechts ab ausgeschildert Deiltartunguhver II.
Kurzbeschreibung: Geschotterter Parkplatz zwischen den Gewächshäusern des Bauernhofes und dem Pumpwerk des Fernwärmenetzes. Am Parkplatz ein Verkaufsstand des Bauern, der hier Tomaten (nach Angebot auch anderes Gemüse) zum Verkauf anbietet. Einwurf des angegebenen Kaufpreises in die entsprechende Box. Tagsüber im Sommer zudem Marktstand eines benachbarten Landwirtschaftsbetriebes (Handarbeiten, Schmuck aus Lava, Brotaufstriche, Gemüse etc.).

DIE HEISSWASSERQUELLE DEILTARTUNGUHVER

Der gleichnamige Hof liegt neben der ergiebigsten Heißwasserquelle der Welt, die pro Sekunde ca. 180 l kochendes Wasser ausspuckt und unter Naturschutz steht. Die Energie reicht, Gewächshäuser des Bauern und die drei Orte Akranes, Borgarnes und Hvanneyri mit Fernwärme zu versorgen, in naher Zukunft zudem das Krauma Thermalbad. Obwohl die Leitung 74 km lang ist, kommt in Akranes 80° C heißes Wasser durch die Rohre.

Für meine Familie und mich hat die Quelle einen hohen Erinnerungswert. Beim ersten Besuch im Jahr 2000 (unsere Tochter war 7 Jahre alt), musste der kochende Bach zum Beweis herhalten, wie das mit dem Eier kochen ohne Elektrizität klappt. Eier aus dem Kühlschrank, in Stofftaschentücher eingewickelt und eine Schnur dran. Dann vorsichtig in den Bach damit. Derweil wird Brot, Käse und Wurst gerichtet. Und am Verkaufsstand des Hofes am Parkplatz werden Tomaten gekauft. Nach 10 Minuten ist ein richtig gutes, mit frischen Zutaten bereitetes Abendessen fertig! So lässt sich Urlaub genießen! Leider verhindert das aus Sicherheitsgründen heute eine Absperrung.

Vom Parkplatz am Pumpwerk der Fernwärmeleitung fahre ich weiter Richtung Reykhólt. Die 50 verläuft in südwestlicher Richtung auf Borgarnes zu, während ich links auf die 518 abbiege. Das Asphaltband führt zügig nach **Reykhólt**, wobei sich unterwegs eine Einkehrmöglichkeit auf einem Bauernhof anbietet.

In Reykhólt selbst besteht keine Campingmöglichkeit, jedoch ein großzügiger Parkplatz direkt vor den Sehenswürdigkeiten, der sich für die Besichtigung anbietet (**GPS** N64 39 52.4 W21 17 38.7). Grundsätzlich ist man dort aber in Verbindung mit dem Museumsbesuch (Snorrastofa), wie immer nur auf ausdrückliche Anfrage, offen für eine Übernachtung im Wohnmobil.

BORGARNES - NES/REYKHÓLTSDALUR

Stellplatzart:........Gaststätte
GPS:........N64 39 48.6 W21 20 16.0
Adresse:........320 Reykhólt, Reykholtsdalur
Tel.: ....+354 435 1472
mailto: ....bgnes@vesturland.is
Zufahrtinfo: Von Deiltartunguhver über die 518 Richtung Reykhólt. An der geraden Strecke ist das Hofrestaurant rechts ab ausgeschildert.
Kurzbeschreibung: Parkplatz vor der 2013 eröffneten Gaststätte mit regionaler Küche, deren Zutaten selbst hergestellt oder von umliegenden Bauernhöfen zugekauft werden. Im Angebot sind mittags Suppen (Fleisch- oder Gemüsesuppe), nachmittags Kaffee und hausgemachter Kuchen und abends ein Menü nach aktuellem Angebot. Campingmöglichkeit im Nachbarhof. **Preis 2016**: ISK 1.200 p. P./N., Strom ISK 500.

ZUM HISTORISCHEN HINTERGRUND VON REYKHÓLT

Der Hof wurde im 13. Jahrhundert vom mächtigen Gesetzessprecher Snorri Sturlusson gegründet Hier schrieb er seine Sagas nieder (oder diktierte sie einem Schreiber?). Zwischenzeitlich hatte Snorri am Hof des Königs in Norwegen gedient, war dort aber in Ungnade gefallen, weil er sich nicht der Vorstellung des Herrschers ergab, seine isländische Heimat endgültig der norwegischen Krone zuzuschlagen. Deshalb kehrte er zurück und begann die Überlieferungen der Sagas zu Papier zu bringen.

Ebenso war es hier, wo ihm die Häscher des norwegischen Königshauses auflauerten und ihn erschlugen. Zwar hatten sie ihm freies Geleit zugesagt, weil sie ihn nicht fanden. Er hatte sich im Geheimgang zwischen seinem Haus und dem Snorralaug versteckt. Er jedoch stellte sich nicht seinem Schicksal, was er mit dem Leben zu bezahlen hatte. Das heiße Bad (Snorralaug) wird seit jeher aus der Quelle Skrifla gespeist, die auch heute noch zur Heizung der Gebäude genutzt wird.

Sehenswertes in Reykhólt

Das rekonstruierte, von Archäologen freigelegte **Snorralaug** ist am Fuß der Schule zu besichtigen, ebenso wie die Reste des Tunnels, der früher Snorris Wohnhaus mit dem Pool verbunden hatte. Die Ausgrabung weiterer historischer Gebäude ist geplant, muss aber wohl noch warten. Unklar ist, ob die Ruinen durch die umfangreichen Bauarbeiten unwiederbringlich verloren gegangen sind. Sehenswert für geschichtlich Interessierte ist die **Snorrastofa**, ein Museum, das dem Leben und Wirken des wichtigsten Schreibers der Sagas gewidmet ist. Die Ausstellung ist von Juni bis August täglich von 10⁰⁰-18⁰⁰ h offen (Eintritt). Vor der Bezirksschule steht eine bronzene Skulptur des Snorri, die der norwegische Künstler Gustav Vigeland geschaffen hat.

Sehenswert sind auch die beiden Kirchen - die neue mit sehr schönen Farbglasfenstern stammt aus dem Jahr 1991. Das alte Gotteshaus von 1886/87 hat nach seiner umfassenden Renovierung ebenso einen Besuch verdient. Auf dem drum herum liegenden Friedhof ist der berühmteste Sohn des Ortes, der Schreiber der Sagas Snorri Stúrlusson, begraben.

Folgt man der 518 talaufwärts, gelangt man nach Überquerung eines Höhenrückens zum **Hraunfoss**. Dessen Name rührt von seiner weit aufgefächerten Ausdehnung, die dadurch verursacht ist, dass ein Lavafeld, gemischt mit brüchiger Blocklava, sich über die Flussniederung der **Hvítá** gelegt hatte. Weit verzweigt fließt das Wasser nun unterirdisch und tritt auf gut 1,5 km verteilt wieder als Hraunfoss ans Tageslicht. Auch dieser Wasserfall ist sicherlich einer der schönsten Islands, ganz gewiss aber einer der außergewöhnlichsten. Einzelne Kaskaden bilden fantasievolle Figuren, wie eine „Engelsfigur" zeigt, von der nicht nur meine Frau immer wieder begeistert ist. Finden Sie diese auch (Bildmitte)?

Hraunfossar - 1,5 km fantasievolle Kaskaden aus der Lava heraus

Etwas flussaufwärts erwartet Sie der **Barnafoss** (Kinderwasserfall). Weshalb der Name? Ob es aus dem Reich der Sagen und Erzählungen entspringt oder der Wahrheit entspricht - ich weiß es nicht. Der Hintergrund ist trauriger Natur: Als eine Mutter ihre Kinder am Weihnachtsabend während des Gottesdienstes alleine ließ, war es diesen wohl langweilig und sie gingen zum Wasserfall, der seinerzeit noch von einem natürlichen Steinbogen überspannt war. Sie stürzten und kamen in den Fluten zu Tode. Aus Gram ließ die Mutter, welche die Spuren verfolgt hatte, den Steinbogen zerschlagen.

Hintergrundkulisse bildet die flache Eiskappe des **Langjökull**, des zweitgrößten Gletschers Islands. Der **Parkplatz** (**GPS** N64 42 05.7 W20 58 40.8, WC gegen Gebühr/Kiosk) ist angesichts des Besucherandrangs zu klein. Platz für Busse ist genug, nicht aber für PKW. So bietet es sich an, die Wasserfälle zu besuchen, wenn der stärkste Betrieb gegen Abend vorüber ist.

Folgt man der 518 talaufwärts, gelangt man ins Feriengebiet **Húsafell**. Dort können Sie sich beim Campingplatz einbuchen, der gut ausgestattet und schön gelegen ist. Kurz zuvor fällt rechts das Kirchlein und die **Kunstgalerie des Páll Guðmundsson** auf, erkennbar an einem zum Turm umgebauten Futtersilo.

DIE GALERIE VON ÞÁLL GUÐMUNDSSON

Kunstliebhaber sollten bei **Páll Guðmundsson** Halt machen. Der über Húsafell und Island hinaus bekannte Künstler hat in der Scheune und im Freigelände eine Ausstellung seiner Werke zusammengestellt.

Ich traf ihn bei der Arbeit, als er einen Stein bearbeitete, der den Vorplatz des Museums bereichern wird: Eine Hand, die einen Schlüssel hält. Wenn Páll Zeit hat, spielt er auf handgefertigten Musikinstrumenten - eine Panflöte aus Stängeln von Rhabarberblüten und zwei große Xylophone aus Klangsteinen - isländische oder klassische Musik vor. Sie werden begeistert sein. Seine Skulpturen, aus Steinen der Umgebung, sind beeindruckend, ebenso wie seine Zeichnungen, Gemälde und Eisdrucke. Eisdrucke? Die Technik faszinierte mich. Zunächst bearbeitet Páll einen Eisblock mit Hammer und Meißel. Dann wird er eingefärbt und wie ein Stempel aufs Papier gedrückt. Heraus kamen Portraits von Björk, der isländischen Popsängerin, und Bilder anderer Persönlichkeiten.

Tipp: Unbedingt Zeit für die Ausstellung einplanen! **Öffnungszeiten und Eintrittspreis** standen zu meiner Recherche noch nicht fest. Páll behandelt das auch pragmatisch - ein echter Künstler eben im positiven Sinne: Wenn er da ist, dann kann er auch öffnen. Damit Sie das im Voraus wissen, rufen Sie an unter +354 864 0910, www.pallg.is.

Bei der Kirche, welcher einst der Pfarrer Snorri vorgestanden hatte, liegen ein paar mächtige Steine, die Snorri für Kraftproben verwendet haben soll. Vielleicht wurde Páll hierdurch die Begeisterung für die Arbeit mit Steinen in die Wiege gelegt? Er ist ein Nachfahre von Snorri.

Steinmetzarbeit und Eisdruck: Kunst und Perfektion von Páll Guðmundsson!

HÚSAFELL - TJALDSTÆÐI

Stellplatzart: Campingplatz
GPS: N64 41 57.5 W20 52 07.0
Adresse: 320 Húsafell
Tel.: +354 435 1551
mailto: camping@husafell.is
Homepage: www.husafell.is
Zufahrtinfo: Vom Hraunfoss der 518 folgen. Die Ferienhaussiedlung ist kaum zu erkennen, denn die Talsenke ist mit Buschwald bedeckt.
Kurzbeschreibung: Gut ausgestatteter Campingplatz, weitläufig im Buschwald. In der Tankstelle werden Lebensmittel angeboten. Ein Restaurant bietet regionale Gerichte. In der Ferienanlage gibt es auch ein Schwimmbad. **Preis 2016**: ISK 1.500 p. P./N., Strom ISK 1.000. Campingpreis beinhaltet Waschmaschine, Du/Küchennutzung.
Öffnungszeit: Mitte Mai-Mitte September.

Großes Glück: Polarlicht in Husafell

FÜHRUNGEN IN DIE LAVAHÖHLE VIÐGELMIR

Das gewaltige Lavafeld beinhaltet riesige Lavahöhlen. Die Höhlen Surtshellir und Stefánshellir kann man auf eigene Faust (und eigenes Risiko) erkunden. Die Zufahrtstraße F578 ist ruppig. Die Höhle **Viðgelmir** gehört zum Hof Fljótstunga und wird in geführten Höhlenexkursionen gezeigt.

Sie ist mit 1.585 m Länge und 148.000 m² Volumen eine der größten und wertvollsten weltweit. Die Hallen sind 15,80 bzw. 16,50 m hoch. Der Eingang wird seit 1993 verschlossen gehalten, um die Stalaktiten und Stalakmiten - teils aus Lava, teils aus Eis - zu schützen. Wissenschaftler schätzen diese Höhle aufgrund der geologischen Besonderheiten. Aus historischer Zeit wurden Knochen und Schmuck gefunden.

Führungen gibt es ab 4 bis zu 15 Personen (reservieren/anfragen). Man geht an die 300 m in die Höhle. Da und dort muss man auf Knien oder dem Hosenboden rutschen, teils auf Eis durch einen Tunnel gleiten. Bringen

Sie warme Kleider, Mütze und Handschuhe sowie gute Wanderschuhe mit. In der Unterwelt ist es bis weit in den Sommer hinein ziemlich kalt - so kalt, dass das Eis oft den Sommer über gar nicht abtaut. Helme und Stirnlampen werden zur Verfügung gestellt. **Info und Öffnungszeiten:** Kurze Tour ca. 1 Std. für alle Gäste ab 8 Jahren, im Sommer tgl. 10[00] h, 12[00] h, 15[00] h und 17[00] h. Um 10[00] h gibt es für Interessenten eine große Höhlentour, die etwas Kletterei erfordert. Mit Freunden und Familie hatte ich diese vor einigen Jahren ausprobiert. Und wir waren begeistert!

ABKÜRZUNG ÜBER DIE HOCHLANDSTRECKE KALDIDALUR

Kurz nach Húsafell haben Sie die Wahl: Entweder folgen Sie mit 2x4-Fahrzeugen meinem Routenvorschlag und kehren über Borgarnes zur Küste zurück. Oder Sie nehmen die (F)550 **Kaldidalur**, eine **Hochlandstrecke**, die inzwischen auch für Nicht-Allradler freigegeben ist. Erwarten Sie aber keine für Wohnmobile gut befahrbare Strecke. Es ist und bleibt eine ruppige Hochlandstrecke. Sie ist eine landschaftlich interessante Abkürzung für den Fall, dass Sie den Südwesten mit der Hauptstadt Reykjavík und die Halbinsel Reykjanes aus Zeitgründen auslassen oder über Þingvellir dorthin möchten. Lassen Sie sich von der oft abfällig verwendeten Bezeichnung „Hochlandstrecke für Anfänger" nicht beeinflussen und entscheiden selbst. Vielleicht ist das Bild von meiner Recherchefahrt 2008 zu unserem früheren Buch eine wertvolle Hilfe, zu entscheiden, ob Sie das sich und dem Wagen zumuten möchten.

Nun fahren Sie entweder auf der 518 retour oder folgen der Schotterstraße von Fljótstunga aus talwärts, bis Sie in die 518 mündet und weiter bis zur 50. Kurz vor Deildartunguhver halten Sie sich links. Bis **Borgarnes** führt die 50 gut ausgebaut entlang der Fernwärmeleitung von der Heißwasserquelle her. Unterwegs und in Borgarnes warten Campingplätze auf Sie. Für die Stadt am **Borgarfjörður** sollten Sie etwas Zeit einplanen.

BORGARFJÖRÐUR - HVERINN

Stellplatzart: .... Campingplatz
GPS: N64 39 18.5 W21 24 23.8
Adresse: .... 320 Reykhólt, Borgarfjarðarbraut
Tel.: .... +354 5714333
mailto: .... bragi@hverinn.is
Homepage: .... www.hverinn.is
Zufahrtinfo: Auf der 50 Richtung Borgarnes. Nach knapp 13 km rechts.
Kurzbeschreibung: Wiesenfläche bei einem Restaurant/Hofladen. Gute Ausstattung: Stromanschluss (ISK 1.100), Waschmaschine/Trockner (je ISK 500). **Preis 2016**: Ab 16 J. ISK 1.500 p. P./N., Rentner ermäßigt.
Sonstiges: Restaurant und Hofladen (u. a. guter Mittagstisch!).

ROUTE 5

BORGARNES - GRANASTAÐIR

Stellplatzart: .... Campingplatz
GPS: N64 33 04.9 W21 54 31.2
Adresse: .... 311 Borgarfjörður, Borgarvík 13 (an der 1)
Tel.: .... +354 695 3366
mailto: .... borgarnes@hostel.is
Homepage: .... www.borgarneshostel.com
Zufahrtinfo: An der Ringstraße rechts ab nach Borgarnes. Auf der Ringstraße bleiben, bis der Campingplatz am Ortsausgang links ab ausgeschildert ist.
Kurzbeschreibung: Landschaftlich schön zwischen Meer und Ringstraße. Strom (ISK 900), Ver-/Entsorgung an der Einfahrt (Bodenablauf), Wasseranschluss am WC-Gebäude. **Preis 2016:** ISK 1.200 p. P./N. , Strom ISK 900. **Öffnungszeit:** Mitte Mai bis Mitte September.

Borgarnes ist auf den ersten Blick nicht so sehenswert. Doch bietet die Stadt jegliche Art von Versorgungsmöglichkeiten (am Kreisverkehr bei Abzweigung ins Zentrum). Dort finden Sie die **Tourist Information für den Westen Islands** (Borgarbraut 58-60, Tel: +354 437 2214, mailto:info@westiceland.is). Nicht weit entfernt liegt ein großzügiges Schwimmbad. Ein Höhepunkt ist jedoch das **Landnahme-Museum**, das Sie auf Ihren Besuchsplan nehmen sollten. Folgen Sie der Ausschilderung von den Tankstellen aus der Borgarbraut auf die Halbinsel hinaus. Kurz vor der Brücke auf eine kleine Insel befindet sich der Parkplatz (**GPS** N64 32 07.8 W21 55 27.7). Der Rundgang erfordert eine Stunde, die sich lohnt. Im einen Geschoss wird die Gisla-Saga mit einem Audioguide erläutert, in der anderen hören Sie Wissenswertes zur Besiedelung Islands vor 1.100 Jahren. Der Gebäudekomplex ist ein schön hergerichtetes Kaufmannshaus. Empfehlen möchte ich das zugehörige Restaurant mit isländischer Küche. Lassen Sie es sich schmecken. Vielleicht haben Sie Bedarf, auf dem Parkplatz die Fahrtüchtigkeit wieder herzustellen? Ich stand über Nacht (auf Anfrage) hinter dem Felsen zwischen Restaurant und Museum.

Im Landnahmemuseum Borgarnes - und anschließend: Guten Appetit!

WHALE WATCHING VS. WALFANG IN ISLAND - WER GEWINNT?

Bis 1989 wurde in Island kommerziell Walfang betrieben. Dann trat die Inselrepublik der Internationalen Walfangkommission bei und verbot die Jagd. Auf Betreiben der Walfänger, die in Island eine Lobby haben, aber keine markante Mehrheit, wurde nach Streitigkeiten in der Walfangkommission (auf Betreiben von Norwegen und Japan) der Austritt beschlossen. 2003 wurden die ersten Wale zur Jagd freigegeben - offiziell aus wissenschaftlichen Gründen. Dass seit der Wiederaufnahme der Jagd auf Speisekarten immer häufiger Walsteaks stehen und Walfleisch in namhaften Supermarkt-Ketten in der Fleischtheke liegen, belegt, dass die wissenschaftlichen Zwecke vorgeschoben sind.

Als Begründung wird oft auf eine alte Walfangtradition Islands hingewiesen. Dies ist jedoch nicht ganz richtig. Diese „Tradition" wurde gegen Ende des 19. Jahrhunderts aus Norwegen „importiert". Als die norwegischen Gewässer fast walfrei geschossen waren, suchten die Norweger neue Fanggründe und wurden in Island fündig.

Richtig ist, dass in Island Walfleisch seit jeher gegessen wurde. Nur wurde früher nicht nach Walen gejagt. Vielmehr wurden gestrandete Wale geschlachtet, das Fleisch, der Speck verteilt (nicht verkauft!) und die übrigen Bestandteile verarbeitet, und sei es als Baumaterial. Walfleisch hat in Island traditionell eher die Bedeutung von „Billigfleisch", das man isst, wenn nichts anderes zu haben ist, wie mir vielfach gesagt wurde. Das half in schlechten Zeiten über den größten Mangel hinweg, der Zehntausende zum Auswandern bewog. Dass in Notzeiten auch mal ein Wal erlegt wurde (man harpunierte die Wale in Küstennähe und hoffte, die gestrandeten Tiere würden am eigenen Land angespült), ist verständlich. Aber Island hat heutzutage keine Hungersnot zu befürchten.

Ich halte nichts davon, nach Boykottmaßnahmen zu rufen. Damit werden die Fronten nur noch härter. Außerdem hat in Island der Walfang nicht nur Freunde. Eine Mehrheit der Isländer verzehrt ohnehin gar keinen Wal und lehnt den Walfang eher ab.

EINE BITTE VON SEITEN DER WHALE WATCHING ANBIETER:

Walfänger ziehen ihre Berechtigung daraus, dass von Touristen immer wieder Wal nachgefragt werde. Touristen sind sich jedoch meist nicht der Tragweite bewusst. Sie hätten „eigentlich nur probieren wollen, wie das schmeckt, weil man zu Hause keinen Wal angeboten bekommt."

Bedenken Sie: Wenn die im Jahr 2016 gezählten ca 1.6 Mio. Touristen (mit steigender Tendenz) nur je ein Walsteak „probieren", sind hierfür etwa 160 Tonnen Walfleisch nötig. Hierfür müssen zahlreiche Wale ihr Leben lassen. Daraus ist der Satz „Whales are killed to feed tourists" abgeleitet. Mit „Probieren" liefern Sie den Walfängern Wasser auf die Mühlen. Verzichten Sie auf den Verzehr und schauen die Wale lieber lebend im Meer an, als auf dem Teller! Der Wirtschaft Islands hilft dies mehr, als der defizitäre Walfang, zumal das meiste Walfleisch nach Japan exportiert wurde, was wiederum den kommerziellen Aspekt belegt. So ist es wichtig, auf die 2013 ins Leben gerufene Initiative hinzuweisen, mit der sich „**Walfreundliche Restaurants**" zur Ablehnung des Walfangs bekennen, indem sie keinen Wal anbieten. Verzichten Sie bei Ihrer Bestellung auf Walfleisch. Und wenn Sie Wal auf der Karte entdecken, merken Sie im Restaurant bitte an, dass Sie den Walfang missbilligen.

Nach Akranes/Hvalfjörður-Tunnel

Ist Ihre Zeit knapp, können Sie auf der Ringstraße von **Borgarnes** südwärts fahren und einen Besuch in **Akranes** mit seinem **Museumsbereich** einfügen. Themen sind die Schifffahrt und Fischerei, Regionalgeschichte, Landvermessung, Geologie und Sport. Für die Übernachtung erwartet Sie der am Meer gelegene Campingplatz. Zur Einkehr empfiehlt sich das Museums-Café, das kleine Gerichte bietet. Weitere Restaurants befinden sich im Zentrum. Die Tourist Information ist inm Museumsgebäude untergebracht (Tel. 894-3010, info@akranes.is). Das Außengelände wird vom Schoner Sigurfari geprägt. Alte Häuser aus der Umgebung geben den Museen einen authentischen Rahmen.

Die Weiterfahrt verläuft auf der 51 südwärts zur Ringstraße, die unter dem Hvalfjörður verschwindet. Die Tunnelpassage ist mautpflichtig (Stand 2016: < 6 m/3,5 t ISK 1.000, bis 7,5 t ISK 3.000). Wenn Sie das Tageslicht wieder erblicken, ist fast die Hauptstadt erreicht, zumindest die Trabantenstädte, zunächst Mosfellsbær.

Wandern in Akranes

Einerseits wartet der alte Vulkankegel Akrafjall darauf, in einer schönen Wanderung bezwungen zu werden. Andererseits ist die Tour entlang der Küste der Halbinsel, besonders hinaus zur Landspitze mit Leuchtturm, zu empfehlen.

AKRANES -TJALDSVÆÐIÐ KALMANNSVÍK

Stellplatzart: Campingplatz
GPS: N64 19 33.6 W22 04 04.0
Adresse: 300 Akranes, Kalmannsbraut
Tel.: +354 8619910
mailto: tjalda@akranes.is
Homepage: www.akranes.is
Zufahrtinfo: Von der Ringstraße zunächst auf die 51, dann auf der 509 in die Stadt. Weiter geradeaus, dann ist der Platz rechts ab ausgeschildert.
Kurzbeschreibung: Wiesengelände am Meer, gepflegte Sanitäreinrichtungen, WC/Dusche. **Preis 2016**: ISK 1.000 p. P./N., Rentner ISK 850, Waschmaschine/Trockner (ISK 1.000), Strom (ISK 700).
Öffnungszeit: Mai bis Sept.

Alternativstrecke: Um den Hvalfjörður

Altarbild der Hallgrímskirkja Saurbær

Ich entscheide mich für die Fahrt um den Fjord, zumal mich Islands höchster Wasserfall neugierig macht. Der Abstecher macht 67 km aus. Damit die nötigen Ruhepausen gewährleistet sind, habe ich mich auch hier auf die Suche nach schönen Rastplätzen gemacht.

Auf der Nordseite des Hvalfjörður fällt der Industriekomplex einer Aluminiumschmelze auf. Interessanter ist die Besichtigung der **Hallgrímskirkja Saurbær** aus dem Jahr 1957, die durch ihre Glasfenster, das alte Kruzifix und das Altarbild auffällt. Der **Parkplatz (GPS** N64 24 19.6 W21 37 37.6) ist großzügig bemessen und lädt zur Rast und Besichtigung ein. Nicht weit entfernt sehen Sie links die Fahne von „Icelandic Farm Holidays". Blinken Sie links, wenn Sie auf dem Bauernhof-Campingplatz bleiben oder dort produzierte Lebensmittel (Brotaufstrich, Fleisch, Käse) oder Strickwaren ab Hof erwerben möchten.

AKRANES - BJARTEYJARSANDUR

Stellplatzart: .... Bauernhof-Camping
GPS: N64 23 54.5 W21 30 34.9
Adresse: .... Akranes, Bjarteyjarsandur
Tel.: .... +354 433 8831
mailto: .... arnheidur@bjarteyjarsandur.is
Homepage: .... www.bjarteyjarsandur.is
Zufahrtinfo: An der 47 von Saurbær Richtung Fjordende, dann links ab ausgeschildert (nach ca. 6 km).
Kurzbeschreibung: Wiese beim Gehöft, Stellplatzmöglichkeit für Wohnmobile. In einem Restaurant/Aufenthaltsraum wird für die Gäste auf Bestellung lokale Küche angeboten. Der Bauernhof wirtschaftet nach den Prinzipien nachhaltiger Landwirtschaft (Schafzucht, Milchvieh). Verkauf eigener Produkte. Campingplatz mit guter Sanitärausstattung, Stromanschluss, keine Entsorgungsstation. **Preis 2016:** ISK 1.250 p. P./N., 5-14 J, ISK 850.
Öffnungszeit: Juni-Mitte Sept.

Nicht weit vom Hof Bjarteyjarsandur fallen Öllagertanks auf, die nicht recht ins Landschaftsbild passen wollen. Sie liegen bei der ehemaligen Basis der britischen Streitkräfte, die während des 2. Weltkrieges im Hvalfjörður eine Marineeinheit stationiert hatten. Der Hvalfjörður war von Kampfhandlungen durch Angriffe deutscher Bomber und U-Boote betroffen. Die Amerikaner hatten ihren Stützpunkt im Süden auf der Landzunge Hvammsvík, wobei davon fast nichts mehr zu sehen ist.

Noch weniger passt für mich ins schöne Bild Islands und des Hvalfjörður, was kurz später rechts unterhalb der Straße am Fjord vor sich geht: Islands einzige derzeit (noch?) im Betrieb befindliche **Walfangstation** liegt am Fuß des Bergmassivs **Þyrill** (siehe zuvor beschriebene Ausführungen zum Walfang).

Bald ist nun das Ende des Fjordes erreicht und damit die Abzweigung der Zufahrt zum Wanderparkplatz Glýmur.

Wandern vom Hvalfjörður zum Glýmur

Vom Fjordende führt ein gut 3 km langes Schottersträßchen zum **Wanderparkplatz Glýmur** (**GPS** N64 23 07.4 W21 17 41.4), der an schönen Tagen zur Hauptreisezeit schon mal recht überfüllt sein kann. Wegen des benachbarten Naturschutzgebietes ist das oft schon grenzwertig. Achten Sie deshalb bitte darauf, nicht außerhalb der ausgewiesenen Straßen zu fahren.

Wichtiger Hinweis: Um den **Glýmur** mit einer Fallhöhe von fast 200 m zu sehen, sollten Sie Ihre festen Wanderstiefel schnüren. Es ist eine anspruchsvolle Wandertour, die teils mit steilen und bei Nässe nicht ganz ungefährlichen Klettersteigen und einer Flussüberquerung auf einem Baumstamm gespickt ist. Gute Kondition, Schwindelfreiheit und Trittsicherheit sind nötig.

Nachdem Sie ein Stück Birkenwald durchquert haben, wandern Sie nach etwa 30 Minuten durch eine kleine Höhle, steigen dann zum Fluss ab und überqueren diesen auf dem erwähnten Baumstamm. Es folgt die steilste, teils mit Seilen gesicherte Passage, die zu zwei Aussichtspunkten führt (gut

Imposante Kaskade: Glýmur

50 Minuten zum ersten, dann weitere 20 Minuten zum zweiten Aussichtspunkt). Bei der oberen Felsnase, von der man den Wasserfall gut sieht, bin ich umgekehrt und auf gleichem Weg abgestiegen. **Vorsicht!** Verpassen Sie die Stelle nicht, an der beim Abstieg der Pfad links abknickt, um eine schluchtartige Senke zu umgehen. Es muss Ihnen nicht gehen, wie mir und einem jungen Pärchen aus den USA. Wir haben die Stelle übersehen und mussten den teils mit Klettereinlagen versehenen alten Weg nehmen. Leider ist dieser nur beim Aufstieg, nicht aber beim Abstieg durch ein Seil abgesperrt. Gehzeit knapp 3 Stunden. Landschaftlich eine herrliche Route, aber bei Regen doch eine etwas knifflige Sache. (Abstieg auf der rechten Flussseite siehe Rother Wanderführer).

Nach der Wanderung fahre ich die 47 zu Ende. Unterwegs passiert man den **Wanderparkplatz Fossa** (**GPS** N64 21 11.8 W21 27 55.3) und die Halbinsel **Hvammsvík**, auf der die US Navy Basis gestanden hatte. Darüber informiert eine Tafel an einem Picknickplatz. Gut 27 km liegen noch vor mir, bis ich die Ringstraße erreiche.

Wenn Sie zeitlich knapp kalkulieren, haben Sie zwei gut befahrbare Abkürzungsvarianten zur Verfügung, anhand derer man die Halbinsel Reykjanes und die Hauptstadt umgehen bzw. für später zurückstellen kann.

ABKÜRZUNG 1: VOM HVALFJÖRÐUR NACH ÞINGVELLIR

Nicht weit von Hvammsvík entfernt, zweigt die (zum Teil asphaltierte) 48 links **Richtung Þingvellir/Þingvallavatn** ab. Sie führt über eine Hochfläche zur 36 und von dort weiter zur historischen Parlamentsstätte Islands. Von dort aus können Sie entweder direkt zum Geysir & Co. durchstarten oder über die 36 weiter Richtung Reykjanes/Reykjavík.

ABKÜRZUNG 2: AUF DER RINGSTRASSE NACH HVERAGERÐI

Ich würde die Hauptstadt kaum aus meiner Islandreise nehmen, ebenso wenig die Halbinsel Reykjanes. Zu sehr schätze ich den großstädtischen Flair der kleinen Großstadt (oder ist es doch eher eine große Kleinstadt? Jedenfalls ist es die nördlichste Metropole und Hauptstadt der Welt). Sofern Sie ab Reykjavík (bzw. Keflavík) ein Mietwohnmobil genommen haben und es dort zurückgeben möchten (müssen), stellt sich die Frage nicht, auf die Abkürzung hinzuweisen.

Einen anderen Aspekt darf ich in den Raum stellen: Oft wurde ich von Lesern vor Ort angesprochen, oder ich erhielt zu Hause Leserzuschriften. Es wurde teils zum Ausdruck gebracht, dass man sich in Reykjavík, ebenso wie an anderen touristisch stark frequentierten Plätzen (Þingvellir, Geysir, Gullfoss etc.) nicht recht wohl gefühlt habe. Man hatte sich so sehr an die Ruhe und teils auch Einsamkeit anderer Regionen Islands gewöhnt, dass die Zahl der Touristen hier im Südwesten als störend empfunden wurde. Wenn Ihnen das auch so geht, können Sie sich die Abkürzung überlegen.

3 Reykjavík und das Hauptstadtgebiet

Ich setze voraus, Sie haben etwas Zeit mitgebracht und möchten die **Halbinsel Reykjanes** mit der Hauptstadt **Reykjavík** besuchen. Doch ist es mit einem Wohnmobil in einer größeren Stadt immer so eine Sache. Wohnmobilplätze gibt es (noch?) nicht. Der Campingplatz Lagardalur ist stark frequentiert und unruhig. Doch habe ich Alternativen im Umfeld für Sie gefunden und besichtigt.

Zunächst folgen Sie der Ringstraße, bis diese nach Hveragerði abzweigt und halten sich nach Reykjavík. Bald können Sie den ausgeschilderten **Torfhof Arbær** besuchen. Sie bleiben geradeaus oder kehren nach dem Museumsbesuch hierher zurück. Ein Kreisverkehr folgt dem anderen. Wenn Sie nach der Abzweigung der 41 (Reykjanesbraut) weiterfahren, sehen Sie bald das Hinweisschild **Kringlan.** Einen Besuch empfehle ich nicht der Werbung halber, sondern weil es ein Einkaufszentrum mit ansprechender, moderner Architektur ist. Der Clou: Im Parkdeck 1 haben Fahrzeuge bis 3,50 m Höhe Platz. Wo sonst finden schon Wohnmobile einen überdachten Parkplatz? Die Fahrt in die Stadt entscheidet sich mit der Frage nach einem Stell- oder Parkplatz. In der Stadt sind Parkplätze, wenn überhaupt wohnmobilgeeignet, meist kostenpflichtig. Im Randbereich des Zentrums sind kostenfreie Plätze zu finden, wenn man bereit ist, ein paar Schritte zu Fuß zu gehen. Das soll der Gesundheit ja zuträglich sein. Deshalb hier gleich meine Vorschläge, die teils in Fußwegnähe zur Innenstadt liegen (Campingplatz und Perlan ca. 30 Minuten Fußweg, Nauthólsvík ca. 10 Minuten zusätzlich über den Öskjuhlíð/Perlan hinweg).
Es ist in einer Stadt dieser Größe sinnvoll, zunächst die Frage nach einem geeigneten Übernachtungsplatz zu klären. Zu parken wäre natürlich auch an anderen Stellen erlaubt, Camping jedoch bekanntlich nicht mehr. Daher habe ich auch ein paar sinnvolle Parkmöglichkeiten gesucht und gefunden, bei denen stets problemlos Platz fürs Wohnmobil war, wenn ich die Stadt besuchte.

Sind Sie bei einem Campingplatz gelandet, informieren Sie sich am besten gleich über die Reykjavík-Begrüßungs-Karte. Sie öffnet für einen günstigen Preis Tür und Tor zu allerlei Sehenswürdigkeiten. Private Anbieter sind nicht inbegriffen, wohl aber der öffentliche Personen-Nahverkehr (ÖPNV). Und das hat Vorteile, kann das Wohnmobil doch während des Aufenthaltes stehen bleiben. Natürlich erhalten Sie die Reykjavík-Card auch bei der **Tourist Information** (Aðalstræti 2, Tel. +354 590 1550, www.visitreykjavik.is).

Bilder: Blick über den Stadtsee - Kath. Christkönigskirche - Kongress- und Konzerthalle Harpa (Harfe) - Das Wahrzeichen: Hallgrímskirkja - Kunst am Bau:PerlanPerlan

REYKJAVÍK - LAUGADALUR TJALDSTÆÐI

Stellplatzart: .... Campingplatz
GPS: N64 08 47.1 W21 52 31.9
Adresse: .... 101 Reykjavík, Sundlaugavegur 35
Tel.: .... +354 568 6944
mailto: .... info@reykjavikcampsite.is
Homepage: .... www.reykjavikcampsite.is
Zufahrtinfo: Über die Sæbraut in die Stadt fahren dort der Ausschilderung links ab folgen (entsprechend vom Hafen/Harpa her rechts ab.
Kurzbeschreibung: Zeltwiese, separater Teil für Caravans/Wohnmobile mit Stromanschluss (ISK 900). Waschm./Trockner (je ISK 700). Keine Ver-/Entsorgungsstation. **Preis 2016:** 1. Nacht ISK 2.100 p. P./N., 2-6 Nächte ISK 1.900, weitere Nächte ISK 1.800 inkl. WiFi.

In der Relation zur Gästezahl zu wenig Sanitäranlagen, Aufenthaltsbereiche platzten, selbst in der Nachsaison 2016, besonders bei schlechtem Wetter, aus allen Nähten. Tourbuchungen (z. B. Landmannalaugar) an der Rezeption. 3 km zu Fuß in die Stadt, Bushalt.
Sonstiges: Nebenan liegt das große Schwimmbad. Fahrradverleih ISK 3.500/Tag. **Öffnungszeit:** Mitte Mai-Mitte Sept.

REYKJAVÍK - VER-/ENTSORGUNGSSTATION/GASVERSORGUNG

GPS: .... (Ver-/Entsorgung - Klettargata) N64 09 20.2 W21 52 24.5
GPS: .... (Gasflaschentausch) N64 09 12.0 W21 52 11.0
Adresse: .... 101 Reykjavík, Klettargarðar 14
Zufahrtinfo: Vom Campingplatz durch die Dalbraut, über die Sæbraut geradeaus (Sundagarðar). Am Kreisverkehr in die Klettargarðar, am Kreuzfahrtanleger vorbei. Es folgt rechts eine Orkan-Tankstelle, dann links der N1 Autoteilemarkt. 100 m weiter rechts die V/E-Station (ausgeschildert).
Kurzbeschreibung: V/E-Station mit Bodenablauf und WC-Ausguss. Schlüssel für den Wasserhahn der V/E-Station an einer Kette befestigt. Oder Sie leihen den Vierkantschlüssel bei der Kläranlage (**Offen** 10⁰⁰-17⁰⁰ h werktags) oder beim Campingplatz gegen Pfand aus.
Bei N1 Autoteile/-zubehör tauschen Sie deutsche/graue (österreichische/niederländische) Gasflaschen. Nur ist das Gas in Island wesentlich teurer.

HAFNARFJÖRÐUR - LAVA HOSTEL/CAMPSITE

Stellplatzart: .... Campingplatz
GPS: N64 04 31.5 W21 57 56.0
Adresse: .... 220 Hafnarfjörður, Hjallabraut 51
Tel.: .... +354 5650900, mobil +354 8950906
mailto: .... info@lavahostel.is
Homepage: .... www.lavahostel.is
Zufahrtinfo: Am Hafen beim Restaurant Hansen links ab ausgeschildert. Beim Schwimmbad schräg rechts, dann nach 200 m wieder rechts (nach der Schule).
Kurzbeschreibung: Familienfreundlicher Campingplatz in einem kleinen Park unterhalb des Gästehauses. WC/Duschen gepflegt, Strom (ISK 800), Waschmaschine/Trockner sowie WiFi im Preis enthalten.
Preis 2016: ISK 1.700 p. P. /N. (Rentner ISK 800, 14-18 J. ISK 600.
Sonstiges: Busverbindung nach Reykjavík, Schwimmbad in Fußwegnähe, Ortszentrum ca. 10 Min Fußweg. **Öffnungszeit:** April bis September.

REYKJAVÍK - SKEMMTIGARÐURINN GRAFARVOGI

Stellplatzart: Wohnmobil-Stellplatz
GPS: N64 08 48.1 W21 48 34.5
Adresse: 112 Reykjavík, Við Gufunesveg/Grafarvogur
Tel.: +354 587-4000
mailto: info@camperresort.is
Homepage: www.camperresort.is
Zufahrtinfo:
Kurzbeschreibung: Rasengelände mit befestigtem Grund, Minigolfanlage, Kiosk auch mit Bierausschank (Restaurant geplant), leider noch keine Entsorgungsstation, Wasserversorgung möglich. WiFi.
Preis 2016: ISK 1.900 p. P./N., ab 3. Nacht ISK 1.700. Kinder bis 12 J. frei. Strom ISK 800, Dusche ISK 500.
Sonstiges: Schwimmbad nicht weit entfernt, Rad- und Wanderwege, teils nach Reykjavík führend.
Öffnungszeit: Mai bis September.

Sollten Sie von einem der Campingplätze außerhalb ins Zentrum starten, bietet es sich an, ein Fahrrad zu haben oder den ÖPNV zu nutzen.

Wenn Sie mit dem Wohnmobil stadtwärts fahren oder gar nicht in der Stadt verweilen möchten, ist es wichtig, passende Parkplätze zu finden. Natürlich ist es möglich, entlang innenstadtnaher Straßen auf Parkstreifen zu parken, auch wenn es einen Fußmarsch erfordert. Theoretisch wäre es möglich, nach der Möglichkeit für eine Nacht im Wohnmobil zu fragen. Angesichts der Touristenzahl ist eine Zusage aber unwahrscheinlich.

PARKPLÄTZE IM AUSSENBEZIRK VON REYKJAVÍK:

Parkplatz Perlan/Öskjuhlíð GPS N64 07 43.2 W21 55 02.9
Zufahrtinfo: Auf der Sæbraut bis kurz vor der Skulptur des Wikingerschiffs, dann links ab in die Snorrabraut. An deren Ende auf den Inlandsflughafen zu, dann geradeaus. Die Straße verläuft in einem Linksbogen bergwärts, bis Öskjuhlíð/Perlan (nach der Tankstelle) rechts ausgeschildert ist.
Sonstiges: Perlan, Einkehr, Aussichtslpattform.

Nauthólsvík - **GPS** N64 07 20.3 W21 55 39.1
Zufahrtinfo: Ähnlich, wie Perlan, nur am „Kleeblatt" geradeaus zum Inlandsflugplatz, am Iceland-Air Hotel vorbei. Am Kreisverkehr ist Nauthólsvík ausgeschildert.
Kurzbeschreibung: Zwei Parkplätze, der erste für Badegäste, der zweite für das Restaurant, wo Sie auch wegen Übernachtung fragen können.

Der Sandstrand Nauthólsvík

Weitere Parkplätze finden Sie nahe der Hallgrímskirkjá sowie im Hafenviertel (**GPS** N64 09 08.2 W21 56 46.7, Hlésgata). Von hier sind es wenige Schritte zu den Walbeobachtungstouren (Ægisgarður entlang des Landungsstegs).

SEHENSWERTES IN REYKJAVÍK

Beim besten Willen kann ich nicht wissen, was Ihr Hauptziel in Reykjavík ist. Vielmehr darf ich mich darauf beschränken, die Punkte zu beschreiben, die ich für Besonderheiten halte, die man einfach nicht verpassen sollte. Dazu gehören die zwei größten, das Stadtbild prägenden Kirchen.

Die **Hállgrímskirkjá** überragt die Stadt mit ihrer einprägsamen Architektur. Bei näherem Hinsehen entdeckt man, dass sie (wie der katholische Dom und die Akureyrarkirkjá) die Handschrift des Guðjón Samuelsson trägt. Geweiht ist sie dem Pastoren Hallgrímur Petursson, einem isländischen Dichter des Mittelalters. Die Planung des Gotteshauses begann 1937, der Bau 1945. Die Fertigstellung zog sich bis 1986 hin. Wie in Akureyri, ist die Struktur der Außenfassade an Basaltsäulen angelehnt. Die Farbe entspricht dem Eis der Gletscher, die schlichte Innenausstattung der Kargheit und Weite des Hochlandes. Doch entdeckt man im Inneren Kunstwerke wie den eindrucksvollen Marmoraltar und das silberne Kreuz. Die Holztöne des Gestühls geben einen warmen Grundton ab. Die bekannte, oft für Konzerte verwendete Orgel stammt aus der Werkstatt des Bonner Orgelbaumeisters Klaiss. Die Glasfenster sind aus Spenden finanziert. Wenn Sie also noch eine milde Gabe aus dem Urlaubsetat übrig hätten... Auch wenn es nicht für ein Fenster reicht - es gibt auch Opferstöcke für den Einwurf von Kleinbeträgen. Vor dem Haupteingang steht die von den USA zum 1000. Jahrestag der Entdeckung Amerikas durch Leifur Eiríksson gestiftete Skulptur. Schließlich war Leifur nun wahrlich viel früher in Vinland, als jener Italiener im Auftrag des spanischen Königs auf der Suche nach Indien.

Auch, wenn Sie etwas unscheinbar am Rand der Innenstadt steht - die **katholische Landakótskirkjá** hat ebenso einen Besuch verdient. Auch sie geht auf Gúðjón Samuelsson zurück, wurde aber bereits in den Jahren 1925-29 erbaut. Die Kirche ist ebenso von erstaunlicher Größe, besonders für das überwiegend evangelisch-lutherischen Island.

Perlan wurde schon im Zusammenhang mit dem Parkplatztipp erwähnt. Allein schon die futuristisch anmutende Architektur ist einen Besuch wert. Doch nicht das Gebäude allein, die gesamte Außenanlage gehört zum Besuchsprogramm. Es wurden eigens 176.000 Bäume in den Parkanlagen des Hügels gepflanzt und ein Rad- und Wanderwegenetz geschaffen, damit die Bürger der Stadt ein schönes Naherholungsgebiet hätten. Dazu gehören ein künstlicher Geysir und Kunstwerke. Schaut man genau hin, hoppeln Kaninchen, die wohl aus dem einen oder anderen Wohnzimmer entwichen oder ausgesetzt worden sind, am Hügel herum. Das von einer Glaskuppel und den aluminiumfarbenen Zylindern geprägte Gebäude misst 25,70 m Höhe, hat ein Volumen von 20.000 m³, 3.700 m² Nutzfläche: Die Fläche der Galerie mit Rundumblick beträgt noch einmal 1.000 m². 28 Scheinwerfer außen sowie 105 Leuchten für die Vorplätze und Außenanlagen rücken Perlan auch nachts ins rechte Licht, 1.900 Leuchten im Inneren und 442 für den Sternenhimmel in der Glaskuppel lassen es auch selbst erstrahlen. Man sieht, dass Island nach wie vor ein Niedrigpreisland in Sachen Strom ist, zumindest außerhalb der Campingplätze. In der Glaskuppel dreht sich das Spitzenrestaurant stündlich ein Mal rundum, während die Gäste sich das anspruchsvolle (und nicht billige) Abendessen munden lassen.

Die Idee für das Gebäude wurde bereits in den 1930er Jahren durch den Maler Jóhannes Kjárval geboren. In seiner Vorstellung sollte es ein

Tempel werden, in dem sich die Polarlichter und die Sterne spiegeln. Und was ist der eigentliche Zweck? Die zylinderförmigen, mit Aluminium verkleideten Behälter fassen je 4 Mio Liter heißes Wasser. Letztlich ist die Anlage nichts anderes, als der Ausgleichs- und Vorratsbehälter für die Warmwasserversorgung der Hauptstadt.

Die nahe **Meeresbucht Nauthólsvík** ist eigentlich nur ein „Abfallprodukt" des Heißwasserbehälters. Anstatt den Überlauf an heißem Wasser ins Meer plätschern zu lassen, kamen findige Studenten auf die Idee, man könne daraus doch eine originelle Badeanlage kreieren. So wurde ein Sandstrand aufgeschüttet. Das zu schnelle Abfließen des warmen Wassers wurde durch Betoneinfassungen vermindert und zwei Hot-Pots gebaut, einer davon am Strand, der andere am Umkleidegebäude. Dieses Bad ist seiner Originalität wegen ein unbedingter Tipp (siehe auch Parkplatztipps).

Meine Frau und ich haben es immer sehr angenehm empfunden, Reykjavík zu Fuß zu erkunden. So riesig ist das Sehenswerte der Stadt nun nicht. So hatten wir vom Öskjuhlíð/Perlan aus den Fußweg Richtung Hallgrímskirkjá auf uns genommen. Hier ist es zu empfehlen, zunächst am Denkmal Leifur Eiriksson durch den Frakkastigur zur modernen **Skulptur eines Wikingerschiffs** an der Sæbraut zu schlendern. Unterwegs sind links und rechts die einen oder anderen netten Geschäfte zu finden, ebenso natürlich auch Einkehrmöglichkeiten aller Kategorien.

Vom Wikingerschiff ein Stück nach rechts finden Sie **Höfði**, Islands vielleicht einziges Gebäude, in dem in jüngerer Zeit Weltgeschichte geschrieben wurde. Hier hatten Ronald Reagan und Michail Gorbatschow das Start II Abkommen geschlossen und so einen wesentlichen Schritt nicht nur zur Beendigung des Kalten Krieges, sondern auch zur politischen Wende in einigen europäischen Ländern getan.

In der anderen Richtung gelangen Sie zum neuen Glaspalast des **Kultur- und Kongresszentrums Harpa Concert Hall**. Mir persönlich erschließt es sich nicht, dass es oft als neues Wahrzeichen der Stadt bezeichnet wird. Für mich ist und bleibt das die alles dominierende Hallgrímskirkja. Doch entscheiden Sie selbst. Wie andere Gebäude in Island, wird Harpa (auch von Isländern) als ein Beispiel überdimensionierter Prunkbau betrachtet, der in Zeiten der Finanz- und Wirtschaftskrise gebaut wurde, als die Isländer ganz andere Sorgen hatten, als solche Projekte zu realisieren. Die Architektur mit den farbig spiegelnden Glasscheiben, das muss man zugeben, üben eine gewisse Faszination aus.

Das kulturelle Angebot der Stadt ist in Form verschiedener Museen in der ganzen Stadt verteilt. Vieles konzentriert sich aber auch rund um den alten Hafen. Aus dem vielfältigen Museuemsangebot der Hauptstadt hatte ich mich auch bei früheren Besuchen vor allem auf das Nationalmuseum (Suðurgötu 41, Tel. +354 530 2200) und das Kunstmuseum (Hafnarhús, Tryggvagata 17, Tel. 590 1200) konzentriert. Da ich Ihre Vorlieben in Sachen Museen und Kultur nicht kenne, kann ich Ihnen nur empfehlen, sich beim Kauf der Reykjavík Welcome Card am Campingplatz oder bei der Tourist Information ein Verzeichnis der Museen zu holen. So haben Sie auch gleich die aktuellen Öffnungszeiten parat.

Das **Saga-Zentrum**, das von Ernst J. Backman und seinem Team in fleißiger Arbeit eingerichtet wurde, befindet sich seit 2014 unweit des neuen Glaspalastes (Grandagarður, neben dem Maritimen Museum). Es werden 16 Szenen, beginnend mit der Landnahme bis zu den Sagas aus dem Mittelalter, mit lebensecht gestalteten Wachsfiguren dargestellt. Die Figuren sind nach Abgüssen Reykjavíker Bürger angefertigt worden.

Öffnungszeiten/Info: Sommer tgl. 10⁰⁰-18⁰⁰ h, www.sagamuseum.is, Tel. +354 511 1517.

Seit dem Ausbruch des Eyjafjallajökull scheint das Thema Vulkanismus zum neuen Klondike zu werden. Es gibt mittlerweile das **Volcano House** unten am Hafen (mit interessanter Ausstellung vulkanischer Steine sowie Filmvorführung nebst Cafeteria, Tel. +354 555 1900, Trýggvagata 11).

Alles andere als ein Geheimtipp, für mich eine klare Besuchsempfehlung ist die **Volcano Show in the Red Rock Cinema** des Villi Knudsen und seines Vaters Osvaldur Knudsen. Ihnen war es gelungen, jahrzehntelang über Vulkanausbrüche in Island Dokumentarfilme zu drehen. Dazu gehören nicht nur die jüngsten Ausbrüche, die teils ja weltweit für Furore sorgten, sondern auch Eruptionen der Hekla, in der Askjá und in den Grimsvötn. Letztere hatte 1996 einen verheerenden Gletscherlauf der Skeiðarasandur-Ebene zur Folge. Ein zweiter Film kümmert sich um die ebenso in aller Welt mit Erschütterung, aber auch Bewunderung verfolgte Eruption des Vulkans Eldfell auf der Insel Heimæy 1973. **Öffnungszeiten/Info:** Juli/August finden tägliche Vorführungen statt (Englisch/Deutsch) Eine deutsche Simultanübersetzung ist bei allen Vorstellungen über Kopfhörer möglich. Karten erhalten Sie unter +354 562 3044 oder an der Kinokasse in der Urðarstræti. Wenige Schritte entfernt ist die Deutsche Botschaft zu finden. Und vor dieser scheint der Berliner Bär zu verkünden, wie weit er von zu Hause entfernt ist - 2.380 km nämlich.

Da nicht unbedingt alle Touristen das Glück haben, während ihrer Islandreise Nordlichter zu Gesicht zu bekommen, kümmert sich das **Northern Lights Center Aurora Reykjavík** darum, dass Sie Aurora Borealis nicht verpassen. (Grandagarður 2, Nähe Hafen). Ich hatte mittlerweile mehrfach das Glück, das Himmelschauspiel zu sehen. Vielleicht haben Sie während Ihres Aufenthalts zu später Stunde ja auch mal Lust, einen Blick auf den klaren Nachthimmel zu werfen? Das echte Naturerlebnis dürfte in einem Kino bzw. mittels Fotos nur schwer zu übertreffen sein.

Wiederum am Hafen können Sie eine **Walbeobachtungstour** buchen, wobei auch hier in der Hauptstadt mehrere Anbieter um Ihre Gunst buhlen: Life of Whales/Tel. +354 562 2300, Elding Reykjavík/Tel. +354 555 3565 und Special Tours Whale & Puffin Watching/Tel. 592 0099 - alle in der Ægisgarður am Hafen zu finden.

Und wenn Ihnen am Ende gar nichts mehr einfällt, als sich alle möglichen Themen (Eyjafjallajökull, Þhingvellir, Vatnajökull Nationalpark u. v. m.) im Kino anzuschauen, dann besuchen Sie das **Cinema at Old Harbour Village No. 2** - www.thecinema.is.

Nicht Jedermanns (-fraus) Sache ist das **Penismuseum** (offen täglich 10⁰⁰ - 18⁰⁰, Laugavegur 116 in Reykjavik, Tel. +354 868 7966 oder 561 6663, mailto:phallus@phallus.is). In der Sammlung sind die „besten Stücke" von 217 Säugetieren, darunter 17 Walarten, zu besichtigen (zu bestaunen oder zu belächeln), darunter auch menschliche Exemplare. Hinzu kommt ein Andenkenshop - wenn Sie ein Andenken zu brauchen glauben.

Zugegeben - es folgt thematisch ein gewagter Sprung: Vom alten Hafen gelangen Sie über die Ægisgata zur **katholischen Kirche** und können diese besichtigen, bevor Sie links ab und vorbei an einigen Botschaften durch die Tungata auf das **Rathaus** zugehen. Das moderne Gebäude ist halb in den Stadtsee gebaut und war umstritten. Viele hatten befürchtet, der Glasbau störe die Natur am Stadtsee. Doch die Enten und Gänse freuen sich mehr denn je über den einen oder anderen Brocken, den die Leute mit Kindern oder Enkeln ihnen zuwerfen.

Das Rathaus passt als moderner Kontrast gut ins Bild. Drinnen sollten Sie das große Relief der Urlaubsinsel aus Feuer und Eis anschauen (mal ganz ohne Wolken...). Ein Rundgang um den See ist auch empfehlenswert. Am anderen Ende des Sees befindet sich das **Nationalmuseum**, auf der schräg gegenüber liegenden Seite das **Nationale Kunstmuseum**, welchem ein modernes Museumscafé angegliedert ist.

Nur wenige Schritte vom Rathaus befindet sich das **Parlament (Alþing)** und daneben die **Domkirche** - Bischofssitz, seitdem dieser von Skáholt hierher verlegt wurde. Über die Aðalstræti gelangt man zur Tourist Information und kann (muss) nun den Rückweg zum Wohnmobil via Hallgrímskirkjá und Perlan in Kauf nehmen. Hierbei kann man sich die „Einkaufsachse" Reykjavíks vornehmen (Austurstigur und Bankastræti) und dann bis zum Frakkastigur gehen, der zur Hallgrímskirkjá und von dort über die Miklabraut zum Öskjuhlíð zurück führt.

Während des längeren Stadtrundgangs wurde mir auch einmal der Magen rebellisch und rief nach einer Füllung. Hierzu habe ich aus dem vielfältigen Angebot an Restaurants und Cafés das **Geysir Bistro** neben der Tourist Information ausgesucht und einen leckeren Spieß mit Lammfilet probiert. Im gegenüber liegenden Hotel/Restaurant Reykjavík übrigens fand ich noch eine kleine Ausstellung zum alten, historischen Reykjavík. In dieser Ecke der Altstadt wird die Wiege der Stadt vermutet, der Platz, an dem die erste Siedlung an der „rauchenden Bucht" Reykjavík stand.

Ich bin mir bewusst, dass ich vom Angebot der Hauptstadt Islands nur einen Bruchteil beschrieben habe. Andererseits bin ich mir sicher, dass viele von Ihnen gerne draußen in der Natur sind. So verabschiede ich mich von Reykjavík in der Gewissheit, dass es ein Wiedersehen geben wird. Und Ihnen bleibt Freiraum für Ihre eigenen Entdeckungen. Wenn Sie Lust haben, das Nachtleben der Stadt zu erleben, schlendern Sie durch die Straßen und besuchen die eine oder andere Kneipe, in der oft Livemusik geboten wird und lassen das rege Treiben auf sich wirken.

Fahrt um die Halbinsel Reykjanes

Ich fahre stadtauswärts zur Abzweigung der 41 (Reykjanesbraut) und durch die Trabantenstädte Garðabær sowie **Hafnarfjörður**, wo ich einen Tipp für Freunde der Wikinger auf Lager habe. Wenn Sie diese Nordmänner auch mögen, folgen Sie dem Schild ins Zentrum. Auf Meereshöhe angekommen, biegen Sie links ab und sehen nach wenigen Metern eine Stabkirche im norwegischen Stil nebst den Gebäuden des Wikingerlandes. Es handelt sich um eine Ferienanlage mit Gästehäusern, wobei mich in erster Linie interessiert, dass der Parkplatz wohnmobiltauglich ist und das Essen schmeckt. Im Fischerhaus

Das originelle Wikingerland

reicht das in Wikingerkluft gekleidete Personal deftige Gerichte (18⁰⁰-22³⁰ h, Do/Fr/Sa auch über Mittag, www.vikingvillage.is, booking@vikingvillage.is). Auf der Karte stehen Lachs und Lamm, gutes Bier und nach Wikinger Sitte Met aus dem Horn. Was die Bedingungen sind, um als Wikingerhäuptling gekrönt zu werden, habe ich nicht ausprobiert. Dafür habe ich besprochen, dass wer nach der Einkehr freundlich nachfragt, auf dem Parkplatz (um die Ecke, **GPS** N64 03 54.0 W21 57 19.2) seine Fahrtüchtigkeit wiederherstellen darf.

Wieder auf der 41, geht es an der Nordküste der Halbinsel weiter. Die Aluminiumfabrik am Rand des endlosen Lavafeldes fliegt vorbei, während ich auf der vierspurig ausgebauten Strecke Richtung Keflavík sause, bis ich Reykjanesbær mit seinen Teilorten **Njarðvík** und **Hafnir** erreiche. **Keflavík** und Njarðvík sind fast zusammengewachsen.

Sehenswertes in Reykjanesbær

Die Stadt nennt den **Nachbau des Wikingerschiffs Islendigur** ihr Eigen. Allein deshalb ist das **Wikingermuseum**, das über Hintergründe der Urahnen der Isländer informiert, sehenswert. Zwischen Museum und einem rekonstruierten Wikingerdorf liegt ein geräumiger Parkplatz (**GPS** N63 58 31.5 W22 31 43.1, www.vikingworld.is , Tel. +354 422 2000, geöffnet tgl. 7⁰⁰-18⁰⁰ h).

ROUTE 5

Etwas weiter Richtung Landspitze folgt eine Shopping Mall, wo Sie in der Tat wohl alles kaufen können, was das Herz begehrt. Besonders gefreut habe ich mich über Laugenbrezeln in der Bäckerei im Eck des Parkplatzes. Ob da ein süddeutscher Bäcker arbeiten mag? (**GPS** N63 58 23.7 W22 32 41.5).

Fährt man weiter schräg rechts auf der Njarðarbraut nach Njarðvík, erwartet Freunde der Pop- und Rockmusik das „Icelandic Museum of Rock´n´Roll“ (Hjallavegur 2 Njarðvík ·

Die Islendigur

Icelandic Museum of Rock´n´Roll

Tel. +354 420 1030, www.rokksafn.is, geöffnet tgl. 11⁰⁰-18⁰⁰ h). Toll gemacht übrigens ist, dass Sie Instrumente spielen, singen, im Tonstudio Ihre Kunst abmischen und sich selbst hören können (**GPS** N63 59 23.8 W22 32 59.0).

Wer die Gelegenheit für eine **Walbeobachtung** sucht, sollte zum Hafen fahren bzw. vorher anrufen unter +354 4207777, info@dolphin.is, www.dolphin.is. Es gehört zudem ein Schwimmbad ins Angebot der Stadt (Sunnubraut).

Wiederum sehenswert ist das zum **Kaffi Duus** gehörige Museum im Packhaus am Hafen Keflavík. Dort können Sie eine große Sammlung von Modellen von Fischerbooten Islands bewundern. Die Ausstellungen befassen sich mit Kunst, Handarbeiten und der Regionalgeschichte. Untergebracht ist im Packhaus auch die Tourist Information (www.visitreykjanes.is, Tel. +354 4203246). Geöffnet täglich 12⁰⁰-17⁰⁰ h.

KEFLAVÍK INTERNATIONAL AIRPORT

Von Bedeutung ist natürlich der internationale Flughafen, auf dem viele von Ihnen die Füße erstmals (oder wiederholt?) auf isländischen Boden setzen dürften. Deshalb finden sich hier alle Auto- und Wohnmobilvermieter von Rang und Namen. In den meisten Fällen werden Sie hier auch Ihr Mietwohnmobil in Empfang nehmen können. In diesem Fall ist es besonders wichtig, die Campingplätze in Flughafennähe zu kennen.

GARÐUR - GARÐSKAGI TJALDSTÆÐI

Stellplatzart: Campingplatz
GPS N64 04 56.9 W22 41 32.3
Adresse: Garður, Garðskagi
Tel.: +354 422 7220
mailto: gardskagi@simnet.is
Homepage: www.svgardur.is/Ferdathonusta/Tjaldstaedi/
Zufahrtinfo: Von Keflavík über die 45 hinaus zur Landspitze fahren.
Kurzbeschreibung: Zeltwiese zwischen altem (Ende 19. Jh.) und neuerem Leuchtturm (von 1944). Restaurant/Heimatmuseum. Campingplatz einfach ausgestattet (WC/in einer in die Jahre gekommenen Holzhütte, keine Dusche, Strom (ISK 1.000). Entsorgung für Kassetten. **Preis 2016:** ISK 1.000 p. P./N. **Öffnungszeit:** In den Sommermonaten (keine feste Zeit)).
Sonstiges: Originell ist, dass im alten Leuchtturm jüngst ein Café eingerichtet wurde: In jedem Stockwerk ein Tischlein (Bild). Selbstbedienung - einfach toll!
Sonstiges: Weitere Campingmöglichkeit beim Sportgelände /Schwimmbad im Ort (**GPS** N64 04 19.7 W22 39 22.5).

ROUTE 5

SANDGERÐI - TJALDSTÆÐI

Stellplatzart: .... Campingplatz
GPS: N64 02 21.2 W22 41 52.1
Adresse: .... 245 Sandgerði, Hóltsgata 1
Tel.: .... +354 854 8424
mailto: .... istay@istay.is
Homepage: .... www.istay.is
Zufahrtinfo: Im Ort in die Austurgata, dann gut ausgeschildert.
Kurzbeschreibung: Rasenfläche, teils geschottert, Spielplatz, moderne Sanitärausstattung, am Rand des Ortes gelegen. Strom, Entsorgungsplatz andere Straßenseite (Bodenablauf).
Preis 2016: ISK 1.400 p. P./N., Strom ISK 900.
Öffnungszeit: Ganzjährig.

Es zieht mich zur Landspitze Garðskagi, die nordwestlich ins Meer ragt. Dem Campingplatz benachbart gilt es das **Heimatmuseum** nebst Gaststätte im Obergeschoss zu bewundern. Dort reicht man regionale Gerichte, vor allem Fisch, sowie Kaffee und Kuchen. Unübertrefflich schön ist die Außenterrasse und der Ausblick aufs Meer.

An besonders schönen Tagen haben Sie die Chance, die Sonne glutrot im Meer versinken zu sehen. Und wenn das Glück perfekt ist, gelingt es Ihnen, Wale zu beobachten. Ganz sicher werden Sie am reichen Vogelleben teilhaben, das auf einer Informationstafel erläutert wird. Draußen vor der Tür stehen zwei alte, eichene Fischerboote. Im Museum wird allerlei über die Küstenfischerei, eine Sammlung interessanter, alter Motoren und das damit verbundene Handwerk gezeigt. (Eintritt frei, tgl. 13⁰⁰-17⁰⁰ h). Auf das originelle Café im alten Leuchtturm habe ich im Stellplatztipp schon hingewiesen.

Die Reise auf der 45 führt um das ehemalige Militärgelände der U. S. Army und den Flughafen nach **Sandgerði**, wo Sie den beschriebenen Campingplatz vorfinden. Dorthin und weiter über **Hafnir** bis zum südlichen Leuchtturm **Reynisdrangar** können Wanderfreunde auf dem Küstenwanderweg gelangen, der für Vogelfreunde von Interesse ist. Hier sind weite Bereiche zur Brutzeit gesperrt (Mai bis ca. Mitte Juli). Dieser Küstenabschnitt ist für Seefahrer gefährlich. Es sind immer wieder Schiffe gestrandet und Besatzungen bei Stürmen ums Leben gekommen. Auf einen Ausschnitt der Wanderung komme ich später zu sprechen.

Nun lohnt der Abstecher zur Kirche aus dunklem Stein von **Hvalsnes** mit ihrem bunten Turmhelm. Dann geht es auf der 44 vorbei an **Hafnir**, bis ich am **Parkplatz Hafnarbjarg** anhalte, um die Wanderung zu machen (**GPS** N63 53 01.5 W22 41 30.6).

Wandern von Hafnarbjarg aus

Der bereits erwähnte Küstenwanderweg wird über einen Zugang vom Parkplatz aus erreicht. Dieser führt durch ein abwechslungsreiches Lavafeld zum **Vogelfelsen Hafnarbjarg**. Dort nisten vor allem Lummen und Möwen. Für den Hin- und Rückweg habe ich 1,5 Std. gebraucht - Zeit zum Fotografieren nicht eingerechnet, wobei ich dies bei der letzten Recherche aufgrund Nebels und Nieselregens auf eine kurze Zeit beschränkt habe.

Vom Vogelfelsen können Sie südwärts bis zum Leuchtturm Reykjanesvíti und nach Norden über Hafnir und Sandgerði bis hinauf nach Garður wandern. Bei gutem Wetter sieht man draußen die Insel Eldey, die als Naturreservat aber einzig den Vögeln vorbehalten ist und nicht besucht werden darf.

Etwa 2 km weiter südlich folgt links ein interessanter Parkplatz etwas abseits der Straße (**GPS** N63 51 59.8 W22 40 34.0). Hier an der **Brücke von Amerika nach Europa** herrscht reger Besucherverkehr. Es kommen verstärkt auch Reisegruppen mit Bussen angesaust.

Bald ist die Südwestspitze der Halbinsel Reykjanes erreicht, wo sich - kaum anders zu erwarten - auf einem markanten Hügel ein Leuchtturm erhebt. Unweit davon können Sie am Parkplatz **Reykjanesvíti** (**GPS** N63 48 45.0 W22 42 57.4) den Zündschlüssel ziehen und der tosenden Brandung zuschauen, welche die Vogelfelsen sowie die markante **Basaltzinne Kárl** im Meer umspült. Von dieser war im Winter 1969-70 ein großes Stück abgebrochen und ins Meer gestürzt. An der Zufahrt sollten Sie sich einen Besuch der **Ausstellung „Kraftwerk Erde"** im 2004 eröffneten Geothermalkraftwerk nicht entgehen lassen.

Unweit vom Leuchtturm können Sie darüber hinaus das **Geothermalgebiet Gunnuhver** anschauen (**Parkplatz GPS** N63 49

Auf der Brücke Europa-Amerika

Zerklüftete Felsen: Reykjanesviti

ROUTE 5

06.4 W22 41 15.0). Da hier Energie im Überfluss zur Verfügung steht, wird in der Nachbarschaft seit langer Zeit Salz aus dem Meerwasser gewonnen. Die Anlage zeichnet für die riesigen Dampfschwaden verantwortlich, die sich weithin sichtbar übers Land ziehen.

DIE AUSSTELLUNG KRAFTWERK ERDE

Im Eingangsbereich wird die Theorie des Urknalls erläutert. Von oberhalb der Treppe ins Obergeschoss beäugt Sie eine Büste des Albert Einstein. Sie können sich oben über erneuerbare Energieträger informieren. An Bildschirmen eignen Sie sich interaktiv das Wissen über das Kraftwerk Erde an. Themen sind das Sonnensystem, der Mensch und die Energie, erneuerbare Energie, speziell natürlich die Geothermalenergie in Island. Mein Tipp: Sehr empfehlenswert. **Info/Öffnungszeiten:** Juni-August Sa/So 12^{30}-16^{30} h oder auf telefonische Vereinbarung unter Tel. +354 436 1000, www.powerplantearth.is. Von der Energiegesellschaft ist übrigens auch die Brücke von Amerika nach Europa und der Planetenweg mit allen Gestirnen unseres Sonnensystems finanziert worden.

Der nächste Ausflug ist ein Höhepunkt der Islandreise. Andere meinen, es sei zu viel Rummel um die Blaue Lagune. Auf jeden Fall ist es ein besonderes Badeerlebnis, mittlerweile aber auch ein teures Vergnügen. Zudem ist es angesichts des hohen Besucheraufkommens notwendig, für das erholsame Bad im Vorfeld eine Reservierung vorzunehmen. **Parkplatz Blaue Lagune** (**GPS** N63 52 52.6 W22 27 12.7, 240 Grindavík). Da mir das vor allem zu unflexibel ist, habe ich zuletzt vom Besuch abgesehen, auch wenn es in der Tat schade darum ist, denn es ist einfach ein Erlebnis, in die türkisfarbenen Fluten zu steigen.

DIE BLAUE LAGUNE BEI GRINDAVÍK

Die Blaue Lagune ist ein künstlicher See mit mineralhaltigem Geothermalwasser in einem etwa 800 Jahre alten Lavafeld. Aus Brunnen in fast 2.000 m Tiefe wird Wasser in die Lagune gepumpt, wobei die Temperatur (37-39° C) durch Beimischung kalten Wassers erreicht wird. Das Badebecken ist bis 1,40 m tief und so auch für erwachsene Nichtschwimmer geeignet. Durch die Zufuhr frischen Wassers erfolgt alle ca. 40 Stunden ein kompletter Austausch. Die Mineralsalze, der Kieselschlamm (Silicat) und blaugrüne Algen geben der Lagune ihre blaugrüne Farbe.

1967 begann die Erforschung und Nutzung der Erdwärme für die Warmwasserversorgung der Halbinsel Reykjanes. 1981 wurde entdeckt, dass die Mineralien bei der Linderung der Psoriasis (Schuppenflechte) helfen. Ein Arbeiter hatte Pausen zum Bad genutzt, und seine Beschwerden ließen nach. Dies wurde wissenschaftlich bestätigt. So war die Idee geboren, ein Heilbad zu bauen, das 1987 eröffnete. 1994 kam eine Klinik hinzu, das Bad wurde vergrößert.

1999 folgte die Eröffnung neuer Gebäude, das Badebecken wurde verlegt und vergrößert. Die Besucherzahlen stiegen an und pendelten sich auf hohem Niveau von weit über 300.000 Besuchern jährlich ein, weshalb die Anlage erneut erweitert wird.

Das Wellness-Angebot (Massageangebote auf Vorbestellung, Sauna, Dampfbad), das gastronomische Angebot (Cafeteria, Lava-Restaurant auf Vorbestellung) und der Verkauf der Kosmetika und Souvenirs wurden ausgebaut. So ist die Blaue Lagune ein professionell geführter Wellness-Tempel. Dass dies seinen Preis hat, ist klar. Die Preise liegen zwischen ISK 5.400 (Badeintritt) bis zu ISK 26.500 für den Luxusaufenthalt - zwischen € 45,00 und € 225,00 also (Basis 1/2017). Entscheiden Sie selbst, ob Sie einen Besuch einplanen. Sie werden es genießen.

Öffnungszeigen und Info: Geöffnet ist die Blaue Lagune ganzjährig täglich, im Juni und Mitte bis Ende August täglich von 9⁰⁰-21⁰⁰ h, Juli bis Mitte August bis Mitternacht, restliches Jahr 10⁰⁰-20⁰⁰ h. Tel. +354 420 8800, www.bluelagoon.com, mailto:bluelagoon@bluelagoon.com.

GRINDAVÍK - TJALDSTÆÐI

Stellplatzart: Campingplatz
GPS: N63 50 37.3 W22 25 16.6
Adresse: 240 Grindavík, Austurvegur
Tel.: +354 660 7323
mailto: grindavik@grindavik.is
Homepage: www.grindavik.is
Zufahrtinfo: In Grindavík auf der 427 ostwärts. Der Platz liegt kurz vor Ortsausgang rechts.
Kurzbeschreibung: Moderner Platz, gute Sanitäranlagen, Aufenthaltsraum/Küche, Waschmaschine/Trockner ISK 500, Strom ISK 1.000, V/E (Bodenablauf) an Zufahrt, Wasserversorgung separat.
Preis 2016: Ab 14 J .(1.400 ISK p. P./N), jede 4. Nacht frei!
Öffnungszeit: Mitte Mai-Sept.

Campingplatz Grindavík

Spezialität im Salthúsið: Bacalao

ROUTE 5

Wer die Blaue Lagune auslässt, aber eine Bade- oder Einkehrgelegenheit besuchen möchte, wird in **Grindavík** fündig. Dort können Sie das **Schwimmbad** oder das **Salzfischmuseum** besuchen.

Ein Restaurant mit gleichem Namen (Salthúsið) mit regionaler Küche liegt in Fußwegnähe des Campingplatzes - und dieses ist absolut empfehlenswert (**GPS** N63 50 41.6 W22 25 56.7). Hier zeigte man sich auch offen für die Anfrage, nach Einkehr auf dem geräumigen Restaurantparkplatz ausnahmsweise für eine Nacht zu verweilen.

Informativ ist die Besichtigung der **Fischfabrik**, um einen Einblick in die Verarbeitung des Lebensmittels zu bekommen.

Wandern oder Rundfahrt: Leuchtturm Látur

Von **Grindavík/Hafen** führt ein Fahrweg auf 6 km um die Halbinsel, die Sehenswertes zu bieten hat. Mal queren Schafsböcke die Straße und machen einem Auto die Weiterfahrt unmöglich. Im weiteren Verlauf weisen immer wieder kleine Schilder auf bei Stürmen gestrandete Schiffswracks hin.

Ein Schiffswrack rostet vor sich hin

An der Landspitze wartet der Leuchttum auf einem Hügel mit einer tollen Aussicht auf (**GPS** N63 49 35.3 W22 24 23.1). Der Fahrweg führt weiter um die Halbinsel zum Ausgangspunkt zurück.

Grundsätzlich ist die Schotterstraße auch für normale Fahrzeuge gut machbar. Jedoch bietet es sich geradezu an, eine schöne, bequeme Wanderung daraus zu machen, wobei man bei der Gehzeit von ca. 1 1/2 Stunden Abstecher zu den Schiffswracks nicht auslassen sollten, die teils in der Küstenböschung liegen.

4x4 RUINEN DES FISCHERDORFS SELATANGAR

Auf der 427 Richtung Osten macht mich das Schild „Sehenswürdigkeit Selatangar" rechts ab neugierig. Eine kleine, ruppige Schotterpiste, die ich eher für 4x4-Fahrzeuge empfehle, führt nach 1,5 km zum kleinen **Wanderparkplatz Selatanga** (**GPS** N63 50 25.2 W22 14 22.5 - Bild). Hier schließt sich ein Fußweg von etwa 15 Minuten an, bis man in den Dünen die Ruinen der einstigen Fischersiedlung gleichen Namens entdeckt. Vom Mittelalter bis 1884 war die Siedlung bewohnt und genutzt. Von hier ruderten die Fischer mit ihren Booten zu ihrer Arbeit aufs Meer. Zugleich diente Selatangar dem Bischof von Skáholt als Hafen, wenn er auf Reisen war.

Selatangar

Krýsuíkarbjarg

VOGELFELSEN KRÝSUVÍKARBJARG

Die nächste Sehenswürdigkeit ist natürlicher Art, die **Vogelklippe Krýsuvíkarbjarg**. Auch diese kann ich nur empfehlen, wenn Sie ein robustes Fahrzeug haben (am besten 4x4). Neben der ruppigen Schotterstraße könnte eine (kleine) Furt Probleme bereiten, aber auch tiefe Erosionsrillen. Die Fahrspur scheint für deutsche Gäste gemacht: Der sandige Boden ist stellenweise fast schwarz, dann rot und später goldgelb. Den Parkplatz erreichen Sie 9,2 km nach der Abzweigung von der 427 (**GPS** N63 50 09.8 W22 05 55.4).

Für die Piste entlohnt der Brutfelsen und das Wandern an der Felskante (**Absturzgefahr**!), wo während der Brutsaison reger „Luftverkehr" herrscht. Vor allem Trottellummen und Tordalken, aber auch Papageientaucher und Möwen bereichern das Schauspiel der Vögel.

Folgt man der 427 ein Stück weiter, zweigt links die 42 ab, die am **Kleifarvatn** vorbei nach Hafnarfjörður führt. Doch so weit will ich zunächst gar nicht, schließlich möchte ich Ihnen nur zwei weitere Parkplätze aufzeigen, die sich mit schönen Wanderungen in aktive Vulkangebiete verbinden lassen und problemlos mit jedem Wohnmobil erreichbar sind. An der Zufahrt können Sie es sich übrigens sparen, dem Hinweisschild „Krýsuvíkur kirkjá" zu folgen. Die Torfkirche ist bis auf kümmerliche Reste den Flammen zum Opfer gefallen.

Vielmehr ist mein erstes Ziel der **Grænavatn** nach 900 m, wo rechts ab ein **Wanderparkplatz** ausgeschildert ist.

Vom Grænavatn zu den Fumarolen

Vom Parkplatz (**GPS** N63 52 58.0 W22 03 24.1) folge ich der Markierung mit orangenen Pfählen, bis der Weg nach ca. 35 Min. markant links abknickt und zu den schon von weitem sichtbaren Dampfschwaden führt. Sie rühren von der Fumarole Austuengahver. Der Rückweg verläuft auf gleicher Strecke (insgesamt ca. 3,5 km - 1 Std. Gehzeit).

Solfatarengebiet Seltún

Vom Grænavatn sind es 1,6 km, bis links ab der **Wanderparkplatz Seltún** erreicht wird (**GPS** N63 53 44.9 W22 03 08.9). Ich schnüre die Wanderschuhe und starte zum bunten, dampfenden und brodelnden **Solfatarenfeld**. Dort gibt es Aussichtsplattformen, teils auf Holzplanken, von denen man das Naturschauspiel beobachtet. Achten Sie darauf, die Wege einzuhalten. Der brodelnde Boden ist stellenweise brüchig. Dampfschwaden lassen erahnen, was beim Ausrutschen oder gar Einbrechen im heißen Dampf oder Wasser passieren könnte. Der Weg führt kräftig bergan. Auf der ersten Kuppe dampft und zischt es erneut. Dann steige ich weiter zur Bergkuppe und mache eine Vesperpause, um den Blick zum Grænavatn auf der einen und zum Kleifarvatn auf der anderen Seite zu genießen. Vor mir schweift der Blick zum Wanderparkplatz, auf die Solfatarenfelder und in die Landschaft ringsum. Aufstieg ca. 45 Minuten, Abstieg ca. 30 Minuten.

Die Wanderliteratur beschreibt eine Route bis zum 270 m hohen Ketill-Gipfel und zurück.

Zurück an der 427 geht es ostwärts weiter. Für Wanderfreunde sind mehrere Routen ausgeschildert. Nur wohnmobiltaugliche Parkplätze sind rar, weshalb ich es nicht näher ausprobiere. Auf der breiten Asphaltpiste gelange ich zur Abzweigung Strandarkirkja und fahre rechts zur Kirche, wo ich den Wagen auf den Parkplatz stelle (**GPS** N63 50 07.5 W21 42 18.5). Wer einen (einfachen) **Campingplatz** mag, wählt an der Zufahrt einen der Plätze. Ja, es gibt sie noch, die freien Campingplätze, und das hier im Süden auf dem Hof Ölfus - hoffentlich noch lange!

Aussicht aufs Solfatarenfeld oberhalb Seltun während der Vesperpause

DIE STRANDARKIRKJA

Die Kirche aus dem Jahr 1888 wurde von Seeleuten gestiftet, die sich die Hilfe Gottes bei Seenot erhofften. Um den Bitten an den lieben Gott für Beistand auf langen Seefahrten Nachdruck zu verschaffen und ihn gnädig zu stimmen, war (und ist) es üblich, Spenden für das Kirchlein zu bringen. Es lohnt sich, einen Blick ins Innere mit geschmackvoller Farbgebung zu werfen. Das Altarbild zeigt die Auferstehungsszene. Auch das Außengelände ist sehenswert. Achten Sie auf die kleinen Torfhäuschen, die da und dort (hinter dem Friedhof) ins Gras gebaut wurden und wie bunte Tupfen recht lustig aussehen. Wohnen hier wohl Elfen.... ?

C SELVOGUR - T-BÆR

Stellplatzart:......................................Campingplatz
GPS:...................................... N63 49 55.4 W21 41 15.3
Adresse:...................................... 816 Ölfus, T-Bær
Tel.: .... +354 483 3150
mailto: ....siggakjartans@gmail.com
Homepage: .... www.tjalda.is
Zufahrtinfo: An der Zufahrt zur Strandarkirkja rechts ab ausgeschildert.
Kurzbeschreibung: Einfacher Platz, aber preisgünstig und ruhig. Nebenan Café/Restaurant. Rad-/Wandertouren bis Þórlakshöfn möglich, ebenso zur Strandarkirkja. **Preis 2016:** ISK 1.000 p. P./N., Strom ISK 1.000.
Öffnungszeit: Mai bis September.

Ü WC ÖLFUS - FREE CAMPING

Stellplatzart:......................................Campingplatz
GPS:...................................... N63 49 46.4 W21 40 39.3
Adresse:...................................... 816 Ölfus, Gata
Tel.: ....+354 4831011 oder 8639355
mailto: .... gumorn@simnet.is
Zufahrtinfo: An der Zufahrt zur Strandarkirkja bei der 90°-Kurve geradeaus.
Kurzbeschreibung: Wiesengelände, WC/Du, Spenden sind willkommen.
Öffnungszeit: Ganzjährig.

Früher war **Þórlakshöfn**, das auf der 427 erreicht wird, Ausgangspunkt für den Besuch der Westmännerinseln. Der Hafen war Anlaufstelle für die Schiffe im Zuge der erfolgreichen Evakuierung von Heimæy beim Vulkanausbruch des Eldfell 1973. Doch wurde der Fährhafen verlegt, worauf ich noch zurückkommen werde. Heute starten die Touren zur Inselgruppe nur noch in Ausnahmefällen hier. So folge ich der Ausschilderung Richtung **Hveragerði**, wo sich diejenigen wieder einklinken, die von Mosfellsbær kommend die Strecke auf der Ringstraße abgekürzt haben.

HVERAGERÐI -REYKJAMÖRK TJALDSTÆÐI

Stellplatzart: ...... Campingplatz
GPS: N63 59 56.2 W21 10 53.1
Adresse: ...... 810 Hveragerði, Reykjamörk
Tel.: ...... +354 483 4605
mailto: ...... hveracamping@gmx.com
Homepage: ...... www.reykjamoerk-camping.is
Zufahrtinfo: Vom Kreisverkehr an der 1 in den Ort (Breiðamörk), immer geradeaus, dann rechts ab Þórsmörk, gleich wieder links, nun noch wenige Meter (ausgeschildert).
Kurzbeschreibung: Im Ort gelegen, gut ausgestattet. Festes Sanitärgebäude/Aufenthaltsraum/Küche. Ver-/Entsorgung an der Zufahrt, für Durchreisende allerdings recht teuer/videoüberwacht. Rezeption tgl. 8^{00}-24^{00} h. **Preis 2016**: ISK 1.400 p. P./N. (10-16 J. ISK 500, darunter frei). Strom ISK 800, Waschmaschine/Trockner je ISK 700).
Sonstiges: Schwimmbad und Sportanlagen sowie der Geopark wenige Gehminuten entfernt. **Öffnungszeit:** Ganzjährig.

Sehenswertes in Hveragerði

Das **Tourist Informationszentrum für Südisland** (Hveragerði Regional Information Center, Sunnumörk 2-4, Tel. +354 4834604, mailto:tourinfo@hveragerdi.is) ist im Einkaufszentrum zu finden.

In Hveragerði sollten Sie für wenig Geld den **Geothermalpark** besuchen. Auf informativen Tafeln erfahren Sie vieles über die Geothermalenergie, die prägend für den im 20. Jahrhundert entstandenen Ort ist, in dem es allerorts dampft und zischt. Im Park können Sie ein Schlamm-Fußbad nehmen .

Wenige Schritte entfernt finden Sie das **Restaurant Kaffi og Kunst**. Wenn Sie nicht wissen, weshalb es aus den Holzgestellen an der Terrasse dampft (Bild), fragen Sie in der Küche nach. Hier wird auf Anfrage gezeigt, wie man im Dampf Gutes aus Topf und Pfanne zaubern kann. Auch in der Küche wird die Naturenergie aus dem Boden genutzt. Empfehlen darf ich das mittägliche Lunchbuffet - gut und preisgünstig.

Richtig gut im Dampf gegart

In Gewächshäusern gedeihen Gemüse und Südfrüchte. Leider ist der Garten Eden abgebrannt. Dort war ein schönes Café unter Palmen eingerichtet. In der Rehaklinik können Sie - neben den obligatorischen Anwendungen - auch nach der

Nutzung des Thermalbades fragen oder essen gehen. Oberhalb des Schwimmbades ist jüngst ein neues **Solfatarenfeld** entstanden. Bei der Recherchefahrt 2008 konnte ich dieses „geburtsfrisch" und unerschlossen anschauen. Heute gelangen Sie auf ausgeschilderten Wegen (auf eigene Gefahr) dorthin. Niemand weiß, wann und wo der nächste Riss im Boden entsteht und heißen Dampf entlässt.

Hochtemperaturgebiet Reykjadalur

Durch den Ort hindurch und nach der Kirche/beim Schwimmbad links ab erreichen Sie mit dem Wohnmobil den **Wanderparkplatz Reykjadalur** (**GPS** N64 01 20.9 W21 12 41.2).

Denken Sie an gutes Schuhwerk und packen Ihre Badesachen ein, denn Sie können in angenehm temperiertem Wasser im Bach baden. Wandern Sie vom Parkplatz aus über die Brücke der Wandermarkierung ins Reyjkjadalur folgend. Nach etwa 1 3/4 Stunden erreichen Sie die Stelle, wo der Zusammenfluss heißer und kalter Bäche eine Badestelle bilden. Jetzt kommt das Badezeug hervor.

Wer die Tour erweitern möchte, kann bei der Heißwasserrquelle schräg links hinauf dem markierten Wanderpfad folgen bis auf eine Passhöhe. Nach einem Stück auf fast gleicher Höhe zweigt der Pfad wieder rechts ab zum Badeplatz hinab und von dort auf bekannter Strecke zurück nach Hveragerði (insg. ca. 3 Std.).

4 Nach Þingvellir / Þingvallavatn

Durch den Ort gelangt man schnell zurück zur Ringstraße. Von dort fahre ich in Richtung Selfoss, biege aber vorher schon auf die 35 ab. Drei Ziele, die als Herzstücke des „Goldenen Zirkels" gelten, sind mein Ziel.

Ein großer, wenn auch sehr belebter Badeplatz im Reykjadalur

Zunächst nehme ich mir die geschichtlich bedeutendste Stätte Islands vor: **Þingvellir**. Dies ist der Platz, an dem das älteste Parlament seine historischen Wurzeln hat. Dort trafen sich die Menschen aus ganz Island schon vor über 1000 Jahren alljährlich zum „Alþing", um Recht zu sprechen, Gesetze zu beraten und zu verkünden und um andere wichtige Dinge zu beschließen. Es gibt zwei Routen zur Auswahl, um Þingvellir zu erreichen, von welchen ich die asphaltierte Variante bevorzuge.

VARIANTE 1: SÜDWESTLICHES UFER DES ÞINGVALLAVATN

Die 350 ist (noch) nicht durchgehend asphaltiert. Sie zweigt nach 7 km, kurz vor der Überquerung der Hvitá, links ab und führt südwestlich des **Þingvallavatn** zur 360. Auf dieser geht es zur 36. Jene ist die Strecke, auf der Sie zum Ziel gelangen, wenn Sie von Reykjavík/Mosfellsær oder vom Hvalfjörður (über die 48) anreisen.

Haben Sie diese Route gewählt, gibt Ihnen der **Picknickplatz Skálabrekka** (8 km nach Einmündung der 48 bzw. 3 km nach Einmündung der 360 auf die 36) oberhalb des Sees die Gelegenheit, die sehr schöne Szenerie beim gemütlichen Kaffee zu genießen (**GPS** N64 13 49.5 W21 11 51.8).

VARIANTE 2: ÖSTLICHES UFER DES ÞINGVALLAVATN

Wenn Sie auf der 35 bleiben, biegen Sie 2 km nach der Abzweigung der 350 (nach der Hvitá) der Ausschilderung Þingvellir folgend links ab (Straße 36). Nun gondeln Sie durch lichten Buschwald mit zahllosen Ferienhütten. Oberhalb des nordöstlichen Seeufers können Sie an einem schönen Picknickplatz halten. Vom Parkplatz (**GPS** N64 14 52.5 W21 01 26.9, keine Übernachtung/Naturschutzgebiet!) blickt man kaum über die Wipfel der Bäume hinweg. Schauen Sie etwas genauer hin, können Sie auf einem kleinen Pfad schräg rechts unterhalb des Parkplatzes zu einem **Aussichtspunkt** gelangen. Unter Ihnen zieht sich eine Schlucht hin bis zum See. Jenseits dessen haben Sie die Felsspalten der **Almannagjá** und die Bergkette dahinter im Blick.

Vom Picknickplatz sind es 5,2 km, bis Sie bei der Rezeption des Campingplatzes (Informationszentrum des Nationalparks) den Zündschlüssel ziehen können.

Foto: Katja Hünerfeld

Kirche an historischer Stätte: In Þingvellir

ÞINGVELLIR - TJALDSTÆÐI

Stellplatzart: Campingplatz
GPS: (Tourist Information) N64 16 46.7 W21 05 17.3
Adresse: Þingvellir,
Tel.: +354 482 2660
mailto: thingvellir@thingvellir.is
Homepage: www.thingvellir.is
Zufahrtinfo: Über die beschriebenen Anfahrtvarianten - jeweils auf der 36 - bis zum nördlichen Ufer des Þingvallavatn fahren.
Kurzbeschreibung: Weitläufiges Gelände, aufgeteilt in vier Teilbereiche (Fagrabrekka, Syðri-Leirar, Hvannabrekka und Nyrðri-Leirar) neben dem Informationszentrum und beidseits der Zufahrt vom Informationszentrum zum Parkplatz der historischen Thingstätte. Gute Ausstattung, Ver-/ Entsorgung auf dem Campinggelände, das an der Zufahrt zur Thingstätte links ab liegt. **Preis 2016:** Ab 18 J. ISK 1.300 p. P./N., Rentner 50% Rabatt (zzgl. ISK 100 Übernachtungssteuer). Kein Stromanschluss!
Öffnungszeit: Juni bis September.

Sowohl vom **Tourist Informationszentrum Þingvellir** als auch aus der anderen Richtung vom Skálabrekka Picknickplatz aus sind es jeweils gut 4,5 km, bis Sie das **Besucherzentrum des Þingvellir-Nationalparks** erreichen. Der große Parkplatz bietet auch für Wohnmobile Platz, wobei ich empfehle, keine Uhrzeit zu wählen, zu der die meisten Besucher vor Ort sind. Sie sollten eher den späten Nachmittag aussuchen und den Besuch der Thingstätte auf den frühen Abend oder Morgen des nächsten Tages legen - ein Vorteil unserer Art zu reisen.

DER ÞINGVELLIR-NATIONALPARK

Islands erster Nationalpark wurde 1930 gegründet. Er ist geologisch und historisch interessant und bietet eine vielfältige Flora und Fauna. Im Juli 2004 wurde er von der Unesco zum Welterbe erhoben. Das Land um den See wird mit viel Mühe aufgeforstet. Dabei wurden Pflanzen gesetzt, die eigentlich hier nicht zu Hause sind. Die geschützte Lage lässt zahlreiche Kräuter, Blumen und Beeren gedeihen, im Spätsommer Birkenpilze, die einem das Wasser im Munde zusammenlaufen lassen.

Foto: Katja Hünerfeld

In der „Alle-Männer-Schlucht" (Almannagjá)

ROUTE 5

Der See bietet Brutvögeln eine Heimat, nicht zuletzt dem Eistaucher, aber auch aus unserer Heimat bekannte Arten wie der Zaunkönig. Den Wettbewerb „Alternativer Grand-Prix" der besten Singvögel in Tallinn im Jahr 2002 gewann der für Island nominierte Goldregenpfeifer, der hier ebenfalls vorkommt. Insgesamt werden 60 Vogelarten gezählt.

Vom Jahr 930 bis 1798 trat hier das Parlament Islands immer im Sommer zusammen, um unter freiem Himmel Gesetze zu beraten. Seit 1662 Island zur dänischen Krone gehörte, war es Gerichts- und Hinrichtungsstätte. Die Versammlungsstätte Lögberg (Gesetzeshügel) wird am Ostrand der Almannagjá vermutet - da und dort finden sich alte Ruinen. Die Þingvallakirkja, erbaut 1859, ist in der Sommersaison (Mitte Mai bis Anfang Sept.) täglich von 09^{00}-17^{00} h offen. Eine der drei Glocken, die Islandglocke, wurde von König Olaf von Norwegen gestiftet, der den Bau einer Kirche veranlasst hatte. Auf Anfrage beim Informationszentrum (Tel. +354 482 2660, mailto:thingvellir@thingvellir) ist auch eine Besichtigung zu anderen Zeiten möglich.

Das Hofgebäude nebenan wurde von Guðjón Samuelsson anlässlich des 1000-Jahrfeier des Inselstaates geplant. Einst war es Sitz des Pfarrers, der später den Nationalpark verwaltete. Zudem ist hier der Sommersitz des Präsidenten Islands. Nach 1798 verlor Þingvellir mit dem Umzug des Parlaments nach Reykjavík an Bedeutung - nicht aber in den Köpfen der Isländer. 1874 wurde im Zug einer Nationalfeier die Verfassung verkündet. Am 17. 6.1944 wurde an gleicher Stelle die isländische Republik ausgerufen und Þingvellir zum Nationalheiligtum erklärt.

Nicht nur aus historischer Sicht ist diese Stätte von großem Interesse. Hier können Sie ohne gute Fernsicht von Amerika nach Europa schauen und umgekehrt, denn wir befinden uns an der tektonischen Bruchstelle zwischen den Kontinenten. Die Schlucht verläuft in Verlängerung des nordatlantischen Rückens von Südwesten nach Nordosten, was auch der vulkanisch aktiven Schnittstelle zwischen den Erdteilen entspricht. Noch heute driften die Kontinentalplatten jährlich um etwa zwei Zentimeter auseinander. Auf diese Weise ist die Senke in den letzten etwa 10.000 Jahren um 40 m eingesunken und bildet die heutige Almannagjá-Schlucht. Die tektonische Bewegung erfolgt dabei nicht gleichmäßig, sondern in Schüben. Immer wieder gibt es deshalb schwere Erdbeben, beispielsweise 1789, als die Senke in kurzer Zeit um einen halben Meter einsackte.

BESUCHERZENTRUM IM NATIONALPARK ÞINGVELLIR.

Im modernen Gebäude wird eine interessante Multimediashow geboten, die über die Geschichte und die Naturphänomene des Nationalparks informiert. Zur Hauptsaison, besonders an schönen Wochenenden, herrscht reger Betrieb und tagsüber auch schon mal Parkplatzmangel.

Genießen Sie dennoch den Blick von der Aussichtsplattform in die Almannagjá und über den See, was wir übrigens im Januar schon mal in völliger Ruhe und ganz für uns alleine im winterlich-diffusen Licht genießen konnten (Bild).

Wandertipp: Durch die Almannagjá

Am Campingplatz startet ein Pfad entlang der Bruchkante der Schlucht. Nach 30 Minuten ist der Wasserfall erreicht, kurz darauf die Thingstätte, wo die Nationalflagge flattert. In der Senke des Þingvallavatn, sehen wir den Pfarrhof Þingvellir.

Þingvellir - Laugarvatn - Geysir - Gullfoss

Wenn Sie auf der 36 retour fahren (Variante 2), können Sie kurz nach der Nationalparkgrenze links auf die 365 wechseln, um via **Laugarvatn** zum Geysir zu gelangen. Die neue Strecke bietet zwei großzügige, aussichtsreiche Picknickplätze. Der erste liegt diesseits der **Lyngdalsheiði** (**GPS** N64 11 32.4 W20 57 04.1), der andere kurz vor Laugarvatn (**GPS** N64 12 21.0 W20 47 00.1). Sind Ihnen diese Parkplätze zu unruhig und Sie eine teils waschbrettartige Schotterstraße nicht stört, können Sie auf etwa halber Strecke links der Ausschilderung **Laugarvatnhellir** folgen (ausgeschildert als Sehenswürdigkeit). Die Lavahöhlen liegen an der alten Trasse der 365. Der Parkplatz ist sehr ruhig - herrlich für Freunde einsamer Plätze (**GPS** N64 12 58.3 W20 53 01.7).

DIE SAGE VOM WUNDER DER LAUGARVATNHELLIR

Die Höhlen waren früher von den Bauern aus Laugarvatn bewohnt, zumindest von den Viehhütern. Die Schafe wurden hier des Nachts eingepfercht. Einer Erzählung nach wollte der Hirte Þórsteinn die Tiere in die Höhle treiben. Doch diese blieben stur. Erst als der Hirte vorging, folgten die Tiere widerwillig. Als der Hirte endlich in seiner Schlafecke zur Ruhe kam, wurde er von guten Geistern herausgezogen. Völlig erschreckt und verwirrt trieb er seine Herde in den Ort zurück und wollte fortan nie mehr zu den Höhlen zurückkehren. Kaum war er zurück, setzte nämlich ein Schneesturm ein, der den sicheren Tod bedeutet hätte.

VARIANTE: ANFAHRT AUF DER 35 NACH LAUGARVATN

Sofern Sie zuvor schon in Þingvellir gewesen sein sollten, können Sie von der Ringstraße auf der 35 zum Geysir reisen. Sie passieren dann südlich des Laugarvatn den **Vulkankegel Kerið** mit farbenfrohen Schotterhalden und einem markanten Krater.

Der Parkplatz (4,6 km nach Abzweigung der 36) liegt abseits der Straße (**GPS** N64 02 29.5 W20 53 12.7, „Naturschutzgebühr"). Wenn Sie dort verweilen, sollten Sie nicht die Gelegenheit zum Spaziergang verpassen. Die Sicht auf den bunten Krater mit seinem See im Schlund ist unvergesslich. Ein Stück weiter nehmen Sie die Abzweigung auf die 37 nach Laugarvatn und stoßen dort auf meine Route, um entweder das neue Thermalbad Fontana in Laugarvatn zu genießen oder einen schönen Hofladen mit Restaurant zu besuchen.

Laugarvatn am gleichnamigen See mit dem **Thermalbad Fontana** ist ein besonderer Tipp für diejenigen, die gerne einen gepflegten Hot Pot genießen. Sowohl im Bad als auch gegenüber finden Sie je ein Restaurant. In gemütlicher Atmosphäre des **Restaurant Lindin** und mit herrlicher Sicht über den See bis zur Hekla speisen Sie in hervorragender Qualität. Hervorragend sind die „Rentier-Burger". Reservierung wird empfohlen (www.laugarvatn.is, Tel. +354 898-9599).

Restaurant Lindin - Essen mit Aussicht

DIE LAUGARVATN FONTANA GEOTHERMAL BATHS

Das ganzjährig geöffnete Thermalbad im historischen Badeort wurde 2013 fertiggestellt. Die architektonisch gelungene Anlage umfasst mehrere Außenbecken mit einer Temperatur von 32-42° C. Mit der finnischen Sauna und einem Dampfbad direkt auf der heißen Quelle wird der Aufenthalt bei jedem Wetter zum Wellness-Erlebnis.

Zwar ist der Eintritt nicht billig, aber es wird etwas geboten. Auf Anfrage erhält man nach dem Besuch des Bades die Einwilligung (ebenso, wie übrigens im gegenüber liegenden Restaurant Lindinn), auf dem Parkplatz für eine Nacht zu stehen (kein Camping, keine weitere Ausstattung). Wer gern ein paar Züge schwimmt, kann sich im Laugarvatn abkühlen oder das benachbarte normale Schwimmbad (Hverabraut 2) besuchen.

Den zugehörigen Parkplatz (**GPS** N64 12 53.5 W20 43 51.9) finden Sie einfach - er ist von der Durchgangsstraße ebenso ausgeschildert, wie das Restaurant Lindin gegenüber. Ob eine Übernachtung bei den Restaurants passt, müssen Sie, wie schon erwähnt, erfragen und Fingerspitzengefühl beweisen. Gästen gegenüber prüft man das vor Ort jeweils wohlwollend. Anderenfalls suchen Sie bitte den örtlichen Campingplatz auf, selbst wenn dieser (auf den ersten Blick) nicht zu den attraktivsten gehört.

LAUGARVATN - TJALDSTÆÐI

Stellplatzart: .... Campingplatz
GPS: N64 13 16.9 W20 43 55.0
Adresse: .... 840 Laugavatn, Háholt 7
Tel.: .... +354 6155848
mailto: .... smidsholt@gmail.com
Homepage: .... www.tjalda.is/en/laugarvatn/
Zufahrtinfo: Auf der Durchgangsstraße durch den Ort Richtung Geysir, beim Ortsausgang links ab ausgeschildert.
Kurzbeschreibung: Wiesengelände oberhalb der Straße, Du/WC in einem Container, Spielplatz, Waschmaschine, Keine Entsorgungsstation. Einkaufsmöglichkeit und erwähnte Restaurants/Fontana in Fußwegnähe.
Preis 2016: ISK 1.100 p. P./N. (6-16 J. ISK 500, Pensionäre ISK 800, Strom ISK 700. **Öffnungszeit:** Mitte Mai bis Mitte September.

ROUTE 5

Auf dem Weg zum Geysir lege ich einen weiteren Halt ein. Das Schild „**Efstidalur II**" neben der 37 macht neugierig. Es weist auf einen **Hofladen nebst Restaurant** hin. Die Betreiberfamilie hat sich ins Zeug gelegt, den Gästen eine gute Auswahl an Speisen und Getränken zu bieten. Dazu gehören hausgemachtes Eis, Milchprodukte und Fleisch. Das Restaurant ist abends offen. Vom Tisch blickt man in die Stallungen und kann den Bauern bei der Arbeit über die Schulter schauen. Die Parkflächen (**GPS** N64 14 32.4 W20 33 04.2) bieten Platz für Ihr Wohnmobil. Ob Sie nach der Einkehr für eine Nacht stehen dürfen - eine freundliche Frage kostet nichts (Tel. +354 486 1186, mailto:efstadal@eyjar.is).

5 Ins Haukadalur: Geysir(e) und Gullfoss

Nun ist es Zeit zum Geysir zu fahren. Verabschieden Sie sich aber vom Gedanken, dort einen ruhigen, beschaulichen Platz vorzufinden. Hier tanzt der Bär, wie man sagt, ebenso wie beim Gullfoss. Wenn Sie es einrichten können, sollten Sie gegen Abend da sein. Dann werden die Touristenströme geringer und Sie haben mehr Ruhe, das Naturschauspiel von Strokkur & Co. zu genießen.

C GEYSIR - TJALDSTÆÐI

Stellplatzart: Campingplatz
GPS: N64 18 35.5 W20 18 18.8
Adresse: An der 35
Tel.: +354 480 6800
mailto: geysir@geysircenter.is
Homepage: www.geysircenter.is
Zufahrtinfo: An der Straße 35 gegenüber dem Geysir-Center.
Kurzbeschreibung: Wiesenplatz mit Stromanschluss, vor dem Santitär-gebäude zusätzlich Schotterplatz (wichtig bei Regen). Ver-/Entsorgung am Vorplatz. Restaurant im Hotel Geysir. Dusche/WC gegen Gebühr, ohnehin ein vergleichsweise teurer Platz. **Preis 2016:** ISK 1.700 p. P./N. (8-15 J. ISK 500, darunter frei, Rentner ISK 800, Strom ISK 1.000. Dusche ISK 400. **Öffnungszeit:** Mitte Mai bis Mitte September.

Historische Szene: Fata (rechts) und Strokkur (links) am 26.8.2000

BLÁSKOGABYGGD - SKJÓL CAMPING

Stellplatzart: Campingplatz
GPS: N64 18 35.3 W20 13 49.5
Adresse: Bláskogabyggd, Kjóastaðir 1
Tel.: +354 8994541
mailto: info@skjolcamping.com
Homepage: www.skjolcamping.com
Zufahrtinfo: Etwa auf halber Strecke vom Geysir zum Gullfoss links ab ausgeschildert.
Kurzbeschreibung: Wiesengelände, Spielplatz, gute Ausstattung, Strom (ISK 900), Waschmaschine/Trockner (ISK 400/300). Restaurant am Platz.
Preis 2016: ISK 1.200 p. P./N. (Kinder ISK 600).
Öffnungszeit: Ca. Ende Mai bis September.

HINTERGRUNDINFORMATIONEN ZU GEYSIR & CO.

Einen Besuch im **Geysir Center** mit Multivisions-Show ist zu empfehlen. Sie erhalten Informationen zum Vulkanismus, zur Entstehung der Springquellen und - besonders interessant - einen Eindruck von einem Erdbeben. Hierfür ist eigens ein Erdbebensimulator gebaut worden.

Der Name **Geysir** steht für die berühmte Springquelle, die lange aktiv war und regelmäßig eine Wasser- und Dampfsäule von 60-80 m Höhe ausstieß. Sie wurde Namensgeber für Springquellen weltweit. Sie werden außer der Sinterterrasse mit 18 m Durchmesser und dem 20 m tiefen Wasserloch mit siedendem Wasser kaum etwas vom Geysir sehen. Seit 1915 ging seine Aktivität zurück. Lediglich nach dem Erdbeben im Frühling 2000 war die Aktivität vorübergehend stärker. Jedoch ist auf **Strokkur** (Butterfass) Verlass. Alle etwa 6-8 Minuten schießt auch er eine Fontäne von immerhin 20-25 m in die Höhe.

Die Bruchkante des nordatlantischen Rückens ist labil. So entstanden bei Erdbeben immer wieder Quellen, die mehr oder weniger lange aktiv blieben, teils auch wieder versiegten. Die Springquellen füllen sich durch das Einsickern von Wasser. Im Boden erhitzt es sich unter Druck auf mehr als 100° C, was hohen Dampfdruck erzeugt. Ist dieser hoch genug, um die darüber lastende Wassersäule auszustoßen, wird das Wasser in die Höhe katapultiert.

Das Heißquellengebiet von etwa 3 km² umfasst noch einige Quellen mehr. Die Namen sind unter anderem **Sóði** (Grassode), **Smiður** (Schmied), **Óþerrishola** (Regenmacher), **Litli Geysir und Litli Strokkur** (kleiner Geysir bzw. Strokkur), **Konungshver** (heiße Königsquelle) und **Blesi** (Blazer, Sakko). Einen guten Überblick über das Ganze erhalten Sie, wenn Sie in etwa 15 Minuten zum Aussichtspunkt Konungsstinar (Königssteine) wandern. Zumindest ist der Blick von dort so schön, dass sich auch die dänischen Könige Christian IX (1874), Frederik VIII. (1907) und Christian X. (1922) die Mühe des Aufstiegs machten.
Meine Familie und ich hatten am 26.8.2000 und am 27.8.2000 das Glück, Zeitzeugen von zwei Ausbrüchen der Quelle **Fata** zu sein. Anders als Strokkur, stieß die Quelle ihre Fontäne mehrere Minuten in gut 5 m in die Höhe. Besonderheit: Fata war zuvor 340 Jahre lang völlig ruhig gewesen, und auch nachher blieb jegliche Aktivität aus. Vermutlich lag die Ursache für den Ausbruch nicht an uns. Eher war das Erdbeben kurz zuvor verantwortlich, das die Region erschüttert hatte.

Beachten Sie bitte: Die Heißwasserzone ist ein **Schutzgebiet**. Auch wenn es viele Besucher nicht wahr haben wollen: Das Verlassen der Wege ist nicht nur streng verboten, sondern auch gefährlich. Nicht umsonst wird vor der erheblichen Verbrühungsgefahr gewarnt. Verboten ist es ebenso, von den Sinterterrassen der Springquellen Steine zu entnehmen oder gar herauszuhauen. Der Respekt vor dem Werk der Natur gebietet es, rücksichtsvoll mit den Schätzen der Schöpfung umzugehen.

Fahren Sie 10 Kilometer nordwärts, erwartet Sie der **Gullfoss,** einer der schönsten Wasserfälle Islands. Der erste Parkplatz ist näher am Geschehen und bietet eine Aussichtsplattform (**GPS** N64 19 30.8 W20 07 47.0), der andere liegt vor dem Informations-Zentrum (**GPS** N64 19 30.5 W20 07 30.0).

Wandern zum Gullfoss

Schnüren Sie Ihre Wanderschuhe, nehmen Regensachen mit und stiefeln entlang der Seilsicherung oberhalb der **Hvitá** zum Wasserfall. Vorsicht! Durch die Gischt ist der Weg schmierig und nass. Sie können bei der nach 10-15 Minuten erreichten Gesteinsstufe noch etwas weiter klettern bis zu einer Aussichtsplattform. Dort lässt sich schön beobachten, wie die Wassermassen über mehrere Stufen mehr als 32 m in die tief eingeschnittene, 2,5 km lange Schlucht stürzen.

HOCHLANDAUSFLUG KJÖLUR ROUTE (EHEMALS „F“) 35

Wenn Sie die Kjölur-Route (F)35 noch nicht von Norden gefahren sind, besteht nochmals die Chance. Allerdings - die Route von Süden her ist ruppiger als von Norden her. **Wichtig**: Es handelt sich um eine typische Hochlandstrecke. Sie ist zwar mit „Normalfahrzeugen“ machbar, teils aber nur mit äußerster Vorsicht und Konzentration sowie langsamer, umsichtiger Fahrweise. Achten Sie auf den rückwärtigen Verkehr. Nicht jeder Geländewagenfahrer möchte sich von „langsamen Joghurtbechern“ den Spaß am Hochland verderben lassen. Machen Sie an einer Ausweichstelle Platz. Sie kommen zwar später in Hveravellir oder im 190 km entfernten Blönduós an - aber auch sicherer.

Foto: Katja Hünerfeld

Der Gullfoss - gleich welches Wetter: Er ist immer sehenswert!

Island - Südküste und Ostfjorde

Erleben Sie Feuer und Eis hautnah! Die Reise führt (mit Hochlandbus oder 4x4) rund ums Vulkanensemble aus Hekla, Eyjafjallajökull, Mýrdalsjökull/Katla, Grímsvötn und anderen Vulkanen. All dies geht einher mit faszinierenden Farben. Sie erleben Vulkanspalten und fahren im Bann des größten Gletschers Europas, dem Vatnajökull. All das setzt dem bisher Erlebten fast die Krone auf. Zugegeben - es ist nicht einfach, alles zu erreichen. Entweder Sie haben ein robustes Allradfahrzeug oder müssen für den einen oder anderen Hochlandausflug auf Linien- und Hochlandbusse ausweichen.

Wenn Sie Kilometer sparen möchten und dafür ein Stück Schotterpiste (gut befahrbar) in Kauf nehmen, biegen Sie etwas südlich vom Gullfoss auf die 30 ab und fahren über **Fluðir** (Einkaufsmöglichkeit, Campingplatz) zur 32 in südlicher Richtung. Sollte das Wetter es zulassen, können Sie den Blick zurück zum Langjökull und die abwechslungsreiche Landschaft genießen.

Faszinierendes Eis - Fahrt mit dem Schlauchboot in der Lagune Fjallsárlón

Höhepunkte der Route Snæfellsness und Reykjanes

1 4X4-AUSFLUG NACH LANDMANNALAUGAR UND ELDGJÁ

Bedingt können Sie beides noch mit 2x4-Fahrzeugen, allemal aber mit dem Hochlandbus erreichen. Farbenfrohe Berge, Fumarolen und Solfataren - hier ist alles geboten, was der Vulkanismus bietet. (S. 269/285).

2 ZUR SÜDSPITZE ISLANDS: KAP DYHOLÆY

Vík mit seiner schönen Kirche auf dem Hügel ist der südlichste Ort Islands, Kap Dýrhólæy mit dem Felsentor der südlichste Punkt. (S. 280).

3 NATIONALPARK SKAFTAFELL

Alles auf engstem Raum: Der höchste Gipfel Islands, der eindrückliche Svartifoss, Gletscherzungen, Zeugen von Gletscherläufen. (S. 292).

4 DIE GLETSCHERLAGUNEN FJALLSÁRLÓN UND JÖKUSLÁRÓN

Große Gletscherzungen kalben in die Lagunen, Eisberge treiben Richtung Meer. All das können Sie zu Fuß erkunden oder auf einer Bootstour ganz hautnah erleben. (Seite 297).

5 UM DEN LÖGURINN - HALLORMSTAÐUR UND HENGIFOSS

Der Lögurinn, einer der größten Seen Islands, ist umgeben von interessanten Zielen: Ausgedehnte Wälder in Hallormstaður und der Hengifoss mit seinen roten Sedimentschichten sind nur zwei Beispiele. (S. 321).

Alternativ nehmen Sie die 35 (asphaltiert) und fahren über **Reykhólt**. Dort können Sie bei zwei Bauernhöfen Landprodukte erwerben und zudem tanken. Auch ein Campingplatz steht zur Verfügung, den ich aber nicht näher begutachtet habe.

Etwa 5 km weiter südlich zweigt die 31 ab, die über **Laugaras** zum historischen Bischofssitz **Skáholt** führt. Dort hatte 1086 der erste Bischof Islands bis zum Ende des 18. Jahrhunderts seinen Sitz. Dann wurde er nach Reykjavík verlegt. Das prächtige, hölzerne Gotteshaus, das Páll Jónsson hatte errichten lassen, brannte Anfang des 14. Jh. nieder. Nachfolgekirchen entstanden, die alle die Jahre nicht überdauerten. Das letzte Kirchlein stand bis 1956 und wurde durch das heutige Gotteshaus ersetzt. Sehenswert sind die Glasfenster und das Altarbild mit Christus bei der Segnung von Brot und Wein. Die früheren Bischöfe sind in der Krypta neben dem Steinsarg des ersten Bischofs bestattet.

Wer Hunger verspürt, kann im benachbarten Café essen gehen. Einige Kilometer weiter habe ich Camping- und sehenswerte Rastplätze gesucht und gefunden, die allerdings noch ein Stück entfernt liegen. So fahre ich weiter zur 30, biege links ab und kurz später gleich rechts auf die 32. Wer über Fluðir gefahren ist, zweigt an gleicher Stelle entsprechend links auf die 32 ab.

Der erste Ort ist **Arnes**, wo sich nahe dem Schwimmbad und der Tankstelle ein kleiner, einfacher **Campingplatz** befindet, wobei mir das Preis-Leistungs-Verhältnis dieses Platzes nicht ganz angemessen erscheint. Dusche/WC sind ziemlich in die Jahre gekommen, um es diplomatisch auszudrücken.

ÁRNES - TJALDSTÆÐI

Stellplatzart: .... Campingplatz
GPS: N64 02 34.6 W20 15 11.4
Adresse: .... Árnes, Skeiða- og Gnúpverjahreppur
Tel.: .... +354 6646590
mailto: .... thjorsarstofa@skeidgnup.is
Homepage: .... www.south.is/en/services/thjorsarstofa
Zufahrtinfo: Auf der 32 nach Àrnes, dort an der Durchgangsstraße gut zu finden.
Kurzbeschreibung: Rasenfläche für Wohnmobile, Windschutz durch Bäume. Neuer Sanitärcontainer, Ausguss für Camping-WC unterhalb der Herrentoilette. Anmeldung im nahen Besucherzentrum Þjórsárstofa mit Mulivisions-Show über den Gletscherfluss 10^{00}-21^{00} h, Nachs. bis 19^{00} h. Kleines Restaurant und Laden. **Preis 2016**: Ab 17 J. ISK 1.300 p. P./N., 12-16 J. ISK 700, darunter frei, Rentner ISK 800. Strom ISK 900.
Sonstiges: Schwimmbad und Besucherzentrum nebenan.
Öffnungszeit: Ende Mai bis Ende August

Ich fahre auf der 32 weiter und werde auf der Anhöhe **Gaukshöfði** auf der Suche nach einem schönen Aussichtspunkt mit Picknickstelle fündig (Schild „Sehenswürdigkeit" weist schräg links bergwärts). Dort genieße ich die Ruhe auf dem Abschnitt der alten Fahrbahn ausgiebig (**GPS** N64 04 50.9 W20 01 03.9). Hier hatte ich in früheren Jahren mehrfach bestens übernachtet und zuletzt Polarlichter bewundert. Man kann wenige Meter steil hinaufsteigen, um sich die Aussicht zu erschließen. Doch Vorsicht! Ein Warnschild weist auf die Absturzgefahr hin (fast senkrechte Abbruchkante des Felsens, was von der Parkplatzseite so nicht erkennbar ist).

Gemütliche Rast: Gaukshöfði

Auf der Weiterfahrt, etwa 7,5 km nach dem Einscheren zurück auf die 32, lässt sich bei guter Sicht der Haifoss erblicken, einer der höchsten Wasserfälle Islands. Dorthin zu gelangen, ist allerdings nicht ganz einfach.

ABSTECHER ZUM HÁIFOSS MIT WANDERTIPP

Die erste Gelegenheit, zum Haifoss zu gelangen, bietet sich im Zuge einer anstrengenden und schwierigen Wanderung. Davor liegt die Zufahrt zum Hof **Stöng.** Es handelt sich um die ausgegrabene Ruine eines Hofes aus der Wikingerzeit. Er ist bei einem Ausbruch der Hekla, ähnlich wie Pompeji, unter einer dicken Ascheschicht versunken. Die Bewohner fanden dabei den Tod. Der Hof war verloren. Mittlerweile wurden die Fundamente freigelegt und mit einem nicht eben schönen Dach vor weiterer Zerstörung gesichert. Eine Besichtigung ist möglich (freier Zugang). Allerdings ist die 6 km lange Zufahrt mittlerweile so schlecht, dass sie nur noch für 4x4-Fahrzeuge zugelassen ist. Wer es dennoch wagt (nennenswerte Furten gibt es nicht) und ein entsprechendes Fahrzeug hat, steht auf dem **Wanderparkplatz mit WC/Infotafel** (**GPS** N64 08 59.1 W19 45 22.9). Sofern Sie ein gutes, geländegängiges Fahrzeug haben, können Sie der 327 weiter folgen. Sie mündet später wieder auf die 32, nicht weit von der alternativen Zufahrt zum Háifoss.

Vom Parkplatz gelangt man in wenigen Minuten über den Hügel zu einer Fußgängerbrücke, die zur Ruine des Hofs Stöng führt, der beeindruckende Ausmaße hatte. Die Wanderung zum 122 m hohen Wasserfall ist nicht einfach. Flüsse/Bäche sind zu furten und es gibt ein paar knifflige Passagen, die Trittsicherheit erfordern. Wer das nicht mag, sollte lieber verzichten. Von Stöng aus wandert man über das Lavafeld Þórsárdalshraun am Berghang des Stangarfjall entlang auf Flussschotter und bleibt stets auf der in Fließrichtung linken Seite der Fossá. Dann ist Orientierungssinn nötig, denn eine Markierung gibt es nicht. Nach etwa 3 Stunden ist der Kessel des Háifoss erreicht.

Foto: Günter und Sieglinde Hahn

Der Haifoss

Sollten Sie den Weg zum Hof Stöng ausgelassen haben - es ist kein Problem. Unweit von der Abzweigung zweigt auf der anderen Seite die Zufahrt zum **Museumshof Þjóðveldisbær** ab (offen Juni-Aug. tgl. 10^{00}-17^{00} h). Dort können Sie sich im originalgetreu rekonstruierten Abbild des Hofs Stöng einen Eindruck vom Leben in solch einem herrschaftlichen Hof verschaffen. 200 m vor dem Museumsgelände befindet sich ein Parkplatz (**GPS** N 64 07 07.3 W19 49 20.1). Ein WC findet sich beim Museum.

Es folgt die Überquerung des **Burfell** und weiter in die Flussniederung der **Þjórsá**. Bald zweigt links eine Schotterpiste ab, auf der Sie zum Haifoss gelangen. Das Wohnmobil kann beim Gehöft am Fuß des Bergrückens stehen (Campingmöglichkeit mit Ver-/Entsorgung, die ich nicht besichtigt, sondern einem Leserhinweis entnommen habe). Ich bin ich weitergefahren, um den **Háifoss** zu sehen. Das ist allerdings nur für 4x4-Fahrzeuge zu empfehlen, wie Günter und Sieglinde Hahn es haben, von denen das Bild oben stammt. Sie hatten mehr Wetterglück, als ich. Schnüren Sie lieber die Wanderstiefel, gehen vom Hof aus 5,5 km bergan und biegen bei der Stromleitung links ab, um zum Haifoss zu gelangen, den Sie von hier aus von oben betrachten.

Sobald die Einmündung der 32 in die (F)26 erreicht ist, heißt es zu überlegen, wie es weitergeht. Es folgen 57 km auf der F208 bis **Landmannalaugar**. Eine Entscheidungshilfe erhalten Sie im Restaurant Hrauneyjar. Möchten Sie die Strecke nicht wagen, gelangen Sie mit dem Linienbus ins Hochland.

Die Furt in Landmannalaugar

ROUTE 6

HRAUNEYJAR - RASTSTÄTTE/GÄSTEHAUS

Stellplatzart: .... Raststätte
GPS: N64 11 49.4 W19 17 05.2
Adresse: .... Hella, Sprengisandsleið
Tel.: .... +354 487 7782
mailto: .... hrauneyjar@hrauneyjar.is
Homepage: .... www.hrauneyjar.is
Zufahrtinfo: An der Einmündung links ab Richtung Sprengisandur.
Kurzbeschreibung: Asphaltierter Parkplatz, Restaurant, Tankstelle. Nach Einkehr gewährt man gerne auch die Übernachtung im Wohnmobil. Bevor Sie ins Hochland fahren, bitte unbedingt ans Tanken denken, damit Sie nicht ohne Sprit liegen bleiben. In der Raststätte gibt es überdies ein Büro der Rangers des Nationalparks, wo Sie sich weitere Informationen (Wetter, Straßenzustand etc.) holen können. Ebenso sollten Sie dort nachfragen, wenn vor der Fahrt eine Übernachtung im Wohnmobil dort erforderlich ist. Ein WC an Bord ist dafür, wie immer, hilfreich.

1 4x4 AUSFLUG NACH LANDMANNALAUGAR UND ELDGJÁ

Auf der anfangs asphaltierten F26 starte ich Richtung Landmannalaugar. Zunächst führt die Strecke über die Schlucht Hrauneyjarstöð und um den **Hrauneyjarlón**. 12,5 km nach der Tankstelle geht es rechts ab entlang der Hochspannungsleitung auf eine Schotterpiste. 2,1 km weiter zweigt links die Hochlandpiste F208 ab. Nach 9 km ist der **Naturpark Fjallbak** erreicht, in dem freies Übernachten verboten ist - auch im Auto/Wohnmobil! Die Strecke wird stellenweise sandig. Holprige Passagen mit ruppigen Waschbrettern lassen das Geschirr klappern und zwingen zur langsamen Fahrt. Bei der Abzweigung „**Landmannaleið/F225**" geht es geradeaus. 4,7 km weiter scharf um eine Bergnase herum und 1,4 km steil abwärts, bis zur Abzweigung nach Landmannalaugar rechts ab. Jetzt fehlen noch 1,8 km zum Ziel. Prinzipiell ist die Strecke auch ohne 4x4 machbar - erkundigen Sie sich aber unbedingt im Vorfeld!

Was jeder Gast gerne nutzt, ist der natürliche Pool, der am Zusammenfluss zweier Bäche (kalt und heiß) zum Entspannungsbad einlädt. Es herrscht oft reger Betrieb, zudem ist das Wasser stellenweise sehr heiß, der Boden rutschig. Vorsicht beim Einsteigen in den Pool!

LANDMANNALAUGAR - TJALDSTÆÐI

Stellplatzart: .... Campingplatz
GPS: N63 59 25.9 W19 03 37.8
Adresse: .... Landmannalaugar/ Fjallafang
Tel.: .... +354 618-7822
mailto: .... laugar@landmannalaugar.info
Homepage: .... www.landmannalaugar.info
Zufahrtinfo: Von der F26 zur F208 (ausgeschildert - siehe Beschreibung). Kurz vor dem Campingplatz eine Furt, die mit Vorsicht zu genießen ist. Parkplatz davor als Alternative. Dieser Platz gehört zum Campingplatz - Gebühr ist entsprechend zu entrichten.
Kurzbeschreibung: Weitläufiges Wiesengelände bei der Hochlandhütte. Abgesehen von den guten Sanitäranlagen in festem Gebäude (Dusche Zusatzgebühr) einfache Ausstattung. In der Hauptsaison viel Betrieb. Anmeldung in der Hütte bei den Rangern.
Öffnungszeit: Solange die F208 offen ist (ca. Juni bis Mitte September).

WANDERUNGEN VON LANDMANNALAUGAR AUS

Planen Sie rechtzeitig, den Zeitbedarf fürs Wandern, denn das Angebot an Wanderungen durch die farbenprächtige Landschaft ist groß.

Eine Rundwanderung von ca. 2 1/2 Stunden führt vom Campingplatz aus links am Bach entlang und dann durchs Lavafeld **(Grænagil)**, bis man das Solfatarenfeld am 855 m hohen **Brennisteinsalda** erreicht. Der Berg gilt als einer der buntesten in Island. Von dort führt der Pfad ums Lavafeld Laugahraun herum und zuletzt an dessen Rand wieder zum Ausgangspunkt.

Am Brennisteinsalda kann man Richtung **Hrafntinnusker** abbiegen (erste Etappe des Laugavegur). Dann erreicht man durch die farbige Landschaft mit sanften Bergrücken, vorbei an einer dampfenden Springquelle, über Schneefelder und durch einen Lavastrom mit vielen Obsidianen nach etwa 2 1/2 Stunden ab Brennisteinsalda die Wanderhütte. Hier kann man im Matratzenlager übernachten. **Achtung**: Voranmeldung obligatorisch). Der Rückweg erfolgt auf dem gleichen Weg.

Die dritte Variante ist die Besteigung des **Bláhnúkur**, die von Landmannalaugar aus etwa 3 Stunden in Anspruch nimmt. Diese Route ist durch die steilen Pfade und große Höhenunterschiede anstrengend, dafür aber der Aussicht in die bunte Landschaft wegen lohnend.

Nicht zuletzt sei hier auf die legendäre **Tour von Landmannalaugar nach Þórsmörk und weiter nach Skógar** hingewiesen, die als „Laugavegur" bekannt ist. Die mehrtägige Tour erfordert eine gute Vorbereitung und Ausrüstung. (Siehe empfohlene Wanderbücher).

Auf dem Anstieg zum buntesten Berg: Brennisteinsalda

Nach einem hoffentlich auch für Sie farben- und erlebnisreichen Aufenthalt genießen Sie das warme Bad, die bunte Bergwelt und lassen die Eindrücke einfach noch ein wenig auf sich wirken, wenn das Wetter passt. Dann stehen Sie wahrscheinlich (zumindest ohne 4x4-Antrieb) vor der Rückfahrt auf der gleichen Strecke, auf der Sie nach Landmannalaugar gekommen sind.

4x4 ALTERNATIVEN: ÜBER DIE F225 ODER AUF DER F208 WEITER?

Zunächst fahre ich auf der bekannten Strecke 4,5 km zurück zur Abzweigung „Landmannaleið". Dann geht es auf die F225 links ab (Ausschilderung **Landmannahellir**).

Diese Piste ist kürzer als der Rückweg über die F208 (von Landmannalaugar bis zur Straße 26 nur 50 km) und darüber hinaus landschaftlich sehr schön. Dafür ist sie mit Furten gespickt, weshalb ich sie nur 4x4-Piloten empfehle. Wir treffen uns an der Einmündung in die 26 wieder.

Zudem können Sie (ebenfalls **nur mit 4x4-Fahrzeug**) einen Abstecher hinauf zur Hekla machen. Das wäre dann auch eine schöne Alternative zum Wandern. Man sollte sich zuvor aber über die Gefahrenlage informieren!

Plant man einen ganz anderen Tourenverlauf und hat ein geländegängiges Fahrzeug, kann man den nächsten Hochland-Höhepunkt **„Eldgjá"** aufsuchen. Man gelangt dorthin, wenn man der F208 folgt, und zwar in die andere Richtung, als wir sie bereits kennen. Die 30 km bis zur Eldgjá sind mit vielen Furten gespickt, die teils an die 40-50 cm tief sind. Also bitte keine Experimente machen! (siehe auch Seite 285).

Nächstes Ziel ist es, möglichst nah an die mit 1.491 m Höhe majestätisch aus der Ebene ragende **Hekla** zu kommen. Sie ist der aktivste, einer der höchsten, sicher aber der markanteste Vulkan Islands. So nehme ich die 26 und fahre ein gutes Stück nach Süden, bis die F225 links abzweigt. Doch Vorsicht! Die Hekla ist unberechenbar und Stand 2016 der nächste Ausbruch mehr als überfällig. Unbedingt bei den Rangern nachfragen!

4x4 AUSFLUG ZUR HEKLA

Wer also mit diesem Vulkan „auf Tuchfühlung gehen" möchte, fährt ein Stückchen auf der F225. Ein 4x4-Fahrzeug ist zwar bei guten Bedingungen nicht unbedingt zwingend nötig, aber sinnvoll). Wanderlustige können eine der ausgeschilderten Wanderstrecken ausprobieren. Nach etwa 6,9 km zweigt rechts eine Piste in Richtung des Bergmassivs ab. Auf ihr fährt man 7 km, bis ein kleiner Parkplatz mit Blick zum schneebedeckten Gipfel zur Pause einlädt (**GPS** N64 02 24.8 W19 34 47.6).

Den Rest von gut 1000 Höhenmetern/10 km zum Gipfel kann man teils auf dem Fahrweg zu Fuß meistern, was meine Frau und ich angesichts unsicheren Wetters nicht gewagt hatten. Machen Sie sich kundig und hinterlassen bei einem Hof oder im Vulkanzentrum Leirubakki Nachricht, dass Sie zum Gipfel unterwegs sind. Dort erhalten Sie auch Informationen über Zufahrt und Fußweg.

Wenn Sie auf der 26 statt des Hochlandausflugs südwärts fahren (derzeit noch eine lange Schotterpassage, die jedoch asphaltiert werden soll), können Sie das Gasthaus **Leirubakki** besuchen, wo Sie die Ausstellung über den Vulkanismus anschauen, im Restaurant einkehren und auf Anfrage übernachten können.

HELLA -LEIRUBAKKI

Stellplatzart: .... Gaststätte
GPS: N63 59 33.8 W20 00 46.9
Adresse: .... 851 Hella, Leirubakka
Tel.: .... +354 487 8700
mailto: .... leirubakki@leirubakki.is
Homepage: www.leirubakki.is
Zufahrtinfo: Auf der 26 Richtung Hella halten (links ab ausgeschildert).
Kurzbeschreibung: Geschotterter Parkplatz, Restaurant. Übernachtungsmöglichkeit auf dem Grundstück auf Anfrage. WiFi-Zone, Hot Pot.
Sonstiges: Sehenswerte Ausstellung zum Vulkanismus, insbesondere zur Hekla (Bild).

Die fehlenden 31 km bis zur Ringstraße liegen zügig hinter mir und ich biege links ab, nicht ohne immer wieder das mächtige Massiv der Hekla und später die Gletscherkappen des **Eyjafjallajökull** und des **Myrdalsjökull** zu bestaunen. Im Meer lassen sich in Küstennähe schon die **Westmännerinseln** blicken. **Hella** ist interessant, wenn Sie einkaufen oder tanken müssen. Ansonsten bietet der Ort nichts Überwältigendes. Nach weiteren 13 km ist **Hvolsvöllur** erreicht, das architektonisch auch wenig reizvoll ist. Es gibt einen Supermarkt, eine Tankstelle und Restaurants, daneben einen **Hofladen**. Der „Farmers Market" der Erzeugergenossenschaft versteckt sich hinter dem Supermarkt. Südlich des Austurvegur (Ringstr.) finden Sie einen **Zeltplatz**. Die **Tourist-Information** neben der Polizeistation beherbergt das sehenswerte **Sagazentrum**. Bei Bedarf sind Gäste gerne auf dem Parkplatz vor dem Gebäude auch für eine Übernachtung willkommen (**GPS:** N63 45 02.2 W20 13 30.5, Hlíðarvegur 14, 860 Hvolsvöllur).

Ausschnitt aus der Tapete

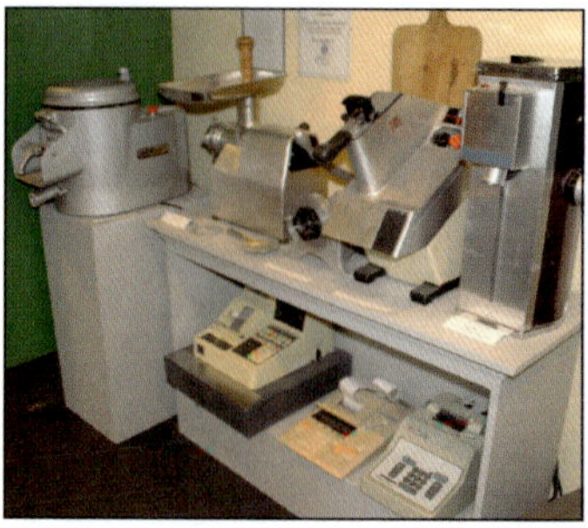

Küchengeräte made in Germany

HVOLSVÖLLUR - TJALDSTÆÐI

Stellplatzart: .... Campingplatz
GPS: N63 45 01.2 W20 14 19.3
Adresse: .... 860 Hvolsvöllur, Hvolsvegur 7
Tel.: .... +354 8668945 oder 4878785
Zufahrtinfo: Gegenüber der Tankstelle/Supermarkt gut ausgeschildert.
Kurzbeschreibung: Wiese/Rasenflächen, durch Baumreihen windgeschützt. Du/WC-Haus mit kleinem Aufenthaltsraum und Waschmaschine (im Campingpreis enthalten). Wäscheleine im Außengelände. Spielplatz, Entsorgungsplatz an der Einfahrt mit Bodenablauf in Aluwanne/Schlauch. **Preis 2016:** Ab 16 J. ISK 1.250 p. P./N., Rentner ISK 800, Dusche ISK 400. Frischwasserschlauch an der Seite des Holzgebäudes, daneben weiterer Sanitärcontainer.
Öffnungszeit: Mai bis September.

DAS SAGA-ZENTRUM IN HVOLSVÖLLUR

Die Ausstellung gibt Einblick in die Njals-Saga und die Wikingerzeit. Es gibt Führungen durch die Ausstellung. Oder man erhält einen Begleittext in der Muttersprache. Die Gestaltung ist modern. Das Saga-Zentrum wird ergänzt um eine Sammlung technischer Geräte, die in Büros, Einkaufsläden oder im Handwerk der Region Dienst getan hatten. In der mittelalterlich gestalteten Halle „Sögskálinn" serviert man Kaffee und Kuchen. Als Besonderheit entsteht unter Mitwirkung Einheimischer (Sie könnten auf Anfrage mitwirken, zahlen einen kleinen Obolus und werden namentlich erwähnt) die längste Textiltapete Islands mit Motiven der Njáls-Saga (90 m lang/50 cm breit). **Info/Öffnungszeiten:** Mitte Mai-Sept. tgl. 9^{00}-18^{00} h, Tel. +354 487 8781, www.njala.is, mailto:njala@njala.is.

Wenn Sie die Schauplätze der Njáls-Saga aufsuchen möchten, können Sie ein gutes Stück in reizvoller Landschaft talaufwärts fahren. Ein Parkplatz nahe der Gedenkstätte Þorstein ermöglicht eine Rast (**GPS** N63 43 14.0 W19 54 35.0). Etwas größer ist der Platz ein kleines Stück weiter am sehenswerten **Gluggafoss** (**GPS** N63 43 10.5 W19 53 34.5).

Blick vom Parkplatz Fljótsdalur zum Eyjafjallajökull

ROUTE 6

Noch ein Stück kann man mit normalen Fahrzeugen ins **Fljótsdalur** fahren. Nahe der Jugendherberge finden Sie einen Wanderparkplatz (**GPS** N63 42 39.4 W19 44 01.1), von wo Sie die Besteigung des Þórolfsfells angehen können.

Wandertipp: Þórolfsfell

Leider konnte ich witterungsbedingt die Wanderung wiederholt nicht machen, so gerne ich die Aussicht vom Gipfel ins Gletschertal **Þórsmörk** und zum **Eyjafjallajökull** genossen hätte. Immerhin gaben die Wolken doch mal kurz den Blick dorthin frei. So muss ich auf Schilderungen meiner Leser zurückgreifen bzw. auf die Empfehlung der Tourist Information Hvolsvöllur. Details zur Wanderung entnehmen Sie bitte dem Rother Wanderführer.

So rolle ich auf der 261 retour zur Abzweigung der Straße 250, die mich zum nächsten Höhepunkt der Reise, dem **Seljalandsfoss** bringt, der über 40 Meter von der Basaltklippe stürzt.

Wer von Hvolsvöllur direkt dorthin fährt, folgt der Ringstraße. Den Wasserfall sieht man von weitem auf der linken Seite und muss nur auf die 249 abbiegen. Vor dem Seljalandsfoss ist ein Picknickplatz (**GPS** N63 36 57.9 W19 59 33.3) mit Tischen/Bänken und WC angelegt. Kurz später finden Sie rechts den modernisierten **Campingplatz Hamrargarðar**, der gerne als Ausgangsstation zu Busfahrten ins Gletschertal Þórsmörk genutzt wird.

Kleine Wanderung zum Seljalandsfoss

ROUTE 6

Vom Campingplatz führt ein Pfad am Fuß des Berges entlang. Zunächst passiert man den Gljúfurárfoss, welcher, anders als der Seljalandsfoss, im Verborgenen in eine Höhle stürzt, die über einen steilen Pfad erreicht wird.

Gönnen Sie sich am Seljalandsfoss den Spaß, hinter dem Wasservorhang hindurch zu gehen - ein herrlicher Anblick. Der Weg ist durch Stufen und Drahtseile gesichert.

Seljalandsfoss im Frühherbst

HVOLSVÖLLUR - HAMRAGARÐAR

Stellplatzart: ....Campingplatz
GPS: N63 37 15.5 W19 59 23.2
Adresse: .... 861 Hvolsvöllur, Þórsmerkurvegur
Tel.: .... +354 867 3535
mailto: ....info@southadventure.is
Homepage: ....www.southadventure.is
Zufahrtinfo: 2 km auf der 249 von der Ringstraße her, dann rechts ab.
Kurzbeschreibung: Zwei Wiesenflächen, gute Ausstattung, Strom ISK 1.000, WiFi Zone, Waschmaschine/Trockner je ISK 500, Dusche ISK 300, kleines Restaurant.
Preis 2016: Ab 13 J. ISK 1.300 (+ Tax), Rentner ISK 1.000.
Öffnungszeit: Mai bis September.
Alternative: Einfacher Platz Tjaldsvæðið Eystra-Seljalandi an der Ringstraße (**GPS** N63 36 10.0 W19 59 17.1, Tel. +354 894 1595).

4x4 AUSFLUG INS GLETSCHERTAL ÞÓRSMÖRK

Ein Geheimtipp für alle, die gerne die raue, von Gletschern geprägte Natur erleben möchten, ist ein Abstecher ins Gletschertal Þórsmörk zu empfehlen. **Die Strecke ist jedoch für nicht geländegängige Fahrzeuge tabu.** Die ersten Furten könnten bei sehr vorsichtiger Fahrt für ein Straßenfahrzeug nach vorheriger Prüfung noch zu durchfahren sein. Bei km 17 aber dürfte (wie es mir wiederholt trotz Allrad ergangen ist) Endstation sein. Dort ist der Abfluss Lónið des Gletschers Eyjafjallajökull.

Haben Sie diese Furt gemeistert, fordert Sie am Ende des Tales die Furt durch die **Krossá** heraus. Die Route führt in einem großen „S“ durch den Fluss. Hier können Sandbänke oder Flussschotter ein Problem bereiten. Wenn man es mit einem entsprechenden Fahrzeug wagt, ist es angeraten, die beste Route den Einheimischen oder einem Hochlandlinienbus „abzuschauen“.

Von Hvolsvöllur bietet die staatliche Busgesellschaft Linienbusfahrten an. Doch weder die Fahrt mit dem eigenen Wagen noch die Busfahrt konnte ich bislang machen - jedes Mal hat mich richtig schlechtes Wetter erwischt, wenn ich dort war. Deshalb mögen Ihnen die Bilder von Günter und Sieglinde Hahn eine kleine Hilfestellung sein, sich für (oder gegen) den Ausflug zu entscheiden.

Im Tal locken mehrere Wandermöglichkeiten, über die man sich in einer der hier vorhandenen Hütten oder in der Tourist-Information Hvolsvöllur eingehend informieren kann und sollte.

ROUTE 6

Foto: Günter und Sieglinde Hahn

Rast am Eyjafjallajökull

Foto: Günter und Sieglinde Hahn

In der Furt der Krossá

Nach was steht Ihnen der Sinn? Ist es eine moosbewachsene, tiefe Schlucht, dann sollten Sie die Stakkholtsjá erwandern (etwa 1,5 km südlich der Hütte Langidalur auf einem Pfad Richtung Süden - Gehzeit 1 1/2 bis 2 Std.).

Wenn eher ein schöner Aussichtspunkt in Ihrem Sinne ist, dann könnte das Réttarfell oder der Valahnúkur ein lohnendes Ziel sein, beide um die 500 m hoch und in jeweils gut einer Stunde pro Richtung zu schaffen. Am faszinierendsten aber dürfte eine etwas größere Wanderung (ca. 5 Std. Gehzeit) zum Tungnakvíslarjökull sein. Der Start der Tour ist in Básar und führt entlang der Krossá, die mehrfach überbrückt ist, manchmal aber auch durchwatet werden muss, bevor man rechts in das Tal Richtung Tungnakvíslarjökull abzweigt.

Und wer sich gleich ganz ausführlich dem Wandern hingeben möchte, der kann hier in die Mehrtagestour Landmannalaugar-Þorsmörk-Skógar in eine der beiden Richtungen einsteigen (nach Skógar ein Tag, nach Landmannalaugar drei Tage (siehe Wandertipp Landmannalaugar).

Zurück an der Ringstraße darf ich Ihnen sehr den nächsten Ausflug ans Herz legen. Wenn Sie es ermöglichen können, nehmen Sie sich wenigstens die Zeit für einen Tagesausflug auf die Westmännerinseln. Ob Sie dies nun mit Ihrem Wohnmobil planen (es gibt zwei Campingplätze dort, sehr schöne Rastplätze und Wandermöglichkeiten) oder als Tagesausflug, hängt wohl einzig vom Wetter und Ihren Zeitplänen ab. Ich probierte es mit Wohnmobil und hatte einen Tag absolutes Wetterglück, nachts Sturm und anderntags Regen - von allem etwas. Und ich kann dazu nur sagen: Es hat sich sehr gelohnt.

AUSFLUG VESTMANNÆYJAR (WESTMÄNNERINSELN)

Die Fähre Herjólfur legt in Landeyjahöfn ab. Buchen Sie rechtzeitig im Vorfeld, wenn Sie mit dem Wohnmobil übersetzen möchten. Es ist auch überlegenswert, das Wohnmobil am Hafen stehen lassen und einen Tagesausflug auf die Inseln zu machen. **Info/Fahrplan:** Eimskip, Tel. +354 481 2800, www.herjolfur.is). Am besten buchen Sie ab Landeyjahöfn die Fähre 8^{30} h und zurück die späte Fähre 20^{30} h. Dann haben Sie einen ganzen Tag zur Verfügung und können vieles zu Fuß erkunden. Setzen Sie ohne Wohnmobil über, können Sie beim Fährhafen auf den **Parkplätzen am Hafen** stehen (**GPS** N63 31 51.5 W20 07 06.2). An der Zufahrt nach Landeyjar gibt es zwei Rastplätze, einer davon gleich an der Abzweigung von der Ringstraße auf die 247 (**GPS** N63 37 18.1 W20 01 53.6), der zweite in etwa auf halber Strecke. (**GPS** N63 34 27.1 W20 03 46.6).

Insel Elliðey - gleich ist Heimæy erreicht

ROUTE 6

Heimæy ist die einzige der Inseln mit einer zusammenhängenden Siedlung. Es wurde 1973 weltbekannt, als sich unerwartet die Erde auftat und Feuer spie. Die Evakuierung von mehr als 5.000 Einwohnern, bei der keiner der Hilfsbedürftigen ums Leben kam, nötigt auch heute noch allen Respekt ab.

Ich parke nach Ankunft der Fähre am Hafen und melde mich bei **Viking Tours** für die nachmittägliche Bootstour rund um die Insel an (**Info/ Fahrpläne:** Tel. +354 488 4884, Tangagötu 7 am Hafen, www.vikingtours.is). Die Aussicht vom Boot aus auf die faszinierende Vulkaninsel ist unvergesslich. Wenn zum Schluss das Saxophon des Kapitäns in einer Lavahöhle erklingt, ist die Fahrt perfekt.

Dann fahre zum **Parkplatz Eldfell** (**GPS** N63 25 56.1 W20 15 23.7) am Fuß des Kraters auf der Fahrt vom Zentrum Richtung Leuchtturm Stórhöði. Sie können den Wagen auch am Hafen stehen lassen und den Rundgang durchs Lavafeld mit der Wanderung verbinden.

Ich steige vom Parkplatz auf steilem Schotterweg in gut 45 Minuten zum Krater, der mich mit seinen Farben überwältigt. Beim Blick vom Krater in die Stadt wird einem bewusst, welches Glück im Unglück die Bevölkerung beim Ausbruch hatte. Wenn Sie am Hafen starten, verlängert sich der Aufstieg durchs Lavafeld um 45 Minuten. Schließen Sie in die Variante den Besuch der von Norwegen gestifteten Stabkirche Skansinn ein. Die Wege sind gut markiert. Der Rückweg ist etwas schneller gemacht, sodass Sie mit etwa 2 1/2 Std. Gehzeit kalkulieren müssen.

In Heimæy sollten Sie drei Museen ins Programm aufnehmen, die mir ein schönes Schlechtwetterprogramm für Tag 2 gaben, aber nicht nur dann interessant sind. An erster Stelle steht die Besichtigung des **Geschichts- und Heimatmuseums**, wobei der angestaubte Begriff hier kaum passt. Unbedingt anschauen sollten Sie den etwa 30 Minuten dauernden Dokumentarfilm über den Ausbruch des Vulkans 1973 und die spektakuläre Evakuierungsaktion. Sie werden auch über die Ausstattung der Häuser und die Lebensbedingungen früherer Jahre staunen. Das **Aquarium** etwa 5 Minuten entfernt im Zentrum gibt Aufschluss über die Tier- und Pflanzenwelt der Inselgruppe. Hier werden elternlose Papageientaucher großgezogen - immer ein Besuchermagnet.

Blick auf Heimæy vom Kraterrand des Eldfell

So interessant, wie die Dokumentation über Heimæy 1973 ist die Entstehung der Insel Surtsey 10 Jahre zuvor bei einem Vulkanausbruch. Thema von Film und Ausstellung im **Surtsey-Zentrum** unterhalb des Aquariums ist die Erforschung des Lebens auf der Vulkaninsel, die streng vor menschlichem Zutritt abgeschirmt wird, um die natürliche Besiedelung durch Tiere und Pflanzen dokumentieren zu können. Nicht zuletzt erfreut sich Heimæy eines guten Angebotes an Restaurants mit regionaler Küche.

C Sie haben sich für die Mitnahme des Wohnmobils entschieden? Etwas außerhalb des Ortes finden Sie den **Campingplatz Herjolfsdalur** (**GPS** N63 26 33.5 W20 17 49.5), in einem herrlichen Talkessel zwischen schroffen Bergflanken gelegen. Diese kann man prima erwandern. Der zweite Platz **Ásthamrar** (**GPS** N63 26 17.3 W20 17 23.5 mit Du/WC, Aufenthaltsraum, WiFi und V/E-Station findet sich zentrumsnah beim Schwimmbad/Sportplatz. **Preis 2016** für beide Plätze: ISK 1.300 p. P. /N., Strom ISK 850.

Ich habe (fast) eine Nacht draußen am **Leuchtturm Stórhöfði** verbracht, um abends den langen Sonnenschein für die Vogelbeobachtung nutzen zu können (**GPS** N63 24 02.6 W20 17 12.6). Doch ich darf gleich sagen - mehr als 1 Wohnmobil findet dort keinen ebenen Platz. Und mich hat nächtens ein Sturm des Feldes verwiesen, sodass ich doch lieber den Campingplatz aufgesucht habe.

Zurück auf der Hauptinsel, geht es auf der Ringstraße ostwärts. Am Fuß der früheren Steilküste auf der Fahrt Richtung Skógar kommen Sie an den **„Rútshellir“** vorbei. Die Höhlen waren einst bewohnt und sollen eine Schmiede beherbergt haben. Die Häuschen wirken wie an die Felswand geklebt.

P Etwas später folgt die **Bauernhof-Gaststätte Gamli Fjósið** (**GPS** N63 32 34.1 W19 41 51.3 Tel. +354 487 7788, www.gamlafjosid.is). Wenn Sie Hunger plagt, sind Sie hier richtig. Nach der Einkehr dürfen Gäste auf Anfrage auf dem Parkplatz im Wohnmobil über Nacht stehen, wie man mir zusicherte.

P Empfehlenswert ist etwas weiter das **Eyjafjallajökull Visitor Centre**, rechts der Straße, das beim Hof Þórvaldseyri in einer früheren Scheune eingerichtet ist (**Parkplatz GPS** N63 32 34.7 W19 40 04.4). Auch hier kann ich den Dokumentarfilm nebst Ausstellung über die Geschichte des wohl bekanntesten Vulkanausbruchs Islands der letzten Jahre nur empfehlen.

Die Ringstraße führt bald zum nächsten eindrucksvollen Wasserfall, dem Skógafoss, wo Sie wieder einen Campingplatz finden und wandern können.

Das versteckte Seljavallalaug

ROUTE 6

Ein kleines Stück weiter auf der Ringstraße, zweigt - ohne Hinweisschild - die 242 links ab und führt nach 3 km (Schotterstraße) auf den Parkplatz für das **Seljavallalaug** (**GPS** N63 33 39.5 W19 37 08.3). Es ist ein wohltemperiertes Bad aus dem Jahr 1923 mit der stattlichen Abmessung 28x10 m und liegt am Fuß des Eyjafjallajökull. Vom Parkplatz aus liegen noch etwa 20 Min Fußweg über Geröll vor Ihnen, bis Ihre Badesachen zum Einsatz kommen können.

Wieder zurück an der Ringstraße, haben Sie dann noch 6,5 km zu fahren, bis links der mächtige **Skógafoss** sichtbar ist. Klar, dass ich den Blinker setze und gleich dorthin möchte.

C

SKÓGAR - TJALDSTÆÐI

Stellplatzart: .... Campingplatz
GPS: N63 31 41.3 W19 30 43.0
Adresse: .... 860 Hvolsvöllur, Hlíð (Skógafoss)
Tel.: .... +354 487 8801
mailto: .... eyjathe@simnet.is
Homepage: .... www.hvolsvollur.is
Zufahrtinfo: Von der Ringstraße links ab ausgeschildert.
Kurzbeschreibung: Wiesenfläche am Fuß des imposanten Wasserfalls. Imbissbude nebenan. Sanitärausstattung einfach, aber in Ordnung, Ver-/Entsorgung an der Zufahrt ist ziemlich vernachlässigt. Strom ISK 600.
Preis 2016: ISK 1.200 p. P./N. **Öffnungszeit:** ca. Juni bis August.

Der **Skógafoss** bietet dem stark frequentierten Platz eine beeindruckende Kulisse. Über 60 m stürzen die Wassermassen über die ehemalige Steilküste. Vielleicht finden Sie die Goldkiste, die der Pionier Þrasi hier in einer Höhle hinter der Wasserwand versteckt haben soll. Wenn nicht, dann genießen Sie einfach das Tosen des herabfallenden Wassers oder bewundern Sie den eleganten Flug der Eissturmvögel, die sich in großer Zahl an der steilen Wand aufhalten und im Sommer hier brüten.

Gegen Abend wird es deutlich ruhiger am Skogarfoss

Wandertipp: Skógafoss - Þórsmörk

Sie können, müssen es aber nicht bei den paar Metern Fußweg zum Wasserfall belassen. Rechts des Wasserfalls steigt ein Fußpfad steil bergan. Etwa in zwei Dritteln der Höhe kann der Wasserfall aus einer anderen Perspektive begutachtet werden.

Geht man weiter hinauf, wird man nach einer halben Stunde Gehzeit einen breiten Bergbach mit einer sehr schönen Kaskade sehen. Der Fluss Skógar kommt aus dem Gebiet **Fimmvörðuháls** (Schauplatz des ersten, kleinen Vulkanausbruchs im Frühjahr 2010). Egal, wie weit Sie den Weg ins Tal verfolgen, Sie können es bis nach Þórsmörk ausdehnen (siehe Wanderliteratur).

DAS VOLKSKUNDEMUSEUM SKÓGAR

Das Museum ist eines der größten in Island, mit einem originalgetreuen Torfhof (Tel. 487-8845, offen 1.5.-15.9., 9-19 Uhr). Dem Museum wurde in den Jahren 2001/02 ein Technikmuseum angegliedert, dessen Exponate die technische Entwicklung der letzten Jahrzehnte und Jahrhunderte aufzeigen. Zum Museum gehört auch eine Cafeteria, in der zur Mittagszeit recht preisgünstig kleinere Gerichte angeboten werden.

Abstecher zur Gletscherzunge Sólheimarjökull

Auf der Weiterfahrt Richtung Osten können Sie schon nach 6,1 km einen Abstecher auf die 221 (Schotter) zum **Sólheimarjökull** einlegen. Vom Parkplatz (**GPS** N63 31 49.3 W19 22 16.3) ist es eher ein größerer Spaziergang denn eine Wanderung zur Gletscherzunge. Sehr schön ist der große Schotterparkplatz unweit der Cafeteria.

ROUTE 6

2 Zur Südspitze Islands - Kap Dyrhólæy

Folgt man der Ringstraße, passiert man den Felsen Petursey. 8 km weiter führt die Straße im Linksbogen hinauf. Hier zweigt die Schotterpiste 218 rechts ab. Das Schild „Dyrhólæy" ist nicht zu übersehen. Die Strecke führt nach 5 km zum südlichsten Punkt Islands - **Kap Dyrhólæy** - ein toller Platz zum Verweilen oder zum Wandern. Ein Parkplatz bietet die Möglichkeit zur Rast. Doch ist der Brutfelsen in der Brutsaison auch zeitweise für Menschen gesperrt - **Natur-/Vogelschutz**!

VÍK Í MÝRDAL - TJALDSTÆÐI

Stellplatzart: Campingplatz
GPS: N63 25 10.1 W18 59 43.9
Adresse: Vík, Klettsvegur
Tel.: +354 487 1345
mailto: sifh@simnet.is
Homepage: noch nicht vorhanden
Zufahrtinfo: In den Ort, am Ende der Gefällstrecke links ab.
Kurzbeschreibung: Der etwas betagte, ortsnahe Campingplatz soll nach wie vor neu gestaltet/modernisiert werden. Doch warten wir ab, das heißt es schon länger. V/E Station an der Zufahrt, Aufenthaltsraum.
Preis 2016: ISK 1.500 p. P./N. Strom ISK 800, Dusche ISK 200.
Öffnungszeit: Juni bis September

Wandertipp Dyrhólæy oder Strandspaziergang?

Östlich der Klippe Dyrhólæy, nahe dem Parkplatz (**GPS** N63 24 13.3 W019 06 15.4), befand sich früher ein Hafen, von dem die Schiffe mittels Krananlage ins Meer gelassen wurden. Die Pfeiler und Widerlager sind auf den Felsen am Parkplatz noch erkennbar. Bei guter Witterung kann man hinabsteigen und den schwarzen, weichen Sandstrand genießen. Doch Vorsicht - achten Sie auf die Brandung, besonders bei Flut, damit Ihnen der Weg nicht abgeschnitten wird! Es gab hier schon mehrfach tödliche Unfälle.

Vor uns erheben sich die dunklen, fast schwarzen Felsen 120 m in die Höhe. Das Felstor ragt weit ins Meer. Es ist Namensgeber der Klippe: Torhügelinsel. Natürlich reizt es, zum Leuchtturm hinaufzusteigen und das Ganze von oben zu betrachten. Vom

Foto: Katja Hünerfeld

Kap Dyrhólæy mit dem markanten Felstor

ROUTE 6

Parkplatz aus führt eine recht ruppige Piste hinauf. Am besten lassen Sie den Wagen unten und wandern hinauf (ca. 30 -45 Min. Aufstieg). Jenseits der Bucht ragen die Felsspitzen **Reynisdrangar** aus dem Wasser. Es sollen Trolle sein, die sich bei Sonnenlicht in Felsen verwandelten. Dahinter verliert sich der Blick im Atlantik. Um dies zu erkunden, gibt es - vor dem neuen **Black Beach Restaurant** - einen passenden Parkplatz (**GPS** N63 24 14.9 W19 02 39.0). Um diesen zu erreichen, bleiben Sie etwas länger auf der Ringstraße und biegen auf die 215/Reynisdrangarvegur ein. Der Parkplatz liegt am Ende der Straße. Vorn hier geht es nur zu Fuß und mit aller Vorsicht wegen der Brandung zum „Black Beach" mit Blick auf Kap Dyrhólæy.

Auch jenseits der Felsnase Reynisdrangar, von **Vík** her, gibt es Wanderparkplätze: Von der Tourist Information fährt man in die Manabraut, dann rechts auf den Schotterweg, an dem zwei Parkplätze liegen (einer beim Gedenkstein für deutsche Fischer - **GPS** N63 24 50.3 W19 01 06.2). Wandermöglichkeit zum Reynisfjall,zurück in den Ort und weiter zur Kirche von Vík, von dort auf den Hausberg Hatta (siehe Rother Wanderführer).

Den Besuch in **Vík**, der südlichsten Siedlung Islands, sollten Sie mit dem Besuch der herrlich gelegenen Kirche auf der Bergkuppe oberhalb des Dorfes verbinden - eine der meistfotografierten Kirchen Islands mit tollen Glasfenstern.

Im Ort können Sie, neben der **Tourist Information** (Vikurbraut 28, Tel. 487-1395, eMail: info@vik.is, geöffnet 15.6.-15.8.), zwei Restaurants/Cafés aufsuchen, um regionale Gerichte zu genießen. Rechts der Ringstraße an der Ortsausfahrt finden Sie bei der Tankstelle einen großen Laden, in dem isländische Wollwaren angeboten werden. Wenn Sie also rechtzeitig vor Ende der Reise einen Islandpullover erstehen möchten? Hier ist die Auswahl groß! In der Tourist Information erhält man auch die nötigen Infos für eine Bootsfahrt durch das große Felsentor draußen im Meer oder für die Wanderung um die Klippe Reynisdrangar. Von Vík aus nehme ich wieder die Ringstraße in östlicher Richtung in Angriff, die am Fuß des **Mýrdalsjökull** entlang führt.

Die schön gelegene Kirche von Vík

ROUTE 6

4x4 ABSTECHER ZUM CAMPINGPLATZ ÞÁKGIL

Haben Sie Lust auf einen Abstecher ins Hinterland, wo eine faszinierende Schlucht und ein atemberaubend schöner Campingplatz im Hochland auf Sie wartet? Für mich ist es einer der schönsten in Island!

Wenn Sie möchten, folgen Sie 5,1 km nach der Wollfabrik in Vík links ab auf die - allerdings stellenweise ziemlich grobe - Schotterpiste 214. Die Piste führt 16,5 km weit hinauf Richtung Mýrdalsjökull, ist stellenweise steil und kurvig, aber nur für robuste Straßenfahrzeuge, am besten aber mit 4x4 machbar. Furten sind keine zu meistern, weshalb ich auch typische isländische Wohnwagengespanne und kleine Miet-PKW angetroffen habe, die offensichtlich keine Probleme hatten. Für größere Fahrzeuge über 3,5 t/6 m Länge würde ich aufgrund der Qualität der Piste eher abraten. Erkundigen Sie sich vor Ort bei Einheimischen oder in der Tourist Information in Vík über die Wetter- und Straßenverhältnisse.

ÞÁKGIL

Stellplatzart: Campingplatz
GPS: N63 31 49.9 W18 53 16.4
Adresse: Straßenende der 214
Tel.: +354 893 4889
mailto: helga@thakgil.is
Homepage: www.thakgil.is
Zufahrtinfo: 5,1 km östlich von Vík auf die 214 abbiegen und 16,5 km auf grober Schotterpiste, teils steil und kurvig, landschaftlich aber sehr schön bis zum Campingplatz folgen.
Kurzbeschreibung: Schotterplatz und topfebene Camping-/Zeltwiese, Stromanschluss, Dusche/WC, Grillplatz in einer natürlichen Höhle, Aufenthaltsraum. Ausguss Camping-WC.
Preis 2016: ISK 1.500 p. P. / N., Strom ISK 500, Dusche ISK 300.
Öffnungszeit: ca. Juni bis Aug.

Der herrliche Platz Þákgil

WANDERN VON ÞÁKGIL AUS

Vom Campingplatz führt eine Fahrspur zum schönen Wasserfall und zum Wasserkraftwerk, das den Strom fürs Wohnmobil produziert. Gehzeit ca. 15 Minuten (einfache Strecke).

Wer etwas weiter wandern will, kann etwa 2,5 km auf der Zufahrtstraße retour wandern (oder fahren). Das Fahrzeug bleibt an der Abzweigung mit dem Hinweisschild zum Campingplatz. Von dort führt eine 4x4-Piste 1,8 km in ein Seitental. An einer (fast) trocken liegenden Furt - bei meiner Recherche war dies so - führt eine alte Jeep-Piste schräg links ins Tal. Nach etwa 40 Minuten Gehzeit (der Pfad folgt in Laufrichtung am rechten Berghang, in Flussrichtung linkes Ufer) gelangt man zum Talschluss. Dort ist der Bach zu furten (auf Steinen gut machbar) und man ist nach wenigen Minuten am herrlichen Wasserfall, der in die Schlucht tost. Achtung! Trittsicherheit auf dem letzten Stück nötig.

ROUTE 6

Achten Sie auf die Steinschlaggefahr. Gehzeit ab Campingplatz und zurück insgesamt etwa 3 Stunden.

Verlängerung bzw. Variante: Wenn man bei der erwähnten, trocken liegenden Furt schräg rechts wandert und die Passhöhe überquert, gelangt man zum Gletscher. Diese Alternative wurde mir von der Besitzerin Helga empfohlen, ich habe die Tour aber nicht ausprobiert.

Ebenso gab mir Helga den Tipp, dass man vom Campingplatz etwa 15 km zum Gletscher wandern kann. Hierzu fragen Sie bitte am Campingplatz nach oder nehmen den Rother Wanderführer zur Hand. Die Tour ist nicht ganz einfach und zudem anstrengend.

GEFAHREN BEI DER FAHRT DURCH DIE SANDEBENEN

Nach der Ortsausfahrt Vík ist eine Warntafel vorbereitet. Die Straße kann bei Gefahr durch Naturkatastrophen mit einer Schranke gesperrt werden. Die **Katla**, der Vulkan unter dem Eisschild des **Mýrdalsjökull,** gilt als einer der gefährlichsten in Island. Sollte es zu einem Ausbruch kommen (man geht aus der Erfahrung früherer Eruptionen davon aus, dass dies nach der Aktivität des Eyjafjallajökull nicht lange auf sich warten lässt) ist nach kurzer Vorwarnzeit mit einem großen Gletscherlauf zu rechnen.

Es bleibt möglicherweise kaum ein Stein auf dem anderen, wenn die schwarzbraune Flutwelle unter der Eiskappe des Gletschers hervorbricht und riesige Mengen Geröll, Schlamm, ja haushohe Eisbrocken zu Tal befördert.

Die zweite Gefahr ist, dass sich gewaltige Sandstürme entwickeln können, wenn die Wetterlage es will. Die Vegetation ist spärlich und es besteht das Risiko, dass Ihr Wagen sandgestrahlt wird, um es etwas krass auszudrücken. Halten Sie sich deshalb über die voraussichtliche Wetterentwicklung informiert und stellen sich auf die Gegebenheiten entsprechend ein.

Die Weiterfahrt auf der Ringstraße führt nun in die erste große Sandebene, den **Mýrdalssandur**. Dieser Passage habe ich einen Hinweis auf die bestehenden Gefahren vorausgeschickt, ohne damit Angst machen zu wollen. Den nötigen Respekt aber schon.

Doch ist es nicht so, dass solche Verhältnisse vorherrschen müssen, wenn Sie gerade da sind. Deshalb möchte ich mich den faszinierenden Eindrücken widmen, die Island auf Lager hat. Auch diese Sanderfläche hat mit ihrer endlosen Weite ihren Reiz, den Sie bei einer Rast auf einem der Picknickplätze entlang der Ringstraße genießen können.

Kaum in der Sandebene **Mýrdalssandur** angekommen, können Sie auf den **Picknickplatz Katla** (**GPS** N63 28 16.6 W18 35 27.9) einschwenken und sich anhand der Infotafeln mit den Gefahren, der Geschichte und den Zusammenhängen der Natur befassen. Es wird versucht, durch gezielte Bepflanzung der Sandstürme Herr zu werden (zumindest, bis der nächste Gletscherlauf oder auch ein massiver Ascheregen alles wieder hinfällig machen könnte).

Der **Picknickplatz Laufskálarvarða (GPS** N63 35 43.6 W18 27 48.3) wird kurz nach der Abzweigung der 209 nach Hrifunes erreicht. Auf dem markanten Hügel stand einst ein Gehöft. Nun steht kein Haus mehr dort, sondern hunderte Steinmännchen. Wenn Sie also möchten - ran an die Arbeit! Steine gibt es genug. Doch denken Sie daran - man soll niemals ein bestehendes Steinmännchen zerstören. Baut man das eigene Steinmännchen, soll es Glück auf Reisen bringen.

1 4x4 4X4-AUSFLUG ELDGJÁ UND LANDMANNALAUGAR

10 km weiter können 4x4-Fahrer auf den nächsten Hochlandausflug abbiegen. Auch wenn Sie ein solches Fahrzeug nicht haben, ist die **Eldgjá** nicht tabu: Hochlandbusse fahren ab **Kirkjubæjarklaustur** über die Vulkanspalte nach **Landmannalaugar**. Abfahrt der Busse ist bei der N1-Tankstelle in Kirkjubæjarklaustur. Dazu später mehr.

Aus der 208 wird nach 16 km die F208. Fortan geht es wesentlich ruppiger zu Werke. So holpern Sie mehr oder weniger langsam, wie es Ihr Fahrzeug zulässt, 27 km bis zur beeindruckend schönen Vulkanspalte. Etwa 5 km zuvor können Sie links den Campingplatz ansteuern - letzte Übernachtungsmöglichkeit, denn die Eldgjá gehört zum Vatnajökull Nationalpark.

C KIRKJUBÆJARSKLAUSTUR - HÓLASKJÓL

Stellplatzart: .... Campingplatz
GPS: N63 54 27.5 W18 36 13.1
Adresse: .... 880 Kirkubæjarsklaustur, Hólaskjól, Flaga 1
Tel.: .... +354 855 5812 oder 855 5813 oder 865 7432
mailto: .... holaskjol@holaskjol.com
Homepage: .... www.eldgja.is
Zufahrtinfo: 19 km nach Beginn der F-Straße links ab ausgeschildert.
Kurzbeschreibung: Schotterplatz für Fahrzeuge, Zeltwiese, einfache Ausstattung. Gästehaus mit Aufenthaltsraum, WC/Geschirrwaschplatz mit Kaltwasser. Kein Stromanschluss, keine V/E-Station. **Preis 2016:** ISK 1.500 p. P. /N., Kinder ISK 500. **Öffnungszeit:** Während Öffnung der F208

ROUTE 6

Die farbenfrohe Vulkanspalte Eldgjá mit dem Gjátindur, einem Wanderziel

Es fehlen noch wenige Kilometer, um die F208 zu verlassen und die Eldgjá anzusteuern (**Parkplatz mit WC, GPS** N63 57 05.6 W18 38 20.0). Auf dem Weg dorthin ist eine doppelte Furt zu meistern, die für gute Geländefahrzeuge kein Problem darstellt - für den Hochlandbus schon gar nicht. Sie können den Wagen an geeigneter Stelle vor der Abzweigung stehen lassen und den Fußweg über die Brücke nehmen. Die Wanderzeit verlängert sich dann um eine gute Stunde je Richtung.

WANDERTIPP: ÖFÆRUFOSS UND GJÁTINDUR

Wenn Sie 1 1/2 Stunden Gehzeit investieren und keine anstrengende Halbtagestour unternehmen möchten, sollten Sie beim Wanderparkplatz über die Brücken gehen und dem markierten Pfad folgen, der auf der vom Parkplatz aus gesehen rechten Seite in die Vulkanspalte führt. Nach etwa 30 Minuten überqueren Sie einen Bachlauf und wenden die Laufrichtung auf den markanten Wasserfall zu. Nach weiteren 15 Minuten stehen Sie dann auf der Aussichtsplattform, die über einen steilen Anstieg erreicht wird. Rückweg auf gleicher Route.

Wer etwas mehr Puste und Zeit hat (bei gutem Wetter mit Fernsicht zu empfehlen), kann nach den Brücken den steilen Anstieg rechts hinauf auf sich nehmen und oberhalb der Abbruchkante weitergehen. Nach 2 Stunden erreichen Sie eine Gabelung. Links führt der Pfad auf dunklem Lavaschotter steil hinab, worauf ich später zurückkomme. Zunächst halten Sie sich geradeaus. Es geht durch eine Senke und später links zum Gipfel, der nach 2 1/2 bis 3 Stunden erreicht wird. Die Aussicht ist überwältigend. Im Blick sind die Hekla, die Gletscher Langjökull,Hofsjökull und Vatnajökull und mit etwas Glück die Eiskappe des Snæfell.

Auf dem Rückweg gehen Sie zur beschriebenen Gabelung auf gleicher Strecke zurück und steigen über die Geröllhalde ab. Das macht riesig Spaß, denn es ist lockeres Vulkanauswurfmaterial, in das man mit jedem Schritt tief einsinkt. Lustig ist es auch, wenn Sie unten angekommen sind uns sich die kratzenden und pieksenden Krümel aus Schuhen und Socken klauben dürfen, bevor es in einer guten Stunde durch die Talsohle zurück zum Wanderparkplatz geht (wenn Sie möchten mit Abstecher zum Öfærufoss) Gehzeit insgesamt etwa 4-5 Stunden.

Wer noch nicht genug Hochland hat, folgt der F208 bis Landmannalaugar. Die Furten unterwegs sind alle ähnlich problemlos, wie diejenige auf dem Weg in die Eldgjá, die Landschaft ausgesprochen abwechslungsreich.

Zurück an der Ringstraße, setze ich die Fahrt Richtung **Kirkjubæajarklaustur** durch das schier endlose, mit dicken Moospolstern bewachsene Lavafeld **Eldhraun** (565 km²) fort, das durch die Laki-Katastrophe 1783/84 entstanden war. Vom **Picknickplatz Fjaðrargljúfur an der 1 (GPS** N63 44 48.4 W18 09 38.4, 2 Picknickbänke) sehen Sie prima die gleichnamige Schlucht auf der anderen Talseite. Bald bietet das gut 5 km entfernte Kirkjubæjarklaustur zwei Campingplätze. An Stellplatzauswahl soll es also hier nicht fehlen.

Die Fahrt zur Schlucht **Fjaðrargljúfur** können 4x4-Fahrer mit einem Hochlandausflug kombinieren. Alternativ können Sie von Kirkjubæjarklaustur mit dem Hochlandbus starten.

DIE LAKI-KATASTROPHE

Nach Erdbeben im Sommer 1782 folgte ein milder Winter, der ein jähes Ende finden sollte. Es begann einer der größten bekannten Vulkanausbrüche. Auf der Hochfläche südwestlich des Lakiberges öffnete sich eine 25 km lange Spalte mit über 100 Vulkanschloten, welche die größte Lavamenge seit Beginn der Geschichtsschreibung ausspieen.

Schlimmer als die Lava waren die giftigen Gase und die Asche, die weite Teile Islands bedeckten. Hierdurch verendeten zahlreiche Tiere und die Menschen hatten Hunger zu leiden. Viele wanderten aus und über 10.000 Menschen fanden den Tod - mehr als ein Viertel der Bevölkerung. Damit nicht genug - die Vulkanasche wurde über den Nordatlantik getragen und verteilte sich bis nach Mitteleuropa. Man geht davon aus, dass die Aschepartikel mit verantwortlich waren für die „kleine Eiszeit". Diese wiederum führte europaweit zu Hungersnöten und sozialen Konflikten. So war der Laki-Ausbruch nicht unerheblich für die französische Revolution.

Stöhnten Menschen in aller Welt über die Folgen des Ausbruchs des Eyjafjallajökull - man geht davon aus, dass die Lakikatastrophe ein Vielfaches dessen gewesen war. Eine ähnliche Eruption hätte heute weitaus schwerere Folgen. Und man sollte nicht vergessen - die Lakispalte gilt als nicht erloschen. Man weiß nur nicht, wann sie wieder ausbricht - vielleicht morgen schon, vielleicht erst in 500 Jahren.

HOCHLANDAUSFLUG: LAKAGIGAR (LAKIKRATER)

Kirkjubæjarklaustur ist der beste Ausgangspunkt, wenn Sie einen Ausflug zur Kraterreihe machen möchten. An der N1-Tankstelle starten die Hochlandbusse in die Vulkanzone. Die Busse machen Halt an der Schlucht Fjadrargljúfur (**Parkplatz mit WC GPS** N63 46 16.1 W18 10 18.7 - bis hier 2x4-Strecke). Der Beginn der Wanderung entlang der Schlucht ist direkt bei der Infotafel am Parkplatz.

Nun geht es auf gut 45 km ruppiger Piste (F206), gespickt mit einigen breiten und teils tiefen Furten, weiter. 4x4-Fahrer werden auf ihre Kosten kommen, doch sollten Sie ein gutes, geländegängiges Fahrzeug haben. Die Route macht insgesamt gut 110 km ab Ringstraße und zurück aus. Wer mit dem eigenen Wagen unterwegs ist, sollte die Nutzung des Campingplatzes in Erwägung ziehen. Die freie Übernachtung ist im Nationalpark Vatnajökull strikt untersagt. **Wichtig:** Es ist zwar keine zwingende Vorschrift, aber die Fahrt zur Lakispalte auf der F206 sollte als Einbahnverkehr verstanden werden.

ROUTE 6

Foto: Katja Hünerfeld

Die Schlucht Fjadrafgljúfur

Eine der Furten an der F2016

Deshalb bitte über die F207 einen Bogen über **Blágíl** in Kauf nehmen, um kniffligen Gegenverkehr zu vermeiden. Und wer im 4x4-Fahrzeug dorthin gefahren ist, kann auch gleich übernachten. Bei der Rangerstation des Nationalparks ist ein Campingplatz eingerichtet.

Hauptziel der Fahrt auf der F206 ist das Informationszentrum Laki (Parkplatz mit WC/Picknickbänken, **GPS** N64 03 45.1 W18 14 40.9). Der empfohlene Rückweg führt auf der F207 zum nächsten sehenswerten Krater **Tjarnargigar** (Parkplatz mit WC, **GPS** N64 02 29.9 W18 18 44.3). Vorbei am Hochland-Campingplatz Blágil (zuvor ist eine recht knifflige Furt zu meistern) geht es dann zurück zur F206, die mit enger und ruppiger Piste und acht Furten wieder retour führt.

NATIONALPARK VATNAJÖKULL - BLÁGÍL

Stellplatzart: .... Campingplatz
GPS: N63 58 01.4 W18 19 19.1
Adresse: .... Blágíl
Tel.: .... +354 842 4358
mailto: .... vjp@vjp.is
Homepage: .... www.vjp.is
Zufahrtinfo: Vom Infocenter Laki links über die Kuppe (sehr steil und ruppig! An der nächsten Abzweigung der Hinweistafel Tjarnargigar folgen. Der Campingplatz liegt gut ausgeschildert nicht weit von der Einmündung in die F206 (rechts abbiegen).
Kurzbeschreibung: Zeltwiese bei der Rangerstation - einfache Ausstattung, aber landschaftlich schön gelegen. **Öffnungszeit:** Nur während der der F206/207 erreichbar ca. Juni-Anfang Sept.).

WANDERTIPP 1: RUNDWEG LAKI UND BESUCHERPFAD

Vom Informationszentrum Laki sollten Sie sich die Zeit für eine 1,5-stündige Wanderung, die den Laki-Gipfel mit herrlicher Aussicht auf die zu beiden Seiten verlaufende Kraterreihe und zum Vatnajökull einschließt. Die mit gelben Holzpflöcken markierte Tour führt vom Parkplatz hinauf und knickt bald steil links hinauf ab. Nach dem ärgsten Anstieg geht es ein paar Minuten weiter, dann öffnet sich die überwältigende Rundumsicht. Hat man die Kraterreihe und die Lavafelder erst einmal im Blick, kann man ein wenig ermessen, welches Inferno die Laki-Katastrophe 1783-84 gewesen war.

Die Laki-Kraterreihe vor der Kulisse des Vatnajökull

Steigt man vom Gipfel aus rechts ab steil Richtung Parkplatz hinunter (gemeint ist der zweite, etwas oberhalb liegende Parkplatz) , sollte man unbedingt die Kraterwelt aus der Nähe anschauen. Das ist möglich, wenn man auf dem Informationspfad um und in einen faszinierenden Krater wandert und erst dann zum Parkplatz zurückkehrt (20 Minuten zusätzliche Gehzeit). In einem Kasten gibt es ein interessantes Faltblatt mit Hintergrundinformationen dazu (13 Stationen).

WANDERTIPP 2: TJARNARGIGUR: IM VULKANKRATER

Vom beschriebenen Parkplatz können Sie auf eine 1 1/2 Std. dauernde, für trittsichere Wanderer problemlose Tour ins Herz eines Vulkankraters unternehmen. Wer mag, kann es auch beim kurzen (Berg-)Spaziergang zum Kratersee belassen (einfacher Weg ca. 10 Minuten).

Die Rundwanderung führt durch bizarre, dick bemooste Lavaformationen am und im Tjarnargigur und zu einer ganzen Reihe sich anschließender, namenloser Krater und im weiten Bogen dann zum Parkplatz zurück. Bitte unbedingt beachten, die Wege nicht zu verlassen - der äußerst empfindlichen Vegetation wegen.

Nun aber auf ins sehenswerte **Kirkjubæjarklaustur**! Zunächst empfehle ich das **Besucherzentrum des Vatnajökull Nationalparks**, das die Tourist Information beherbergt (Klausturvegi 2, Tel. +354 8676942, visitklaustur@visitklaustur.is). Dort sollten Sie den Film über die Laki-Katastrophe nebst Ausstellung anschauen. Zudem erhalten Sie Wander- und Einkehrtipps, aus denen ich die beliebteste Wanderung vom Informationszentrum aus beschreibe. Neben den zwei Campingplätze finden Sie ein Schwimmbad und können die beschriebenen Aktivitäten in Angriff nehmen. Wenn Sie den Hunger im Restaurant stillen möchten - das Sistrakaffi (neben dem Supermarkt) wird von Einheimischen und Touristen gerne aufgesucht. Zwar gibt es auch die obligatorischen Fast-Food Angebote, daneben aber auch heimische Kost. Eine weitere Alternative besteht am Fuß des Sistrafoss im Kaffi Murta, das ebenso auch bei den Einheimischen beliebt ist.

KIRKJUBÆJARKLAUSTUR - KIRKJUBÆ II

Stellplatzart: Campingplatz
GPS: N63 47 32.6 W18 03 00.9
Adresse: Kirkjubæjarklaustur, Kirkjubær II
Tel.: +354 894 4495
mailto: kirkjubaer@simnet.is
Homepage: www.kirkjubaer.com
Zufahrtinfo: Am Kreisverkehr in den Ort fahren, dann auf der linken Seite gut ausgeschildert.
Kurzbeschreibung: Wiesengelände mit Bäumen und Hecken, gut ausgestattet (V/E-Station, Koch-/Aufenthaltsraum. Strom (ISK 900), WiFi, Waschmasch./Trockner (ISK 650/550), **Preis 2016:** ISK 1.300 p. P./N., Rentner ISK 1.000. **Öffnungszeit:** Juni bis September.

ROUTE 6

KIRKJUBÆJARKLAUSTUR - KLEIFAR

Stellplatzart: .... Campingplatz
GPS: N63 48 05.7 W18 03 25.5
Adresse: .... Kirkjubæjarklaustur, an der 203
Tel.: .... +354 487 4675
Zufahrtinfo: Am Kreisverkehr nicht in den Ort, sondern eine Ausfahrt zuvor auf die 203 abbiegen. Am Kirchenboden vorbei (**Parkplatz GPS** N63 47 51.7 W18 02 53.8/Übernachtungsverbot) und noch gut 400 m weiter zum Campingplatz links.
Kurzbeschreibung: Zeltwiese, Ausstattung sehr einfach (WC, Geschirrwaschplatz mit Kaltwasser). Dafür preisgünstiger als Kirkjubaer II: P**reis 2016:** ab 14 J. ISK 750 p. P. / N.). Wenn man die aufgeführte Ausstattung nicht braucht, sicher angenehmere Variante. Landschaftlich schöner gelegen und ruhiger. Einzige Geräuschkulisse ist der nahe Wasserfall, der in den Geländeeinschnitt hinter dem Campingplatz herab plätschert. Man sucht sich einfach einen Platz aus, der Platzwart kommt vorbei und kassiert. **Öffnungszeit:** Juni bis August.

Wandertipp: Rundweg zu den Sehenswürdigkeiten

Ich lasse den Wagen beim Informationszentrum und gehe vorbei an der Schule und den Hotels, bis in Höhe des **Sistrafoss** ein Pfad in Flussrichtung steil rechts hinauf führt. Bei den Sportanlagen können Sie die Skulptur zweier Nonnen bewundern, die eine schwere Last zu tragen hatten - Sie wurden als Hexen verbrannt.

Denkmal für die Nonnen (Hexen?!)

Nach gut 20 Minuten wird der **Sistravatn** erreicht. Vorsicht an der Abbruchkante der früheren Steilküste - Absturzgefahr - aber tolle Sicht! (siehe Foto)! Wenn Sie den Ausblick genossen haben, folgen Sie rechts den mit Holzpflöcken (gelb) markierten Pfad oberhalb des Seeufers.

Ausblick von der Abbruchkante auf Klaustur

Sie erreichen nach einer knappen halben Stunde eine Geländescharte, wo der Wanderpfad steil in die Ebene hinab führt. Von dort geht es in die Talsohle etwas oberhalb des sehenswerten **Kirchenbodens**. Der Parkplatz (**GPS** N63 47 51.7 W18 02 53.8) ist prima als Ausgangspunkt für die Wanderung geeignet. Es handelt sich nicht um einen künstlich angelegten Bodenbelag einer Kirche. Vielmehr entstand die Fläche durch Gletscherschliff und Verwitterung der senkrecht im Boden steckenden Basaltsäulen, die glatt, wie oben abgeschnitten, einem Kirchenboden ähnelnd wirken. In der Tat soll das Naturphänomen einst als solcher genutzt worden sein, als hier im Ort noch das Kloster bestand. Nun überqueren Sie auf einem Trampelpfad die Wiese, die unterhalb des Campingplatzes auf dessen Zufahrt stößt.

Gegenüber der Tourist Information können Sie einen Blick in die moderne Kirche werfen. Sie wurde im Gedenken an den Pfarrer Jón Steingrímsson in Anlehnung an die Form der traditionellen Torfkirche errichtet. Im Kirchenschiff steht ein Modell des historischen Gotteshauses. Jón ging als „Feuerpriester" in die Geschichte ein. Er hatte während der Laki-Katastrophe angesichts der sich heranwälzenden Lava vor versammelter Gemeinde in einer Predigt an die Glaubensstärke appelliert - und der glühende Tod kam vor dem Ort zum Stehen.

Kaum liegt das riesige Lavafeld hinter mir, erwartet mich, ziemlich genau 10 km östlich von Klaustur, der Rastplatz **Dverghamrar**, wo einst ein Gehöft stand. Der unter Naturschutz stehende Platz ist sagenumwoben, wobei der Name auf die in Island allgegenwärtigen Zwergengeschichten erinnert (Infotafel, Picknickbank (**GPS** N63 51 02.0 W17 51 37.0).

Nun steht die Überquerung der Sandebene **Brunasandur** und **Skeiðararsandur** bevor. Zunächst fällt der 90 m hohe Tuffkegel **Orrustuhóll** auf, dessen Seiten gleichmäßig steil sind, die Kuppe des Moosbewuchses in der Sonne schimmert. Die Ebene ist von Wasserläufen und ständiger Veränderung zerfurcht. Auf der Strecke bis Skaftafell interessiert Sie sicher die Entstehung der ausgedehnten Sandwüstenflächen, die bei näherem Hinsehen so topfeben gar nicht sind. Auf der Strecke lädt der Rastplatz **Djupá** mit Picknickbank und Infotafel zum Halt ein (**GPS** N63 56 50.0 W17 38 25.2). Auf der Picknickbank am Bachlauf lässt es sich an Tagen mit stabilem Wetter gut Pause machen. Die früher zugängliche Torfkirche **Núpsstaður** kann man nur noch aus der Ferne betrachten - gesperrtes Privatland.

3 Nationalpark Skaftafell

Skaftafell war eine bedeutende Thingstätte. Die Gehöfte sind angesichts häufiger Vulkanausbrüche, verbunden mit schweren Gletscherläufen, längst verlassen. Doch ist es gelungen, den Fluss teilweise zu bändigen und die Berghänge mit Bäumen zu bepflanzen. Das gibt nicht nur ein schönes Bild ab, sondern auch wesentlich mehr Erosionsschutz.

SKAFTAFELL - TJALDSTÆÐI

Stellplatzart: Campingplatz
GPS: N64 00 57.8 W16 57 59.3
Adresse: Skaftafell, an der 998
Tel.: +354 470 8300,
mailto: skaftafell@vjp.is
Homepage: www.vjp.is
Zufahrtinfo: Vom Picknickplatz Skeiðararsandur etwas weiter fahren, dann links ab auf die 998 (ausgeschildert).
Kurzbeschreibung: Weitläufiger Platz, im Sommer recht stark frequentiert. Angesichts der Besucherzahl kein ruhiger, aber ein gut ausgestatteter und gepflegter Platz. Rezeption im Informationszentrum, dort auch WiFi. **Preis 2016:** Ab 12 J. ISK 1.500 p. P./N., Strom ISK 900, Waschmaschine/Trockner u. Dusche je ISK 500. **Öffnungszeit:** Mai bis September.
Alternative Svinafell Tjaldstæði: GPS N63 58 45.3 W16 51 10.8. Auf der Ringstraße ostwärts, an Tankstelle und Fosshotel vorbei. Etwas weiter liegt der Campingplatz (links ab ausgeschildert). Er ist eine ruhigere Alternative, wenn auch einfacher ausgestattet. (Tel. +354 478 1760, mailto:svinafell@svinafell.is, www.svinafell.is).
Öffnungszeit und Preis: Vergleichbar Skaftafell.

GLETSCHERLÄUFE

Weit oben liegt der Vatnajökull, Europas größter Gletscher. Der Plateaugletscher bedeckt mehrere aktive Vulkane, darunter die **Grímsvötn**, die in kurzen Abständen immer wieder ausbricht. Auch unterm **Öræfajökull** schlummert eine Magmablase, ebenso unter dem **Barðabunga**. Die subglazialen Vulkane haben ein immenses Zerstörungspotenzial. Bei einem Ausbruch unter der Eiskappe werden in kurzer Zeit riesige Mengen Eis geschmolzen. Früher oder später schwimmt das Eis auf und die graubraune Flut nimmt ihren (Gletscher-)Lauf.

Brechen eisbedeckte Vulkane aus, entsteht durch den Kontakt glühender Magma mit dem Eis ein enormer Dampfdruck, durch den die Lava förmlich zu Staub zerfällt. So hat der Ausbruch der Grímsvötn 2011 (ein Jahr nach Eyjafjallajökull) ein Vielfaches an Vulkanasche in bis zu 20 km Höhe ausgestoßen. Die Gegend bis Kirkubæjarklaustur wurde mit einer dicken Ascheschicht bedeckt. Ich habe mit Augenzeugen gesprochen, die berichteten, dass es binnen Minuten Nacht wurde und man die Hand vor den Augen nicht sehen konnte. Nur, weil die Asche sehr fein war, wurde sie dem Flugverkehr nicht gefährlich. Doch ergibt sie zusammen mit angeschwemmtem Material die trostlose, faszinierend dunkle Sanderfläche.

Der im Norden des Vatnajökull gelegene Vulkan Barðabunga wiederum hatte 2014 für Furore gesorgt. Sein Ausbruch bildete eines der größten Lavafelder Islands, das wir schon von der Askjá her besucht hatten.

Sie mögen sich an den gewaltigen Gletscherlauf im November 1996 erinnern, als fast 10 km Ringstraße zerstört wurden. Hausgroße Eisschollen, gewaltige Gesteinsbrocken und Schlammmassen jagten zu Tal und überschwemmten die Ebene. Die Dämme wurden weggespült wie nichts. Der **Picknickplatz Skeiðararsandur** (**GPS** N63 59 05.4 W16 57 35.9) kurz vor **Skaftafell** lässt die Wucht der Flut erahnen. Die Stahlträger der Brücke wurden verformt, als seien Sie aus Wachs - siehe Foto.

Nach der Flut reparierte man Brücken und Straße. Die Skeiðará sollte mit Steinwällen in die richtigen Bahnen und unter der längsten Brücke Islands hindurch gelenkt werden. Der Fluss hat sich darauf bestens eingestellt - bei einer der nächsten, kleineren Fluten hat er den Planern ein Schnippchen geschlagen und suchte sich ein neues Flussbett. Nun fließt die Skeiðará unter der nächsten, kleineren Brücke hindurch.

Nachdem die Stellplatzfrage geklärt ist, kommen wir zum beliebten Reiseziel im Vatnajökull Nationalpark. Grund für die Anziehungskraft ist das oft milde, beständige Wetter. Durch die hohen Berge weht häufig ein wärmender Föhnwind. Dies erstaunt angesichts der Gletscherkappe des Vatnajökull.

Die Ringstraße knickt markant nach Südosten ab. Links ab ist das **Skaftafell Visitor Center** nebst Campingplatz ausgeschildert. Ob Sie das milde Wetter genießen oder die Wanderstiefel schnüren - hier ist Ihrer Fantasie keine Grenze gesetzt. Ich entscheide mich für eine geführte **Gletschertour**. Bedenken Sie: Auf dem Eis kann es empfindlich kalt werden - der „Kühlschrank" oberhalb hat seine Wirkung. Die Bergführerin Gísa von **Icelandic Mountain Guides** (Tel. +354 587 9999, www.mountainguides.is) machte ihre Sache prima und führte die Gruppe professionell auf den weit herabreichenden **Svínafellsjökull**. Alle sind begeistert, mit dem Gletscher auf Tuchfühlung zu gehen. Die geliehenen Steigeisen sorgen für sicheren Halt. Dazu kommen fachkundige Erklärungen über und Wissenswertes zu Gletscherspalten und -mühlen, Eisskulpturen, Gletscherschmelze, Ascheeinlagerungen und vielem mehr. Wenn Sie Zeit und Geld investieren - die Tour ist ein Erlebnis. Ein zweiter Anbieter erwartet Sie am Parkplatz (www.glacierguides.is, mailto:info@glacierguides.is, Tel. +354 659 7000).

Zudem bietet das **Informationszentrum des Vatnajökull Nationalparks** (familiengerechte) Touren zum Gletscher, die mit Wissenswertem gespickt sind. Fragen Sie im Infocenter nach. **Öffnungszeiten/Info:** Mai u. Sept 9^{00}-19^{00} h, Juni-Aug. 8^{00}-21^{00} h, März/April/Okt. 10^{00}-17^{00} h, Nov.-Feb. 11^{00}-15^{00} h. Tel. +354 470 8300, mailto:skaftafell@vjp.is, www.vjp.is. Neben einem Café wird ein kleines Basisangebot an Lebensmitteln bereitgehalten. Decken Sie sich am besten zuvor schon in Kirkjubæjarklaustur mit dem Nötigen ein.

Wandern im Skaftafell Nationalpark

Wichtig: Machen Sie keine Experimente und gehen Sie nicht ohne ortskundige Führung (Beratung im Informationszentrum) auf die Gletscherzungen. Wer die Gegebenheiten vor Ort nicht kennt, begibt sich in Lebensgefahr. Bei großen Wandertouren auf die Gipfel (gerne nachgefragt ist die Besteigung des **Hvannadalshjnúkur**), die alpine Erfahrung erfordert - teilen Sie dem Informationszentrum den Routenplan und die voraussichtliche Rückkehrzeit mit. Und melden Sie sich dann auch entsprechend zurück. So ist im Fall der Fälle dafür gesorgt, dass nach Ihnen gesucht wird.

Für den nächsten Tag habe ich eine tolle Wanderung auf dem Programm, die ich aus den Wandervorschlägen des Nationalparks zusammengestellt habe.

Ich stiefle vom Informationszentrum über den Campingplatz und folge dem Schild zum **Svartifoss** (Bild unten). Der Weg ist gut und steigt bis zum Wasserfall 30 Min. mäßig an. Von der Brücke oder vom Aussichtspunkt beim Wasserfall wird schnell klar,

Der Svartifoss (Schwarzer Wasserfall)

weshalb der Wasserfall zu den meistfotografierten Wasserfällen Islands gehört. Er wäre wohl unbekannt, wären da nicht die überhängenden Basaltsäulen, die ihm seine Einzigartigkeit verleihen.

Nun geht es über die Brücke und weitere 15 Minuten zum **Aussichtspunkt Sjónarsker**. Dort befindet sich eine Windrose, die über die Gipfel und Gletscherzungen Aufschluss gibt. Dann kann man in 30 Minuten zum Campingplatz absteigen. Ich aber entscheide mich, die Tour angesichts herrlichen Wetters ins **Mjorsárdalur** zu verlängern. Durch den Buschwald wandere ich auf gut begehbarem, an wenigen Stellen etwas sumpfigen und steinigen Weg langsam bergab bis zu einer Brücke über den Gletscherfluss (ca. 40 Minuten).

Auf der anderen Seite folge ich der Fahrspur flussabwärts bis zur nächsten Brücke. Nach der Überquerung verläuft der Weg entlang der Bergkante. Zwischen den Hochwasserschutzwällen sind Sumpfgebiete entstanden, in denen sich Wollgras und Wasser liebende Pflanzen sowie Wasservögel pudelwohl fühlen. Nach einer Dreiviertelstunde bin ich auf dem Campingplatz zurück und kann auf eine herrliche Wanderung und vor allem den Hvannadalshjnúkur zurückblicken. Weitere Routentipps halten das Informationszentrum sowie die empfohlene Wanderliteratur bereit.

P Auf der Fahrt Richtung Osten wird der Raum zwischen Gletscher und Meer eng. Doch bleibt Raum für interessante Ziele. Der erste ist das ehemalige Gehöft **Sandfell**. Bei dem einst begüterten Hof gab es eine Kirche nebst Friedhof. Letzterer ist das einzige, was übrig ist. Dafür gibt es nun einen schönen **Picknickplatz** (**GPS** N63 56 40.3 W16 47 34.2). Dieser ist so schön, dass die Schafe daran Gefallen finden, zum Wohnmobil zu gehen. Kaum drehe ich mich um sind die Wollknäuel mit Beinen am Picknicktisch und wollen meinen Kuchen stibitzen - ein Pfiff zeigt den Biestern aber, wem die Leckerei gehört.

Rastplatz Sandfell: Kaffeepause mit tierisch unterhaltsamem Besuch

Ein weiterer Rastplatz namens **Háadal** (**GPS** N63 55 39.6 W16 47 13.1) folgt wenig später. Knapp 5 km weiter östlich steht ein Hinweis auf das Gehöft **Hof í Öræfi**. Über eine Stichstraße erreichbar, steht eine der wenigen Torfkirchen in Südisland. Sie wurde als letzte Ihrer Art im Land in dieser Bauweise errichtet. Öræfi war noch bis in die 60er Jahre des vorigen Jahrhunderts eine der am schwersten erreichbaren Gegenden Islands. Grund waren der Vatnajökull im Norden, die reißenden Gletscherflüsse östlich und westlich sowie das flache Meer, das den Bau eines Hafens nicht erlaubte. Oft kamen Menschen und Tiere beim Furten der Gletscherflüsse zu Schaden.

Die Ringstraße erreicht nun eine Landspitze. Beim Hof **Fegurhólmsmýri** sollten Sie **tanken**, denn nun gibt es auf eine längere Strecke keine Tankstelle mehr. Die Landschaft zwischen Gletscher und Meer ist bis kurz vor Höfn fast menschenleer. Es ist übrigens auch die niederschlagreichste Region Islands. Nicht umsonst kann sich die dicke Eiskappe des Vatnajökull bilden, denn die Niederschläge fallen oft schon in geringer Höhe als Schnee.

Wenn Sie auf den Kilometerstand achten, sehen Sie 13,4 km nach der kleinen Tankstelle die Abzweigung links zum **Kvíarjökull**. Dort gibt es den nächsten Picknickplatz, den Sie mit einer Wanderung (einfache ca. 45-60 Min. zur Gletscherzunge verbinden können. Diese hatte noch vor wenigen Jahrzehnten fast zum Meer gereicht, sich aber weit zurückgezogen. Dafür ist jetzt Platz für den Picknickplatz, dessen Zufahrt ein Stück der früheren Trasse der Ringstraße ist (**GPS** N63 56 20.9 W16 26 19.0). Reste einer Brücke sind noch erkennbar.

Faszinierende Lichtspiele gibt es während der Wanderung am Kvíarjökull...

ROUTE 6

4 Die Gletscherlagunen Fjallsárlón und Jökulsárlón

Es folgen einige Kilometer abwechslungsreicher Fahrt. Zur Linken schweift der Blick über die Berghänge und zu den Gletscherzungen, die zwischen dunklen Bergen hervorlugen. Sobald die Fjallsá überquert ist, biege ich links ab, um zum Parkplatz **Fjallsárlón** zu fahren.

Dort entstand während meiner Recherche 2016 ein Betongebäude, das künftig ein Restaurant und das Büro beherbergt, bei dem Sie Schlauchboottouren auf der Lagune buchen können (siehe großes Foto am Beginn dieser Route). Die Perspektive aus solch einem Boot, man ist kaum über der Wasserlinie, macht die Eisriesen noch imposanter (**Fjallsárlón Glacier Lagoon Boat Tour - Info:** Tel. +354 666 8006, www.fjallsarlon.is - Parkplatz **GPS** N64 00 59.0 W16 21 55.0).

Ein ähnliches Angebot erwartet Sie ein Stück weiter bei der Gletscherlagune **Jökulsárlón**. Durch die Amphibienfahrzeuge ist es eine attraktive Alternative (Jökulsárlón - www.icelagoon.is, mailto:info@icelagoon.is, Tel. +354 4782222 - Parkplatz/Café **GPS** N64 02 54.1 W16 10 46.9).

Auf beiden Lagunen wurde über Jahre hinweg ohne Probleme die Übernachtung geduldet - **sofern eine Toilette an Bord** ist. Hintergrund: Es gibt (nachts) kein geöffnetes WC. Der Parkplatz sowie die umliegenden Geröllhügel sind auch keines! Bitte nutzen Sie Ihr WC im Wohnmobil und bleiben **nicht ohne Rückfrage über Nacht**! Zwischen den Eisbergen schaukeln, ist ein unvergessliches Erlebnis, ebenso Robben zu entdecken oder die Vögel bei ihren Flugkünsten zu beobachten. Die Bootsfahrt gehört zu den beeindruckendsten Urlaubserinnerungen in Island.

... wie auch beim Spaziergang am oder der Bootstour auf dem Fjlallsárlón

ROUTE 6

Nutzen Sie die Gelegenheit zum Spaziergang am Strand unterhalb der Hängebrücke. Hier sehen Sie, was aus den Eisbergen im Salzwasser wird. Immer wieder liegen große Stücke am Strand, von der Brandung an Land geworfen, und tauen vor sich hin. So entstehen interessante, fantasievolle Gebilde.

Auf der Weiterfahrt Richtung Höfn erwarten Sie bald zwei Picknickplätze, die zur aussichtsreichen Rast einladen. Der erste Platz namens **Fell** (**GPS** N64 06 52.6 W16 05 05.9) liegt rechts der Straße. Hier hat man einen herrlichen Blick auf die Gletscherwelt rund um die soeben besuchten Gletscherlagunen.

Der zweite Platz ist beim Gebirgszug **Skálafell** (**GPS** N64 10 49.5 W15 46 48.1), von wo man ins 2008 angelegte **Naturreservat „Hjallanes“** am Fuß der Gletscherzunge Skálfellsjökull wandern kann (Informationstafel zu den Wanderungen).

Doch auf meinem Plan steht ein Ausflug zur Gletscherzunge des **Fláajökull**, bevor wir uns aus der Nachbarschaft des Gletschers verabschieden.

11 km nach dem Parkplatz Skálafell zweigt links ein Sträßchen zum **Hof Hólmur** ab, bei dem Familien gut aufgehoben sind. Zwar ist man bei den Besitzern nicht ganz schlüssig, ob man Wohnmobile auch über Nacht haben möchte. Am besten fragen Sie einfach nach. Platz ist da. Ungeachtet dessen ist es eine nette Zwischenstation, denn der **Haustierzoo** und das **Restaurant Fjósið**, in dem es hausgemachte Gerichte gibt, wie sie in isländischen Familien gekocht werden, sind einen Ausflug wert (**GPS** N64 16 50.2 W15 29 03.8). **Info/Öffnungszeiten:** Haustierzoo Sommer tgl. 10^{00}-17^{00} h, tagsüber Café. Im Angebot: Hausgemachte Kuchen, Abendessen nach Angebot ab etwa 19^{30} h - bitte reservieren; Tel. +354 478 2063, mailto:holmur@eldhorn.is.

Auf zur Wanderung an die Gletscherzunge des Fjláajökull

AUSFLUG ZUM FLÁAJÖKULL

Nur 200 m nach der Zufahrt Hólmur zweigt links die ruppige Schotterstraße zur Gletscherzunge ab. Ohne größere Steigungen oder Gefälle geht es zum Gletscher - auch für normale Fahrzeuge **bei vorsichtiger Fahrweise** gut machbar. Nach 7,5 km (kalkulieren Sie ca. 15-30 Minuten Fahrt) können Sie den Wagen rechts auf den **Parkplatz Fláajökull (GPS** N64 19 18.4 W15 33 35.2) stellen und die Wanderschuhe schnüren.

Wenn die Rückkehr spät wird, ist dieser Platz durchaus übernachtungstauglich, zumal eine Trocken-Toilette zur Verfügung steht. Solange der Besitzer sich darauf verlassen kann, dass keine Hinterlassenschaften zurückbleiben und kein Camping betrieben wird, gibt es auch kein Problem. **Doch wichtig:** Fragen Sie unbedingt im Hofrestaurant Fjósið nach - dem Besitzer gehört das Land am Fláajökull.

WANDERN ZUM FLÁAJÖKULL

Am Parkplatz startet ein Informationspfad, der sich mit den landschaftlichen Gegebenheiten und mit dem Bau von Schutzwällen gegen die Hochwassergefahr befasst. Man folgt dem mit Steinen eingerahmten Weg über die Endmoräne, geht weiter auf dem aufgeschütteten Damm und erreicht nach etwa 45 Minuten den zweiten Parkplatz.

Vom zweiten Parkplatz (für 2x4 eher nicht oder kaum erreichbar) führt der Weg ein Stück am Ufer retour zur Fußgängerbrücke, die man wippend überquert (Hängebrücke) und weiter schräg links der Markierung folgt. Der Pfad führt am Fuß der Geröllhalden zur Gletscherzunge.

Die Alternative vom zweiten Parkplatz führt ein Stück geradeaus und schwenkt bald nach links auf den Gletscher zu, der nach einer weiteren Dreiviertelstunde erreicht ist. Hat man einen guten Orientierungssinn, kann man schräg links auf unmarkiertem Weg (so heißt es auf der Infotafel, von einem Weg habe ich jedoch nichts gesehen) durch die Moränenhügel retour wandern. Zeit spart man nur, wenn man nicht in einer Sackgasse landet und dann einen Arm der Lagune umwandern muss, wie ich. In der Lagune dümpeln Eisberge umher. Für die Wanderung hin und zurück sind 2 1/2 bis 3 Stunden Gehzeit zu kalkulieren, stets mit Blick auf die zerklüftete Gletscherzunge und die Moränenlandschaft - herrlich!

LAMBLEIKSTAÐIR - LAMBHÚS CAMPING

Stellplatzart: .... Campingplatz
GPS: N64 17 09.5 W15 28 28.1
Adresse: .... 781 Höfn, Lambleikstaðir
Tel.: .... +354 662 1029
mailto: .... info@lambhus.is
Homepage: .... www.lambhus.is
Zufahrtinfo: Etwa 1 km ab Abzweigung Fláajökull von der Ringstraße Richtung Höfn aus links ab ausgeschildert.
Kurzbeschreibung: Campingwiese mit herrlichem Blick auf die Gletscherzungen. Gepflegter Platz mit familiärer Atmosphäre, Strom, Du/WC, Ver-/Entsorgung. **Preis 2016**: ISK 1.000 p. P./N., Strom ISK 800, WiFi inklusive. **Öffnungszeit:** Ende Mai Bis September.

Zurück an der Ringstraße (gleiche Route) ist es wieder nicht weit bis zum **Campingplatz Lambhús**, der landschaftlich ausgesprochen attraktiv gelegen und damit ein gutes Übernachtungsziel ist.

Auf der Weiterfahrt Richtung Höfn darf ich die Empfehlung von Rita, einer netten, älteren deutschen Dame, die zur Familie der Platzbesitzer gehört, zur Einkehr im **Restaurant Brunnhóll** weitergeben. Dieses finden Sie 1 km weiter Richtung Höfn auf der anderen Seite der Ringstraße. Markant ist die hübsche Kirche mit dem eigenartig gedrungenen Türmchen. Ich selbst habe einige Kilometer weiter das **Restaurant Árnanes** aufgesucht (**GPS** N64 18 08.7 W15 12 39.5, Tel. +354 478 1550, www.arnanes.is, mailto:arnanes@arnanes.is). Ich kenne das Restaurant aus einer früheren Rechercherseise noch gerne und schätze die gute Küche. Hier hatten meine Familie und ich vor einigen Jahren eine Reittour gebucht und beim Einsammeln der letzten Schafe aus den umliegenden Wiesen helfen können - ein Heidenspaß! Deshalb gebe ich die Empfehlung, es mir gleich zu tun. Leider steht hier wenig Platz zur Verfügung, um Wohnmobilen nach der Einkehr die Übernachtung zu erlauben. Eine Anfrage lohnt sich immer.

Einfach zum Wohlfühlen: Hoffell

Von Ásmunður, dem Inhaber von Árnanes, erhielt ich den Tipp, mir unbedingt ein Bad im **Hot Pot von Hoffell** zu gönnen. Von der Ringstraße Richtung Höfn folgen Sie der Ausschilderung **Hoffelljökull** links ab und erreichen das Bad nach etwa 4 km. Dort kann man das Wohnmobil auf dem Parkplatz abstellen (**GPS** N64 23 32.3 W15 20 35.6). Den Preis für die Hot-Pots (bei meiner Recherche ISK 300) bitte in die Kassenbox werfen. WC/Dusche sind vorhanden. Die Temperatur der Hot Pots liegt zwischen 29° und 40,7° C. Doch testen Sie es mit der „Fingerprobe". Bei meinem Besuch hatte, während ich mein Badezeug im Wohnmobil holte und mit anderen Badegästen plauderte, ein Schlaumeier den Kaltwasserschlauch ins Becken gelegt und war weggegangen. Von den zuvor 40,7° C waren nur noch knapp 30° C übrig. Schade!

Der Besuch kann mit einer Fahrt oder Wanderung zum **Hoffellsjökull** verbunden werden (Wanderparkplatz am Gletscher (**GPS** N64° 25' 05.1" W15° 23' 51.4).

Nun liegen noch wenige Kilometer bis Höfn vor mir, wo ich auf dem Campingplatz bleibe und den Abend mit der Einkehr in Hafennähe im Kaffi Hórnið (Hafnarbraut 42) verbringe, auch wenn dieses Mal „nur" eine leckere Zwischenmahlzeit nötig war.

HÖFN - TJALDSTÆÐI

Stellplatzart: Campingplatz
GPS: N64 15 30.7 W15 12 15.2
Adresse: 780 Höfn, Hafnarbraut 52
Tel.: +354 478 1606
mailto: camping@simnet.is
Homepage: www.campsite.is
Zufahrtinfo: An der Ortseinfahrt Höfn gleich links (gegenüber N1).
Kurzbeschreibung: Schöner Platz, Wohnmobil-Plätze an der Straße leider etwas laut (Verkehrslärm). Weitere Plätze auf dem Hügel mit Aussicht. Gute Ausstattung, wenn auch bei voller Belegung etwas unterdimensioniert. Im modernen Gebäude gepflegte Sanitäereinrichtungen. V/E-Station an der Einfahrt mit Bodenablauf, WiFi um das Gebäude verfügbar (Extragebühr). **Preis 2016:** Ab 14 J. ISK 1.500 p. P./N., Strom ISK 750, Waschmaschine/Trockner je ISK 800.
Öffnungszeit: Mitte April bis September.

Alternativen sind das Museumscafé beim Pakkhús am Hafen, wo es eine Ausstellung zur Schifffahrt zu bewundern gilt, oder etwas oberhalb das Restaurant Humar.

Leider wurde vor einiger Zeit das Gletschermuseum geschlossen - für meine Begriffe eines der informativsten Museen Islands. Teile wurden in Form einer Ausstellung über Geologie, die Gletscher und Kultur der Region ins **Vatnajökull National Park Visitor Centre Höfn** in der Gamlabuð am Hafen integriert (Heppuvegur 1, Tel. +354 4708330, mailto:hofn@vjp.is). **Öffnungszeiten/Info:** Juni-Aug. tgl. 8^{00}-20^{00} h, Sept. tgl. 11^{00}-18^{00} h, Winter auf Anfrage. Das Infocenter widmet sich zudem intensiv dem Vogelleben. Die Region um den Borgarfjörður ist ein wichtiges Rastgebiet für Zugvögel, die im Frühjahr ankommen und im frühen Herbst ihre Reise gen Süden starten.

Zudem bietet Höfn unweit des Campingplatzes ein neues **Schwimmbad** (moderne Anlage mit Riesenrutsche). Aus dem früheren Schwimmbad wurde eine Steinesammlung (**Huldusteinn Steinasafn**, Hafnarbraut 11, Tel. +354 478 2240, www.huldusteinn.is),

ROUTE 6

Abendstimmung auf dem Campingplatz in Höfn mit Gletscherblick

die originell am und im ehemaligen Schwimmbecken eingerichtet wurde. Es ist also einiges geboten, bevor Sie zur Fahrt durch die abwechslungsreichen Ostfjorde starten.

Die Reise durch die Ostfjorde

Von der Ortsausfahrt geht es zur Ringstraße und dann rechts ab. Bald starte ich auf den ersten Abstecher abseits der Ringstraße. Kurz vor dem Tunnel durch den Almannaskarð weist ein Schild rechts nach **Stokksnes**. So heißt eine kleine Insel vor der Sandbank **Austurfjörur**, welche den **Skarðsfjörður** fast verschließt. Die Schotterpiste endet bei der ehemaligen NATO-Radarstation. Es ist ein Privatgelände, für das eine Zutrittsgebühr verlangt wird. An den vorgelagerten Felsen tummeln sich Seehunde. Bei einer früheren Recherche konnte ich beim Parkplatz **Austurfjörur (GPS** N64 14 25.0 W14 58 15.3) Rentiere beobachten. All dem geben die schroffen, hohen Berge **Klifatindur** und **Kambhorn** eine spektakuläre Kulisse. Der **Campingplatz Viking Stokksnes** am Fuß des Hvalnesfjalls ist vor wenigen Jahren hinzugekommen.

STOKKSNES - VIKING CAFÉ/CAMPING

Stellplatzart: Campingplatz
GPS: N64 15 18.3 W14 59 36.3
Adresse: 781 Höfn, Horni
mailto: vikingcafe.iceland@gmail.com
Homepage: www. vikingcafe-iceland.com
Zufahrtinfo: Vor der Tunneleinfahrt schräg rechts abbiegen. Nach 4 km Schotterstraße liegt das Café mit Campingplatz links (offen Sommer tgl. 9^{00}-21^{00} h.
Kurzbeschreibung: Geschotterter Platz in spektakulärer Bergkulisse.
Preis 2016: Ab 14 J. ISK 1.500 p. P./N., inkl. Zugang zum Robbenfelsen (Austurfjörur) und Stokksnes (Wikingerdorf), Strom ISK 750.
Sonstiges: Wandern zum Filmdorf Stokksnes und Auturfjörur.
Öffnungszeit: Mai bis Sept.

Wetterkapriolen auf der Halbinsel Stokksnes - das ist halt Island.

Zurück an der Ringstraße, durchquere ich den Tunnel unter dem **Almannaskarð** hindurch. Bei schönem Wetter können Sie gleich danach links ab dem Schild zur Passhöhe folgen. Der windexponierte **Aussichtspunkt** (**GPS** N64 17 02.2 W15 02 08.2) bietet eine tolle Aussicht über **Hornafjörður** bis zum Vatnajökull. Den Gletscher werden Sie später kaum noch zu Gesicht bekommen, da er sich meist hinter den Bergflanken versteckt.

Die Ringstraße folgt dem Ufer des **Papafjörður**, dem eine Sandbank vorgelagert ist - Lebensraum für Vögel, vor allem Singschwäne und Eiderenten, aber auch für Robben, die bei Ebbe gerne dort ruhen. Rechts dahinter erhebt sich das **Vesturhorn** (757m). Die Berge sind so hoch, dass das Gehöft Syðri-Fjörður monatelang keine Sonne abbekommt. Es werden zahlreiche Flüsse überquert, bis die **Jökulsá í Lóni** erreicht ist. Diese bringt vom Vatnajökull viel Schwemmmaterial zu Tal, aus dem sich eine Ebene gebildet hat. Meeresströmungen sorgen dafür, dass sich die Nehrung Frörur gebildet hat - Lebensraum für die Tiere, und für uns Menschen fast unerreichbar. Die Jökulsá í Lóni wird auf einer Brücke überquert. Es folgt der Hof **Stafafell** (**GPS** N64 25 08.4 W14 51 25.1, Tel. +354 845 7070, mailto:stafafell@eldhorn.is, www.stafafell.is). Dort werden Wanderungen ins Gebiet **Lónsöræfi** angeboten. Sehenswert ist die Holzkirche mit schönem Altarbild und Kanzel (Schlüssel im Hof). Wenn Sie nachfragen, können Sie beim Gästehaus mit dem Wohnmobil stehen.

4x4 ABSTECHER FÜR 4X4-FAHRZEUGE NACH LÓNSÖRÆFI

Der Gebirgszug, den man schon über die Flussebene der Jökulsá í Lóni sieht, besteht vor allem aus Rhyolith und ist deshalb farbenfroh, ganz ähnlich übrigens, wie in Landmannalaugar und bei Borgafjörður Eystri.

Der einsam und in herrlicher Bergkulisse gelegene, einfache Campingplatz gehört zum Hof Stafafell, weshalb man sich dort anmeldet und die (günstige) Stellplatzgebühr bezahlt. Dann können die Wanderstiefel ausgepackt werden und los geht es in die bunte Bergwelt.

ROUTE 6

Bei einer früheren Recherche war auch Wasser in der Furt

SMIÐJUNES

Stellplatzart: Campingplatz
GPS: N64 26 39.6 W14 57 56.5
Adresse: Lónsöræfi
Tel.: (Stafafell) +354 6996684
mailto: gbo@bhs.is

Zufahrtinfo: Nach der Brücke über die Jökulsá í Lóni links ab. Es folgt ein enges Schottersträßchen mit atemberaubend schönen Abschnitten. Die Piste folgt dem Rand der Flussebene, bis eine Brücke erreicht wird, die nur für Fahrzeuge mit max. 2 t zugelassen ist. Wer mehr auf die Waage bringt, muss furten, wobei der Bach manchmal wasserlos ist.

Über eine Bergnase geht es weiter zu einer Ferienhaussiedlung am Hang. Bald weist ein Schild links zum Campingplatz. Dann zieht die Straße einen weiten Bogen durch den Schotter des Talgrundes und hält auf den Bergrücken zu, der zum Tal flach abfällt. Dort befindet sich das Ziel.

Kurzbeschreibung: Einfacher, landschaftlich atemberaubend schön gelegener Platz. WC, 2 Picknickbänke. Lónsöræfi bezieht seinen Charme aus der landschaftlichen Lage, ist aber für Straßenfahrzeuge kaum erreichbar. **Öffnungszeit:** Ca. Juni bis August.

WANDERTIPP: SMIÐJUNES/HVANNAGIL

Vom Zeltplatz führt ein Pfad zu einer Senke Richtung Jökulsá í Lóni. Leider ist er schlecht erkennbar und nicht markiert. Ist der kleine Sattel erklommen, geht es schräg rechts über die Wiese, vorbei an den Ruinen eines Hofes und von dort im Uhrzeigersinn hinein in die farbenfrohe Schotterwelt des schluchtartigen Flusstales Hvannagíl. Vergessen Sie nicht einen Blick über die Flussebene der Jökulsá hinweg. Auch dort drüben sind die Schutthalten recht bunt, teils auch graublau - herrlich!

Die Wanderung ist übrigens in der empfohlenen Wanderliteratur ausführlich beschrieben. Ich habe nur einen kleinen Teil davon selbst erwandert. War es beim ersten Mal ein bevorstehender Wolkenbruch, zeigte sich Lónsöræfi zuletzt leider ab halber Höhe im Nebelkleid, und einsetzender Nieselregen vermieste mir die Wanderlaune ziemlich.

Sie können Smiðjunes auch von Stafafell zu Fuß erreichen. Start der mit Holzpflöcken markierten, gut 14 km langen Tour ist bei der Kirche. Nach Details fragen Sie bitte beim Hof Stafafell. Die geführten Wanderungen finden von Mitte Mai bis Mitte September täglich etwa 9^{30} h statt, Ende gegen 16^{00} h, Anmeldung unter der genannten Telefonnummer.

Ein herrlich ruhiger Platz, dazu einer der schönsten: Smiðjunes

Nun folgt die Ringstraße der Küstenlinie. Nach einer flachen Ebene wird die Strecke bald wieder eng zwischen Meer und dem steilen Bergrücken des **Reyðartindur** (801 m) eingezwängt. Wenn Sie aufmerksam aufs Meer schauen, entdecken Sie Schwärme von Singschwänen. Die scheuen Tiere setzen sich wie ein weißer Teppich in Bewegung, wenn ein Auto anhält oder gar jemand aussteigt. Draußen erstreckt sich auch hier die Sandbank Fjörur, welche den **Lónsfjörður** vor der Dünung schützt - ein ideales Gebiet eben für die bodenbrütenden Seevögel.

Bald wird das Land weiter und es sind die Össurá und Vikurá zu überqueren, bevor die Straße südöstlich auf die Landspitze **Hvalneshorn** zuhält. Dort steht ein Leuchtturm auf dem Höhenrücken, der über eine Stichstraße erreicht wird. Zwei Parkflächen (**GPS** N64 24 11.8 W14 32 25.6) sind für den Besucherverkehr eingerichtet - ideal für eine Rast mit etwas Abstand zur Ringstraße und toller Aussicht.. Hier ist man mit sich und der Natur alleine, sobald der Ausflugsverkehr vorüber ist.

Die Ringstraße überquert bald die Hvaldalsá und führt am Fuß einer mächtigen Geröllhalde unterhalb des Mælifell weiter, jetzt in nordöstlicher Richtung. Wenn Sie kurz danach dem Schild zu einem Picknickplatz folgen, können Sie den Wagen nach einer steil abfallenden asphaltierten Zufahrt auf der neuen Parkfläche unterhalb der Ringstraße abstellen und die Felsen oder den Sandstrand unter die Lupe nehmen (**GPS** N64 28 40.3 W14 29 26.6). Auch hier gibt es an der Küste Vögel zu beobachten. Wieder sind zahlreich Singschwäne und Eiderenten dabei. In den Felsen brüten Möwen, Eissturmvögel sowie ein paar Tordalken und Papageientaucher.

Die Ringstraße wendet sich In nordwestliche Richtung, um den **Álftafjörður** herum. Dieser gilt als der südlichste der Ostfjorde, obwohl er einem flachen Gewässer gleicht - geschützt von der Sandbank **Starmýrarfjörur**. Aus dem Hinterland gelangt Schwemmsand aus der Gletscherzone herab, was die Verlandung bedingt. Die Feuchtgebiete und Flachwasserzonen sind ein Eldorado für bodenbrütende Vögel. Der Name Álftafjörður zeugt davon, wer am meisten davon profitiert: Die Singschwäne, auf deutsch heißt die Bucht Schwanenfjord.

Vögel in den Felsen am Lónsfjörður

Nach einer Landspitze öffnet sich die Bucht **Krossvík**. Die markante Felsnase mit dem Namen Þangbrandsbryggja ist nach dem norwegischen Missionar Þangbrandur benannt, der 997 nach Island gekommen war. Ich fahre über die Hofsá hinweg, die ihren Ursprung im Gletscher **Hofsjökull** und eine weite Sandebene angeschwemmt hat. Bald wird dann die **Geithellná** überquert, wonach sich die Ringstraße dem Meer nähert und das steil aufragende Bergmassiv umkurvt, das vom Gipfel Hnúta und dahinter vom 1.029 m hohen **Einidalstindur** dominiert wird. Nun wird noch der **Hamarsfjörður** umfahren, bevor sich mit einem weiteren Picknickplatz und der wenig später folgenden Abzweigung der Straße nach **Djúpivogur** die nächste Siedlung ankündigt. Haben Sie Bedarf an einem Übernachtungsplatz, steuern Sie den Campingplatz in Djúpivogur an.

P WC Sollte es Ihnen nach einer Rast am Waldgebiet **Hálsaskógur** sein, biegen Sie kurz vor der Abzweigung nach Djúpivogur links auf den ausgeschilderten **Rastplatz** (**GPS** N64 39 30.7 W14 19 34.1), wo Sie im Wald spazieren gehen können. WC und Picknickbänke befinden sich nahe dem Parkplatz im Wald.

C DJÚPIVOGUR - TJALDSTÆÐI

Stellplatzart: .... Campingnplatz
GPS: N64 39 21.5 W14 17 04.9
Adresse: ....(Rezeption im Hotel Framtið) Vogaland 4, 765 Djúpivogur
Tel.: .... +354 478 8887
mailto: .... framtid@simnet.is
Homepage: .... www.hotelframtid.com
Zufahrtinfo: In den Ort bis zum Hafen und zunächst an der Zufahrt zum Campingplatz vorbeifahren (rechts ab ausgeschildert), um sich beim Hotel Framtið anzumelden.
Kurzbeschreibung: Schöner, ruhiger Platz, eingerahmt durch Basaltfelsen. Sanitärgebäude mit Aufenthaltsraum/Küche, Strom ISK 750, V/E, Waschm./Trockner je ISK 950, Dusche ISK 300. **Preis 2016:** ISK 1.550 + Tax p. P./N, Rentner ISK 900,Keine feste **Öffnungszeit** (im Hotel anfragen).

Das historische Pakkhús in Djúpivogur

Das Fischerdorf liegt auf der Landzunge zwischen Hamarsfjörður und Berufjörður am Fuß des **Búlandstindur** (1.069 m), einem der markantesten und schönsten Berge Islands. Er ragt wie eine Pyramide aus den Fjorden auf. Ihm werden in alten Erzählungen mystische Kräfte zugesprochen. Wenn Ihnen davor nicht bange ist, können Sie ihn besteigen und eine atemberaubende Aussicht genießen - sofern Sie den Berg überhaupt sehen und nicht in einer Nebelsuppe umherfahren, wie ich bei mehreren Recherchen.

Djúpivogur und die draußen im Meer aufragende Insel **Papey** (Fährverbindung ab Djúpivogur) sind alte Siedlungsplätze. Bereits vor der Landnahme sollen irische Mönche ein Kloster auf der Insel unterhalten haben. Seit jeher sind Handel und Fischerei von einem der besten Häfen Islands von Bedeutung. Heute kommt der Tourismus dazu, der zwar in den Kinderschuhen steckt, doch hat der kleine Ort einiges zu bieten. Der Campingplatz ist ein gutes Beispiel, ebenso das Hallenbad und das Museum, dem ein Restaurant angegliedert ist.

MODE UND REGIONALES AUS DEN OSTFJORDEN

Damen (auch die Herren) aufgepasst! Wenn Sie ein besonderes Mitbringsel aus Island haben möchten, besuchen Sie die Werkstatt und den Verkaufsladen von Arfleifð, einer Modedesignerin, die sich bei Herstellung der Modeartikel der Verwendung heimischer Materialien verschrieben hat. Von der Handtasche bis zu schicken Kleidern wird alles aus Rentier- und Schafleder, Fischhaut und Fell, Hörnern und Knochen, Wolle und Federn hergestellt. Und - das sieht alles wirklich ansprechend aus. Sie finden den Laden Verslunin Arfleifð in der Hammersminni 16, Tel (+354) 863 1475, www.arfleifd.is.

Dort erhalten Sie Souvenirs und Schmuck aus Steinen, die vom mystischen Búlandstindur stammen. Vermutlich liegt auch darin das Geheimnis begründet, dass man(n) Damen mit Steinen in Form von Schmuck auf mystische Weise in Verzückung versetzen kann.

In der Langabúð am Hafen, dem historischen Holzhaus aus dem Jahr 1790, finden Sie das Ortsmuseum nebst Cafeteria, in der Sie regionale Gerichte sowie hausgemachte Kuchen erhalten. **Öffnungszeiten/Info:** Mitte Mai-Anfang Oktober So-Do 10^{00}-18^{00} h Fr/Sa 10^{00}-23^{30} h. Gut einkehren können Sie auch im Hotel Framtið, wo sich die Rezeption für den Campingplatz befindet.

Nordwestlich des Zentrums können Sie an der Bucht Gleðivík „Eggin í Gleðivík" - 34 Eier, gestaltet vom Steinmetz Sigurður Guðmundsson. Sie stehen für 34 Vogelarten, die hier in der Umgebnung nisten. Unweit des Ortsmuseums gibt es die Sammlung „Stein und Bein", in der Naturkunst in Form von Steinen und Knochen ausgestellt sind.

Wandern in Djúpivogur

Vom Hotel Framtið aus sind Wanderwege auf die Halbinsel markiert, die angesichts des Vogelreichtums von Ornithologen geschätzt wird.

Wer den Búlandstindur besteigen möchte, startet beim Hof Teigarhorn (schwarz geteertes Haus unterhalb der Ringstraße 3,2 km nach der Einmündung auf die Ringstraße). Es werden beim genannten Hof (gegen Gebühr) auch geführte Touren angeboten, bei denen der Fokus auf Mineralien und Steinen liegt. Es wurden hier schon Quarze, Achate und Zeolithe gefunden, die in einer weiteren Steinesammlung ausgestellt sind.

Die Fahrt auf der Ringstraße um den Berufjörður führt zu dem kleinen Wanderparadies (zahlreiche Wasserfälle) **Fossárdalur** nebst schönem Picknickplatz (**GPS** N64 45 11.8 W14 28 41.9). Die Ringstraße ist bald ein Stück weit auf Schotterbelag zu bewältigen. Doch ist das mit der nötigen Umsicht kein Problem. Schlaglöcher machen die Fahrt etwas abwechslungsreicher...

Wandertipp: Fossárdalur

Die Wanderung können Sie entweder über Stock und Stein auf der diesseitigen Seite der Fossá bis zu den Wasserfällen machen (Achtung an der Felskante!). Oder Sie überqueren den Fluss auf der alten Brücke (für Fahrzeuge gesperrt) und folgen der geschotterten Fahrstraße, die immer wieder schöne Blicke auf die Kaskaden ermöglicht und weit ins Tal hineinführt.

Ich lasse am Fjordende die Abzweigung der **Öxi** (939/Axarvegur) links liegen und folge der Ringstraße. Der gleichnamige Hof war im Jahr 1627 Ziel eines Überfalls algerischer Piraten und wurde in Schutt und Asche gelegt. Man stellt sich die Frage, wie Piraten aus dem warmen Afrika ausgerechnet hierher geraten waren. Doch waren die Wikinger auf ihren Fahrten ja auch nicht zurückhaltend gewesen. Bald ist wieder der Asphalt unter den Rädern.

Die Wasserfälle der Fossá

Beim Hof **Berunes** werden Sie fündig, wenn Sie auf der Suche nach einem schönen Campingplatz im Grünen sind, der zugleich eine Einkehrmöglichkeit bietet.

ABKÜRZUNG ÜBER DIE 939 (ÖXI/AXARVEGUR - FRÜHER F939)

Die vor einigen Jahren neu gebaute Strecke überquert die 532 m hohe Passhöhe und stellt die kürzeste Verbindung hinüber Richtung Egilsstaðir dar. Trotz Schotterbelag erspart Ihnen dies etwa 60 km gegenüber der Ringstraße durchs Breiðdalur. Dies ist interessant und wichtig zu wissen für die Eiligen, die nicht mehr viel Zeit bis zum Fährhafen haben.

Landschaftlich ist die Strecke sehr schön, führt am Fuß des Bergrückens des Kistufell (1.116 m) und an sumpfigen Wiesen mit herrlichem Wollgras vorbei. Der Rückblick auf den Fjord ist herrlich - halten Sie also nochmals an, wenn die Gelegenheit besteht.

DJÚPIVOGUR - BERUNES TJALDSTÆÐI

Stellplatzart: Campingplatz
GPS: N64 41 54.1 W14 15 16.1
Adresse: 765 Djúpivogur, Berunes
Tel.: +354 478 8988
mailto: berunes@hostel.is
Homepage: www.simnet.is/berunes
Zufahrtinfo: An der Ringstraße - nach der Abzweigung der 939 am Berufjörður weiterfahren, dann links ab ausgeschildert.

Kurzbeschreibung: Von Büschen umgebene Campingwiese, Du/WC/Entsorgung, Restaurant (kostenlose WiFi Zone. Regionaltypisches Essen auf Vorbestellung). Toller Blick auf Djúpivogur und den Búlandstindur als Hauptgipfel. **Preis 2016:** ISK 1.500 p. P./N. inkl. Du/WC, Strom ISK 750, Waschm./Trockner. Im Bild der Hof Berunes.
Öffnungszeit: Ca. Mai-Sept.

Blick vom Bergrücken oberhalb Berunes auf Djupivogur

ROUTE 6

Wandern von Berunes aus

Wenn Sie Zeit und Muße haben, zeigt Ihnen die Besitzerfamilie den Einstieg in eine tolle Wanderung auf die Landspitze hinaus. Zunächst folge ich vom Hof aus dem Pfeil am Bach entlang, überquere den Zaun und orientiere mich an der Markierung (Pflöcke mit Stofffetzen), die auf der Anhöhe endet. Nun ist Orientierungssinn nötig. Der Weg führt oberhalb des Felsbandes leicht ansteigend weiter. Am Fuß des ersten Gipfels sind ein paar kleine Bäche zu furten und sumpfige Stellen zu durchstapfen, bis die Felsnase mit herrlicher Aussicht erreicht wird (Bild vorige Seite).

Auf der Weiterfahrt tost bald von weit oben ein Wasserfall über mit Sedimentschichten durchzogene, schwarzbraune Felsen herab. Der Fjord auf der rechten Seite ist mit Inseln und Felsen durchsetzt. Die Halbinsel mit dem **Hrossatindur** (976 m) als Höhepunkt endet mit der Landspitze **Streitishvarf** mit Leuchtturm und Parkplatz (**GPS** N64 43 48.6 W13 59 21.7) unterhalb der Straße. Schenkt man den isländischen Sagen Glauben, soll dort ein Riese wohnen. Eine andere Erzählung berichtet von einem Bauern, der am Berghang oberhalb des Leuchtturms 18 Piraten erschlagen und begraben haben soll. So gefährlich ist das heute nicht mehr, sodass Sie gemächlich und bedenkenlos reisen können.

Die nächste Bucht heißt **Breiðdalsvík**. Sie wird auf einem Damm überquert, zu dessen Flanken sich dunkle Sandflächen erstrecken, besonders bei Ebbe.

Möchten Sie den schönsten Wasserfall der Region sehen? Dann fahren Sie vor dem Damm links auf die 964. Nach einer markanten Rechtskurve zweigt die 966 links ab. Nach 3,3 km

Beljandifoss - der „kleine Goðafoss"

weist in Sichtweite eines rot-weißen Gittermasten ein kleines, Schild „**Beljandi**" rechts ab. So heißt der Wasserfall, den die Einheimischen gerne den „kleinen Goðafoss" nennen.

Wandertipp: Beljandifoss

Ich lasse das Auto am Rand einer kleinen, rechts abzweigenden Schotterpiste stehen und wandere zu Fuß weiter. Zunächst halte ich auf den Fluss zu. Der Fahrweg beschreibt einen Linksbogen und folgt flussaufwärts der **Breiðdalsá**. Nach etwa 25 Minuten ist der Wasserfall an einer Geländestufe schräg rechts zu sehen. Die Ähnlichkeit mit dem Goðafoss ist deutlich. Nur ist der Beljandifoss wesentlich kleiner. Damit man sich dies in Ruhe ansehen kann, ist ein Picknickplatz (**GPS** N64 48 18.0 W14 12 06.3 - mit 4x4-Fahrzeug auch erreichbar) eingerichtet.

Nach einer Pause folge ich dem Fahrweg, der vom Picknickplatz aus über die Wiese verläuft zum Wohnmobil zurück führt. (Gehzeit etwa 45 Minuten auf Fahrwegen).

Jenseits der Bucht liegt der Ort **Breiðdalsvík**, in welchem Sie einen einfachen Campingplatz finden. Man zweigt rechts von der Ringstraße auf die 97 ab, die in den Ort führt. Dort fahren Sie geradewegs auf eine der Attraktionen zu.

WISSENSCHAFTS- U. KULTURZENTRUM BREIÐDALSSETUR

Breiðdalssetur, gelegentlich auch „the Walker Centre" genannt, befindet sich im alten Kaufhaus „Gamla Kaupfélagið.

Die Organisation unterstützt erd- & sprachwissenschaftliche Forschung und Aktivitäten mit Bezug auf Ostisland. Daneben gibt es Ausstellungen über die Kernthemen der Institution: Geologie, Sprachwissenschaften und lokale Geschichte. 2016: Die Geologie Ostislands und der weltberühmte britische Vulkanologe, George P. L. Walker (1926-2005); eine kleine Mineraliensammlung; der Schriftsteller & Sprachwissenschaftler Stefán Einarsson (1897-1972) aus dem Tal Breiðdalur und die Geschichte des Dorfes Breiðdalsvík.

Das Haus ist das wurde Kulturhaus des Ortes und konnte so Anfang der 1990er Jahre durch Bürgerengagement vor dem Abriss bewahrt werden. So soll es als Kulturstätte für die Bürger erhalten bleiben. **Öffnungszeiten und Info:** Sommer tgl. 11⁰⁰-18⁰⁰ h, Tel. +354 470 5560, www.breiddalssetur.is (Eintritt frei).

ROUTE 6

BREIÐDALSVÍK - TJALDSTÆÐI

Stellplatzart: .... Campingplatz
GPS: N64 47 33.7 W14 00 25.7
Adresse: .... 760 Breiðdalsvík, Solvellir 14
Tel.: .... (Hotel Bláfell) +354 475 6660
mailto: .... info@hotelblafell.is
Homepage: .... www.hotelblafell.is
Zufahrtinfo: Im Zentrum beim Gamli Kaupfélagið rechts abbiegen. Nach etwa 70 m nach dem Hotel Bláfell Zufahrt zum Campingplatz links ab.
Kurzbeschreibung: Campingwiese von Hecken umgeben hinter dem Hotel. Einfache Ausstattung (WC/Geschirrwaschplatz). Es wird, wie mir vor Ort gesagt wurde, jedoch zurzeit erörtert, den Platz neu zu gestalten und besser auszustatten. Was dabei herauskommt, war bis Redaktionsschluss dieses Buches nicht zu erfahren. **Preis 2016:** ISK Ab 15 J ISK 1.000 p. P./N., Folgenächte ISK 750,00, Strom ISK 750.
Öffnungszeit: Ca. Mai bis September.

ABKÜRZUNG AUF DER RINGSTRASSE RICHTUNG EGILSSTAÐIR

Wer zeitlich knapp dran ist, verlässt jetzt meine Routenvorschläge und zweigt vor Breiðdalsvík links auf die Ringstraße, um die Breiðdalsheiði Richtung Egilsstaðir/Lagarfljót zu überqueren (großteils Schotterstraße), wo sich unsere Wege wieder treffen werden.

Einen „Mini Market" finden Sie bei der Tankstelle, ebenso ein Schwimmbad. Besonders schön ist die herrliche Fjordlandschaft nebst dem breiten Tal, wie der Ortsname ja sagt. Im **Restaurant Bláfell** neben dem Campingplatz serviert man regionale Küche. Lamm und Rindfleisch kommen von den umliegenden Bauernhöfen, der Fisch von örtlichen Fischern.

Folgt man der 96 weiter, erreicht man nach der Landspitze Hvalnesháls **Stóðvarfjörður**. Auf der anderen Fjordseite liegt der gleichnamige Ort, der wieder einen Halt wert ist. Es gibt einen kleinen, wenn auch einfachen Campingplatz. Die Besonderheit des Ortes ist die Steinesammlung der Petra Maria Sveinsdóttir.

Petra´s Steinesammlung

STÖÐVARFJÖRÐUR - TJALDSTÆÐI

Stellplatzart: .... Campingplatz
GPS: N64 49 56.8 W13 51 42.1
Adresse: .... 755 Stöðvarfjörður, Fjarðarbraut
Tel.: .... +354 470 9000
mailto: .... helga@jardabyggd.is
Homepage: .... www.fjardabyggd.is
Zufahrtinfo: Kurz vor der Ortsausfahrt links oberhalb der Straße.
Kurzbeschreibung: Kleiner Platz mit Picknickbank, der nur durch eine Hecke von der Durchgangsstraße abgetrennt und für Wohnmobile etwas umständlich erreichbar ist. Es finden max. 2 Wohnmobile Platz. Oberhalb WC und Geschirrwaschplatz, also sehr einfach ausgestattet.
Preis 2016: ISK 1.200 (Rentner/Behinderte ISK 650, < 18 J. frei), Strom ISK 750). **Öffnungszeit:** Mitte Mai bis Ende September.

Sehenswertes in Stöðvarfjörður

An erster Stelle steht Petras Steinesammlung (Steinasafn Petru) an der Fjarðarbraut 21. Petra hatte zeitlebens Gefallen am Sammeln schöner Steine und zahllose Stücke nach Hause getragen. 1974 entschloss sie sich, dass die ansehnliche Sammlung öffentlich gemacht werden könnte. Herausgekommen ist eine der weltgrößten Sammlungen von Steinen in privater Hand. Die Ausstellung wird, nachdem Petra verstorben ist, von der Familie weiter gepflegt. Besonders beeindruckend empfand ich den farbenfrohen Garten mit einer überquellenden Farbenpracht der Blumen. Sie finden all dies an der Ortsdurchfahrt von Stöðvarfjörður gegenüber einem eigens angelegten Parkplatz (Fjarðarbraut 21, 755 Stöðvarfjörður). **Öffnungszeiten/Info:** Täglich 9^{00}-18^{00} h, Tel. +354 475 8834, mailto:petrasveins@simnet.is. Man hat sich auch auf die Fahnen geschrieben, das touristische Angebot auszubauen. Dazu gehört eine private Kunstsammlung und eine Galerie im alten Salzhaus, die an der Ortsdurchfahrt zu finden sind (Fjarðarbraut 40/42, Tel. +354 475 8931, meilto:solrun.frid@simnet.is). Diese habe ich allerdings nicht explizit besucht. Weiterhin bietet der Ort ein Schwimmbad.

Dieselbe Preisgestaltung weisen alle Campingplätze der Gemeinde **Fjarðabyggð** auf, die meist schön gelegen und vergleichsweise gut ausgestattet sind. Doch ist nicht dies der Grund, weshalb ich der 96 zunächst weiter bis **Faskruðsfjörður** folge. Der Fjord ist nach einer breiten Landzunge erreicht, deren höchste Erhebung das Kumlarfell ist (900 m). Umso länger zieht sich der Fjord ins Landesinnere, bis die Straße 955 am Fjordende in den Ort und weiter um die Landnase herum führt. Sie finden dort einen Campingplatz, der besser ausgestattet ist, als der vorige. Da es einiges zu besichtigen gilt, empfehle ich das Restaurant Sumarlina am Ortseingang. Dort können Sie gemütlich speisen und auf Anfrage nach der Einkehr auch die Nacht über auf dem Parkplatz bleiben. Das frühere Krankenhaus der Franzosen ist nun Hotel/Restaurant nebst sehenswertem Museum.

FASKRUÐSFJÖRÐUR - TJALDSTÆÐI

Stellplatzart: .... Campingplatz
GPS: N64 56 11.6 W14 02 10.6
Adresse: .... Faskruðsfjörður, Öseyri
Tel.: .... +354 470 9000
Homepage: .... ww.fjardabyggd.is
Zufahrtinfo: Kurz vor der Shell-Tankstelle links ab. Lassen Sie sich vom Navigationssystem nicht (wie ich ...) in die Irre leiten und biegen nicht vor dem See ab - dafür wäre einer Furt wegen 4x4 nötig. Vielleicht sollte ich doch meiner Frau zuhören. Sie ist zuverlässiger, als „Tante Agathe", wie wir unser Navigationssystem getauft haben...
Kurzbeschreibung: Mit Büschen abgegrenzte Stellfläche, Picknickbänke, WC, Spielplatz, Ausguss Campingtoilette, **Preis 2016**: ISK 1.200 (ab 18 J., Rentner ISK 650, Strom ISK 750. **Öffnungszeit:** Mitte Mai bis Ende Sept.

FASKRUÐSFJÖRÐUR - SUMARLÍNA

Stellplatzart: .... Café/Restaurant
GPS: N64 55 53.9 W14 01 22.7
Adresse: .... Faskruðsfjörður, Buðavegur 59 (Chemin de Buðir 59)
Tel.: .... +354 475 1575
mailto: .... sumarlina@simnet.is
Homepage: .... www.sumarlina.is
Zufahrtinfo: Vom Campingplatz wenige Meter weiter in den Ort, dann rechts ab ausgeschildert.
Kurzbeschreibung: Der Parkplatz liegt zwischen Gaststätte und Fjord und bietet eine große, ebene Fläche (auf Anfrage ist Übernachtung nach Einkehr und Stromanschluss möglich). An sonnigen Tagen können Sie auf der Terrasse die Aussicht genießen. Auf der Speisekarte stehen vorwiegend Fisch und Lamm aus der isländischen Küche.
Öffnungszeiten: So-Do 10^{00}-22^{00} h.

Feines Essen im Sumarlina

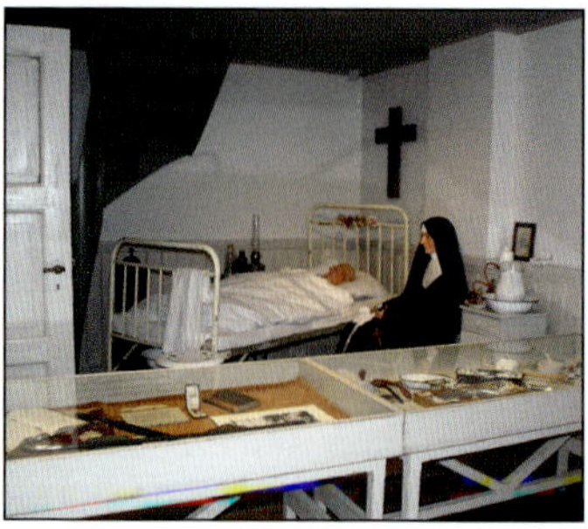
Im Franzosenmuseum

Sehenswertes/Besonderheit in Faskruðsfjörður

Der Name Faskruðdsfjörður bedeutet Franzosenfjord. Grund ist, dass ab dem 19. Jahrhundert bis 1914 französische und belgische Fischer hier tätig waren. Sie hinterließen die Kirche und das Krankenhaus, das wieder aufgebaut und als Hotel weiter betrieben wird. Dem Hotel gegenüber hat das französisch-isländische Museum eine Bleibe gefunden, das Sie unbedingt anschauen sollten (Tel. +354 4709000, mailto:sofn@fjardabyggd.is - gegenüber dem Fosshotel gelegen, offen Juni-September tgl. 10⁰⁰-17⁰⁰ h.).

Häufig finden Sie im ganzen Ort die isländische Flagge neben der Trikolore flattern. Die Straßennamen sind zweisprachig. Etwas oberhalb des Hafens liegt der mit weißem Lattenzaun eingefriedete französische Friedhof, auf dem 49 französische und belgische Fischer ihre letzte Ruhe gefunden haben. Ihre Namen sind auf dem Gedenkstein eingeschlagen, der von einem Kruzifix überragt wird. Sie finden den Platz am Fuß des Fahnenmasten mit der Trikolore nach dem Ortsausgang.

Am Hafen befindet sich eine interessante Fotoausstellung, die sich den Polarlichtern widmet. Originell sind die Fenster gestaltet, die mit Fotofolien beklebt sind und besonders schöne Polarlichter zeigen (geöffnet 15.5.-30.9. tgl. 12⁰⁰-21⁰⁰ h, Hafnargata 7, mailto:auroras@auroras.is, www.auroras.is, Tel. +354 845 3748).

Da die Umrundung der Landspitze auf der Fahrt Richtung **Reyðarfjörður** zeitaufwändig und recht ruppig ist (die frühere Straße 96 - heute 955 - wird seit Tunneleröffnung nicht mehr intensiv gepflegt), nehme ich den Tunnel, um zügig am Ziel zu landen. In „Aluminium-City", wie viele sagen, seit der riesige Industriekomplex weiter draußen am Fjordufer eröffnet wurde, gibt es einen modernisierten Campingplatz. Dieser wurde um eine großzügige Fläche talaufwärts erweitert. Zwar liegen die Wohnmobil-und Caravan-Stellplätze für meinen Geschmack etwas zu nahe an der 92, sind aber hinsichtlich der Bodenbeschaffung (Schotter statt Wiese) positiv zu sehen. Im Ort sollten Sie einen Blick auf oder in die Kirche werfen, in deren Nachbarschaft noch ein paar alte Gebäude zu bewundern sind.

Die Kirche von Reyðarfjörður

ROUTE 6

Für den Einkauf erwähnenswert ist die Bäckerei mit Café ein Stück weiter, in der kräftiges Brot sowie leckeren Kuchen erhältlich sind. Das zugehörige Café gegenüber dem Lebensmittelmarkt lädt zusätzlich zum Verweilen ein.

DAS ISLÄNDISCHE WELTKRIEGSMUSEUM REYÐARFJÖRÐUR

Im Museum können Sie sich mit der Situation während des II. Weltkrieges befassen, als britische und später amerikanische, kanadische und norwegische Soldaten mit über 4.000 Mann (bei einer Einwohnerzahl von 300 Menschen) Stützpunkte in Reyðarfjörður unterhielten. In ganz Island waren es über 25.000 Soldaten. Bereits 1940 hatten die Briten die Insel besetzt. Die Amerikaner errichteten später ein Hospital. In einigen Baracken ist das Museum untergebracht. Dort lernt man kennen, wie die isländische Bevölkerung von den Kriegswirren betroffen war. Es waren isländische (zivile) Fischerboote entweder durch Seeminen oder durch Beschuss seitens der deutschen Marine oder Luftwaffe versenkt worden. Zahlreiche Isländer fanden dabei den Tod.

Es sind auch Wrackteile deutscher Bomber zu sehen, ebenso Ausrüstungsgegenstände der Alliierten. Unter den Soldaten waren die meisten Opfer jedoch nicht durch Feindeinwirkung, sondern durch die Härte des Winters zu beklagen. 8 Briten und ein Kanadier sind auf dem Friedhof des Ortes bestattet. Die Briten waren im Januar 1942 auf dem Weg nach Eskifjörður einem Sturm und dem Regen zum Opfer gefallen.

Das andere, weniger hässliche Gesicht des Krieges wird gezeigt, indem die Kontakte der Soldaten mit der Zivilbevölkerung beschrieben werden. So wurden Kinos und eine Gaststätte eingerichtet, Soldaten spielten mit den Kindern des Dorfes Fußball oder verteilten Süßigkeiten und Obst.

Öffnungszeiten/Info: Im Sommer 10^{00}-17^{00} h, Tel. +354 470 9000, mailto:sofn@fjardabyggd.is, www.fjardabyggd.is.

DIE ALUMINIUMFABRIK IN REYÐARFJÖRÐUR

Reyðarfjörður ist seit Eröffnung des großen Aluminiumwerkes mit eigenem Hafen ein aufstrebender Ort. Egal, wie man dazu steht, die über 1,5 km lange Industrieanlage am Fjordufer sollte man schon mal gesehen haben, um sich einen eigenen Eindruck zu verschaffen.

Es war nicht nur die Aluminiumhütte selbst gewesen, die für kontroverse Diskussionen im In- und Ausland gesorgt hatte. Dazu gehört auch die endlose Hochspannungsleitung durchs Hochland und eine Reihe von Stauseen nebst der Umleitung des Gletscherflusses Jökulsá á Fjöllum in den Lágarfljót, die für einige massive Veränderungen der Landschaft oben wie unten gesorgt haben. Naturgemäß ist die Kritik hier im Osten des Landes eher verhalten. Schließlich wurden über 1.000 Arbeitsplätze geschaffen. Doch auf das Thema komme ich später noch einmal zurück, wenn wir am Lögurinn und am Stausee selbst angekommen sind.

REYÐARFJÖRÐUR - TJALDSTÆÐI

Stellplatzart: Campingplatz
GPS: N65 02 02.0 W14 14 23.1
Adresse: 730 Reyðarfjörður, Kollaleira
Tel.: +354 470 9000
Homepage: www.fjardarbyggd.is
Zufahrtinfo: Vom Tunnel in den Ort, am Ortseingang ausgeschildert.
Kurzbeschreibung: Wiesenfläche mit Picknickbänken, zusätzlich Erweiterungsfläche entlang der 92 (dort etwas laut wegen Straßenlärm) mit Stromanschlussmöglichkeit. Dusche/WC, Ver-/Entsorgung bei der nahen Olis-Tankstelle.
Öffnungszeit: Mitte Mai bis Ende September.

ESKIFJÖRÐUR - TJALDSTÆÐI FJARÐABYGGDAR

Stellplatzart: Campingplatz
GPS: N65 04 40.1 W14 01 52.9
Adresse: 730 Eskifjörður, Strandagata
Tel.: +354 470 9000
Homepage: www.fjardarbyggd.is
Zufahrtinfo: Über den Damm in den Ort, rechts ab und gleich links ab ausgeschildert.
Kurzbeschreibung: Mehrere Stellplatzterrassen mit einer steilen Zufahrt. Einfache Ausstattung, aber schön gelegen. Stromanschluss, WC/Dusche. Gleiche Preisgestaltung wie die anderen Plätze der Gemeinde.
Öffnungszeit: Mitte Mai bis Ende September.

NESKAUPSTAÐUR - TJALDSTÆÐI

Stellplatzart: Campingplatz
GPS: N65 09 02.9 W13 40 40.9
Adresse: 730 Neskaupstadur, Víðimýri
Tel.: +354 470 9000
Homepage: www.fjardabyggd.is
Zufahrtinfo: Durch den Ort, der Ausschilderung Krankenhaus links ab folgen. Nach dem Krankenhaus rechts ab ausgeschildert (steile Zufahrt).
Kurzbeschreibung: Neu angelegter, etwas lieblos wirkender Stellplatz mit Du/WC, Waschmaschine/Trockner, Strom, Ver-/Entsorgung. Tolle Aussicht über den Ort zum Fjord und auf die Bergkette gegenüber.
Öffnungszeit: Mitte Mai bis Ende September.

Abstecher nach Eskifjörður und Neskaupstaður

Sofern Sie noch etwas Zeit haben, können Sie weiter durch die Fjordwelt Ostislands nach Eskifjörður und von dort - künftig durch einen Tunnel - nach Neskaupstaður fahren. Folgt man der 92 fjordauswärts, passiert man den mehr als 1,5 km langen Industriehafen und die Werkshallen der Aluminiumschmelze. Hier in der Natur Islands wirkt solch eine Industrieanlage natürlich wie ein Fremdkörper. In Mitteleuropa würde wohl kaum jemand

Anstoß daran nehmen. Die Straße führt auf einer neuen Trasse zur Landspitze **Hólmaháls**, die unter Naturschutz steht. Der aussichtsreiche Picknickplatz mit Blick auf zwei Fjorde eignet sich für eine Rast (**GPS** N65 02 46.1 W14 00 54.7), bevor es nach **Eskifjörður** weitergeht. Dort finden Sie erneut einen Campingplatz.

An Sehenswürdigkeiten hat der Fischerort nicht viel zu bieten. Der Fischindustrie ist das in einem Holzhaus aus dem 19. Jh. untergebrachte **Maritime Museum** gewidmet. Es befasst sich mit althergebrachten und modernen Fang- und Verarbeitungsmethoden. Thema ist auch der Walfang, den die Norweger nach Island gebracht haben. Geöffnet ist das Museum auch im Sommer nur nachmittags 13⁰⁰-17⁰⁰ h, www.fjardabyggd.is.

Gegen Ortsende zweigt die 92 (Norðfjarðarvegur) steil links hinauf ab und erklimmt in weiten Kehren den Bergrücken. Weit oben, 70 Höhenmeter unterhalb der früheren Trasse, lasse ich mich vom einspurigen Tunnel verschlucken, um auf der anderen Seite steil talwärts (eigentlich müsste man fjordwärts sagen) nach **Neskaupstaður** zu gelangen. Voraussichtlich ab Herbst 2017 wird die Fahrt enfacher. Dann soll der **Norðfjarðargöng**, ein moderner Tunnel, die Passhöhe bequem unterqueren.

Neskaupstaður, ein alter Siedlungsplatz der Landnahmezeit, ist der größte Teilort der Verbandsgemeinde Fjarðabyggd. Oberhalb des Krankenhauses gibt es im Schutz der Lawinenverbauung einen aussichtsreichen Campingplatz. Auch, wenn dieser einen etwas lieblosen Eindruck macht, ist die Ausstattung vollkommen in Ordnung (siehe Campingplatz-Tipps auf der vorigen Seite).

Die sehenswerte, bunte „Hundebucht" (Hundsvík)

Wandertipp: Hundsvík

Sie können am Campingplatz starten oder zum **Wanderparkplatz am Leuchtturm** fahren (**GPS** N65 09 01.7 W13 39 21.6). Von dort steige ich auf den Wanderpfad, der teils auf Holzbohlenstegen entlang der Steilküste hinausführt. Denken Sie angesichts steiler Passagen und feuchter Wiesen an gute Wanderschuhe. Die Wege sind da und dort unklar markiert, aber mit ein wenig Orientierungssinn problemlos. Der Weg wird von fast senkrechten, herrlichen Felsbändern und bunten Blumenwiesen überragt. Nach einer guten halben Stunde führt eine Stahltreppe hinab zu einer markanten Aushöhlung der Klippen - die Hundebucht ist erreicht, wobei der Name etwas verwirrt, denn Hunde dürfen gar nicht mitgeführt werden. Dort gibt es ein paar Versteinerungen zu sehen.

Sehenswertes in Neskaupstaður

Angesichts des schlechten Wetters habe ich darauf verzichtet, noch allzu weit zu gehen und bin auf einen heißen Tee ins Wohnmobil zurückgekehrt. Die anderen am Parkplatz beschriebenen sechs Wanderrouten sind unterschiedlich anspruchsvoll. Prägen Sie sich den Verlauf gut ein, machen ein Handyfoto vom Wanderplan oder nehmen Sie eine Wanderkarte mit.

Sie können im Ort das **Naturhistorische Museum** (offen im Sommer Mo-Fr 13^{00}-17^{00} h) anschauen oder das **Schwimmbad** besuchen, das an der Schule zu finden ist. Dieses hat mir das üble Schmuddelwetter versöhnlicher gemacht.

Die Reise führt nun auf gleicher Strecke bis Reyðarfjörður zurück und weiter auf der 92 Richtung Egilsstaðir. Freunde einsamer, schöner Fjorde können unterwegs noch einen Ausflug an den **Mjóifjörður** einfügen. Nach der Passhöhe zweigt die 953 rechts ab. Die Schotterstraße führt auf die Passhöhe **Mjóarfjarðarheiði**, um auf der anderen Seite in kühnen Kehren und mit herrlichem Blick auf den Fjord wieder auf Meereshöhe zu führen. Die Piste folgt dem linken Fjordufer, bis die Fischersiedlung mit dem netten Kirchlein erreicht ist.

Im Winter ist der Ort ausschließlich mit dem Boot und auch nur bei guten Witterungsverhältnissen erreichbar. Die steile Passhöhe ist meist bis lange in den Frühling unpassierbar.

Als ich den Mjóifjörður Anfang Juni 2013 erstmals besuchte, war die Straße eben erst freigegeben. Ich musste zwischen hohen Schneewänden fahren. Die Gefällstrecke windet sich in Serpentinen abwärts. Unterwegs lohnt sich ein Halt bei den sehenswerten **Kliffbrekkufossar** (**GPS** N65 10 49.5 W14 04 40.5). Am Fjord erwartet Sie ein Rastplatz bei der markanten Rostlaube, die von einem alten Landungsboot aus Kriegszeiten übrig ist (**GPS** N65 11 29.7 W14 00 38.4)..

Wer mag, sucht in der kleinen Siedlung den Campingplatz auf. Oder Sie folgen mir bis an die Landspitze mit dem Leuchtturm **Dalatangi**. Beim dortigen Gehöft (**GPS** N65 16 11.9 W13 34 29.0) erhielt ich wiederholt ein freundliches Kopfnicken, als ich nach der Möglichkeit fragte, eine Nacht auf dem Parkplatz am Leuchtturm verbringen zu dürfen. Grund: Man freute sich ausdrücklich, dass ich nachfragte und wiederum selbst nickte, als ich nach meiner Toilette an Bord gefragt wurde... Doch dahin zu gelangen, ist sicher nicht jedermanns Sache: Nach dem Ort folgt eine schmale Schotterpiste, streckenweise auch recht ruppig. Dafür ist die Sicht überaus schön. Die Steigungen sind teils 18%, der Schotterbelag streckenweise grob. Für Fahrzeuge >3,5t/>6 m Länge rate ich ab.

C

MJÓIFJÖRÐUR - SÓLBREKKA

Stellplatzart: .... Campingplatz
GPS: N65 12 10.2 W13 47 42.1
Adresse: .... An der 953 im Ort Mjóifjörður
Tel.: .... +354 476007 oder 8949014
Homepage: .... www.fjardabyggd.is
Zufahrtinfo: Über die Mjóifjarðarheiði hinweg zum Fjord und weiter fahren bis Brekka. Der Campingplatz liegt links der Straße beim Gästehaus.
Kurzbeschreibung: Sehr einfach. Geschotterter Parkplatz unterhalb des Gästehauses, das zugleich Schule ist, Tankstelle gegenüber. Die Sanitäranlagen können mitbenutzt werden. Da ich Selbstversorger bin, verlangte man nichts, weil keine Ausstattung da sei. Stromanschluss ist vorgesehen. **Öffnungszeit:** Juni bis Mitte Sept.

Helle Nächte im Juni - so lässt sich´s leben: Alter Leuchtturm Dalatangi

Wandern nach Skálanes am Seyðisfjörður

Eine Informationstafel mit Angaben zum Wegverlauf gibt Aufschluss über die Möglichkeit, auf dem steilen Küstenweg Skóllaskarð nach Skálanes und zurück zu wandern (etwa 7 Std. hin und zurück, GPS-Daten sind angegeben). Die Route kann variiert werden nach Austurdalur (Parkplatz siehe Route 1) weitere 1,5 Std. und über den Höhenrücken Dálaskarð zurück nach Dálatangi (wiederum 4 Std. Gehzeit).

Da ich die Tour nicht selbst erwandert habe, gebe ich hier nur die Eckdaten der Infotafel wieder. Informieren Sie sich vor Ort über die Routen und nehmen eine gute Wanderkarte mit, am besten auch ein GPS-Gerät. Bei schlechter Witterung (Nebel, Regen) ist der Weg nicht unkritisch.

Der Weg zurück zur 92 verläuft auf gleicher Route. Ich fahre an der Einmündung rechts ab bis **Egilsstaðir**, wo es Sinn macht, sich schon mal mit Lebensmitteln für die Weiterfahrt oder für die Rückfahrt Richtung Seyðisfjörður zur Norröna einzudecken, den Wagen reisefertig zu waschen, die Gasflasche zurückzugeben und zum Fährhafen zu fahren. Haben Sie noch Zeit oder sind mit einem Mietfahrzeug auf Tour, empfehle ich den folgenden Abstecher.

5 Um den Lögurinn: Hallormstaður und Hengifoss

Sie könnten diese Route jedoch ebenso gut an den Anfang Ihrer Rundfahrt um die Insel nehmen, ja sogar vom Staudamm aus über die F910 ins Hochland starten.

In diesem Fall setzen Sie in **Egilsstaðir**, wo die Ringstraße erreicht ist, den Blinker links und folgen dieser in südwestlicher Richtung bis zur Einmündung der 931. Diese zweigt rechts ab und verläuft durch waldreiches Gebiet auf den **Lögurinn** zu. Der See wird von Natur aus vom Lagarfljót gespeist. Seit der Einleitung der Jökulsá á Fjöllum aus dem Kárahjnúkar-Stausee jedoch hat er eine milchig-braune Einfärbung erhalten. Er ist um die 40 km lang und bis zu 2,5 km breit und damit einer der größten Islands.

Fährt man auf der 931 am Ufer entlang, kann man auf dem Rastplatz rechts der Straße eine Pause einlegen und sich auf der Picknickbank etwas unterhalb im Wald einen Kaffee schmecken lassen. Bald ist **Hallormstaður** erreicht, wo das größte zusammenhängende Waldgebiet Islands zum Wandern einlädt und zwei Campingplätze auf Sie warten.

HALLORMSTAÐUR - HÖFÐAVÍK

Stellplatzart: ..... Campingplatz
GPS: N65 05 59.3 W14 44 31.6
Adresse: ..... An der 931
Tel.: ..... +354 470 2070 oder 849 1461
mailto: ..... hallormsstadur@skogur.is
Homepage: ..... www.skogur.is
Zufahrtinfo: Auf Ringstraße Richtung Höfn zur Abzweigung der 931. Dem Ufer des Lögurinn folgen, bis die Ausschilderung (kurz vor Hallormstaður) rechts auf den Campingplatz weist.
Kurzbeschreibung: Terrassenförmig angelegte Wiesen, WC/Dusche, Ver-/Entsorgung (Kassettenausguss). **Preis 2016:** Ab 14 J. ISK 1.400 p. P./N., Rentner ISK 900, Strom ISK 800.
Sonstiges: Dem gleichen Besitzer gehört der ein Stück nach Hallormstaður folgende, ebenso schön gelegene **Campingplatz Altlavík**.
Öffnungszeit: Juni-September (gleiche Preise)

Wandern in Hallormstaður

Es ist eine Reihe schöner Wanderrouten markiert, die bei der ehemaligen Schule (Gästehaus) bergauf führen. Ich habe die blaue Markierung ausgesucht. Zunächst sind die Pflöcke dreifarbig, bis an einer Abzweigung die blauen Pflöcke links ab weitergehen.

Durch abwechslungsreichen Wald mit Informationen zu den Baumarten geht es nun leicht auf und ab bis zum Aussichtspunkt, der einen weiten Blick übers bewaldete Land eröffnet.

Jetzt wendet sich die Laufrichtung den blauen Pflöcken folgend talwärts. Später wird ein kleiner Waldsee (Hólatjoern) links ab ausgeschildert. Es lohnt sich, die wenigen Schritte dorthin zu machen, bevor man der Markierung folgend zum Ausgangspunkt zurückkehrt. Auf dieser Tour bin ich gut 1 1/4 Std. gewandert.

Herbst in Hallormstadur - Feuerwerk der Farben Snæfell im Hintergrund!

Weitere Wanderrouten sind markiert und übrigens in der empfohlenen Wanderliteratur näher beschrieben.

Nach der Wandertour setze ich die Fahrt auf der 931 fort und überquere den See, der im frühen Juni 2013 duch massive Schneeschmelze außergewöhnlich viel Wasser hatte und weite Wiesenflächen überflutete. Mein nächstes Ziel ist der **Hengifoss**. Nach der Brücke geht es links ab, um gleich rechts auf den Picknickplatz einzuschwenken. (**GPS** N65 04 24.1 W14 52 51.8/WC und Picknickbank).

Wandern zum Hengifoss

Der Wasserfall gehört zu den schönsten in Island. Eigentlich ist es eine Reihe von Wasserfällen, bis Sie das eigentliche Ziel vor Augen haben. Der Weg ist unkritisch, aber steil. Dass ich 2013 einen Bergbach zu furten hatte, war der Schneeschmelze zu verdanken - das Brücklein wurde überspült. Bei der letzten Recherche war dagegen alles okay. Nach einer Dreiviertelstunde eröffnet sich der Blick auf den „Streifenwasserfall", der sich durch rote Sedimentstreifen zwischen den Basaltschichten auszeichnet. Auf dem Weg dorthin ist der von Basaltsäulen eingerahmte Litlanesfoss auf halber Strecke erwähnenswert. Für den Rückweg können Sie einige Minuten weniger kalkulieren.

Gehzeit etwa 1 1/4 bis 1 1/2 Stunden.

Der Litlanesfoss auf halbem Weg

Einer der schönsten: Der Hengifoss mit seinen markanten Sedimentstreifen

ROUTE 6

Nach der Wanderung gelange ich ein Stück talaufwärts ins **Fljótsdalur**. Das erste Ziel ist das empfehlenswerten „**Klausturkaffi**" (**GPS** N65 02 28.7 W14 57 07.4). Die Einkehr hier ist für mich immer wieder ein kulinarischer Höhepunkt der Reise. Gerne investiere ich den (recht günstigen) Obolus fürs Lunch-Buffet. Für gut € 21,00 (2016) ließ ich mich mit Rentierfleischbällchen, Lammragout und einem leckeren Fischauflauf als Auswahl verwöhnen, dazu Suppe, Salat und Kaffee. Es geht also in der Tat, gut und günstig in Island essen zu gehen! Für Gäste des Hauses drückt man auf Anfrage gern mal ein Auge zu, wenn freundlich nach der Möglichkeit zur Übernachtung gefragt wird.

Gönnen Sie sich auch einen Blick ins **Museum** im Erdgeschoss, das Aufschluss über die regionale Geschichte und über die frühere Klosteranlage gibt. Deren Ruinen kann man im Freigelände besichtigen. Das Gebäude Skrútuklaustur stammt aus dem Jahr 1939 und ist durch die massive Bauweise mit hell ausgefugten Basaltsteinen eine Besonderheit in Island.

Auf der anderen Seite der Zufahrt befindet sich im modernen Gebäude das **Informationszentrum des Vatnajökull Nationalparks** (**GPS** N65 02 39.1 W14 56 50.9). Dort erwartet Sie eine Ausstellung über die Besonderheiten des Nationalparks. Dieser wurde erheblich erweitert, um die negativen Folgen für die Natur im Hochland durch das Staudammprojektes wenigstens zum Teil auszugleichen. Genannt werden als Folgen die Verschlammung des Sees, die schlechtere Wasserqualität mit Folgen für die Fischbestände und Überschwemmungen des wertvollen Kulturlandes.

Folgt man der Straße bergwärts, wird das **Informationszentrum der Energiegesellschaft Landsvirkjun** erreicht. Dort wird - kaum überraschend - ein günstigeres Bild des Staudammprojekts gezeichnet. Es gibt Fotos zum Bau der Kraftwerke und des Stausees sowie zum Thema regenerative Energie zu sehen.

Das Klausturkaffi erwartet Sie...

... zum Lunchbuffet. Guten Appetit!

FLJÓTSDALUR - FLJÓTSDALGRUND

Stellplatzart: .... Wohnmobil-Stellplatz
GPS: N65 01 34.2 W14 58 18.2
Adresse: .... Fljótsdalur, Vegarði
Tel.: .... +354 865 1683 (Helga)
mailto: .... fljotsdalsgrund@fljotsdalur.is
Homepage: .... www.fljotsdalur.is
Zufahrtinfo: Ab dem Parkplatz Hengifoss 5,4 km weiter talaufwärts fahren, dann rechts ab ausgeschildert.
Kurzbeschreibung: Geschotterter, ebener Platz, Stromanschluss. WC/Dusche des Infocenters sind für die Campinggäste rund um die Uhr nutzbar. Oberhalb liegt das Gästehaus, das die Besitzerin Helga mit viel Liebe eingerichtet hat und auf vorherige Bestellung Frühstück und Abendessen serviert.
Öffnungszeit: Ca. Mai bis Mitte September
Sonstiges: Der Ausguss für die Toilette liegt abseits am Parkplatz unterhalb des Infocenters im Gestrüpp versteckt. Die Frischwasserversorgung liegt außer Reichweite der Entsorgung - soweit in Ordnung. Doch ist sie mit dem Wohnmobil kaum zu erreichen - beides sehr unglücklich gelöst!

Für Wanderbegeisterte habe ich abschließend noch Tipps im **Norðurdalur** wie auch im **Suðurdalur**. Wenn Sie vom Infocenter des Staudammprojektes der Straße 5 km bis zum Ende folgen, erreichen Sie ein interessantes kleines Museum beim Hof Fljótsdalsgrund. Von dort können Sie auf Schusters Rappen hinauf zum Hochlandbad Laugarfell gelangen. Auskunft über die Route, die ich nicht selbst erwandert habe, erhalten Sie beim Museumsbesuch, den Sie übrigens mit einer Einkehr verbinden können. Gekocht wird, wie zu Omas Zeiten in der alten, aber modern ausgestatteten Küche - auch hier ein lohnender Höhepunkt in kulinarischer wie auch kultureller Hinsicht.

Eine, meine letzte Wanderung vor meiner Abreise, gönne ich mir im **Suðurdalur**, muss dazu aber noch ein paar Kilometer fahren. Schräg gegenüber des Vistitor Centers Landsvirkjun folge ich dem Schild ins Suðurdalur. Auf der anderen Talseite geht es rechts ab. Auf der Schotterstraße fährt man bis zum Wanderparkplatz in Sichtweite zum letzten Gehöft (Schild Wandermännchen rechts).

Wandertipp: Strútsfoss

Zunächst wandert man vom Parkplatz (**GPS** N64 55 39.3 W15 03 30.0) zum Fluss und im weiten Bogen um das nahe Gebäude herum. Bleiben Sie immer in Flussrichtung rechts. Die Markierung ist manchmal etwas schlecht zu sehen, weil die Pflöcke in

Tarnfarbe olivgrün mit dunkelroter Spitze nicht eben gut aus der grünen Wiese herausstechen.

Nachdem der Bach auf Steinen überquert ist, führt ein Fahrweg, später ein gut erkennbarer Wanderpfad mäßig steil bergauf. Nach etwa 45 Minuten ist ein Steinmännchen (eigentlich ein Steinmann) erreicht. Nun geht es im Zick-Zack bergauf, bis sich der Blick über den Wasserfall eröffnet, dessen Ähnlichkeit zum Hengifoss deutlich wird (gut 15 Minuten). Gehen Sie vom Aussichtspunkt nicht weiter - die Geröllhänge sind nicht ganz ungefährlich. Der Blick ist auch hier sehr schön. Rückweg gut 50 Minuten. Kalkulieren Sie mit etwa 2 Stunden reiner Gehzeit.

ABSTECHER ZUM KÁRAHNJÚKAR-STAUDAMMPROJEKT

Nun habe ich nun noch einen Tag Reserve, den ich für einen abschließenden Ausflug ins Hochland nutze. Dieser ist auch für Sie machbar, denn die Zufahrt ist (bis auf die letzten 2 km zum Gästehaus) durchweg asphaltiert.

Zwischen Parkplatz Hengifoss und Informationszentrum zweigt die breit ausgebaute 910 ab (Schild: Kárahnjúkar 66 km). Wenn Sie die Serpentinen gemeistert haben, verläuft die Straße mit sanften Kurven und leichtem Auf und Ab 36 km durch die triste Hochlandwüste. Dann folge ich dem Schild „**Laugarfell 2 km**" links (Schotterstraße) und ziehe auf dem Parkplatz vor dem Gästehaus den Zündschlüssel. Wenn Sie die Gebühr investieren (bei meinem Besuch 2016 ISK 1.000 inklusive Nutzung von Dusche/WC und Hot Pot), entspannen Sie in den herrlichen, neu in Stein eingefassten Hot Pots mit etwa 36°/41° C.

Sollte Sie der Hunger oder Durst packen, können Sie im Restaurant einkehren. Die Verwalter des Gästehauses sind Gästen mit Wohnmobilen aufgeschlossen, sofern es nicht die längsten „Dickschiffe" sind. Für diese ist der Parkplatz (auch der Ausweichplatz etwas unterhalb) nämlich schlicht und einfach zu klein- leider!

Das Badeerlebnis wird für mich bei der letzten, herbstlichen Recherchetour Ende September zum absoluten Höhepunkt, wie das Foto zeigt.

Feuerwerk am Himmel: Polarlichter vom Parkplatz Laugarfell aus

Auch hier können Sie noch einmal schöne Wandertouren unternehmen, für die ich mich allerdings nicht entscheiden konnte, weil ich den Hot Pots mit Blick auf die Gletscherkappe des Snæfell den Vorzug gab.

Wer mag, kann 30 km weiter fahren, bis der beeindruckende Stausee erreicht ist. Parken können Sie am Ende der zweiten Staumauer am besten. Von dort sind es nur wenige Schritte, um sich zu überzeugen, welch eindrucksvolle Schlucht die Jökulsá á Fjöllum in das Gelände geschnitten hatte, bis sie schlicht (fast) wasserlos gemacht wurde. Große Teile einer eindrucksvollen Hochlandfläche nebst wichtigen Rast- und Futterplätzen für Gänse und Rentiere sind ein für allemal in den Fluten versunken.

4x4 WEITERFAHRT FÜR 4X4-PILOTEN AUF DER F910

Die Straße verläuft gut ausgebaut noch ein Stück weiter und knickt dann rechts ab. Fortan ist es eine Hochlandpiste, die ein „F" voran gestellt bekommt. Sie ist, wie mir der Verwalter des Laugafell versicherte, zurzeit die unproblematischste Route zur Caldera Askjá. Sofern Sie dorthin noch nicht von Möðrudalur her gefahren sind, ist es eine passable Alternative.

Für mich, sicher auch für viele von Ihnen, liebe Leserinnen und Leser, neigt sich mit der Rückfahrt zum Lögurinn nun endgültig die Reise auf der Insel aus Feuer und Eis ihrem Ende entgegen. Sollte nochmals eine Übernachtung für Sie eingeplant sein, nutzen Sie die Campingplätze in Hallormstaður, Fellabær oder Egilsstaðir. Oder Sie fahren gleich nach Seyðisfjörður (Campingplatztipps siehe Route 1). Nun heißt es, sich rechtzeitig in die Schlange vor der Fähre einzureihen und den Check-In zu erledigen.

Mir bleibt zu hoffen, dass Ihnen meine Routenvorschläge gefallen haben, Sie viele schöne Eindrücke von Island (und von den Färöer Inseln) mitnehmen und noch lange davon zehren werden. In diesem Sinne wünsche ich

„Bless, bless - goða ferð!" Kommen Sie gesund heim!

Letzte Rast in Island: Da wartet sie schon, die Norröna!

Nützliche Infos von A-Z

Die nachfolgenden Tipps und Informationen, das „Kleingedruckte", wurden gewissenhaft zusammengetragen. Doch wird - wie bei allen Angaben in diesem Buch - keine Gewähr für die Richtigkeit und Vollständigkeit übernommen, denn naturgemäß „altern" auch diese Tipps. Dies gilt besonders angesichts der Tatsache, dass in Island (wie zuvor schon auf den Färöer Inseln) die freie Übernachtung verboten wurde. So verzichte ich weitgehend auf die Angabe von Preisen. Wenn doch, dann betreffen diese, wie alle Angaben, den Stand zur Recherche im Sommer 2016. Die Wechselkurse sind schwankend und auf Sicht kaum kalkulierbar. Sie dienen nur der groben Orientierung.

Abwasserentsorgung

Ihr Wohnmobil verfügt über einen fest installierten, ausreichend großen Abwassertank im oder am Fahrzeug? Dann ist die wichtigste Voraussetzung für einen verantwortungsvollen Umgang gegeben und Sie können das Abwasser ordnungsgemäß entleeren. Nicht immer kann die Ablaufleitung des Abwassertanks exakt über den Gully der Entsorgungsstelle rangiert werden (siehe Bild). Deshalb sollte zusätzlich ein Schlauch (mindestens 1-2 m) an Bord sein, der an den Abwasserstutzen angeschlossen wird. So können Sie das Abwasser in den Ausguss der Entsorgungssäule ablassen. Sie können sich auch mit einem Eimer oder einem (deutlich als **Abwasser**kanister gekennzeichneten) Faltkanister behelfen. Bitte sorgen Sie dafür, dass keine Irritationen entstehen, indem Ihr Grauwasser munter über die Parkfläche oder während der Fahrt auf die Fahrbahn plätschert. Erfahrungsgemäß wird dies von Laien oft als Entleeren der Toilette betrachtet und führt zu entsprechender Verärgerung. Auf dieses Thema gehe ich unter „Toiletten" ein. Ver- und Entsorgungsstationen finden Sie in Island und auf den Färöern zwar nicht an jeder Ecke, Sie werden mit meinen Hinweisen dennoch ohne langes Suchen fündig.

Auto fahren

Die Färöer stechen hier absolut positiv hervor. Das Straßennetz ist zwar nicht lang, aber stets gut ausgebaut und soviel wie vollständig asphaltiert.

Die Straßenverhältnisse Islands erfordern, ebenso wie die Beschilderung, einige Hinweise. Die Ringstraße (Straße 1) und die wichtigen Hauptstrecken (erkennbar an zweistelliger Nummer) sind durchweg asphaltiert oder mit meist gut befahrbaren Schotterbelag ausgebaut. Auch Nebenstrecken (3-stellige Nummer) sind in der Regel ganz passabel - Ausnahmen bestätigen jedoch die Regel. Wenn ich davon ausgehe, dass Reisemobile auf einer Strecke Probleme bekommen könnten, gehe ich im Text darauf ein. Dies gilt dann selbstverständlich vor allem für größere Fahrzeuge, die ich ab einer Länge von 6-7 Metern aufwärts und einer Breite über 2,30 m als solche bezeichnen möchte.

Wertvolle Tipps gibt unter www.safetravel.is. Ein Film in englischer Sprache unter www.drive.is ist selbsterklärend, aber doch sehr hilfreich!

INFOS A-Z

Hochlandstrecken/Hochlandbus

Je nach Fahrzeugtyp sollte man die Auswahl der Hochlandstrecken (erkennbar an der Bezeichnung „F" vor der meist dreistelligen Straßennummer) kritisch prüfen. Ein Fahrzeug mit 4x4-Antrieb ist überwiegend vorgeschrieben (Ausschilderung beachten). Fragen Sie bei Einheimischen um Rat, wenn Sie unsicher sind. Die Straßenbauverwaltung gibt unter Tel. 1777 Auskunft oder schauen Sie unter www.road.is im Internet.

Lieber verzichten Sie auf eine Hochlandstrecke, als hängen zu bleiben oder einen Schaden am Fahrzeug davonzutragen. Beachten Sie, ob der Vermieter Ihres Reisemobils die Benutzung auf Hochlandstrecken erlaubt - Sie fahren ansonsten ohne Versicherung durchs Hochland! Auf vielen Strecken, die Sie sich und Ihrem Wagen nicht zumuten können oder möchten, verkehren Hochlandbusse (Bild unten links). Sie fahren zu zahlreichen besonders schönen Zielen. Das gilt beispielsweise für die Vulkangebiete Askja und Hveravellir oder das wildromantische Gletschertal Þórsmörk. Informieren Sie sich jeweils bei den Tourist Informationen oder unter www.visiticeland.is.

Schotterstraßen

Auf Schotterbelag kann man sich mit angepasster Fahrweise einstellen. Befahren Sie die Schotterstraßen zügig, aber vorausschauend. Dennoch sind die häufigen Schlaglöcher und „Waschbretter" hier und da nicht gut erkennbar, was besonders bei Nässe und nicht angepasstem Tempo fatale Folgen haben kann, wie das Bild zeigt.

Sie müssen mit Ihrem Fahrzeug individuell herausfinden, welche Geschwindigkeit ideal ist - jedes Fahrzeug verhält sich anders. Geht es auf Schotterstraßen ruppig zu, werden **Federung, Stoßdämpfer und Bereifung sehr stark beansprucht**. Deshalb meiden viele meiner Leserinnen und Leser solche Strecken.

Bei Gegenverkehr Tempo reduzieren und möglichst weit rechts fahren, damit Steinschlag vermieden wird. Kritisch ist der Wechsel des Fahrbahnbelags, weil er das Fahrverhalten des Wagens stark verändern kann. Darauf weist ein spezielles Verkehrszeichen hin.

Tempolimit

Innerorts gilt in **Island** ein generelles Tempolimit von 50 km/h, außerorts muss man differenzieren. Auf Schotterpisten beträgt die Höchstgeschwindigkeit 80 km/h, auf Asphalt 90 km/h. PKW-Gespanne dürfen generell nur mit max 80 km/h unterwegs sein. Auf den **Färöern** dürfen Sie außerorts mit 80 km/h fahren, mit Wohnmobilen über 3,5 t mit max. 70 km/h.

Fahren außerhalb befestigter Strassen und Wege ist verboten!

Die Natur, vor allem die Vegetation, regeneriert sich sehr schlecht. Reifenspuren abseits der Straßen sind oft jahrelang zu sehen - siehe Bild rechts.

Also bitte - halten Sie sich unbedingt an diese Grundregel. Zuwiderhandlungen werden mit hohen Geldstrafen, in schweren Fällen auch Haftstrafen geahndet. **Übrigens**: Auch das Parken abseits von Parkplätzen zählt dazu.

Besondere Verkehrszeichen in Island

- **Blindhæd - Unübersichtliche Kuppe**: Vor unübersichtlichen Kuppen warnt üblicherweise ein Verkehrszeichen. Fahren Sie vorsichtig an die Kuppe heran, vor allem auf Schotterstraßen. Vermindern Sie Ihr Tempo und seien Sie darauf gefasst, bei Gegenverkehr jederzeit anzuhalten.
- **Einbreið Brú - Enge Brückendurchfahrt**: Auch dieses Verkehrszeichen ist eindeutig: Sehr häufig sind Brücken nur für eine Fahrzeugbreite ausgebaut. Daher ist beim Annähern an eine solche Brücke der Gegenverkehr zu beachten. Derjenige, der zuerst kommt, hat Vorfahrt.
- **Baustellen**: Das Verkehrszeichen ist wie zu Hause - der Bauarbeiter mit der Schaufel. Aber hinsichtlich der Einrichtung einer Baustelle vergessen Sie am besten, was Sie von zu Hause gewohnt sind: In Island wird nicht immer eine saubere Ersatzstrecke präpariert, wenn ein Straßenabschnitt repariert wird. Man kann schon mal verdutzt vor einem besseren „Rübenacker" stehen, in dem die Baumaschinen hin- und herfahren.

- **Furten/4x4 Strecken:** Bäche und Flüsse im Hochland sind nicht überbrückt. Es ist erforderlich, sich vor Flussdurchquerungen ein Bild von der Befahrbarkeit zu verschaffen, besonders wenn man ohne Begleitung unterwegs ist. Nehmen Sie ein paar Gummistiefel mit und gehen Sie vor der Durchfahrt eines Baches in das Gewässer. Ist der Untergrund zu locker, uneben oder stehen große Steine hervor, die nicht weggeräumt werden können, geben Sie sich geschlagen - ein defektes Fahrzeug wäre ein schlimmerer Schaden als der Verzicht auf die Hochlandstrecke! Und von der Wassertiefe gehen natürlich auch Gefahren aus - das Ansaugen des Wassers in den Motor oder ein Wassereintritt in die Elektronik können die Fahrt abrupt beenden.

Sonstige besondere Verkehrsbestimmungen
20 m vor und nach Bushaltestellen ist Parkverbot, sowie 10 m vor und nach Einmündungen/Kreuzungen. Neben gelben Strichellinien am Straßenrand ist ebenfalls Parkverbot und neben durchgezogenen gelben Linien am Fahrbahnrand ist Halteverbot! Die Bußgelder sind deutlich höher als zu Hause - auch wenn ich das - bislang erfolgreich - nicht ausprobiert habe.

Kein Alkohol im Straßenverkehr
Dies bedarf keiner Erläuterung! Mit Promille steht der Motor stille. Gesetzlich gilt in beiden Ländern ein Fahrverbot ab 0,5 Promille.

Sicherheitsgurt - Ist in beiden Ländern Pflicht.

Abblendlicht
Wie überall in Skandinavien gilt auch in Island und auf den Färöern: Auch am Tag ist das Fahren mit Abblendlicht vorgeschrieben.

Tunneldurchfahrten
In beiden Ländern gibt es teils einspurige, dunkle Tunnels mit Natursteinwänden. In diesen finden Sie regelmäßig mit einem „M" bezeichnete Ausweichstellen. Die Unterseetunnels sind gebührenpflichtig (Färöer und Island).

Viehunfälle
Das Vieh wird oft (meist Schafe, stellenweise auch Islandpferde) frei gehalten.

Das bedeutet, dass Tiere an der Straße weiden oder die Fahrbahn überqueren. Kommt es zum Unfall, ist der Fahrzeughalter zum Schadenersatz verpflichtet - nicht umgekehrt!

Wildunfälle sind kaum zu befürchten - es gibt lediglich im östlichen Island einige Rentiere sowie landesweit einzelne Polarfüchse.

Baden - Schwimmbäder

In Island gibt es in vielen Orten Schwimmbäder. Niemand sollte das Land besuchen, ohne einige dieser übrigens preiswerten Schwimmbäder besucht zu haben. Sie sind im Allgemeinen sehr gepflegt und verfügen neben dem Schwimmbecken über Hot-Pots und/oder Whirlpools.

Die Temperaturen im Schwimmbecken liegen zwischen 28°C und 30°C, die der Hot-Pots zwischen 38°C und 42°C. Es werden meist moderate Eintrittspreise verlangt (ca. 400-500 ISK; Kinder unter 6 Jahren und Rentner ab 67 sind meist frei; bis 12 Jahre ist der halbe Eintrittspreis fällig).

Für Kinder stehen in der Regel Schwimmflügel und Spielzeug zur Verfügung.

In allen Schwimmbädern wird **Hygiene groß geschrieben**. Es wird erwartet, sich vor dem Bad **ohne Badebekleidung gründlich zu duschen - wo und wie genau, zeigt das nebenstehende Bild aus Hófsos**. Dafür können wir sehr saubere und schöne Schwimmbäder genießen. Fast überall werden gepflegte Umkleideräume und Duschen geboten.

Erlebnisreich sind **Naturbadeplätze**, die es in geothermalen Gebieten gibt, einige im Hochland. Für diese wird meist eine Gebühr (ISK 100-500) verlangt. Hier und da ist es möglich, in warmen Bachläufen zu baden, was eine Wanderung durch die Geothermalgebiete zum besonderen Erlebnis macht.

Brillenträger - ACHTUNG! Thermalwasser, besonders in den Naturbadestellen, kann **Kunststoffgläser und die Beschichtung zur Entspiegelung der Brille** beschädigen! Vorsicht auch bei Gischt (heiße Quellen, Solfataren/Fumarolen, Meerwasser) und bei Sandsturm. Am besten im Wasser Schwimmbrille tragen (gibt es kostengünstig im Fachhandel oder beim Optiker in Ihrer Sehstärke).

Campingplätze

Campingplätze haben sich in den letzten Jahren stark gewandelt. Teils wurde in die Ausstattung für Wohnmobile investiert (Stromanschluss, Ver-/Entsorgungsstation). Doch kleine, eher entlegene Plätze bieten z. T. auch nur offene Waschplätze mit kaltem Wasser im Freien und Trockentoiletten oder einfache WC und Dusche. Die Lage der Plätze ist jedoch überwiegend sehr schön.

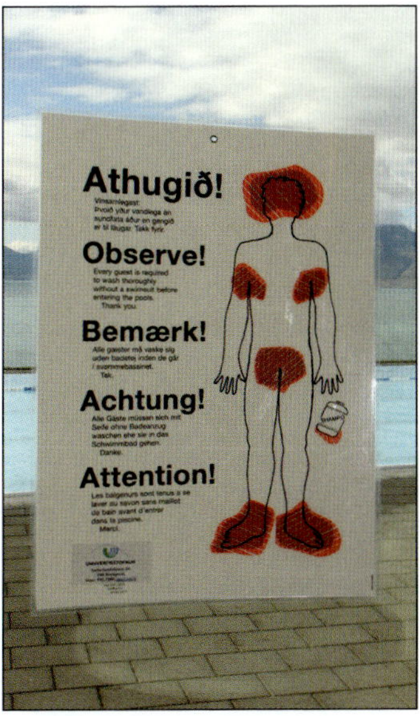

Auf Campingplätzen in größeren Ortschaften und Städten gibt es oft Waschmaschinen mit Trockner. Die Öffnungszeiten der Campingplätze beschränken sich in der Regel auf die Hauptsaison (nur wenige in den Städten ganzjährig, meist Mitte Mai-Ende August, einige bis Ende September). Danach können die Plätze oft kostenfrei genutzt werden, die Sanitäranlagen sind dann aber teils geschlossen - unverständlich, wenn man betrachtet, dass die Nutzung der Campingplätze der WC-Thematik wegen obligatorisch gemacht wurde.

Gab es vor wenigen Jahren noch zahlreiche kostenfreie Plätze, die teils eine ansehnliche Ausstattung boten, wird nun meist auch dort eine Campinggebühr verlangt. Pro Tag und Person schlägt das in der Regel mit ISK 1.000 bis 1.800 zu Buche (zzgl. recht hohen Kosten für Strom von ca. ISK 500 bis 1.000).

Campingcard: An die 50 Campingplätze in Island sind an dieses System angeschlossen. Sie können die Campingcard auf der Norröna, bei der Post und 10-11-Supermärkten in Island kaufen oder online unter www.campingcard.is bestellen. Sie stehen dann mit 2 Personen bis zu 28 Mal im Geltungsjahr kostenfrei auf dem Campingplatz. Zu bezahlen haben Sie allerdings dennoch die „Übernachtungssteuer" (vgl. Kurtaxe zu Hause). Welche Plätze dem System angeschlossen sind, entnehmen Sie bitte der jeweils aktuellen Broschüre, die Sie mit der Karte erhalten, die 2016 mit € 110,00 zu Buche schlug.

Eine vergleichbare Ausstattung finden Sie auf den Campingplätzen der Färöer Inseln, auch wenn die Zahl der Plätze dort geringer ist. Ein Angebot wie die Campingcard gibt es auf den Färöern nicht. Auf den Färöer Inseln beläuft sich der Campingpreis auf ca. 80-100 DKK pro Person und Tag zzgl. Strom und Dusche.

Diplomatische Vertretungen

Botschaft der Bundesrepublik Deutschland
Laufásvegur 31
IS-101 Reykjavík
Tel. (+354)530-11 00 (Fax -11 01; eMail: info@reykjavik.dipb.de)

Honorargeneralkonsulat der Republik Österreich
Orrarhólar 15
IS-111 Reykjavík
Tel. +354 557 5464
mailto:arni-siemsen@simnet.is

Generalkonsulat der Schweiz in Reykjavík
Laugavegi 13
IS-101 Reykjavík
Tel. +354)551 7172 (Fax 551 7179)

Botschaft der Republik Island
Rauchstraße 1
D-10787 Berlin
Tel. +49 30 50 50 40 00; Fax +49 30 50 50 43 00
infoberlin@mfa.is; www.botschaft-island.de

Konsulat der Republik Island
Münzgraben 6
CH-3000 Bern 7
Tel. +41 31 326 2728, Fax +41 31 326 2729,
mailto: hirt@kglaw.ch

In Österreich
Botschaft der Republik Island
Naglergasse 2/8
A-1010 Wien
Tel. +43(01)533 2771, Fax (01)5 33 2774 - mailto:emb.vienna@mfa.is

Vertretungen auf den Färöer Inseln
Auf den **Färöer Inseln** finden Sie lediglich **Honorarkonsulate**, das deutsche beispielsweise am Jachthafen in Tórshavn (Bryggjubakki 22, Tel. +298 354 595). Im Ausland werden die Färöer durch die dänischen Botschaften vertreten.

Fahrrad fahren

Island ist bei Mountain-Bike-Fans durchaus beliebt. Aber die Strecken sind anstrengend, wenn Sie längere Touren unternehmen, besonders im Hochland. Plötzliche Stürme, teilweise mit peitschendem Regen, oder Sandstürme können den Spaß verderben. Für den Transport auf dem Fahrradträger des Wohnmobils ist angesichts der Schotterstraßen eine Schutzhülle angeraten.

Auf den Färöer Inseln ist das Radeln - eigentlich zu Unrecht - nicht so verbreitet. Etwas schwierig, ja unangenehm, ist es allerdings, wie mir ein passionierter Radler aus Norddeutschland berichtete, mit dem Drahtesel die Hauptinseln zu verlassen, da Fahrten durch unbeleuchtete Tunnels nicht unbedingt den Spaß am Rad fahren fördern.

Fahrzeug

Mit dem eigenen bzw. gemieteten Wohnmobil nach Island - oder ein Fahrzeug dort mieten? Um es kurz zu sagen: Das ist eine schwierige Frage!

Verfügen Sie über ein eigenes Reisemobil, gilt die **Faustregel**: Ab einer Aufenthaltsdauer in Island von ca. 3 Wochen lohnt es sich, den Fährpreis für die Norröna in Kauf zu nehmen. Haben Sie zu Hause ein Fahrzeug gemietet, um es nach Island mit zu nehmen, müssen Sie den Mietpreis mit berücksichtigen.

Für einen **längeren Aufenthalt** in Island muss beachtet werden, dass die Mietpreise dort sehr hoch sind. Darüber hinaus müssen Sie die Flugkosten einkalkulieren, ebenso wie die Tatsache, dass bei dieser Alternative die Menge der mitzunehmenden Ausrüstung begrenzt und Kosten und Zeit für die Fahrt zum Flughafen zu beachten sind. Aber für einen **kürzeren Aufenthalt** in Island ist es eine überlegenswerte Variante.

In Island werden auch zahlreiche Mietwohnmobile auf Basis eines **4x4-Pickup mit Camperkabine** angeboten, welche oft für Hochlandausflüge angemietet werden. Immer häufiger werden auch Wohnmobile, wie sie in Mitteleuropa üblich sind, vermietet. Kaum eine Sehenswürdigkeit bleibt mit einem normalen Straßenfahrzeug unerreichbar. Sehr wichtig erscheint mir aber der Hinweis, dass Sie beim Vermieter **dringend nachfragen, ja sogar darauf bestehen sollten, dass Ihr Mietfahrzeug eine Toilette aufweist** und dass Sie über deren Benutzung eine **Einweisung** erhalten, wenn Sie damit

Ein vollwertiges Miet-Wohnmobil

... und ein „Mini-Camper"

INFOS A-Z

nicht vertraut sind. In den Augen der meisten Isländer ein Unding und mithin ein Hauptgrund für das Verbot freier Übernachtung sind die zahlreichen „Mini-Camper". Es sind kompakte Kleintransporter (Dacia Dokker & Co.) mit einfachster Ausstattung, die zu einem sehr hohen Preis als Reisemobile vermietet werden. Diese und auch die 4x4-Camper (!) haben meist keine Toilette an Bord - zumindest bisher nicht. Und die Vermieter preisen nach wie vor die „grenzenlose Freiheit an, indem man überall stehen könne...

Auf den Färöer Inseln sind bei den Autovermietungen (noch?) kaum Wohnmobile im Angebot. So stellt sich die Frage nach der Anmietung vor Ort eher nicht. Die meisten von Ihnen werden ohnehin mit der Norröna auf einen mehr oder weniger langen Zwischenaufenthalt auf dem Weg nach Island auf die Inselgruppe reisen.

Vorbereitung des Wohnmobils für Island

Lassen Sie Ihr Fahrzeug **vor der Reise gründlich warten**, und weisen Sie Ihre Werkstatt darauf hin, wohin die Reise geht. Schraubverbindungen sollten fest sitzen. Aufmerksamkeit sollten Sie der **Bereifung und Federung** schenken.

Zusätzlich zur Bordausstattung empfehle ich, ein paar Dinge zu berücksichtigen und die Reisevorbereitung gut zu planen.

Auch wenn das offiziell kaum jemanden interessiert, sind **Spritzlappen** sinnvoll. Die Ersatzteilversorgung klappt (für gängige Fahrzeuge) zumindest unter Mithilfe eines Automobilclubs problemlos, auch wenn eine Wartezeit einkalkuliert werden muss und die Teile sehr teuer sind. Deshalb empfiehlt sich der **Abschluss eines Schutzbriefes**, damit im Fall der Fälle, den wir nicht erhoffen, kein großes Problem aus der Panne wird.

Kleinere Schäden am Fahrzeug, auch eine Reifenpanne, können häufig vor Ort repariert werden. Die Isländer sind ein hilfsbereites Volk und packen entweder selbst mit an, oder sie organisieren jemanden, der helfen kann. Oft ist es so gar nicht nötig, eine Fachwerkstatt aufzusuchen.

Nehmen Sie, wenn Platz und Zuladung (!) es zulassen, ein **zusätzliches Ersatzrad (oder -reifen)** mit. Nicht immer sind die gängigen europäischen Reifengrößen problemlos zu erhalten. Doch was hilft das Ersatzrad, wenn man das schwere Fahrzeug im weichen Lavaschotter nicht aufgebockt bekommt? Sinnvoll ist die Mitnahme eines **zweiten Wagenhebers** und 1-2 stabiler **Holzbretter zum Unterlegen**, damit der Wagenheber nicht einsinkt.

Ein Luftdruckmesser ist empfehlenswert, um die Reifen beobachten zu können, zusätzlich wenigstens **1-2 l Motorenöl** zum Nachfüllen bei Bedarf. Denken Sie auch an die Mitnahme der **Grünen Versicherungskarte**.

Flora und Fauna

Dafür, dass Island von seinen Entdeckern als „Insel, die von der Küste bis zu den Bergen bewaldet ist" beschrieben wurde, ist es erstaunlich, wie wenig Bäume oder Waldgebiete man findet. Im Lauf der Jahrhunderte wurde fast alles abgeholzt, was zum Bauen und Heizen taugte, den Rest besorgte die Überweidung, besonders durch die zahllosen Schafe.

Seit den 1930er Jahren versucht man, das Land aufzuforsten, wo immer es möglich ist. Das größte Forstgebiet finden wir bei Hallormsstaður. Die übrigen Wälder bestehen oft aus niedrigstämmigen Buschwäldern. Im kargen Hochland überwiegen Schotterwüsten, die allenfalls spärlich mit Moosen und Gräsern bewachsen sind. Im Tiefland, mit den großen und breiten Tälern

Vogelparadies Látrabjarg

Herbstfarben in Hallormsaður

INFOS A-Z

und in der Küstenzone treffen wir dagegen kräftige Wiesen, Weiden und einige Getreidefelder an, die das Land in ein sattes Grün tauchen. Gemüse wird überwiegend in Gewächshäusern, teilweise auch im Freiland angebaut, wenn Thermalquellen die nötige Wärme abgeben.

Auf wilde Landsäugetiere werden Sie kaum treffen. Es gibt lediglich einen kleinen Bestand von Polarfüchsen. Ein Problem sind Nerze, die aus Pelztierfarmen ausgerissen sind und sich über das Land verteilt haben. Beide Räuber setzen der Vogelwelt zu, vor allem den Bodenbrütern während der Brutzeit und werden deshalb bejagt. Ansonsten gibt es im Osten einige hundert Rentiere, deren Vorfahren norwegische Siedler vor langer Zeit hier ausgesetzt hatten. Sie sind seit dem Bau des gigantischen Staudammprojektes im Osten der Insel weit Richtung Küste gewandert. Nicht zuletzt breiten sich da und dort Kaninchen aus, die vermutlich entlaufen sind und sich sprichwörtlich vermehren.

Was Sie an Säugetieren außerhalb der Siedlungen zu Gesicht bekommen, sind also in aller Regel weidende oder entlaufene Haustiere (Schafe, Pferde). Diese werden ab und zu auf oder neben der Straße stehen. (Vorsicht!). An den Küsten sind häufig Seehunde und Kegelrobben anzutreffen. Einige Kolonien sind im Textteil erwähnt. Auf die Wale vor den Küsten gehe ich separat ein. Reptilien und Amphibien gibt es nicht in Island. Sehr angenehm ist die Tatsache, dass es nur wenige Insekten gibt - abgesehen von den Zuckmücken vor allem am Mývatn. Allerdings beginnen in den letzten Jahren Wespenarten, auf der Insel sesshaft zu werden - die Globalisierung hält auch in der Natur Einzug.

Allem voran bietet Island Ihnen eine überwältigende Vogelwelt. Millionen von Seevögeln brüten an den Vogelfelsen und an Seen rund um die Insel. Vor allem kommen Papageientaucher, Basstölpel, Trottel- und Dickschnabellummen sowie viele Möwenarten zahlreich vor. Häufig ist der weitestgereiste Zugvogel, die Küstenseeschwalbe zu sehen. Sie wechseln im Winterhalbjahr auf die Südhalbkugel bis Südafrika und in die Antarktis!

Die Binnengewässer und Küsten sind ein Paradies für zahlreiche Entenarten, Gänse und Schwäne. Im Küstenbereich treffen wir in großer Anzahl auf Eiderenten, deren Zucht zur Gewinnung der hochwertigen Eiderdaunen betrieben wird. Einige Seeadlerpaare sowie Gerfalken sind für die natürliche Regulierung des Tierbestandes zuständig, was nicht ganz ausreichend ist. Deshalb werden vor allem Schneehühner und Gänse auch bejagt.

Von den Versuchen der Aufforstung abgesehen, sieht die Vegetation und Tierwelt der Färöer ganz ähnlich aus, wie in Island, wenn Sie die Rentiere und Polarfüchse einmal außen vor lassen.

Fotografieren/Filmen

Sie sollten angesichts zahlloser schöner Fotomotive dafür Sorge tragen, dass genügend Speicherkarten für die Digitalkamera und , Platz auf der Festplatte zur Datensicherung (bzw. Filme, sofern Sie noch analog unterwegs sind) an Bord sind. Ein Polfilter hilft, die Farben der Aufnahmen noch leuchtender hinzubekommen.

Haben Sie ein technisches Problem mit Ihrer Kamera, müssen Sie warten, bis Sie in Reykjavík sind, mit etwas Glück auch in Akureyri, wo Sie Fotogeschäfte finden werden, die auch Reparaturen vornehmen.

Freie Übernachtung - Neu: Vom Grundsatz her verboten!

Einmaliges Übernachten auf Park- und Rastplätzen **Islands** war lange Jahre fast überall erlaubt bzw. geduldet. Ich hatte jedoch schon in den früheren Auflagen meiner Wohnmobil-Reiseführer deutlich auf die gewissenhafte Einhaltung der Regeln fürs freie Übernachten hingewiesen. Gleichwohl haben sich nun auch in Island Stimmen durchgesetzt, die das freie Camping generell unterbinden wollten. Das haben wir - unter anderem - auch gewissenlosen Zelt- und Wohnmobil-Touristen zu „verdanken", die sich nicht an diese Grundregeln und den gesunden Menschenverstand gehalten haben.

Nun ist es nun also gültiges Recht:
Die Nutzung von ausgewiesenen Campingplätzen für die Übernachtung ist obligatorisch.
Zur Erläuterung und um Sie für das „heiße Thema" zu sensibilisieren:
Auch wenn es in Island nicht überall gern gehört wird, verbinde ich mit meinen Ausführungen eine persönliche Einschätzung zu den Hintergründen. Dabei habe ich mich viel mit Einheimischen über das Thema unterhalten. Oft schätzten die Leute dies ähnlich ein, wie ich es nachfolgend schildere.

INFOS A-Z

Entlang der Straßen rund um die Insel sind **Toiletten absolute Mangelware**. Dasselbe gilt übrigens für **Mülltonnen**. Deshalb ist ganz besonders mit den schon erwähnten (und bei den Isländern nicht umsonst sehr unbeliebten) „Mini-Campern" die tägliche Benutzung von Campingplätzen obligatorisch. Gleiches gilt für Reisende mit anderen Fahrzeugen, die keine Toilette an Bord haben, beispielsweise Fahrzeuge mit Dachzelt oder Zelt.

Zunächst muss man großes Verständnis haben, dass vor allem die Bauern auf eine Lösung gedrängt haben. Es ist nicht schwer sich vorzustellen, wie groß durch das Fehlen von Toiletten an Rastplätzen in Verbindung mit der sprunghaft gestiegenen Anzahl von Touristen das **Problem der Verschmutzung von Parkplätzen** durch Müll und Fäkalien geworden ist. Schließlich weiden dort Tiere, deren Milch oder Fleisch wir schätzen. Auf den umliegenden Wiesen werden **Lebensmittel** produziert. Da kann es nicht sein, dass manche Leute gedankenlos ihre unliebsamen Spuren hinterlassen.

Leider wird das Problem jedoch vor allem nur den Wohnmobilisten angelastet. Dabei haben die Verantwortlichen leider übersehen, dass einen ganz wesentlichen Anteil am Problem PKW-Reisende haben. Schließlich haben diese wohl ausnahmslos keine Toilette an Bord - ganz im Gegensatz zu vollwertigen Wohnmobilen. Abertausende von Touristen, die mit Bussen reisen, deren Fahrer schon mal bitten, die Toilette an Bord nicht zu nutzen, machen das Problem nicht kleiner.

Mit der neuen Regelung trifft man also gerade die Fahrzeuge, die ein WC (sowie in der Regel Abwassertank und Müllbehälter) an Bord haben und damit zur Vermeidung der Verunreinigung beitragen (... die gewissenhafte Nutzung der Ausstattung ist dabei allerdings vorausgesetzt).

Dies ist ein Kritikpunkt, mit dem man in Island allerdings (noch?) nicht immer auf offene Ohren stößt. Es gibt aber auch durchaus Leute, die das Verbot der freien Übernachtung in aktueller Form zumindest kritisch betrachten.

Zudem sind die Kapazität der zur Verfügung stehenden Campingplätze, häufig auch deren Komfort und Preis-Leistungs-Verhältnis, zumindest zum Teil fragwürdig. Die Stellflächen vieler, man könnte sogar sagen der meisten Campingplätze in Island sind für Wohnmobile ziemlich ungeeignet. Sie wurden mit weitläufigen, meist unbefestigten Rasenflächen eigentlich als reine Zeltplätze konzipiert. Bei Regen, und der kommt in Island bekanntlich nicht eben selten vor, verwandeln sich die Rasenflächen in einen tiefen Morast. Außerdem gibt es für viele 2x4-Fahrzeuge manchmal kaum ein Entkommen. Nur gut, wenn dann einer der vielen 4x4-Piloten oder ein Traktor mit Bergegurt zur Hilfe kommt...

Übrigens habe ich dieses gewichtige Argument von einer Angestellten an der Rezeption eines kommunalen Campingplatzes geschildert bekommen. Sie sagte mir, dass die Kommune deshalb jüngst eigens einen Parkplatz mit asphaltierten Flächen (bis auf weiteres kostenlos!) für Wohnmobile ausgewiesen hat. Zumindest bei regnerischer Witterung schicke man Wohnmobile deshalb vorzugsweise dorthin. Der Verzicht auf die Campinggebühr sei für die Gemeinde weitaus billiger, als ständig die Rasenflächen neu anlegen zu müssen, die von durchdrehenden Rädern der schweren Fahrzeuge zerfurcht werden. Man könne dennoch die Ver-/Entsorgungsanlage auf dem Vorplatz des betreffenden Campingplatzes gerne kostenlos benutzen.

Das Problem (bzw. dessen Lösung) wird demnach, zumindest hier und da, auch in Island durchaus differenzierter betrachtet, als die neue Gesetzgebung es vermuten lässt. Und das macht Hoffnung für den (geordneten)

Was wohl „other Sleepers" sind ...? Klar ist aber, was gemeint ist, oder?

INFOS A-Z

Wohnmobil-Tourismus! Wir dürfen gespannt sein, ob nicht auch in Island in naher Zukunft geeignete Wohnmobil-Stellplätze geschaffen werden, wie wir sie in Mitteleuropa kennen, und dies ganz überwiegend mit guten Erfahrungen. **Es ist überdies nicht unmöglich und auch nicht generell unzulässig, außerhalb von Campingplätzen im Wohnmobil zu übernachten**.

Allerdings gehört dazu die Einhaltung der grundsätzlichen Regelungen, die ich auf den **Seiten 8-11 dieses Buches in der Infobox „Wichtige Verhaltensregeln für Wohnmobilreisen"** zusammengefasst habe.
Die wichtigsten Punkte nachfolgend kurz erläutert und zusammengefasst:

- **Nie ohne das Einverständnis des Landeigentümers!**
  Allerdings bleibt im Gesetz offen, woran ein Tourist erkennen sollte, wer Landeigentümer ist oder wo sich dieser findet. Hier ist Ihr Fingerspitzengefühl gefordert. Fragen Sie immer nach, wenn Sie Einheimische treffen oder ein Haus finden, wo Sie klopfen können.
- Offen bleibt im Gesetz auch, dass die meisten Campingplätze nur von ca. Juni bis August geöffnet sind. Und wer früher oder später reist ....?
- Auch in Island finden sich mehr und mehr Restaurants, bei denen Sie (in Verbindung mit der Einkehr und natürlich auf Anfrage!) mit Ihrem Wohnmobil willkommen sind. Schließlich haben auch die Wirte erkannt, dass Wohnmobilisten die gesparte Campinggebühr gerne in ein gutes Essen investieren.
- Generell sollte man sich jedoch auf eine Nacht beschränken und dann weiterziehen.
- Auch in Island ist man nicht nur berechtigt, sondern zur Fahrtunterbrechung verpflichtet, um die Fahrtüchtigkeit wieder herzustellen, die abhanden gekommen ist (womit Müdigkeit gemeint ist). Wer Alkohol konsumiert, sollte sich darauf eher nicht berufen... Doch ist dies kein „Freibrief", mit einem Reisemobil zu stehen, wo man eben möchte.
- Es gilt auch hier alles zu vermeiden, was negatives Aufsehen erregt und die Blicke auf sich zieht.
- Der Platz soll mindestens so sauber hinterlassen werden, wie man ihn vorgefunden hat.
- Keine Freiluft-Toilette! (... und wenn´s denn mal gar nicht zu vermeiden war: Man lässt seine Hinterlassenschaft keinesfalls offen liegen - es gibt Klappspaten. Und fürs Toilettenpapier kann man ein Feuerzeug einsetzen (wenn keine Gefahr davon ausgehen kann!). Und zur Not tut ein Hundekotbeutel einen guten Dienst, den man aus der Heimat kennt.

Geeignet sind für eine Nacht außerhalb von Campingplätzen grundsätzlich vor allem Park-, Rast- und Picknickplätze. Prüfen Sie jedoch bitte gewissenhaft, ganz besonders wenn Sie mit „Mini-Campern" oder 4x4-Campern ohne Toilette an Bord auf Achse sind, ob auf dem Platz ein WC vorhanden ist (und nutzen Sie dieses bitte auch). Hilfreich ist es auch - besonders mit diesen Fahrzeugen - wenn eine feste Picknickbank vorhanden ist.

In **Naturschutzgebieten** ist das Camping und die Übernachtung im Fahrzeug schon seit langer Zeit nur an ausgewiesenen Plätzen erlaubt. Verbotszeichen sind ohnehin immer einzuhalten! Das Schild „Zelten verboten" bezieht sich zwar in erster Linie nicht auf Wohnmobile, sondern eben aufs Zelten. Jedoch ist, wie immer, mehr denn je Ihr Fingerspitzengefühl gefordert, vor allem in der Nähe von Siedlungen oder Campingplätzen.

Mithin gilt meiner Erfahrung der Rechercheреise 2016 gemäß: Solange man sich ordentlich benimmt, keine „Hinterlassenschaften" zurück bleiben und keine „Wohnmobil-Burgen" argwöhnische Blicke der Anwohner auf sich ziehen, wird niemand weggeschickt. Auf erkennbarem Privatgelände, besonders in direkter Nähe zu Wohngebäuden, ist aber die Erlaubnis des Besitzers nötig.

Auf den **Färöer Inseln** ist die Situation zwar im Grunde ähnlich geregelt. Doch ist die Praxis etwas anders, vielleicht sollte man auch sagen, „entspannter", denn die Touristenzahlen, die sich jüngst über Island ergossen, kennt man dort (noch?) nicht.

In der Praxis dann sieht es deshalb ganz ähnlich aus, wenn man mit Fingerspitzengefühl reist. Grundsätzlich ist die freie Übernachtung auch hier im Fahrzeug (und damit im Wohnmobil) verboten), denn das Land liegt auch auf den Färöern fast ausschließlich in Privathand. Die Übernachtung auf Campingplätzen wird als obligatorisch betrachtet. Doch ist das Problem damit nicht gelöst, dass diese nicht flächendeckend vorhanden sind. Deshalb möchte ich meine Erfahrung schildern, wonach es auf Parkplätzen meist kein Problem war, ein freundliches „aber gerne doch" zu ernten, wenn ich vor Ort bei Anwohnern nach der Möglichkeit fragte, auf dem jeweiligen Parkplatz für eine Nacht zu stehen. Deshalb gilt auch hier: **Niemals im Wagen übernachten, wenn man nicht das Einverständnis der Eigentümer hat**.

Frischwasser

An fast jeder Tankstelle in Island stehen Autowaschplätze zur Verfügung (kostenlos). Diese werden meistens mit Trinkwasser versorgt. Hier kann man nicht nur regelmäßig sein Fahrzeug sauber machen, sondern auch schon mal seine Frischwasservorräte auffüllen. Sinnvoll ist es allerdings, im Zweifel nach der Wasserqualität zu fragen. Sie werden meist die uns bekannte freundliche Antwort bekommen: „Es ist das gleiche Wasser, das wir auch trinken…" Zudem hat sich die Situation in den letzten Jahren deutlich geändert, weil ein dichtes Netz an gut ausgestatteten Campingplätzen mit entsprechender Ausstattung für Wohnmobile entstanden ist.

Gasversorgung

Der N1-Autoteilehandel in Reykjavík und Akureyri bietet den Austausch grauer deutscher Gasflaschen (5kg ca. € 32,00/11kg ca. € 46,00) an.
N1, Reykjavík. **GPS:** N64 09 12.0 W21 52 11.0, Klettargarðar, Tel. +354 440 1244.
N1 in Akureyri, **GPS** N65 41 22.4 W18 05 57.0, Trýggvabraut, Tel. +354 440-1420.

Allerdings: Bei N1 teilte man mir mit, dass dieser Service aus Kostengründen für die Zukunft nicht gesichert sei. Es gebe nur eine Füllstation in Island, die überdies im Sicherheitsbereich einer Industrieanlage sei. Deshalb sei es auch für N1 nur mit großem Aufwand möglich, die grauen Gasflaschen zu tauschen. **Deshalb möchte ich dringend empfehlen, sehr sparsam mit dem Gas umzugehen**! Da nicht mit dauerhaft hohen Außentemperaturen zu rechnen ist, kann der Kühlschrank oft aus bleiben oder auf niedrigster Stufe laufen. Nutzen Sie den 12V-Betrieb während der Fahrt! Die Warmwasserbereitung zum Duschen ist oft überflüssig: Duschen in den Schwimmbädern und auf Campingplätzen sind eine gute Alternative! Und statt bei kühlen Temperaturen gleich die Heizung anzuwerfen, tut es häufig ein warmer Pullover oder eine kuschelige Decke!

Teelichte auf einer unbrennbaren Unterlage geben nicht nur ein gemütliches Licht ab, sondern auch Wärme! Ein echter Islandpullover kostet übrigens kaum mehr, als wenn Sie Ihre 11 kg Gasflaschen tauschen. Er hält aber ganz wesentlich länger! So bin ich bei allen Rechercheaufenthalten von je 5 Wochen bzw. zuletzt mehr als 10 Wochen am Stück nur bei der herbstlichen Recherche 2016 in die Verlegenheit gekommen, Gas füllen zu müssen. Meine zwei 5kg-Flaschen hatten sonst immer (!) gut ausgereicht. Selbst 2016 ging die Gasflamme des Kühlschranks erst während der letzten Nacht auf dem Heimweg in Deutschland aus. (… gut gewirtschaftet, könnte man auch sagen!).

Haben Sie einen entsprechenden Druckminderer, können Sie bei Campingplätzen und Tankstellen darüber hinaus notfalls blaue Campinggaz-Flaschen erwerben.

Eine gute und praktikable Alternative ist es zudem, eine isländische Gasflasche zu leihen (Pfand!) und sie vor Abreise wieder zurückzugeben. Den dazu nötigen Adapter (ein passender Dichtungsring) wird bei den Tankstellen in Egilsstaðir für wenig Geld angeboten. Die Flasche werden Sie aber vermutlich (hoffentlich!) sicherer vornehmen, als es in Island häufig zu sehen ist - siehe Bild auf der vorigen Seite unten … Sie sehen auf den Bildern auch, dass die **isländischen Gasflaschen breiter** sind als die grauen deutschen (25 cm - mein Gaskasten hat nur 24 cm Breite…).

Geschichte

Vielleicht war „Ultima Thule" das heutige Island? Wir wissen es nicht. Geschichtlich belegt ist dagegen, dass irische Mönche im 8. Jh. begannen, die Insel im hohen Norden zu besiedeln. Es war dann Ingólfur Arnarson, der im Jahr 874 im Süden der Insel landete und sich im Bereich der heutigen Hauptstadt niederließ. Die meisten Siedler, die ihm folgten, waren Norweger - Wikinger also. Dazu kamen Siedler von den Britischen Inseln, vor allem aus Irland, weshalb man den Isländern auch heute noch eine mentale Verwandtschaft zu den Kelten und Iren zuspricht.

Im Jahr 930 trat zum ersten Mal das Alþing zusammen. Dies gilt als Gründung des ersten Staates (und übrigens als eine der ältesten noch existierenden parlamentarischen Demokratien!). Im Jahr 1000 löste das Christentum den Glauben an die germanischen Gottheiten Thor und Odin ab. Es folgte die Zeit der Sagas, und isländische Seefahrer entdeckten Grönland, wo sie auch siedelten. Bereits um das Jahr 1000 wurde auch Amerika entdeckt. Es war Leifur Eiríksson, dem diese Ehre zusteht (siehe Saga-Zentren Reykjavík/Perlan und Hvolsvöllur).

Ab 1262 unterstand Island den Norwegern und fiel zusammen mit dem Königreich Norwegen im Jahr 1380 an die dänische Krone. In der Mitte des 16. Jh. wurde das Land reformiert. 1550 wurde der letzte katholische Bischof, Jón Arnason, hingerichtet. Wirtschaftlich erlebte das Land schwere Zeiten und es erreichte im 18. Jahrhundert einen Tiefpunkt, als die heftige, lange andauernde Eruption der Lakispalte (1783/84) eine große Not auslöste.

Im 19. Jh. begann der Kampf um die politische und wirtschaftliche Unabhängigkeit. Der Gelehrte Jón Sigurðsson (siehe Museum Hrafnseyri) war einer der Vordenker. Er führte im Jahr 1874 zur Wiedereinsetzung des Alþing und zur eigenen Verfassung. 1903 wurden als erster Schritt zur Unabhängigkeit von Dänemark der Posten eines Ministers für Island geschaffen und 1918 schließlich ein Unionsvertrag mit Dänemark geschlossen, der Island zum souveränen Staat unter der dänischen Krone erklärte.

Als Dänemark im 2. Weltkrieg unter deutsche Besatzung geriet, war es Zeit, sich vom Königreich zu lösen. 1944 entschied sich das Volk für die Kündigung des Unionsvertrages. Am 17. Juni 1944 wurde die Republik Island gegründet. Seither ist dieser Tag der isländische Nationalfeiertag.

In der Nachkriegszeit begann ein wirtschaftlicher Aufstieg und Island verfügte über einen der höchsten Lebensstandards weltweit - bis die Finanzkrise 2008 das Land in eine tiefe Krise stürzte. Begriffe wie Arbeitslosigkeit und Inflation waren bis dahin fast unbekannt. Die Krise führte dazu, dass die Koalitionsregierung Anfang 2009 zurücktrat und durch eine neue rot-grüne Koalition abgelöst wurde. Die eingeleiteten Maßnahmen führten zu einer deutlichen Erholung, aber unter Inkaufnahme teils schmerzlicher Maßnahmen, weshalb jüngst wieder „die alte" Koalition ans Ruder kam. Die weitere Entwicklung bleibt abzuwarten. Eine Hilfe dabei ist, dass Island Mitglied der Vereinten Nationen, des Europarates, der OECD, EFTA und EES ist. Im Nordischen Rat arbeitet man mit den skandinavischen Ländern zusammen. Seit 1949 ist Island - ohne über eine eigene Armee zu verfügen - Mitglied der NATO.

Haustiere

Für uns Touristen ist das de facto überhaupt kein Thema. Die Einfuhr jeglicher Tiere ist strikt untersagt. Eine Einfuhrgenehmigung ist rein theoretischer Natur und wäre nur mit riesigem Aufwand zu erhalten. Suchen Sie sich für ihren gefiederten oder vierbeinigen Freund einen netten Nachbarn oder Verwandten, der Ihre Urlaubsvertretung übernimmt.

Kleidung

Im Sommer gehören Sommerkleider genauso, wie gute Regenkleidung, Pullover, warme Socken, Handschuhe, Mütze und festes Schuhwerk ins Urlaubsgepäck. Hochwertige Funktionskleidung leistet hier hervorragende Dienste, besonders wenn man sie nach dem „Zwiebelprinzip" in mehreren dünnen Schichten übereinander den Witterungsverhältnissen anpassen kann. Im Hochland und in Gletschernähe kann es gar das eine oder andere Mal nachts gegen den Gefrierpunkt gehen.

Denken Sie auch daran, dass Sie bei sonnigem Wetter eine Gletschertour unternehmen könnten. Deshalb sollte eine Schutzbrille mit in die Tasche. Werden Sie von einem Sandsturm überrascht, ist diese ebenfalls sehr hilfreich.

Wer jetzt aber denkt, das kühle Wetter würde Badesachen unnötig machen, der irrt. Ich habe dank der vielen Thermalschwimmbäder kaum in einem Urlaub im Süden mehr gebadet als in Island. Auch auf den Färöer Inseln finden Sie einige schöne Schwimmsportstätten vor, auch wenn es dort keine Thermalbäder sind, wie in Island. Deshalb sind die Badehosen und -anzüge mitunter das Wichtigste, an das es zu denken gilt.

Was Sie sich angesichts des häufig kräftig blasenden Windes getrost sparen können, ist ein Regenschirm. Das gute Stück dürfte in Island und auf den Färöern kein langes Leben haben.

Klima/Wetter

„Wenn Dir das Wetter zu schlecht ist, dann warte eine Viertelstunde...". Diese isländische Weisheit beschreibt die Situation recht gut. Man sagt auch, es gebe gar kein Wetter - nur Kostproben davon, oft mehrere an einem Tag! Fragt man die Isländer nach dem Wetterbericht, bekommt man immer geholfen - stets mit dem freundlichen Hinweis, dass es nichts Unverlässlicheres gebe, als den Wetterbericht. In Island herrscht aufgrund der Lage im Nordatlantik maritimes, kühles Klima. Maßgeblichen Einfluss hat der Golfstrom, der für ausgeglichene, nicht allzu kalte Winter und kühle Sommer sorgt. Die Durchschnittswerte in Reykjavík liegen im Juli zwischen 9 und 14°C - was nicht mit den Tageshöchsttemperaturen zu verwechseln ist. An windstillen, sonnigen Tagen klettert das Quecksilber im Hochsommer schon mal deutlich über 20°C. Aber der Südwesten des Landes wird insgesamt durch hohe Niederschlagsmengen geprägt, da der Golfstrom genau hier auf die Insel trifft.

Im Norden und Nordosten herrscht dagegen häufig beständig schönes Wetter, mitunter auch mit höheren Temperaturen. In den Ostfjorden wurde mit 30,4° C die höchste je in Island gemessene Temperatur registriert, wobei der Sommer 2008 auch im Südwesten nah an diese Marke kam.

Eine Wettergrundregel: Seewind bringt eher Regen, ablandiger Wind schönes Wetter. Jetzt ist es nur noch wichtig, zu wissen, wo man sich gerade befindet und man kann sich selbst seinen eigenen kleinen Wetterbericht zusammenreimen. Möchten Sie sich nicht auf Ihre eigenen Schlüsse verlassen, vergleichen Sie Ihre Prognose mit dem offiziellen Wetterbericht, der in den Tourist-Informationen aushängt oder unter **www.vedur.is** im Internet zu finden ist. Und der stimmt auch nicht immer, aber immer öfter! Als verlässlich habe ich den Seefahrer-Wetterberichct unter **www.yr.no** in Erinnerung.

Sie dürfen nicht damit rechnen, lange Schönwetterperioden mit 20°C und mehr zu genießen. Man muss auf Sturm, Regen und Kälteeinbrüche - auch im Sommer - genauso gefasst sein, wie auf sonnig warmes Wetter. Insgesamt aber empfindet man das isländische Wetter nach einer kurzen Eingewöhnung bei weitem nicht so unangenehm, wie diese Beschreibung es vermuten lässt. Es ist wie so oft: Es gibt kein schlechtes Wetter, sondern nur die falsche Kleidung!

Auf den **Färöer Inseln** ist das Wetter meist noch etwas wechselhafter als in Island. Die Inseln sind einfach zu klein für einen ausgeprägten Unterschied zwischen Küstenbereich und Binnenland. So gibt es auch im Winter nur wenig Schnee. Ansonsten ähnelt das Wetter aber stark dem isländischen. Vielleicht mit dem Unterschied, dass Nebel und Nieselregen noch etwas häufiger sind.

Mitternachtssonne

Die Mitternachtssonne verpassen Sie in Island ganz knapp - die Insel liegt etwas südlich des Polarkreises. Dennoch ist das Phänomen im Norden Ende Juni /Juli gut zu beobachten. Dann geht unser Zentralgestirn nur für wenige Minuten unter und meldet sich sogleich zurück.

Lebensmittel/Getränke

In Island wie auf den Färöern können Sie fast einkaufen wie zu Hause. Nur ist das Preisniveau vergleichsweise hoch. Besonders teuer sind Alkohol und Tabakwaren. Alkohol bekommt man nur in den ausgewiesenen Monopolläden.

Spezialitäten des Landes

Fisch, Lammfleisch und Milchprodukte gehören naturgemäß ganz oben auf die Speisekarte! Sie sind auch einigermaßen preisgünstig, wenn auch immer noch etwas teurer als zu Hause.

Damit Sie wenigstens die Namen schon einmal gehört haben, erwähnen wir an dieser Stelle geräuchertes Lammfleisch (hangkjöt), Lammblutwurst (blóðmör) und Lammleberwurst (lifrarpylsa), Salzfisch (saltfiskur) und Stockfisch (harðfiskur). Diese Bezeichnungen sind auch auf den Färöern üblich.

Unbedingt probieren sollten Sie die isländische Spezialität Skyr, eine Art fester Quark aus fettarmer Milch. Es gibt keine Übersetzung dafür. Auch Sie werden es ganz sicher regelmäßig im Einkaufskorb haben. Sie werden in Hochtemperaturgebieten ab und an das „hverabrauð" entdecken - ein süßliches Roggenbrot, das in Behältern im Boden eingegraben gebacken wird.

Literatur/Landkarten

Dieser Wohnmobil-Reiseführer kann und will Ihnen keine vollständige Information über jeden Stein Islands geben. Vielmehr ist er als Orientierung für Ihre Reise mit dem Wohnmobil zu verstehen, der durch passende Literatur nach Bedarf und Ihren Vorlieben ergänzt werden sollte.

Ich habe mit folgenden Büchern/Karten sehr gute Erfahrungen gemacht:

- „Island" - Jens Willhardt und Christine Sadler - Michael Müller Verlag.
- Auch Ivanovskis Reisehandbuch Island gefällt mir vom Aufbau her gut, wies aber einige Ungenauigkeiten in Bezug aufs Straßennetz auf.

- „Rother Wanderführer" - von Christian Handl und Gabriele Schließl
- Ferðakort 1:500 000, alternativ die zu Hause erhältliche Karte „Island" von Freytag & Berndt, die Sie auch im M&AE Online Shop erhalten.
- Wenn Sie es detaillierter mögen, gibt es auch Regionalkarten im Maßstab 1:250.000.
- Landkarten für Wanderungen usw. sind am besten vor Ort zu kaufen. Es lohnt sich meist nicht, alle Karten „auf Verdacht" mitzunehmen.
- Damit Sie ein paar Worte Isländisch sprechen und verstehen, können Sie das Büchlein „Kauderwelsch Sprachführer Isländisch" besorgen.

Für Ihren Aufenthalt auf den Färöer Inseln empfehle ich „Färöer" von Alexander Wachter aus der Edition Elch. Dieses Buch gibt ausführliche Wander- und Ausflugstipps speziell für die Island-Transitreisenden und ist eine prima Ergänzung zu diesem Wohnmobil-Reiseführer.

Zudem hält das Fremdenverkehrsamt eine sehr gute Straßenkarte kostenlos bereit. Diese erhalten Sie auch an Bord der Norröna.

Müllentsorgung

Bei Supermärkten, Campingplätzen usw. gibt es die Möglichkeit zur Entsorgung des Mülls. Achten Sie vor den Ortschaften, an Parkplätzen oder bei den in abgelegenen Gegenden hier und da noch kostenfreien Campingplätzen auf die Müllcontainer, in die man den Müll einwerfen kann. Dabei sollte der Abfall in einen Müllbeutel eingeschnürt werden. Vor allem jedoch reichen die Mülltonnen, ganz besonders auch im Hochland, bei weitem nicht aus. Achten Sie also darauf, Müllbeutel an Bord zu haben, in denen Sie ihren Abfall „zwischenlagern" können. Für Getränkedosen, die in der Heimat (zumindest in Deutschland) nur gegen Pfand zu erhalten sind, findet man Sammelboxen, die ein Recycling ermöglichen. Diese stehen meist auf Campingplätzen. Der Erlös dient dann in der Regel gemeinnützigen Zwecken.

Netzspannung - Stromanschluss auf Campingplätzen

Die Netzspannung beträgt 220 V/50 Hz. Sie finden in der Regel die im Campingbereich üblichen blauen Steckdosen. Vereinzelt sind auch Schuko-Steckdosen vorhanden. In diesem Fall müssen Schweizer Campingfreunde an den Adapter denken. Für den Stromanschluss wird allerdings in Island ein vergleichweise hoher Preis berechnet, der 2016 mit ca. 500-1.000 ISK pro Tag zu Buche schlägt. Dafür wurde aber flächendeckend stark in die Infrastruktur diesbezüglich investiert.

Notruf und Pannenhilfe

Notrufnummer (Polizei/Rettungsdienst/Feuerwehr): 112 (IS und FO).

Der ADAC-Partnerclub heißt „Félag Íslenzkra Bifreiðaeigenda (F. I. B.), IS-105 Reykjavík. Hier vermittelt man zu Bürozeiten unter Tel. +354 414 9999 die Pannenhilfe. Außerhalb dieser Zeiten wird rund um die Uhr unter Tel. 5-112 112 ein Hilfsdienst vermittelt.

Preise

Die Preise in Island sind mittlerweile wieder deutlich höher als zu Hause, auch wenn die Folgen des Beinahe-Staatsbankrotts und die Finanzkrise vorübergehend etwas günstigere Preise für uns Euro-Touristen brachten. Das Kursverhältnis zum Euro hat sich wieder gravierend verschlechtert. Günstiger fährt dagegen, wer Schweizer Franken auf dem Gehaltszettel hat, denn hier ist der Wechselkurs zurzeit wesentlich vorteilhafter und touristenfreundlicher.

Bei Lebensmitteln haben die Preise gegenüber den Vorjahren wieder angezogen und nähern sich zusehends dem Niveau vor der Finanzkrise an. Rind-/Schweinefleisch, Geflügel, Gemüse, Obst usw. sind deutlich teurer. Einheimische Produkte wie Fisch und Lammfleisch und in Island gezüchtetes Gemüse sind günstiger.

Leider gehören die Preise für Campingplätze nebst dem dortigen Strompreis zu den Dienstleistungen, die preislich wieder deutlich gestiegen sind.

Auf Restaurantpreise gehe ich eigens unter „Restaurants" ein. Richtig heftig sind die Preise nach wie vor bei Alkohol und Tabak. Auf die auf Reisen wichtigen Preise für Sprit, Campingplätze und Schwimmbäder gehe ich separat ein.

Reisevorbereitung und -zeit

Buchen Sie die Fähre frühzeitig! Die **Fährverbindung** nach Island wird ausschließlich von **Smyril-Line** (Tórshavn) angeboten. Die Nachfrage während der Sommermonate ist sehr groß und steigt ständig. Bereits im Herbst können einige Fährpassagen im Folgejahr mit Buchung von Wohnmobil-Paketen bereits ausgebucht sein.

Auskünfte zur Fährüberfahrt erteilt auch die Agentur von Smyril-Line: Smyril Line Deutschland (www.smyrilline.de), Sell Speicher, Wall 55, 24103 Kiel, Tel. +49(0431)200-886 | Fax. -8870 | info@smyrilline.de.

Wir selbst buchten früher bereits spätestens am Jahresanfang der jeweiligen Islandreisen bei **Natur-Pur Reisen in Freiburg**, wo wir sehr gute Erfahrungen gemacht haben. Man beantwortete uns kompetent alle Fragen und gab uns zusätzliche Reisetipps. Deshalb gilt unser Dank an dieser Stelle Stefania Sigurðardóttir-Resch und Andreas Resch für ihre freundliche Mithilfe und zahlreichen Tipps zu diesem Buch. Ebenso gilt unser Dank vielen Lesern für Ihre Hinweise und Erfahrungen, die in dieses Buch eingeflossen sind und Ihnen nun bei einer guten Reisevorbereitung und in Island helfen.

Frühzeitig zu buchen ist auch bei der Miete eines Wohnmobils dringend angeraten, denn die zur Verfügung stehenden Fahrzeuge werden zwar immer zahlreicher - die Touristen aber auch. Für den Flug können Sie Frühbucherrabatt erhalten, wenn Sie (oder Ihr Reisebüro) sich rechtzeitig darum kümmern.

Reisezeit

Zunächst ist zu beachten, wann Sie Urlaub nehmen können - es sei denn, Sie haben das Arbeitsleben hinter sich. Wenn möglich, sollten Sie versuchen, eine Fährpassage in die Zwischen-, vielleicht sogar in der Vor- und Nachsaison zu bekommen. Das spart richtig Geld. Ein Zwischenaufenthalt auf den Färöern kann sich positiv auf den Fährpreis auswirken. Ob dies so bleibt, kann ich nicht voraussagen. Fragen Sie einfach nach.

Jede Jahreszeit hat ihren Reiz - auch auf den Inseln im Nordatlantik. Als Kernreisezeit empfehle ich etwa Mitte Mai bis Mitte September, nicht zuletzt

auch, weil außerhalb dieser Zeit die Campingplätze meist geschlossen sind. Mai und September sind, vor allem nachts, recht kalt. Wenn im Frühling der Schnee schmilzt, explodiert die Vegetation und überzieht die Landschaft in ein Blütenmeer. Vögel sind von April-August zahlreich, um hier zu brüten, bevor sie etwa Mitte August nach und nach die Inseln verlassen. Juni/Juli ist die Zeit schier endloser Tage - aber auch starker Touristenströme. Faszinierende Polarlichter, stellen sich ab Mitte August bis März in klaren Nächten ein.
Auskünfte und Prospektmaterial zu den Regionen erhält man in den Tourist-Informationen. Dort hält man kostenlose Broschüren für die Touristen bereit. Gerne hilft man Ihnen dort auch bei der Vermittlung geführter Wanderungen, Reittouren etc. oder berät Sie, welche Unternehmungen in der jeweiligen Region auf eigene Faust möglich sind (Wandern, Besichtigungen etc).
Außerdem werden Wander- oder Straßenkarten, Postkarten und Souvenirs angeboten. Nicht zuletzt ist der aktuelle Wetterbericht zu erfahren.
Die Adressen der regionalen Touristinformations-Zentren erwähne ich sowohl für die Färöer als auch für Island jeweils im Text.

Zusätzlich sollten Sie sich vorab (kostenlos) das Island-Informationspaket vom **Isländischen Fremdenverkehrsamt** beschaffen, das neben interessanten, aktuellen Prospekten und Informationen zusätzliche Adressen verschiedener auf Islandreisen spezialisierter Reisebüros und -veranstalter beinhaltet.

Die informative Website visiticeland.is (bzw. visitfaroeislands) bietet eine Fülle von Informationen über Land und Leute sowie Links zu den jeweils regionalen Tourist-Informationen.

Kontaktdaten:
Visit Iceland - Isländisches Fremdenverkehrsamt
Rauchstrasse 1
10787 Berlin
Tel.: +49 30 5050 4200 · Fax: +49 30 5050 4280
E-mail: info@icetourist.is

Das **Fremdenverkehrsamt der Färöer Inseln** steht mit vergleichbaren Dienstleistungen zur Verfügung.
Kontaktdaten:
VisitFaroeIslands
Tel. +298 306 100 · Fax: +298 306 105
www.visitfaroeislands.com
info@visitfaroeislands.com

Reiten

Es gehört fast zum Pflichtprogramm, bei einem Islandurlaub wenigstens ein Mal auf einem Islandpferd zu sitzen. Die gutmütigen, willigen Pferde beherrschen die fünf Gangarten Schritt, Trab, Galopp sowie Tölt und Pass. Darüber hinaus gelten sie als sehr trittsicher und ausdauernd.

Im 9. Jh. wurden die Tiere nach Island gebracht und entwickelten sich durch die Insellage zur eigenständigen Rasse mit vielen verschiedenen Farben und Zeichnungen. Es wird geschätzt, dass auf der Insel inzwischen etwa 80.000 Tiere leben.

Früher war das Islandpferd wichtigstes Transportmittel und Arbeitstier. Heute entwickelt es sich mehr und mehr zum Freizeitpferd. Über den Winter werden die Tiere in Ställen des Tieflandes gehalten und im Juni zur Sommerweide gebracht, wo sie bis in den Herbst hinein weiden. Das größte Landestreffen „Landsmót" findet alle zwei Jahre (gerade Jahreszahl) im Norden Islands statt, wo verschiedene Prämierungen stattfinden. Werden die Tiere exportiert oder nehmen an Wettbewerben im Ausland teil, sind ihre Tage in Island gezählt - ein Tier, das einmal im Ausland war, darf nicht mehr zurück.

Restaurants

Essen gehen ist in Island nach wie vor kostspielig, besonders wenn Sie sich ein Glas Bier oder Wein genehmigen. Häufig muss man für ein schmackhaftes Menü in guten Restaurants nebst Getränk € 30-50 berappen. Preiswerter sind SB-Restaurants und Pizzerien, die Sie oft bei Tankstellen finden. Dort erhält man häufig auch preiswertere Tagesmenüs für € 15 bis € 20. Die isländische Küche wurde dort allerdings, ob man das mag oder nicht, stark „amerikanisiert" - man isst gerne und häufig Hamburger, die allerdings nicht immer so lieblos in Pappkarton serviert werden wie in den bekannten Schnellrestaurants.

Mehr und mehr etablieren sich in der letzten Zeit aber auch wieder Restaurants, die bewusst gute Gerichte aus der isländischen Küche anbieten. In den Touristenregionen können Sie die ganz bodenständigen isländischen Gerichte (Hákarl etc.) meist als Probierportion erhalten. Meist konzentriert sich das Hauptgericht jedoch auf Fisch und Lamm.

In den Restaurants lohnt sich der Preisvergleich. Auch in Island werden zur Mittagszeit günstige Tagesmenüs oder Buffets angeboten, (ca. € 20-25). **Getränke im Restaurant** können ganz billig sein: Wasser erhält man kostenlos. Cola/Limonade & Co. sowie Fruchtsäfte und Leichtbier kosten dagegen wie zu Hause. Bei Bier oder Wein muss man tief in die Tasche greifen. Ein großes Bier (Vollbier, 0,5 l) schlägt mit EUR 8,00 zu Buche, ein halber Liter Wein mit etwa 15,00. Na denn Prost - auf den Urlaub!

Die Isländer - ein Volk der Kaffeetrinker. Sie bestellen eine Tasse und haben dann die Möglichkeit, noch einmal nachzuschenken. Wobei man generell nachfragt und es natürlich nicht übertreibt, wenn man nachgießt.

Spezialitäten Ein besonderer Genuss sind Geflügelspezialitäten wie Papageientaucher und Trottellumme. Seit allerdings die Bestände der Vögel teils stark zurückgegangen sind, wird das Angebot auch geringer. Sicher nicht jedermanns Sache sind gesengte Schafsköpfe (svið) und fermentierter Haifisch (hákarl), der nicht umsonst mit isländischem Aquavit (Brennivin) hinuntergespült wird... Fragen Sie hierbei nach einer Probierportion.

Ein Reizthema ist das wachsende Angebot von Walsteaks etc. Hier darf ich empfehlen, vom „Probieren" abzusehen. Mit diesem Hinweis entspreche ich einer Bitte der Walbeobachtungs-Anbieter, die unter dem wieder aufgenommenen Walfang zu leiden haben.

Es gibt bereits eine gemeinsame Initiative von Whale Watching Anbietern und der Gastronomie unter dem Namen „**Whale friendly restaurant**". Diese haben sich freiwillig verpflichtet, kein Walfleisch anzubieten. Siehe dazu die Ausführungen in Route 5 (Hvalfjörður) und die Rubrik „Walbeobachtung".

Diese Informationen gelten nahezu identlisch auch für die Färöer Inseln, denn die Zutatenliste für heimische Gerichte sind naturgemäß sehr ähnlich. Und das gilt auch für das Preisniveau im Restaurant.

Rundfunk, Information, Interetcafés

Von Anfang Juni bis Ende August strahlt das erste Programm des öffentlichen Rundfunks Islands auf FM 94,4/93,5 täglich um 7.30 Uhr Nachrichten in englischer Sprache aus. Abgesehen davon können Sie einen Weltempfänger mitnehmen (Kurzwellenradio), womit Sie zwar in schlechter Qualität, aber immerhin, den Deutschlandfunk empfangen können.

Deutschsprachige Zeitungen sind in Island kaum zu bekommen. Wenn überhaupt, dann haben Sie in den Buchläden in Reykjavík und Akureyri Glück, ein Exemplar zu erwischen - meist bereits 3-4 Tage alt.

Eine sinnvolle Alternative bieten heutzutage Internet-Cafés und Tourist-Informationen, wo man sich in die gängigen Nachrichtenseiten einloggt. Mehr und mehr bieten auch die Campingplätze WIFI-Zonen an, teils gegen Gebühr, teils gebührenfrei. Wenn dieses Angebot besteht, haben Sie auch kein Problem, übers Internet die heimischen Nachrichten sowie die Online-Version Ihrer Tageszeitungen zu lesen. Ob die Empfangsqualität für Webradio ausreicht, ist nicht sicher. Teils war ich jedoch durchaus erfolgreich damit. Und wer deine SAT-Anlage hat, braucht überdies auf das Fernsehen nicht zu verzichten. Doch machen Sie sich zuvor im Fachhandel schlau, ob Sie so weit im Norden ihren gewohnten Satellitenempfang haben.

Wenn nicht - auf Ihrer Islandreise werden Sie gerne mal auf die Mattscheibe verzichten. Das schönste Programm bietet ohnehin die Natur. Uninformiert bleibt man, den Online-Angeboten Netz sei Dank, dennoch nicht. Die herrliche Natur der Inseln im Nordatlantik empfand ich stets als viel abwechslungsreicher, als das Fernsehprogramm...

Sprache, Verständigung

Ich gebe mich nicht der Erwartung hin, Ihnen ausreichende Sprachkenntnisse vermitteln zu können, mit denen Sie sich in Island durchschlagen könnten. Genauso sieht es auf den Färöer Inseln aus.

Sie werden aber schnell erkennen, dass man in aller Regel mit Englisch gut zurecht kommt, manchmal sogar mit der deutschen Sprache. Gerne verweise ich auf das Büchlein „Kauderwelsch Sprachführer Isländisch".

Statistische Daten zu den Färöer Inseln

Die Inselgruppe mit einer Fläche besteht aus 18 Inseln und liegt zwischen Schottland und Island im Nordatlantik.
- Gesamtfläche 1.399 km².
- Küstenlinie ca. 1.100 km.
- Bevölkerung rd. 48.300 Einwohner, davon knapp 20.000 in Tórshavn.
- Höchster Berg: Slættaratindur (882 m).

Statistische Daten zu Island

- Gesamtfläche 103.000 km².
- Küstenlinie 4.970 km.
- Bevölkerung ca. 320.000 Einwohner (2/3 davon im Hauptstadtgebiet).
- Höchster Berg: Hvannadalshnjúkur (2.119 m).

Tanken/Kraftstoff

Die Einfuhr von Kraftstoff im Kanister nach Island ist verboten. An den Hauptrouten gibt es ein dichtes Tankstellennetz. Auf entlegenen Nebenstrecken im Hochland macht die Mitnahme eines Reservekanisters Sinn. Unbedingt vor dem Start voll tanken - auch wenn es nur ein paar Liter sind! Meist sind Tankstellen von 7[30]-19[30] h geöffnet. Die Bezahlung erfolgt bar oder mit Kreditkarte.

Fast durchweg bieten Tankstellen Tankautomaten, an denen man den Tankbetrag im Voraus abschätzt und mit der Kreditkarte/PIN oder Noten bezahlt. Berechnet wird der Betrag, der tatsächlich in den Tank gesprudelt ist. Die Bedienerführung im Display ist auch in englischer Sprache, teils auf deutsch (wenn auch lustig übersetzt). Denken Sie also daran, sich die **PIN Ihrer Kreditkarte** gut einzuprägen. Sonst gibt es keinen Sprit.

In Island sind die Spritpreise ca. 25-30 % höher als in Deutschland, also in etwa vergleichbar mit der Schweiz.

Günstiger als z. B. in Deutschland ist der Treibstoff dagegen auf den Färöer Inseln, wo Sie ebenfalls ein dichtes Tankstellennetz finden. Denken Sie daran, jeweils vor dem Verlassen der Inseln voll zu tanken.

Telefonieren

Vorwahl von Deutschland nach Island: +354 + 7-stellige Telefonnummer, welche die Ortskennung beinhaltet. Auf die Färöer ist es die 00298 und die entsprechende Durchwahl. Beim Anruf nach Deutschland 0049 vorwählen und die „0" der Vorwahl weglassen (Schweiz 0041, Österreich 0043).

Telefonzellen (in Tourist-Informationsbüros und Postämtern) werden selten. Wenn, dann werden Münzen und teilweise Kreditkarten akzeptiert. Gängig ist das Telefonieren mit dem „Handy". Die Verbindung ist selbst in abgelegenen Gegenden oft gut, aber nicht immer verlässlich. Beachten Sie die Roaming-Gebühren. Schalten Sie vor allem den teuren Datenaustausch ab.
Tipp: Erkundigen Sie sich in der Tourist Information nach der „Global Call Card". Sie wird vorausbezahlt (ISK 500 oder ISK 1.000) und ermöglicht durch eine Einwahlnummer in Reykjavík einen sehr günstigen Auslandstarif. Ich habe mir zusätzlich eine isländische SIM-Karte besorgt und mit dieser Kombination einiges an Telefongebühren eingespart.
Wichtig: Sollten Sie ein isländisches Telefonbuch in die Hand nehmen, beachten Sie, dass es anders als gewohnt zu handhaben ist: Man orientiert sich in Island am Vornamen - danach sind entsprechend die Telefonbücher geordnet.

Toiletten

Immer häufiger, wenn auch angesichts der Touristenzahlen bei weitem nicht in ausreichendem Maß, finden Sie bei Sehenswürdigkeiten Parkplätze nebst einem meist modernen und mehr oder weniger gepflegten WC. **Allerdings**: Knappe Güter sind bekanntlich teurer. So versuchen (Gottlob nur wenige) Betreiber, aus dem „wichtigsten Geschäft des Tages" ein Geschäft finanzieller Art zu machen. So habe ich (bei einem „Highlight", dem Gullfoss) eine Toilette gefunden, für die ISK 500 investiert werden mussten, um das Drehkreuz zu öffnen. Dass eine Familie mit drei Kinden, die ich traf, nicht begeistert war, liegt auf der Hand. Meine Frau und ich waren froh, ein eigenes WC zu haben.

Natürlich gilt hier, wie überall: Ein WC ist nur so sauber, wie es die Benutzer hinterlassen. Dies beachten Sie bitte, wenn Sie ausnahmsweise Ihr Camping- WC dort entleeren müssten. Verlassen Sie das stille Örtchen bitte mindestens so sauber, wie Sie es vorgefunden haben. Im Hochland finden Sie teils noch „Plumpsklos" ohne Wasserspülung. Benutzen Sie öffentliche WCs,

INFOS A-Z

soweit es möglich ist, vor allem anstelle der „Freiluft-Toilette" in der Natur.

Bitte - entsorgen Sie Ihr Camping-WC nicht einfach in der Natur, sondern nutzen Sie die vorhandenen Anlagen. Es treibt mir (auch anderen Wohnmobilisten und nicht zuletzt den Einheimischen) immer wieder die Zornesröte ins Gesicht, wenn ich höre, dass immer wieder Wohnmobilisten beobachtet werden, die ihre Toilette in den Straßengraben schütten. Von einem Leser hörte ich gar, dass es in einen Autowaschplatz entleert wurde. Wer solches tut, trägt einen guten Teil der Verantwortung für die Verbotsschilder für Wohnmobile.

Praxistipp: Wenn Sie auf die Chemiezusätze in der Campingtoilette verzichten, ist die Entsorgung ausnahmsweise auch in den WCs an Tankstellen oder Rastplätzen möglich. Oft gibt es nämlich keinen Kanalisationsanschluss, sondern unter der Toilette große Tanks, in denen sich die festen Bestandteile absetzen (wie in einem Vorklärbecken) und dann regelmäßig abgepumpt werden. Die Toiletten-Chemie aber ist im Wasser gelöst und fließt in die Oberflächengewässer ab. Und da hat die Chemie nun überhaupt nichts zu suchen, denn sie richtet dort nur Schaden an.

Setzen Sie lieber auf ein Absaugsystem in der Campingtoilette des Wohnmobils. Dann wird der chemische Zusatz schlicht überflüssig und Sie sparen darüber hinaus an Folgekosten. Schließlich sind die Zusätze auch nicht eben billig - in Island schon gar nicht.

Es liegt also nicht zuletzt an uns Wohnmobilsten selbst, unschöne und unhygienische Spuren in der Natur zu vermeiden - im eigenen Interesse - und im Interesse nachfolgender Besucher und der empfindlichen Natur.

Sind Sie doch einmal zu weit entfernt von einer Toilette, führt wohl nichts um die „Klappspatentechnik" herum. Dabei sollte Toilettenpapier (samt Hygieneartikeln!) nicht in der Natur liegen bleiben, denn Zellstoff braucht viele Jahre für die Verrottung, im hohen Norden ganz besonders lange. Nehmen Sie ein Feuerzeug und verbrennen es (natürlich mit der gebotenen Vorsicht). Oder nehmen Sie Plastikbeutel mit, in denen die Hinterlassenschaft - hygienisch zugeknotet - zum nächsten Müllbehältnis gebracht werden kann.

Ohne Worte" Alles klar, oder?

Trinkgeld

Es wird in Island und auf den Färöern kein Trinkgeld erwartet. Die Bedienungsgelder sind in den Restaurant- und Servicepreisen enthalten. Böse wird aber auch niemand sein, wenn man einen „krummen Betrag" angemessen aufrundet.

Vulkanismus in Island

Island ist die **größte Vulkaninsel der Welt**, die ihre Entstehung der Verschiebung der eurasischen und der amerikanischen Kontinentalplatten verdankt. Auf der Bruchkante ist im Lauf der Jahrmillionen der mittelatlantische Rücken entstanden, der sich wie ein hohes Gebirge auf dem Meeresgrund des Atlantiks erhebt und an einigen Stellen aus der Wasseroberfläche herausragt. Die beiden Kontinentalplatten „schwimmen" auf dem flüssigen Erdinneren jährlich um wenige Zentimeter auseinander, weshalb immer wieder Magma an die Oberfläche tritt. Zuletzt entstand vor Island im Jahr 1963 die Insel Surtsey, das jüngste Mitglied der Westmänner Inseln.

An vielen Stellen der beschriebenen Routen werden Sie mit dem Vulkanismus in Kontakt kommen: Endlose Lavafelder werden uns begleiten und Sie lernen die verschiedenen Vulkanformen kennen: **Ringwallkrater** sind Sprengtrichter, die durch heftige Eruptionen entstanden sind (Beispiel **Hverfell** am Mývatn). **Tafelvulkane** sind unter dem dicken Eispanzer entstanden, wo sich die Lava unter dem Eis aufstaute und erstarrte. Das schönste und markanteste Beispiel ist die **Herðubreið**. Subglaziale Vulkanausbrüche sind auch der Grund für die teils katastrophalen Auswirkungen in Form von **Gletscherläufen**, wo

INFOS A-Z

sich das geschmolzene Wasser seine Bahn bricht, oder extreme Ascheauswürfe - der Eyjafjallajökull 2010 lässt grüßen. Bei **Schildvulkanen** fließt die dünnflüssig aus einem Krater austretende Lava weit auseinander und bildet einen flachen, runden Kegel, der einem Schild ähnelt. Ein Musterbeispiel des **Spaltenvulkans** lernen wir mit der 40 km langen **Eldgjá** oder mit dem **Leirhnjúkur** im Nordosten kennen. **Pseudokrater (Skútustaðir)** sind keine Krater - sie sind erstarrte Dampfblasen in der Lavamasse. Vielleicht die eindrucksvollsten „Produkte" des Vulkanismus sind die zahlreichen Geothermalgebiete, allen voran natürlich die weltbekannten Springquellen **Geysir & Co** oder die vielerorts zu findenden Solfataren, Fumarolen und Schlammpötte.

Währung und sonstige Zahlungsmittel

Isländische Krone (ISK) - 1 Krone = 100 Aurar

Im Sommer 2008 verfiel der Kurs der Isländischen Krone zunächst auf 1:125, um in der Zeit um den Zusammenbruch der isländischen Banken fast ins Bodenlose zu fallen (1:300).

Der Kurs schwankt seither stark, erholte sich aber wieder deutlich. Der Wechselkurs in Island betrug im Oktober 2013 ca.: 1 EUR = 163 ISK. Im Winter 2016/17 waren es schon 1:115. Es ist nicht abzuschätzen, wie die wirtschaftliche Entwicklung in naher Zukunft aussehen wird. Machen Sie sich vor der Reise deshalb unbedingt über die Kurse schlau.

Wichtig ist auch die Information, dass die Kurse, die Sie bei Banken in Island geboten bekommen, in der Regel günstiger als zu Hause sind. Wenn Sie Bargeld wechseln, dann doch besser vor Ort oder auf der Fähre/beim Flughafen.

Viel Bargeld benötigen Sie nicht, denn man kann fast überall und alles mit Kreditkarten bezahlen, auch Kleinbeträge - nur in entlegenen Gegenden nicht.

Färöische (dänische) Krone (DKK - 1 Krone = 100 Aurar)

Eine Besonderheit hinsichtlich der Währung sind die Färöer. Man bezahlt in färöischer Krone, die fest an die dänische Krone gekoppelt ist. Es gibt eigenständige färingische Banknoten, die Münzen dagegen sind die dänischen. Achten Sie darauf, die färingischen Kronen vor Ort (oder auf der Fähre) auszugeben oder in dänische Kronen umzutauschen, die ebenfalls auf den Färöern akzeptiert werden. Zu Hause aber wird Ihr Bankberater Sie schon etwas schief anschauen, wenn Sie färingische Kronen zurücktauschen wollten.

In beiden Ländern werden Sie sehr schnell feststellen, dass man es gewohnt ist, selbst kleine Beträge **mit der Kreditkarte zu bezahlen**. Tauschen Sie nur einen unbedingt nötigen Bargeldbetrag in die beiden Währungen um.

Mittels **Maestro-Karte/Giro Card** (ehemals ec-Karte) mit PIN-Eingabe ist die Bezahlung häufig auch möglich (**Achtung** Gebühren!).

Für die Bargeldabhebung am Geldautomaten ist die **Maestro-Karte** dagegen der Kreditkarte überlegen, der günstigeren Gebühren wegen, denn Barabhebung mittels Kreditkarte ist sehr teuer!

Walbeobachtung

Bis 1989 wurde in Island Walfang betrieben - und im Jahr 2003 leider wieder aufgenommen, nachdem Island sich mit der internationalen Walfangkommission überworfen hatte. Die Isländer berufen sich auf ihre lange Walfangtradition bzw. auf wissenschaftliche Zwecke. Oder sie behaupten, die Wale

INFOS A-Z

vernichteten die Fischbestände. Allerdings wurde 2016 zumindest die Jagd auf Großwale wieder eingestellt - weil die Kosten davonliefen und sich in den europäischen Ländern kein Hafen fand, um die Frachter für den Transport nach Japan mit Sprit zu versorgen.

Die andere Seite argumentiert, dass sich viele „Hardliner" der Erkenntnis verschließen, dass es heute kaum noch eine Rechtfertigung für den Walfang früherer Zeiten gibt, dass die Walbestände nach wie vor gefährdet sind und die Meeressäuger nur einen geringen Teil der Fischgründe vertilgen. Schuld an deren Überfischung hat einzig der Mensch!

Erkannt haben dies jene Unternehmen, die den Gästen Walbeobachtungstouren mit oft hohen Sichtungsquoten ermöglichen. Sie haben ein existenzielles Interesse an der Schonung der Walbestände und verdienen unseren Besuch. Gerade diese Anbieter von Walbeobachtungstouren leiden unter einem starken Rückgang der Buchungen, seit der Walfang wieder aufgenommen worden ist, auch wenn die Jagd in Island bei weitem nicht so intensiv betrieben wird, wie in Norwegen und vor allem in Japan.

Hoffen wir, dass in Island wieder die Erkenntnis Fuß fasst, dass Wale schützenswert sind. Unterstützen Sie die Firmen, welche Ihnen Whale-Watching-Touren anbieten und lassen Sie sich den Besuch einer Walbeobachtung als Höhepunkt Ihrer Reise nicht entgehen.

Bedenken Sie, dass Sie aktiv zum Walfang beitragen, wenn Sie auch „nur mal probieren", wie Walfleisch wohl schmeckt oder wenn Sie einfach mal kosten, wie die getrockneten Walfleischsnacks aus der Tüte sind. Denken Sie daran, wie viele Wale vertilgt würden, wenn alle Gäste des Landes dies täten. Auch beileibe nicht alle Isländer befürworten den Walfang. Seriöse Anbieter der Whale Watching Touren tragen aktiv zum Artenschutz bei und zeigen, wie ein touristisches Angebot mit dem Schutz einer Art verknüpft werden kann.

Auch wenn immer wieder von den für uns unschönen Jagdszenen auf den Färöer Inseln berichtet wird: Die Färöer Inseln betreiben keinen kommerziellen Walfang. Allerdings gaben auch dort Einheimische im Gespräch zu, dass der Walfang (dort werden die erlegten Meeressäuger nach Bedürftigkeit unentgeltlich in der Bevölkerung verteilt) eigentlich heutzutage nicht mehr nötig ist.

Man könnte es also in beiden Ländern als überkommene „Tradition" abtun, die ein wenig der „Inselmentalität" geschuldet ist, sich in absehbarer Zeit aber auch erledigen dürfte, denn besonders die jüngeren Leute essen gar nicht gerne Walfleisch.

Wanderungen

Island ist ein Traumland für Wanderer, die Färöer Inseln ebenso. Von kurzen Spaziergängen über Tages- und Mehrtagestouren ist alles möglich. Lassen Sie sich von den Wanderbüchern inspirieren, die ich unter „Literatur" erwähnt habe. Viele Wandertipps sind im Textteil dieses Buches beschrieben und nehmen meist Bezug auf die in den Büchern beschriebenen Touren. Entscheiden Sie vor Ort je nach Wetter, was Sie in die Tat umsetzen können.

Sicher wird das unbeständige Wetter auch Ihnen mal einen Strich durch die Rechnung machen, vor allem im regenreichen Süden. Sie wissen ja - „Wenn das Wetter einmal nicht so ist, wie Du es wünscht, warte eine Viertelstunde...".

Wirtschaft

Der Inselstaaten verfügen über keine nennenswerten Bodenschätze. Doch hat Island schier unerschöpfliche Vorräte in Form geothermaler Energie. Beiden Ländern gemeinsam ist die heimliche Hoffnung, dass vor den jeweiligen Küsten umfangreiche Erdölvorkommen liegen, deren Ausbeutung sich bisher noch nicht lohnte. Doch kann sich das mit steigenden Rohölpreisen und dem Zurückgehen des Packeises in naher Zukunft ändern.

Darüber hinaus gehören die Inselstaaten zu den größten Fischfangnationen der Welt, was nach wie vor eine der Hauptstützen der Wirtschaft ist, auf den Färöern gar mit 97% des Exports. Allerdings hatte dies Island in den Jahren 1958–1975 an den Rand eines Krieges mit einem NATO-Partner gebracht. Erst 1976 konnte der „Kabeljaukrieg" mit Großbritannien beigelegt werden, nachdem Island zuvor seine Fischfangzonen mehrfach einseitig ausgedehnt hatte. Im Übrigen haben in den letzten Jahren verstärkt die Industrie (u. a. Aluminiumproduktion) und Dienstleistungsgewerbe sowie Handel den Fischfang und dessen Verarbeitung als Hauptstützen der isländischen Wirtschaft abgelöst. Nicht zuletzt entwickelt sich der Tourismus zu einem neuen

Standbein. Immerhin besuchten 2016 um die 2.000.000 Touristen das Land im hohen Norden (zum Vergleich: 2002 waren es noch 300.000 gewesen).

Die Färöer Inseln warten dagegen noch darauf, mehr vom Tourismuskuchen abzubekommen - und das bedauere ich sehr, denn die Inselgruppe ist wohl nicht weniger interessant als Island. Und sie lässt sich bei Anreise mit der Nörröna schließlich auch ebenso gut erreichen.

In welcher Form und Umfang sich die aktuelle Finanz- und Wirtschaftskrise auf Dauer auf die Republik Island auswirken wird, bleibt abzuwarten. Die Wirtschaft scheint sich jedoch auf einem guten Weg zu befinden und stabilisiert sich zusehends wieder, wenngleich schon wieder Befürchtungen aufkeimen, die Wirtschaft überhitze zusehends und steuere auf die nächste Krise zu.

Zeitzone

In Island nehmen Sie im Sommer die Mitteleuropäische Sommerzeit minus 2 Stunden. Auf den Färöer Inseln sowie an Bord der Norröna macht der Unterschied eine Stunde weniger aus.

Zoll- und Einreisebestimmungen

Reiseausrüstung und Kleidung dürfen für den Privatgebrauch eingeführt werden, wenn sie im Verhältnis zur Reisedauer und den Umständen stehen.

Nahrungsmitteleinfuhr nach Island

Es ist erlaubt 3 kg Nahrungsmittel im Höchstwert von ISK 18.500 mitzubringen. Davon ausgenommen und streng verboten sind:

- Ungekochtes Fleisch oder Fleischprodukte (z. B. Getrocknetes Fleisch, ungekochter, geräucherter Schinken, Speck), geräucherte, ungekochte Wurst, (z. B. Salami), ungekochtes Geflügel usw.
- Ungekochte Milch und rohe Eier.

Zusätzlich zu den o. g. Produkten dürfen eingeführt werden (Island):
Alkohol (erst ab 20 Jahren) und Tabak (erst ab 18 Jahren)

- 1 l Spirituosen + 1 l Wein
  Oder 1 l Spirituosen + 6 l Bier
  Oder 1,5 l Wein + 6 l Bier
  Oder 3 l Wein
- 200 Zigaretten oder 250 g Tabakwaren

Einfuhr von Alkohol und Tabakwaren (Färöer):
Alkohol (erst ab 18 Jahren)

- 1 l Spirituosen **Oder** 2 l Wein + 2 l Bier
- 100 Zigaretten oder Zigarillos oder 50 Zigarren oder 250 g Tabak

Sonstige Bestimmungen

- Gebrauchte Angel- und Reitausrüstungen sowie Reitbekleidung, müssen desinfiziert sein (Bescheinigung!) oder sie werden bei Ankunft auf Kosten des Reisenden desinfiziert.
- Für **Waffen und Munition** zum Eigengebrauch benötigt man die Erlaubnis der Polizeibehörde.
- **Lebende Tiere** dürfen nicht mitgebracht werden, es sei denn man hätte eine Genehmigung des Landwirtschaftsministeriums. Anderenfalls werden Sie vor Ort getötet und entsorgt.
- **Arzneimittel** dürfen für den Eigenbedarf mitgebracht werden. Sie sollten einen 100-Tage-Vorrat nicht übersteigen. Je nach Arzneimittel muss beim Zoll ein Attest des Arztes vorgelegt werden.
- Streng verboten sind **Betäubungsmittel und Drogen** sowie verschiedene **Waffen** z. B. Dolche mit Klingen über 12 cm und Springmesser.
- **Devisen** dürfen in unbegrenzter Höhe eingeführt werden.
- Die Einfuhr von **Telekommunikationsgeräten** (Mobiltelefone, CB-Funkgeräte) muss von der Post- und Telekommunikationsverwaltung in Island genehmigt werden. Jedoch darf ein Mobiltelefon (GSM) für den persönlichen Gebrauch ohne Genehmigung eingeführt werden.

Zur Einreise benötigt man als EU-Bürger und Bürger der Schweiz in beiden Ländern einen gültigen Personalausweis oder Reisepass. Dies umfasst **nur die wichtigsten Einfuhrbestimmungen**. Weitere Infos erhalten Sie im Internet unter www.tollur.is, Tel. +354-560 0300 bzw. bei den Fremdenverkehrsämtern.

Wenn Ihnen noch die eine oder andere Information fehlt: Ihr Reisebüro oder die genannten Informationsquellen helfen gerne weiter. Oder richten Sie Ihre Frage per eMail an verlag@mobil-und-aktiv-erleben.de.

Ortsregister/Stichworte

Index

H

I

J

K

L

Index

INDEX

Index